디지털 교육

임철일 · 조영환 · 허선영 · 김원유 · 손효상
송석리 · 김갑수 · 정대홍 · 손미현 · 박철규 · 조정원

교육과학사

디지털 교육을 출간하며

2022년 OpenAI가 개발한 대화형 인공지능 챗봇 ChatGPT가 소개된 이후 그 어느 때보다도 교육의 새로운 지평이 확장되고 있다. 사회 전반이 디지털화되는 디지털 전환(DX, Digital Transformation)에 대비하는 교육, 즉 디지털 교육은 이제 인공지능을 언급하지 않고는 의미가 없을 정도이다. 인공지능 전환(AX, Artificial Intelligence Transformation)에 대비하는 교육을 중심으로 하는 디지털 교육이 논의되고 실천될 필요가 있다.

디지털 전환에 대비하는 디지털 교육은 더 이상 이론적인 논의에서만 머물지 않고 있다. 매우 구체적인 실천 영역에서 다루어지고 있다는 점에서 교육을 담당하고 있는 교사를 비롯한 교육 전문가들의 폭넓은 이해와 실제적인 역량 개발이 요구되고 있다.

디지털 교육은 2022 개정 교육과정의 실현 과정에서 중심을 차지하고 있다. 2022 개정 교육과정에서는 모든 교과에서 다루어야 할 기본 소양 중 하나로 디지털 소양을 제시하였는데, 이러한 개정 교육과정의 방향을 구현하기 위해서는 교사들의 디지털 교육 역량이 요구된다. 디지털의 의미, 디지털 기술의 발전, 이에 따른 디지털 전환과 교육적 대응에 대한 기본적인 이해는 모든 교사들이 가져야 하는 필수적인 역량이다.

디지털 리터러시 나아가서 AI 리터러시에 대한 디지털 교육의 강조는 AI 융합 교육의 형태를 통하여 강조되고 있다. AI 융합 교육은 AI 이해교육 그리고 AI 활용 교육을 벗어나서 일반 교과(예컨대, 사회 교과)와 AI 교과 지식을 융합적으로 교육하는 것을 지향한다. 일반 교과의 지식을 다루는데 있어서 인공지능 측면(예컨대, 사회 교과의 인구 현상을 설명하기 위한 인구 데이터 처리와 분석)을 포함하는 교육적 시도를 한다. AI 융합 교육을 통하여 미래 사회가 요구하는 문제해결 역량, 융합 및 창의 역량을 개발하기를 기대한다.

디지털 교육은 2025년 이후 학교 현장에서 적용되기 시작하는 AI 디지털교과서와 맞물리면서 그 필요성이 더욱 분명해지고 있다. 교과별로 학년별로 단계적으로 적용되기는 하지만, AI 디지털교과서는 모든 교사와 학생에게 새로운 도전적 기회를 제공하고 있다. 기존의 인쇄물 교과서 그리고 다양한 형태의 디지털 교육 자료 및 에듀테크(edutech)와 함께 AI 디지털교과서를 일상적인 교육 활동에 사용하게 되면서, 교사와 학생은 새로운 교육과 학습 활동을 이끌어가게 된다.

한편 디지털 교육은 인공지능 이외에도 새로운 에듀테크가 지속적으로 개발되고 발전되어 가는 과정에 주목한다. 학교 현장의 교사들은 학생들의 학습 활동이 의미 있고, 참여적이며, 협력적으로 이루어지는 것을 도와주는 각종 에듀테크의 활용에 관심을 가져야 한다. 전통적인 교육 및 학습 방법 및 도구와 함께 새롭게 개발되는 에듀테크 중에서 자신의 교육 활동에 도움이 되는 것을 선정하여 최적으로 활용하는 역량을 개발할 필요가 있다.

이 책은 이상의 디지털 전환이 요구하는 교육계의 대응을 디지털 교육이라는 틀에서 소개하고 있다. 사범대학 및 교육대학과 같은 초·중등 교원 양성 기관에서 제공하는 '디지털 교육' 강좌의 주교재로 사용되는 것을 염두에 두고 개발하였다. 또한 기본적인 주제를 소개하는 초급 소양 강좌의 성격을 고려하여 개발되었다. 따라서 보다 세부적인 실천적 지식과 적용에 대해서는 다른 강좌에서 이루어지기를 기대한다.

이 책은 크게 세 부분으로 구성된다. 먼저 1장과 2장은 우리 사회의 디지털 전환의 특징과 이에 따른 교육적 대응을 포괄적으로 소개한다. 1장은 디지털 기술이 일하는 방식을 빠르게 변화시키는 디지털 전환의 기본 특징을 다루면서, 어떻게 교육에 영향을 미치는가를 디지털 리터러시와 역량 개발에 초점을 맞추어서 설명한다. 2장은 디지털 전환에 따른 교육적 대응의 특징을 교육과정의 변화, 수업 방식의 변화, 교사의 새로운 역량 개발, 그리고 물리적 교육 환경의 변화 측면에서 조망한다.

다음으로 3장에서부터 10장까지는 디지털 교육이 구체적으로 실천되는 측면을 에듀테크 활용 교육(3장), AI 활용 교육(4장), AI 디지털교과서 활용 교육(5, 6장), 데이터 리터러시와 AI 융합 교육(7, 8, 9, 10장)을 다룬다. 3장 에듀테크 활용 교육에서는 다양한 에듀테크의 유형과 활용 방법을 소개한다. 4장 AI 활용 교육은 맞춤형 학습을 지원하는 AI 도구와 함께 생성형 AI 서비스를 소개하면서 AI 기술을 활용하는 수업 설계 및 실행 모형을 다룬다. 5장과 6장은 초등과 중등 교육에서 활용할 수 있는 AI

디지털교과서의 기능, 특성과 함께 다양한 학습자의 요구와 특성을 어떻게 AI 디지털 교과서가 다룰 수 있는가를 소개한다. 7, 8, 9, 10장은 인공지능과 융합 교육을 몇 가지 주요한 측면에서 소개한다. 7장은 먼저 인공지능이 결국 데이터를 기반으로 작동한다는 점에 기반을 두고, 데이터 리터러시와 융합 교육의 이론과 실제를 소개한다. 8장은 인공지능과 융합 교육을 본격적으로 다루면서 왜, 어떻게 융합 교육이 이루어질 수 있는가를 설명한다. 9장은 특별히 과학교육 맥락에서 AI 융합 교육의 가능성을 소개한다. 10장은 AI 융합 교육이 지향하는 문제해결 역량 개발에 초점을 맞추어서 이론적 근거와 실제를 다룬다.

마지막으로 11장과 12장은 전체 디지털 교육을 조망한다. 11장은 디지털 교육의 윤리적 측면을 인공지능 통합 교육 차원에서 소개하면서 윤리적 쟁점과 교육적 해결 방안을 모색하게 되며, 12장은 디지털 교육의 미래 전망을 디지털 기술, 디지털 교육, 그리고 미래 과제 측면에서 소개한다.

디지털 교육이라는 새로운 교육적 도전 과제는 이해와 함께 교육적 실천 활동을 포함한다는 측면에서 매우 실제적이다. 본서는 구체적인 실천 활동을 전체적으로 조망하면서 이끌어 가는 마중물 역할을 하는 데 초점을 맞추어서 개발되었다. 학교 현장에서 요구하는 디지털 교육을 위한 현직 교사 및 예비교사들에게 이론적 지침이 되기를 기대하여 본다.

끝으로 책의 기획과 편집 과정을 지원해 준 서울대학교 대학원 교육학과 교육공학 전공의 이은서, 임은선 선생에게 감사하며, 촉박한 일정 중에서도 본서 개발에 열정적으로 참여한 모든 저자들 그리고 교육과학사 편집부 여러분들에게도 감사함을 표한다.

저자를 대표하여

임 철 일

차 례

제1장 디지털 전환과 사회의 변화

시작하며

첨단 디지털 기술의 발전이 가속화되면서 우리의 생활과 일하는 방식이 변하고 있다. 과거 아날로그로 이루어지던 활동이 디지털화되면서 일하는 시간을 크게 단축하고 지식과 정보를 빠르게 전달하고 멀티미디어 자료를 손쉽게 복사할 수 있게 되었다. 원고지에 글을 쓰고 우편물로 전달하던 시대에서 컴퓨터로 문서를 작성해서 클라우드 서버에 저장하고 언제 어디서나 접근이 가능한 시대로 변하고 있다. 또한 과거에는 길을 찾기 위해 지도를 펼쳐서 지형과 지물을 확인하였지만 지금은 내비게이션 앱이 실시간 교통 상황을 반영하여 목적지까지 최단시간으로 갈 수 있는 길을 안내해준다. 이처럼 디지털 기술이 다양한 분야에서 일하는 방식을 빠르게 변화시키고 있는데, 이러한 변화를 디지털 전환(digital transformation)이라고 부른다.

최근에는 인공지능(artificial intelligence, AI) 기술이 발전하면서 AI가 인간을 대신해서 혹은 인간과 함께 글을 쓰고, 그림을 그리고, 음악을 작곡하는 일이 증가하고 있다. 2022년 말에 등장한 ChatGPT는 사람들의 질문에 자연스럽게 답을 하고 글이나 이미지를 생성하는 데 탁월한 능력을 보인다. ChatGPT 외에도 다양한 생성형 AI가 초거대 언어모델(large language model)에 기반하여 등장하고 있으며 사회, 경제, 교육, 산업 등 다양한 분야에 영향을 미치고 있다. 이러한 변화를 반영하듯 기업을 중심으로 디지털 전환을 넘어 인공지능 전환(AI transformation)에 대비해야 한다는 목소리가 높아지고 있다.

다른 한편, AI와 디지털 기술이 가져오는 부정적인 영향에 대해 주목할 필요가 있다. 많은 부모가 자녀의 인터넷게임중독을 우려하고 있으며, 개인정보 유출로 인해 보이스피싱과 같은 범죄가 증가하고 있다. 2024년에 여자 청소년의 얼굴을 성착취물과 합성한 딥페이크(deepfake)가 사회적 문제가 되었다. 딥페이크는 딥러닝 기술을 이용하여 실제 사람의 얼굴이나 음성을 합성하고 가짜 영상과 오디오를 생성하는 것을 의미한다. 또한 AI 기술이 사람의 일을 대체함으로써 기존의 직업이 사라지고 새로운 직업이 등장할 가능성이 높다. 이러한 변화는 미래의 불확실성을 높이고 사회적 갈등을 유발할 것이다. 이런 점에서 디지털 전환이 누구에게나 긍정적인 것은 아니다.

앞으로 AI 디지털교과서의 도입으로 학교교육의 디지털 전환이 가속화될 것으로 예상된다. 교사는 디지털 기술의 양면성을 이해하고 학생들에게 어떤 영향을 줄지 충분히 고려할 필요가 있다. 또한 디지털 전환 시대를 살아갈 학생들에게 필요한 역량을 파악하고 깊이 있는 학습을 촉진하기 위해 수업을 개선해야 한다. 이 장에서는 AI와 디지털 기술이 사회에 미치는 영향을 살펴보고 미래교육을 위해 교사가 어떤 준비를 해야 하는지 살펴보겠다.

문제상황

김교사는 중학교에서 진로교육을 위한 자료를 준비하고 있었다. 인터넷에서 국제통화기금이 전 세계 직업의 40%가 AI의 영향을 받고 그중 절반은 AI로 대체될 것이라고 예측한 내용을 접하고 깜짝 놀랐다. 이 비율은 선진국으로 갈수록 더 커진다는 내용을 읽고 불안한 마음이 들었다. 평소 AI 기술이 빠르게 발전하고 있다는 것을 알고 있었지만 자신의 생각보다 더 빠르고 폭넓게 AI가 노동시장에 영향을 미치고 있었다.

얼마 전에 보았던 생성형 AI에 대한 홍보 영상이 떠올랐다. 학생이 수학 문제를 해결하는 모습을 보면서 자연스럽게 대화하고 감정 표현을 하는 AI를 보았다. 모든 학생이 이러한 AI 도구를 가지고 있다면 교사의 역할도 크게 달라지겠다는 생각이 들었다. 교사는 학생에게 꼭 필요하기 때문에 AI로 대체되지 않을거라고 생각했는데, 자신의 생각이 틀린 것이 아닐까라는 의문이 들었다. 과거에 사람이 하던 일이 빠르게 AI로 대체되고 있으며 육체적 노동을 넘어 사무직으로 그 범위가 점차 커지고 있다.

다른 한편, AI와 같은 디지털 기술로 인해 새로운 직업이 등장하고 있다는 생각이 들었다. 과거 산업혁명 시대에 영국에서 직업을 잃은 노동자들이 공장에 불을 지르고 기계를 파괴하는 러다이트 운동이 발생했지만, 그 이후에도 계속해서 더 많은 직업이 생겨났다. 마찬가지로, AI로 인해 사라지는 직업보다 새로 생기는 직업이 더 많을 수 있다. 예컨대, AI로 인해서 발생하는 윤리적 문제를 예방하고 AI 관련 분쟁을 해결하기 위한 직업이 생겨날 수 있다.

김교사는 AI를 잘 사용하는 사람과 그렇지 못한 사람 간 경제적 격차가 점차 더 커질 거라는 생각이 들었다. 구글, 오픈 AI, 네이버 등 디지털 산업에 종사하는 사람들의 임금이 다른 산업보다 더 높은 편이다. 그리고 AI를 잘 사용하면 동일한 일도 더 빠르고 효과적으로 수행할 수 있다. 예를 들어, 외국어로 이메일을 쓰거나 문서를 작성할 때 생성형 AI를 활용하면 효율성이 향상된다.

그렇지만 학생들에게 무작정 디지털 기기를 많이 사용하라고 말하는 것은 무책임할 수 있다. 이미 인터넷게임중독이 청소년에게 심각한 문제로 알려져 있고, SNS를 통해 개인정보가 유출되거나 허위정보가 빠르게 확산되는 경우가 종종 있다. 또한 AI에게 과도하게 의존할 경우 학생이 스스로 문제를 해결하고 과제를 수행하는 능력이 감소할 수 있다. 이런 이유에서 학부모들이 자녀가 디지털 기기에 최대한 늦게 노출되도록 신경을 쓰는 것도 이해가 되었다.

김교사는 이런 복잡한 상황을 고려할 때 진로교육 시간에 학생들에게 어떤 이야기를 해야 할지 고민이 되었다. AI가 기존 직업을 대체한다면 학생들은 어떤 능력을 길러야 할까? 학생들이 AI를 잘 사용할 수 있도록 무엇을 가르쳐야 할까? 학교에서 디지털 기술을 사용하는 것에 대해 부정적 태도를 가진 학부모에게 어떤 이야기를 할 수 있을까? 이런 고민을 하면서 현재 학교교육이 학생들의 미래를 위해 제 역할을 하고 있는지 의문이 들었다.

탐구문제

1. AI 디지털 기술이 직업에 어떤 영향을 미치는가?
2. 디지털 전환 시대 학생에게 필요한 능력은 무엇인가?
3. 학생의 미래를 위해 어떤 교육이 필요한가?

학습목표

1. AI 디지털 기술의 발달이 사회에 미치는 영향에 대해 설명할 수 있다.
2. 디지털 리터러시의 개념과 필요성에 대해 설명할 수 있다.
3. 디지털 전환 시대 미래 교육이 나아가야 할 방향을 제시할 수 있다.

1. AI 디지털 시대

1) AI 디지털 기술의 발달

인간의 명령에 따라 자동으로 계산을 하는 전자식 컴퓨터가 1940년대 등장한 이후로 디지털 기술이 급속히 발전하였다. 컴퓨터는 처음에 군사적, 상업적 목적으로 활용되었으나 1980년대 이후 개인용 컴퓨터가 보급되면서 학교, 직장, 가정에서 널리 사용되고 있다. 그리고 1990년대 월드 와이드 웹이 등장하면서 전 세계 컴퓨터가 서로 연결되어 정보에 대한 접근성을 높이고 새로운 소식을 빠르게 전파하고 있다. 2000년대 이후 휴대가 간편하면서 다양한 기능을 가진 스마트폰이 등장하였고 소셜 미디어가 발전하면서 누구나 자신의 생각을 글이나 영상으로 만들어서 쉽게 공유하게 되었다. 컴퓨터와 인터넷에 대한 전문 지식이 부족한 일반인도 소셜 미디어에서 1인 방송을 운영하거나 온라인 쇼핑몰에서 상품을 거래할 수 있다.

최근에 AI 기술이 급속히 발전하면서 사회적으로 주목을 받고 있다. 많은 사람이 2016년에 있었던 이세돌과 알파고(AlphaGo)의 역사적인 바둑 경기를 기억할 것이다. 구글 딥마인드 기업이 개발한 알파고가 이세돌 바둑 기사에게 4대 1의

승리를 거두면서 AI 기술의 발전을 보여주는 상징적인 사례가 되었다. 1956년 다트머스 회의에서 AI라는 용어가 처음 사용된 이후 인간처럼 지각하고 생각하고 행동하는 기계를 만들려는 노력이 지속적으로 이루어졌다. 몇 번의 시행착오를 거치면서 AI 기술에 대한 회의적인 시각도 있었으나 2000년대 이후 빅데이터의 축적과 컴퓨터의 성능 향상으로 인간의 뇌신경을 모방한 딥러닝 모델이 큰 성공을 거두었다.

이러한 기술 혁신으로 누구나 일상생활 속에서 AI 기술을 쉽게 접할 수 있게 되었다. 스마트폰에 있는 AI 비서를 활용하여 날씨와 뉴스에 대한 정보를 얻고 음성을 문자로 변환하여 메시지를 보내고 사진을 자동으로 분류할 수 있다. 안면 인식 프로그램을 통해 자동으로 스마트폰의 잠금을 해제할 수도 있다. 또한 음악, 영화, 도서 등을 판매하는 웹사이트에서 AI 기술을 활용하여 개인의 관심과 구매 내역을 바탕으로 소비자에게 최적화된 상품을 추천한다. 과거에 높은 평점을 줬거나 자주 구매한 상품과 유사한 제품을 소비자에게 추천한다면 만족도가 높을 것이다. 특정 개인과 연령, 성별, 직업, 취미 등이 유사한 사람들이 선호하는 상품을 추천함으로써 우연히 좋은 제품을 발견하도록 도울 수도 있다.

직장에서도 반복적으로 이루어지는 업무를 AI의 도움을 받아 수행하는 일이 증가하고 있다. 그 대표적인 예로 문자나 음성으로 대화를 나누는 챗봇이 있다. 은행, 병원, 여행사, 이동통신사 등에 전화를 해서 서비스에 대한 문의를 하거나 예약을 할 때 챗봇이 사람을 대신해서 업무를 수행한다. 사람만큼 친절하고 유연하게 대응하지 못한다는 제한점이 있지만 24시간 동안 사용자의 질문에 즉각적으로 응답할 수 있기 때문에 업무의 효율성을 높이는 데 기여한다.

그리고 ChatGPT와 같이 초거대 언어모델이 적용된 챗봇은 혼자서 하기 힘든 일을 수행하는 데 도움이 된다. 한글로 작성된 문서를 외국어로 번역해서 해외 기업에 보낼 때 ChatGPT를 유용하게 활용할 수 있다. 보고서의 초안을 작성하거나 통계 자료를 분석할 때도 ChatGPT를 사용할 수 있다. 이처럼 챗봇의 적용 범위는 점차 확대되고 있으며, 최근에는 법률, 의료, 재무 등 전문 분야의 특수성을 반영한 맞춤형 챗봇을 개발하려는 시도가 이루어지고 있다.

다양한 산업에서 생산성을 높이고 비용을 절감하기 위해 AI 디지털 기술을 활용하는 사례를 쉽게 발견할 수 있다. 스마트 팜(smart farm)에서는 드론을 사용하여 실시간으로 농작물의 상태를 확인하고 AI 기술이 적용된 농업 기계를 사용하여 비료를 살포하거나 물 공급을 조절한다. 그리고 인간을 대신하여 자율주행 트랙터가 일정한 간격을 유지하면서 모심기를 하고 로봇이 잡초를 제거하거나 농작물을 수확할 수 있다. 스마트 팜에서 수집되는 다양한 데이터에 기반하여 병해충을 미리 예측할 수 있다면 사전에 농약을 살포하여 피해를 줄일 수 있다.

스마트 팩토리(smart factory)에서도 AI 디지털 기술을 이용하여 생산 과정을 자동화하고 효율성을 높이려는 시도가 이루어지고 있다. 자율주행 자동차를 생산하는 테슬라는 자동차 생산 라인에서 AI와 로봇을 활용하여 베터리를 조립하고 차체를 용접함으로써 작업 시간을 단축하고 생산성을 높이고 있다. 또한 세계 최대 물류 회사 중 하나인 아마존은 AI 디지털 기술을 활용하여 고객의 수요를 정확히 예측함으로써 물류를 효과적으로 관리하고 배송에 걸리는 시간을 줄이고 있다. 이러한 사례가 점점 증가하면서 디지털 기술을 이용하여 일하는 방식을 획기적으로 변화시키는 디지털 전환이 산업계 전반으로 확산되고 있다.

2) AI 디지털 기술이 사회에 미치는 영향

AI 디지털 기술의 발전이 가속화되면서 사회 전반에 미치는 영향이 증대되고 있다. 2016년 스위스 다보스에서 개최된 세계경제포럼에서 클라우스 슈밥(Klaus Schwab) 회장은 디지털 기술의 발전이 사회, 경제, 정치, 교육, 문화 등에 전방위적으로 미치는 영향을 강조하면서 '4차 산업혁명(Fourth Industrial Revolution)'이라는 용어를 사용하였다. 과거 세 차례의 산업혁명이 가져왔던 변화를 고려할 때 AI 디지털 기술로 인해 인간의 삶과 노동에 광범위하고 근본적인 변화가 발생할 수 있다.

첫째, AI가 인간을 대신하여 지적인 업무를 수행함으로써 미래 일자리에 있어 큰 변화가 발생할 것이다. 2024년에 국제통화기금은 AI와 미래의 일자리에 대한 보고서에서 AI가 전 세계 일자리의 40%에 영향을 미칠 것이며, 선진국의 경우에 그 비율이 60%로 증가한다고 하였다(Cazzaniga et al., 2024). 선진국으로 갈수록 지적인 능력을 요구하는 직업이 많기 때문에 분류, 추론, 문제해결, 창작 등에 AI를 활용할 가능성이 높다. AI는 업무의 효율성을 높인다는 점에서 긍정적인 측면도 있으나 인간을 대체함으로써 특정 분야에서 임금이 감소하거나 실업자가 증가할 수 있다. 예를 들어, 판사와 의사는 AI 기술을 이용하여 자신의 업무를 더 효율적으로 수행할 수 있지만, 콜센터 직원, 운전사, 회계사, 공장 노동자 등은 AI 기술의 발달로 업무가 줄어들거나 고용이 불안정해질 수 있다.

둘째, AI에 대한 지식과 기술을 보유한 사람과 그렇지 못한 사람 간 경제적 불평등이 심화될 것이다. 경제적으로 부유한 가정에서 성장한 학습자일수록 AI 디지털 기술을 효과적으로 활용하는 방법을 부모로부터 배울 기회가 많을 것이다. 반면에 가난한 가정에서 성장한 학습자는 AI 디지털 기술에 대한 접근성이 낮거나 사용법을 배울 수 있는 기회가 부족할 수 있다. 예를 들어, 코로나19 팬데믹 동안 가정에 컴퓨터와 인터넷이 없거나 학습을 지원해주는 보호자가 없을 경우 원격수업에 많은 어려움이 발생하였다. 이러한 디지털 격차가 해소되지 않는다면 사회경제적 불평등이 더 악화될 것이다. 고임금의 일자리일수록 AI를 개발하거나 활용하는 것과 밀접한 관련이 있지만, 저임금의 일자리는 단순하고 반복적인 일이 많기 때문에 AI로 대체될 가능성이 높다.

셋째, AI 디지털 기술이 급속히 발전하면서 평생학습에 대한 요구가 증가하고 있다. 과학기술의 혁신이 점진적으로 이루어지는 과거에는 20대 초반까지 학교에서 배운 지식을 활용하여 직장 생활을 하는 데 어려움이 없었다. 그렇지만, 디지털 기술이 기하급수적으로 발전하는 시대에는 학교에서 배운 지식만으로 사회에서 직면하는 문제를 해결하는 데 한계가 있다. 예컨대, ChatGPT가 등장한 이후 생성형 AI를 업무에 안전하고 효과적으로 활용하기 위한 직무연수가 크게 증가하였다. 생성형 AI로부터 원하는 응답을 얻기 위해 프롬프트 작성법을 배워야 하고, 현실에 존재하지 않는 것을 마치 존재하는 것처럼 이야기하는 할루시네이션(hallucination) 현상을 비판적으로 검토하는 능력을 길러야 한다. 이처럼 새로운 기술이 등장할 때마다 연령과 성별에 관계없이 기술을 이해하고 효과적으로 활용하기 위한 학습이 필요하다.

넷째, 디지털 전환으로 지식과 정보가 전 세계에 빠르게 확산되고 있다. 사람의 입을 통해 정보가 전달되던 시대에는 정확한 정보 전달이 어려웠을 뿐만 아니라 오랜 시간이 걸리고 전달 범위도 제한적이었다. 인쇄물과 통신기술의 발달로 정보 전달의 속도가 빨라졌지만 일방향적이라는 한계가 있었다. 하지만 디지털 기술의 발달로 우리나라에서 발생한 일이 한두시간 안에 지구 반대편에 있는 유럽이나 미국에 전달되고 인스타그램, 틱톡, 페이스북 등 SNS(social networking service)를 통해 쌍방향 소통이 원활하게 이루어지고 있다. 또한 새로운 지식을 배우기 위해서 해외로 유학을 가거나 도서관에서 책을 찾는 대신에 인터넷에서 정보를 검색하고 온라인 강의를 수강할 수 있다. 디지털 전환으로 누구나 편리하게 정보를 획득하고 새로운 지식을 배울 수 있으며, 자신의 생각을 글과 영상으로 소셜 미디어에 공유할 수 있다.

다섯째, 디지털 전환으로 새로운 범죄와 도전적인 과제가 증가하고 있다. SNS를 통해 사진과 영상을 공유하는 빈도가 증가하면서 개인 정보가 유출되어 보이스피싱과 같은 범죄에 악용되는 경우가 증가하고 있다. 또한 청소년들이 게임에 과몰입하여 교우관계가 악화되거나 수업 시간에 주의집중을 못하고 충동적인 행동을 하는 사례가 자주 발생하고 있다. 이러한 사회 문제는 AI 기술이 발달하면서 더 다양해지고 있다. 생성형 AI에게 질문하는 과정에서 개인이나 회사 정보가 유출되거나, 학교에서 생성형 AI를 사용한 부정행위가 적발되기도 한다. 또한 2024년에 딥러닝 기술을 이용하여 여자 청소년의 얼굴을 성착취물에 합성하는 딥페이크가 사회적으로 큰 문제가 되었다. 이처럼 AI 디지털 기술을 사용한 범죄를 예방하고 공익을 보호하기 위해 법과 제도를 보완할 필요가 있다.

마지막으로, 지속 가능한 사회발전을 위해 인간 중심의 사고에서 벗어나 AI 디지털 기술과 공존하는 방안을 모색할 필요가 있다. 14세기 르네상스 시대 이후 인간의 이성과 가치를 중요시하는 휴머니즘(humanism)이 강조되었는데, 환경오염, 동식물 멸종, 기후위기 등을 겪으면서 인간 중심적 사고의 한계를 점차 인식하게 되었다. 더욱이 AI 디지털 기술이 발달하면서 특정 분야에 있어서 인간의 지적 능력을 뛰어넘는 기계가 등장하고 있으며, 그 발전 속도가 빨라지고 있다. 레이 커즈와일(Ray Kurzweil)과 같은 미래 학자들은 멀지 않은 미래에 AI가 인간의 지능을 능가하는 특이점(singularity)이 올 것이라고 예상하였다. 이러한 이유에서 포스트휴머니즘(posthumanism)은 인간을 세상의 중심으로 보지 않고 동물, 식물, 기계, AI 등 비인간과 공존하는 길을 모색해야 한다고 주장한다. 앞으로 AI 디지털 기술과 인간이 서로 영향을 주고받는 현상에 주목하고 협력적 관계를 강화할 필요가 있다(조영환 외, 2023).

AI 디지털 기술이 사회에 미치는 영향은 항상 낙관적이지만은 않다. AI 디지털 기술로 인해 직업이 사라지기도 하고 사회경제적 불평등이 악화되기도 하며 새로운 범죄가 나타나기도 한다. 이러한 변화는 점차 가속화되고 있으며 사회 전반에 걸쳐 일어나고 있다. 그런 점에서 AI 디지털 기술은 공학만의 문제는 아니며 사회적 문제이며 동시에 교육의 문제이다. 학교교육을 통해 모든 학생이 디지털 전환 시대에 필요한 역량을 기르고 AI 디지털 기술과 공존하는 방법을 배워야 하기 때문이다.

2. 디지털 리터러시의 필요성

1) 디지털 전환 시대에 필요한 능력

디지털은 라틴어 'Digitus'에서 유래하였는데 손가락을 접어서 숫자를 세는 것을 의미한다. 디지털은 아날로그와 달리 정보를 연속적으로 처리하지 않고 0과 1의 조합으로 명확하게 표현한다. 예컨대, 아날로그 체온계는 수은이 들어가 있는 유리관 안에 온도가 올라가면 수은이 팽창하고 눈금의 연속적인 변화를 가지고 체온을 측정한다. 반면에 디지털 체온계는 온도의 변화를 감지하는 센서를 활용하여 정확한 수치로 체온을 나타낸다. 이러한 차이점으로 인해 디지털 제품은 아날로그 제품에 비해 더 빠르고 정확하게 정보를 처리하고 오랜 기간 저장할 수 있다. 또한 정보가 0과 1로 저장되기 때문에 원본과 동일한 형태로 복제품을 만들 수 있고 다른 사람과 쉽게 공유할 수 있으며 내용을 압축해서 보관할 수 있다.

디지털 전환 시대에는 과거에 아날로그로 이루어지던 활동이 디지털로 대체되는 현상이 빈번하게 발생한다. 종이에 글을 쓰던 행동은 컴퓨터로 문서를 작성하는 것으로 변하였고, 더 나아가 생성형 AI가 인간을 대신해서 글을 작성하는 일이 증가하고 있다. 또한, 저축을 위해 은행을 찾아가 서류를 작성하고 종이 통장을 만들던 것이 인터넷 뱅킹으로 변하였고, 철도역을 직접 찾아가지 않더라도 스마트폰 앱을 이용하여 간편하게 기차표를 예매할 수 있다. 디지털 전환으로 인해 생활이 더 편리해지고 업무의 생산성이 증가하고 있다.

그런데 이러한 변화에 빠르게 적응하는 사람도 있지만 그렇지 못한 사람도 있다. 젊은 세대에 비해 70대 이상의 어르신들은 모바일 뱅킹을 이용하는 비율이 매우 낮은 편이다. 스마트폰 앱을 이용하여 택시를 부르거나 온라인에서 상품을 구매하는 데도 어려움을 겪는다. 아날로그 세상에 익숙한 사람들에게 디지털 기술은 낯설고 불편한 존재일 수 있다. 디지털 전환이 주는 혜택을 누리기 위해 디지털 기기를 어떻게 활용할 수 있는지 배우고 다양한 상황에 반복해서 적용해 보는 경험이 필요하다.

디지털 기기를 자유자재로 활용하는 청소년에게도 디지털 시대를 건강하게 살아가기 위한 역량이 필요하다. 불특정 다수가 익명으로 소통하는 디지털 세상에서 바람직한 행동 규범을 배우고 각종 위험으로부터 자신을 안전하게 보호할 필요가 있다. 학교에서 발생하는 물리적 폭력은 점차 줄어들고 있지만 SNS에서 이루어지는 사이버 폭력은 오히려 증가하고 있다. 또한 온라인에서 만난 청소년을 대상으로 친밀감과 신뢰를 형성한 다음에 성적 착취나 학대를 가하는 온라인 그루밍(online grooming)과 같은 신종 범죄가 발생하고 있다. 이처럼 디지털 세상에서 벌어지는 폭력과 범죄를 사전에 예방하고 능동적으로 대응하는 방법을 학교에서 교육할 필요가 있다.

그리고 학생의 사회경제적 배경에 따라 디지털 기기 사용에 있어 격차가 존재하며, 이러한 차이가 학업성취에 영향을 미친다. 국제성취도평가인 PISA 연구에 따르면, 학습을 위해 디지털 기기를 1시간에서 5시간까지 사용하는 학습자의 수학 성취도가 전혀 사용하지 않는 학습자에 비해 높게 나타났다(Schleicher, 2023). 반면에 소셜 미디어, 인터넷게임 등의 여가를 위해 디지털 기기를 사용하는 학습자는 1시간 이상 사용할 경우 수학 성취도가 급격히 떨어지는 경향을 보였다. 이 연구는 학생들이 디지털 기기를 학습 목적을 위해 효과적으로 활용하는 방법을 배워야 한다는 것을 시사한다.

태어나면서부터 디지털 기기를 친숙하게 사용한 사람을 디지털 네이티브(digital native)라고 부르고 성인에 비해 디지털 기기를 더 능숙하게 사용할 것이라고 생각한다. 하지만 이런 생각이 항상 옳은 것은 아니다. 스마트폰을 잘 다루는 학생도 컴퓨터로 문서를 작성하는 데 어려움을 겪는 경우가 자주 있다(박세진 외, 2021). 디지털 기기를 이용하여 게임을 하거나 SNS로 소통하는 데 능숙한 학생도 정보를 수집하고 평가하고 활용하는 데 미숙할 수 있다. 그러므로 학생들이 디지털 전환 시대를 지혜롭고 건강하게 살아가도록 디지털 리터러시를 교육할 필요가 있다.

2) 디지털 리터러시의 개념과 구성요소

전통적으로 문자 언어를 읽고 쓰는 능력을 리터러시라고 불렀으며, 리터러시 교육은 학교교육에서 중요하게 여겨졌다. 최근에는 디지털 환경에서 새로운 정보를 검색하고 평가하고 활용하고 생성하는 일이 증가하면서 전통적인 리터러시를 넘어 디지털 리터러시가 강조되고 있다. 디지털 리터러시는 디지털 전환 시대를 살아가는 데 꼭 필요한 역량이므로 초중고등학교에서 체계적으로 가르칠 필요가 있다. 2022 개정 교육과정에서도 모든 학생이 배워야 할 학습의 기초로 언어 소양 및 수리 소양과 함께 디지털 소양을 강조하였다(교육부, 2022). 디지털 소양은 디지털 리터러시와 유사한 의미로 자주 혼용된다.

Gilster(1997)는 책이나 신문을 읽는 것과 달리 인터넷에서 정보를 검색하고 하이퍼텍스트를 통해 내용을 이해하기 위해 디지털 리터러시가 필요하다고 하였다. Gilster는 디지털 리터러시를 컴퓨터에서 다양한 출처로부터 수집된 여러 형태의 정보를 이해하고 활용할 수 있는 능력이라고 정의하였다. 초기에는 컴퓨터를 활용하여 정보를 검색, 이해, 활용하는 능력이 디지털 리터러시의 구성요소로 강조되었다. 이후 디지털 기기가 발전하면서 다양한 기능이 추가되고 교육과정에서 역량이 강조되면서 디지털 리터러시의 개념도 확대되었다.

김수환 등(2017)은 디지털 리터러시를 “디지털 사회 구성원으로서 자주적인 삶을 살아가기 위해 필요한 기본 소양으로, 윤리적 태도를 가지고 디지털 기술을 이해 및 활용하여 정보의 탐색 및 관리, 창작을 통해 문제를 해결하는 실천적 역량"이라고 정의하였다. 이 정의에 따르면, 디지털 리터러시는 단일의 능력이 아니라 다양한 지식, 기술, 태도를 포함한다. Gilster의 정의에 비해 윤리적 태도를 포함하여 디지털 리터러시의 범위가 넓어지고 실천적 역량이 강조되었다.

디지털 리터러시의 구성요소에는 디지털 테크놀로지 이해와 활용, 디지털 의식과 태도, 디지털 사고 능력, 디지털 실천 역량이 있다(김수환 외, 2017). 첫째, 디지털 사회에서 자주적으로 살아가기 위해서 컴퓨터, 태블릿PC, 스마트폰 등의 하드웨어와 앱이나 소프트웨어를 잘 다루고 인터넷에서 정보를 검색, 평가, 활용할 수 있어야 한다. 둘째, 공익을 위해 디지털 기술을 윤리적으로 활용하고 저작권과 같은 규범을 준수해야 한다. 셋째, 디지털 사회에서 요구되는 통합적인 학습과 수행을 위해 창의적 사고력, 비판적 사고력, 컴퓨팅 사고력 등의 고차적 사고 능력이 필요하다. 마지막으로, 디지털 기술을 이용하여 실제적인 문제를 해결하고, 다른 사람과 의사소통 및 협력하고, 콘텐츠를 창작하는 실천 역량을 갖추어야 한다.

유럽위원회의 공동연구센터에서는 디지털 역량이라는 용어를 사용하여 모든 시민을 위한 디지털 역량 프레임워크(digital competence framework for citizens, DigComp)를 개발하였다(Riina, Stefano, & Yves, 2022). 여기에서 디지털 역량은 학습, 업무, 사회 참여를 위해 디지털 기술을 자신감을 가지고 비판적이며 책임감 있게 사용하는 것을 의미한다. 디지털 역량을 정보와 데이터 리터러시, 의사소통과 협력, 디지털 콘텐츠 창작, 안전, 문제해결이라는 다섯 영역으로 구분하고, 총 21개의 역량을 제시하였다. 김수환과 동료들(2017)의 연구와 비교했을 때 영역을 구분하는 방식에 차이가 있으나 구성요소에 있어 유사성을 가진다.

첫째, 자신에게 필요한 정보, 데이터, 디지털 콘텐츠를 검색하고 관련성을 평가하여 저장하고 관리하는 능력이 필요하다. 둘째, 디지털 기술을 이용하여 다른 사람과 소통하고 협력하며 민주시민으로 참여하고 자신의 디지털 정체성과 평판을 관리할 수 있어야 한다. 셋째, 디지털 콘텐츠를 개발하고 수정하며 다른 사람의 창작물을 저작권을 고려하여 재활용하고 컴퓨터에게 명확한 지시를 내릴 수 있어야 한다. 넷째, 디지털 기기, 콘텐츠, 데이터, 프라이버시 등을 보호하고 디지털 기술이 건강, 웰빙, 환경에 미치는 영향에 주의를 기울여야 한다. 마지막으로, 디지털 환경에서 발생하는 문제를 발견하고 해결하며 디지털 기기를 창의적으로 활용하고 자신에게 부족한 디지털 역량을 향상시키기 위해 노력해야 한다.

표 1-1 디지털 역량 프레임워크(Riina et al., 2022)

영역	디지털 역량
1. 정보와 데이터 리터러시	1.1 데이터, 정보, 디지털 콘텐츠 탐색, 검색, 선별 1.2 데이터, 정보, 디지털 콘텐츠 평가 1.3 데이터, 정보, 디지털 콘텐츠 관리
2. 의사소통과 협력	2.1 디지털 기술을 통한 상호작용 2.2 디지털 기술을 통한 공유 2.3 디지털 기술을 통한 시민 참여 2.4 디지털 기술을 통한 협력 2.5 네티켓 2.6 디지털 정체성 관리
3. 디지털 콘텐츠 제작	3.1 디지털 콘텐츠 개발 3.2 디지털 콘텐츠 통합 및 재작성 3.3 저작권과 라이센스 3.4 프로그래밍
4. 안전	4.1 기기 보호 4.2 개인 데이터와 프라이버시 보호 4.3 건강과 웰빙 보호 4.4 환경 보호
5. 문제해결	5.1 기술적 문제 해결 5.2 요구 파악과 기술적 대응 5.3 디지털 기술의 창의적 활용 5.4 디지털 역량의 격차 파악

김진숙 등(2023)은 2022 개정 교육과정과 연계하여 디지털 리터러시 구성 체계를 정립하였다. 〈표 1-2〉에 제시된 것처럼 디지털 기기와 소프트웨어의 활용, 디지털 정보의 활용과 생성, 디지털 의사소통과 문제해결, 디지털 윤리와 정보 보호라는 4개의 영역으로 디지털 리터러시를 나누었다. 각 영역별로 세부요소와 학습

요소가 있으며, 학습요소를 더 세분화하여 교과목 성취기준 설정과 수업 설계에 활용할 수 있다.

디지털 리터러시의 세부요소는 앞서 김수환 등(2017)과 유럽위원회의 공동연구센터에서 제시한 내용과 상당부분 일치한다. 그렇지만 인공지능의 활용이 디지털 리터러시에 추가된 점에 주목할 필요가 있다. 학생들은 AI의 개념과 원리를 예를 들어 설명하고 AI가 사회에 미치는 영향을 이해하고 어떤 분야에 활용될지 예측할 수 있어야 한다. 또한 AI가 도구로서 어떤 특성을 가지는지 이해하고 학습을 위해 유용하게 활용하는 것이 필요하다. 디지털 전환 시대에 AI 기술이 보편화되면서 디지털 리터러시의 주요한 세부요소로 AI 활용 능력이 강조되고 있다.

표 1-2 디지털 리터러시 구성체계(김진숙 외, 2023)

대영역	세부요소	학습요소
1. 디지털 기기와 소프트웨어 활용	1.1 디지털 기기의 활용	• 하드웨어의 이해와 활용 • 네트워크의 이해와 활용
	1.2 소프트웨어의 활용	• 소프트웨어의 이해 • 소프트웨어의 선택과 활용
	1.3 인공지능의 활용	• 인공지능 개념과 활용 분야 이해 • 인공지능의 도구적 활용
2. 디지털 정보의 활용과 생성	2.1 자료의 수집과 저장	• 디지털 자료의 수집 이해와 선별 • 디지털 자료의 저장과 관리 및 소비
	2.2 정보의 분석과 표현	• 디지털 정보와 데이터의 분해, 분류 및 분석 • 디지털 정보와 데이터의 해석과 표현 및 활용
	2.3 디지털 콘텐츠 생성	• 디지털 미디어의 특성 이해와 선택 • 디지털 콘텐츠 기획과 창작
3. 디지털 의사소통과 문제해결	3.1 디지털 의사소통	• 디지털 의사소통 방법의 이해와 공감 • 디지털 의사소통과 협업 • 온라인 이슈/갈등 예방 및 대응
	3.2 디지털 문제해결	• 문제 공감 및 정의 • 문제 해결 방안 도출 • 문제 해결 및 성찰
4. 디지털 윤리와 정보 보호	4.1 디지털 윤리	• 디지털 자기 관리 • 디지털 인간관계 관리
	4.2 디지털 정보 보호	• 디지털 준법의 이해와 실천 • 개인정보와 저작물의 보호

최근에 AI에 대한 이해와 활용 능력이 강조되면서 AI 리터러시라는 용어가 자주 사용된다. Long과 Magerko(2020)는 AI 리터러시를 "AI의 기본 지식과 개념을 이해하고 윤리적으로 사용할 뿐만 아니라 AI 기술을 비판적으로 평가하고, AI와 효과적으로 소통, 협력할 수 있는 역량"이라고 정의하였다. 이 정의를 분석하면 앞서 살펴본 디지털 리터러시와 유사하다는 것을 알 수 있다. 기본적으로 AI는 디지털 기술의 한 종류이기 때문에 AI 리터러시는 디지털 리터러시의 일부분으로 볼 수 있다. Long과 Magerko는 디지털 리터러시가 AI 리터러시의 전제 조건이라고 하였는데 디지털 기기를 활용하지 못하면 AI를 이해할 수 없기 때문이다.

하지만 디지털 리터러시의 개념과 달리 AI와 서로 협력하는 능력이 강조되고 있다는 점에 주목해야 한다. 이는 AI가 다른 디지털 기술과 달리 인간과 협력할 수 있는 지적 능력을 가지고 있다는 것을 시사하며 인간과 비인간을 대등하게 보는 포스트휴머니즘의 관점이 반영되어 있다. 인간과 AI가 협력하여 서로에게 부족한 점을 보완함으로써 혼자서 할 수 없는 일을 해낼 수 있다. AI와 협력한다는 것은 전적으로 의존하는 것을 의미하지 않는다. AI에 대한 이해를 바탕으로 상호의존적으로 과제를 함께 수행하고 조절해야 한다. 동일한 AI 시스템이라고 하더라도 학습자의 AI 지식과 사전경험, AI에 대한 태도, 과제에 대한 지식, 자기조절 학습 능력 등에 따라 상호작용 양상이 달라질 수 있다(조영환 외, 2024). 이러한 차이를 고려하여 AI와 협력하는 역량을 개발하기 위한 교육이 필요하다.

3. 디지털 전환과 미래 교육

디지털 전환 시대에 학생들에게 필요한 교육은 어떤 모습일까? 앞서 디지털 리터러시가 현재의 학습과 미래의 직업을 위해 중요한 이유를 살펴보았다. 디지털 전환 시대에 모든 학생이 디지털 리터러시를 갖추는 것이 필요하다. 그 외 학생의 전인적 발달과 자아실현을 위해서 혹은 국가의 인재 양성과 민주시민 양성을 위해 미래 교육이 어떤 방향으로 발전해야 하는지 고민해야 한다.

OECD는 2040년에 나타날 수 있는 미래 학교교육의 네 가지 시나리오를 제시하였다(OECD, 2020). 과거와 현재의 추세를 바탕으로 미래를 예측하는 것과 동시에 미래에 일어날 법한 일을 시나리오로 만들어서 구체적인 대안을 탐색하였다. 네 가지 시나리오는 학교교육의 확대, 교육의 외주화, 학습 허브로서의 학교, 삶과 통합된 학습(learn-as-you-go)으로 제시되었다(박은경, 2020).

첫째, 학교교육의 확대 시나리오에서는 국가 주도의 공통 교육과정과 교실 수업이 지속되지만 디지털 기술로 인해 수업 방법이 유연해지고 AI와 로봇이 교육에 도입됨에 따라 교사의 역할이 변화한다. 둘째, 교육의 외주화 시나리오에서는 학생과 학부모의 선택권이 강조되면서 학습 시장에서 다양한 교육기관이 경쟁을 하고 홈스쿨링, 온라인학습, 과외 등이 활성화된다. 셋째, 학습 허브로서의 학교 시나리오에서는 지역사회가 학교 교육과정과 운영에 참여하고 학습은 학교 안팎에서 다양한 개인과 기관에 의해 이루어진다. 마지막으로 삶과 통합된 학습 시나리오에서는 AI와 디지털 기술의 급속한 발전으로 인해 언제 어디서나 필요할 때 학습이 이루어지기 때문에 형식학습과 무형식학습 간 경계가 사라진다.

각 시나리오에서는 미래 학교교육에서 중요하게 여기는 가치와 교육주체들의 역할이 서로 다르다. 학교교육의 확대 시나리오에서는 전통적인 정부의 역할이 강조되고, 교육의 외주화 시나리오에서는 학습 시장에서 교육기관 간 경쟁이 교육의 질을 결정한다. 학습 허브로서의 학교에서는 지역사회가 추구하는 가치와 파트너십이 중요하고, 삶과 통합된 학습에서는 디지털 기술과 데이터가 학습 내용과 방식을 결정한다.

미래 학교교육의 방향에 대해 전문가들 사이에서도 이견이 존재하기 때문에 어느 시나리오가 더 타당하다고 단언하기 어렵다. 네 가지 시나리오 중 어떤 시나리오가 교육적으로 더 바람직한지 혹은 실현 가능한지에 대한 논의가 필요하다. 이 과정에서 우리나라 맥락에 적합한 새로운 미래 학교교육 시나리오가 생성될 수도 있다. 이를 위해 디지털 전환이 학교교육에 미칠 영향을 중심으로 미래 교육에 대한 전망을 살펴보자.

첫째, AI 디지털 기술은 표준화되고 획일적인 교육을 맞춤형 교육으로 전환하는 데 기여할 것이다. 19세기 산업혁명 이후 학교교육의 필요성이 증가하면서 한 명의 교사가 다수의 학생을 교실이라는 공간에서 표준화된 방식으로 가르치기 시작했다. 학생의 능력이나 관심을 고려하지 않고 동일 연령의 학생을 같은 학년에 배치하고 교과서를 바탕으로 일방향적으로 지식을 전달하였다. 최근에 학습자 중심 교육에 대한 관심이 높아지면서 학생의 능동적 참여를 강조하는 교육개혁이 이루어지고 있으나 근대 학교교육의 기본 틀은 그대로 유지되고 있다.

AI 디지털 기술은 기존 학교교육에 근본적인 변화를 가져올 잠재력을 가지고 있다. 온라인 학습은 학생이 동일한 시간에 동일한 공간에서 수업에 참여해야 한다는 전제를 탈피하여, 언제 어디서나 개별화된 학습 환경을 제공한다. 코로나19 팬데믹 기간 동안 전국적으로 실시된 원격수업을 통해 전염병으로 인한 학업 중단을 극복할 수 있었다. 온라인 학습에 AI 기술이 접목되면 학생의 필요와 관심을 학습데이터에 기반하여 진단하고 학생에게 최적화된 학습경험을 추천하고 학습과정에서 발생하는 어려움에 적응적인 지원을 할 수 있다.

그러나 AI 디지털 기술이 학교교육을 근본적으로 변화시키는 데 여러가지 장애물이 있다. 이는 단순히 기술의 문제가 아니라 교육 시스템의 문제이며, 기존의 안정적인 시스템이 AI 디지털 기술로 인해 혼란에 직면할 것이라는 우려와 관련있다. AI 디지털 기술을 활용한 맞춤형 교육을 위해 디지털 인프라와 유연한 제도가 마련되어야 하며, 교육에 대한 인식과 문화가 변해야 한다. 그리고 교수학습 방법과 평가가 획기적으로 변해야 하며, 이를 위한 교사교육이 필요하다. 이러한 교육 시스템의 전환에 있어서 AI 디지털 기술은 촉매제 역할을 할 것이다.

둘째, 디지털 전환 시대에 필요한 역량을 중심으로 교육의 목적과 내용이 변할 것이다. 지적인 업무를 AI가 대신함에 따라 노동시장이 급속히 변하고 있다. 이러한 변화를 고려할 때 AI로 쉽게 대체되지 않는 인간의 역량을 중심으로 교육과정을 운영하는 것이 필요하다. 2022 개정 교육과정은 자기관리 역량, 지식정보처리 역량, 창의적 사고 역량, 심미적 감성 역량, 협력적 소통 역량, 공동체 역량을 교과 교육과 창의적 체험활동을 통해 기르고자 한다. 학교교육을 통해 AI로 대체되기 어려운 인간의 고차적 사고와 사회정서적 능력을 개발할 필요가 있다.

다른 한편으로, AI로 쉽게 대체될 수 있는 능력이라고 하더라도 인간을 인간답게 만드는 능력을 지속적으로 교육과정에서 강조할 필요가 있다. 예를 들어, 글을 작성하는 능력은 의사소통을 위해 필요할 뿐만 아니라 고차적인 사고와 학습에 있어 매우 중요하다. 비록 ChatGPT와 같은 생성형 AI가 인간을 대신해서 글을 작성할 수 있다고 하더라도 교육과정에서 글쓰기 활동을 약화시켜서는 안 된다. 오히려 생성형 AI를 글쓰기 능력 향상을 위해 활용하고 글쓰기를 방해할 경우에는 사용을 제한하는 것이 필요하다. 디지털 전환 시대에 필요한 인재를 양성하는 것과 별개로 학생의 전인적 성장에 도움이 되는 인지적, 사회정서적, 신체적 활동을 교육과정에서 강조해야 할 것이다. 학생의 전인적 성장은 교육의 본질에 해당하기 때문에 AI 기술로 인해 대체되거나 약화되어서는 안 된다.

또한 AI 발달로 인해 과거에 없던 새로운 문제가 발생하고 불확실성이 증가한다. 이러한 변화에 능동적으로 대응하고 새로운 가치를 만들어 가는 역량이 필요하다. OECD는 2019년에 개인과 사회의 웰빙을 교육의 최종 목적으로 하는 'OECD 학습 나침반 2030'을 발표하였다. 불확실한 미래에 대응하기 위한 세 가지 변혁적 역량으로 '새로운 가치 만들기', '긴장과 딜레마 해소하기', '책임감 가지기'를 제시하였다. 새로운 가치를 만들기 위해서 현실의 문제를 비판적으로 검토하고 창의적으로 해결할 수 있어야 한다. 그리고 긴장과 딜레마를 해소하기 위해서 자신과 다른 의견을 존중하고 타인의 고통에 공감하는 태도가 필요하며, 책임감을 가지기 위해서 강한 윤리의식을 바탕으로 스스로 성찰하고 공동의 발전을 위해 협력해야 한다.

셋째, 학교 안팎에서 다양한 학습의 기회가 증가하고 평생학습이 강조될 것이다. 기존 학교교육에서는 국가가 부여한 교원자격증을 가진 사람만 학생을 가르칠 수 있다. 그런데 앞서 살펴본 미래 학교교육 시나리오에서는 학교를 넘어 학습 시장과 지역사회를 통해 다양한 학습 기회가 제공된다. 우리나라 교육 현실을 되돌아보면 많은 학생이 사교육을 경험하고 있으며 그 종류도 다양하다. 미래 교육에서는 AI 디지털 기술의 도움을 받아 학교 안팎에서 더 많은 학습 기회가 제공될 것이다. 예컨대, MOOC(massive open online course)는 디지털 교육 콘텐츠를 전 세계 학습자에게 무료로 제공하고 있다.

디지털 전환 시대 지식의 급속한 발전으로 인해 평생학습에 대한 요구가 점차 커지고 있다. 학교를 졸업한 이후에도 직장에서 필요로 하는 능력을 개발하거나 세상에 대한 안목을 넓히기 위해 학습이 필요하다. 이러한 요구를 충족시키기 위해 다양한 학습 콘텐츠가 온라인에서 유통되고 오프라인 활동과 연계되고 있다. 아동과 청소년을 대상으로 한 교육이 성인과 노인을 대상으로 그 범위를 넓혀가고 있다. 또한 디지털 기술을 활용하여 누구나 배울 수 있을 뿐만 아니라 누구나 가르칠 수 있다. 많은 사람이 유튜브와 같은 소셜 미디어를 통해 자신이 알고 있는 지식과 노하우를 공유하고 있으며, 이는 평생학습을 촉진하는 데 기여할 것이다.

넷째, AI 디지털 기술은 수업과 평가 방식을 변화시킬 것이다. 디지털 전환 시대 수업은 학생의 역량 개발을 위해 활동 중심으로 더 유연하게 이루어질 필요가 있다. 이를 위해 전통적인 대면 수업의 장점과 온라인 학습의 편리함을 통합한 블렌디드 러닝(blended learning)을 도입할 수 있다. 블렌디드 러닝에서 학생들은 온라인에서 개별적으로 학습을 하고 대면 수업에서 교사 및 다른 학생과 상호작용적 활동에 참여한다. 온라인에서 개별적으로 학습하는 동안 수집된 데이터는 학생의 역량을 진단하고 필요한 학습 내용을 추천하고 피드백을 제공하는 데 활용될 수 있다. 모든 학생이 온라인에서 동일한 내용을 학습하는 것이 아니라 학생의 능력과 관심에 따라 서로 다른 내용을 학습할 수 있다. 다른 한편으로, 대면 수업에서 문제해결, 토의, 협력 등의 모둠 활동이 이루어지고 교사의 개별적인 학습 지원이 이루어질 수 있다. 다른 사람과의 상호작용을 통해 깊이 있는 학습을 할 수 있을 뿐만 아니라 개별 학습에서 개발하기 어려운 협력적 소통과 공동체 역량을 기를 수 있다.

그리고 AI 디지털 기술은 기존 평가 방식이 가지는 한계를 극복하는 데 기여할 수 있다. 선다형 지필 시험은 창의성, 비판적 사고와 같은 역량을 평가하는 데 적합하지 않다. 이를 보완하기 위해 서술형 평가와 수행 평가가 제안되었지만 교사의 업무 증가로 인해 자주 실시되지 않는다. 이러한 한계를 극복하는 데 AI 디지털 기술이 유용하게 활용될 수 있다. 예를 들어 학생이 디지털 기기를 사용하는 동안 언제 학습을 하는지, 얼마나 규칙적으로 학습하는지, 어떤 문제를 어려워하는지, 동영상의 어떤 부분을 반복해서 학습하는지 등에 대한 로그 데이터를 실시간으로 수집할 수 있다. 이러한 데이터를 자동으로 분석하여 학생의 참여도, 지식, 역량 등을 평가하고 교사와 학생에게 피드백을 줄 수 있다. 또한, 서술형 문제에 대한 학생의 응답을 자동으로 분석하여 교사가 제시한 기준에 따라 AI가

평가를 하고 피드백을 제공할 수 있다. 최근에 개발된 자동평가 시스템은 평가 점수에 있어 교사와 높은 일치율을 보이는 것으로 알려져 있다. AI의 평가가 항상 정확하지 않을 수 있으므로 교사의 점검이 필요하지만 자동평가 시스템은 교사의 업무를 줄여줄 뿐만 아니라 학생이 스스로 자신의 능력을 점검하고 학습 계획을 수립할 수 있도록 도울 것이다.

마지막으로, 디지털 전환에 따라 교사의 역할이 변하고 있으며 새로운 교육 역량이 요구된다. 수업과 평가에 AI가 점차 도입되면서 교사의 업무가 경감될 것이라는 기대가 높다. AI를 활용하여 수업자료와 평가문항을 신속하게 만들고 온라인 학습 플랫폼에서 학생의 참여도와 성취 정보를 손쉽게 확인할 수 있다. 또한 AI는 언제 어디서나 학생과 질의응답을 하고 피드백을 줄 수 있다. AI 기술의 적용 범위가 넓어지면서 교사의 역할 변화가 요구된다. 교육과 생활지도에서 반복적인 업무를 AI가 대신한다면 교사의 역할은 더 고차적이고 창의적인 것이 되어야 할 것이다. 예컨대, 학생의 동기를 촉진하고 사회정서적으로 상호작용하는 역할이 더 중요해질 것이다. 아무리 뛰어난 AI 시스템이라고 하더라도 학생의 동기와 의지가 부족하다면 학습 효과를 보장하기 어렵다. 저성취 학생일수록 이러한 경향을 보일 수 있으므로 교사의 관심과 정서적 지원이 필요하다.

디지털 전환 시대에 학생과 마찬가지로 교사도 디지털 리터러시를 함양해야 한다. 교사의 디지털 리터러시 수준이 낮다면 수업 중에 디지털 기기를 활용하는 빈도가 줄어들 것이다. 이는 학생의 디지털 리터러시 개발에도 부정적인 영향을 미칠 수 있다. 또한 AI 디지털 기술을 이용하여 수업을 설계하고 학생을 지도할 수 있는 역량을 길러야 하는데, 이를 TPACK(technological pedagogical content knowledge)이라고 부른다. 교육내용, 교수방법, 테크놀로지에 대한 통합적인 지식이 있을 때 디지털 교육을 잘 설계하고 실행할 수 있다. 예를 들어, 교사가 온라인 학습 플랫폼의 대시보드에서 학생들의 수학 성취도에 대한 정보를 확인하고 맞춤형 수업을 설계하기 위해 통합적인 지식이 필요하다. 그 외 디지털 기기가 학생에게 미치는 부정적 영향을 예방하고 AI와 교과의 내용을 융합해서 가르칠 수 있는 능력이 필요하다. 디지털 전환에 필요한 새로운 교육 역량을 개발하기 위해 교사교육이 체계적으로 이루어질 필요가 있다.

4. 결론

사회 전반적으로 일어나는 디지털 전환에 교육만 예외일 수 없다. 하지만 학교에서 디지털 전환을 시도할 때 디지털 기술이 아니라 교육을 중심에 두어야 한다는 점을 명심해야 한다. 교육적 목적과 필요에 따라 디지털 전환이 이루어질 때 학생의 전인적 성장을 촉진하고 디지털 기기의 부작용을 줄일 수 있다. 예를 들어, 생성형 AI를 교육에 도입하는 것이 목적이 아니라 문제중심학습을 효과적으로 지원하기 위해 생성형 AI를 도구로 활용할 필요가 있다. 교육적 목표가 명확할 때 AI 디지털 기기를 언제, 어떻게 활용할지에 대한 계획을 효과적으로 수립할 수 있다.

교육의 주요한 목적 중 하나는 학생이 미래 사회에서 주도적으로 살아가는 데 필요한 역량을 길러주는 것이다. AI 디지털 기술은 미래 사회의 불확실성을 높이고 사회경제적 불평등을 악화시킬 우려가 있다. 특히 AI가 노동자의 일을 대체함으로써 다양한 직업이 사라질 수 있다는 불안감이 증가하고 있다. 이러한 변화에 대응하기 위해 학생들이 디지털 전환 시대에 필요한 역량을 개발하도록 도와야 한다. AI로 쉽게 대체될 수 없으면서 인간의 고유한 가치를 반영한 지식, 기술, 태도를 교육과정에 반영할 필요가 있다.

학생에게 필요한 역량 중 디지털 리터러시에 대한 교육을 더 강화할 필요가 있다. 디지털 리터러시는 하드웨어, 소프트웨어, AI 등을 잘 이해하는 것을 넘어 실제적 상황에서 문제해결, 협력, 창작 등을 위해 디지털 기술을 안전하고 지혜롭게 활용하는 능력이다. 우리나라의 경우 학교에서 디지털 자원을 활용할 수 있는 가용성은 OECD 국가들의 평균보다 높지만 교과 수업에서 디지털 자원을 활용하는 빈도는 OECD 국가들 중 하위권에 속한다. 디지털 기기를 이용한 탐구 기반 학습 활동, 학습지원과 피드백에 있어서도 OECD 평균보다 낮은 경향을 보인다(김혜숙 외, 2024). 이는 학생의 디지털 리터러시 개발을 위한 교육이 충분히 이루어지지 못하고 있다는 것을 시사한다.

이 점을 고려하여 여러 교과에서 디지털 리터러시를 교과 내용과 통합하여 가르칠 필요가 있다. 교과 활동에 태블릿PC, 노트북 등 디지털 기기를 사용하면서 자연스럽게 디지털 리터러시 교육을 실시할 수 있을 것이다. 만약 학생이 인용 표시 없이 인터넷 자료를 보고서에 활용하였다면 저작권에 대한 디지털 리터러시 교육을 할 수 있는 좋은 기회로 삼을 수 있다. 디지털 교육 초기에는 학생들 간 디지털 활용 능력의 차이로 수업에 어려움이 발생할 수 있지만, 지속적인 사용과 교육적 안내가 이루어진다면 디지털 격차가 효과적으로 줄어들 것이다(박세진 외, 2021).

학교교육의 디지털 전환을 위해서 교육부와 시도교육청에서 많은 지원을 하고 있다. 1인 1디지털 기기를 보급하고 무선인터넷망을 고도화하고 교사 대상으로 디지털 교육 연수를 제공한다. 그리고 2025년부터 AI 디지털교과서를 전국적으로 초중고등학교에 보급할 계획이다. 이러한 노력이 성공적으로 이루어지기 위해 학생, 학부모, 교사 등 다양한 교육주체들의 높은 관심과 이해가 필요하다. 디지털 교육 초기에는 교사의 기존 활동을 보조하는 방식으로 AI 디지털 기술이 활용될 가능성이 높지만 점차 학교교육을 근본적으로 변화시키는 방향으로 발전할 것이다. 이 과정에서 기존 학교 시스템과 AI 디지털 기술 간의 상충이 발생하고 여러 가지의 시행착오를 겪을 수 있다. 디지털 전환에 따른 부작용을 최소화하고 효과를 최대화하기 위해 긴 시간을 두고 다양한 교육주체들이 협력해야 한다.

참고문헌

교육부 (2022). 초・중등학교 교육과정 총론. 교육부.

김수환, 김주훈, 김해영, 이운지, 박일준, 김묘은, 이은환, 계보경 (2017). 디지털 리터러시의 교육과정 적용 방안 연구. 한국교육학술정보원.

김진숙, 김묘은, 박일준, 배현순, 이지은, 임동신, 임지영, 홍선주, 조영심 (2023). 교육과정 연계 디지털 리터러시 교육 가이드라인 개발 연구. 한국교육학술정보원.

김혜숙, 신안나, 서정희 (2024). OECD PISA 2022를 통해 본 우리나라 학생들의 디지털 자원 활용 수준 분석. 한국교육학술정보원.

박세진, 조영환, 한예진 (2021). 초등학생의 디지털 역량과 디지털 격차에 대한 교사의 인식. 학습자 중심 교과교육연구, 21, 479-492.

박은경 (2020). OECD 미래 학교교육 시나리오와 시사점. 한국교육개발원.

조영환, 사운서, 김혜은 (2024). 학습자와 AI 간 상호작용에 영향을 미치는 요인 탐색. 교육정보미디어연구, 30, 1565-1591.

조영환, 이지은, 임규연, 정한호, 한인숙 (2023). 생성형 AI와 함께하는 미래교육: 기계에서 협력 파트너로. 교육공학연구, 39(4), 1449-1478.

Cazzaniga, M., Jaumotte, M. F., Li, L., Melina, M. G., Panton, A. J., Pizzinelli, C., ... & Tavares, M. M. M. (2024). *Gen-AI: Artificial intelligence and the future of work.* International Monetary Fund.

Gilster, P. (1997). *Digital literacy*. John Wiley & Sons Inc.

Long, D., & Magerko, B. (2020. 4). What is AI literacy? Competencies and design considerations. In *Proceedings of the 2020 CHI conference on human factors in computing systems* (pp. 1-16).

OECD. (2020). *Back to the future of education: Four OECD scenarios for schooling, educational research and innovation*. OECD Publishing.

Riina, V., Stefano, K., & Yves, P. (2022). DigComp 2.2: *The digital competence framework for citizens-With new examples of knowledge, skills and attitudes* (No. JRC128415). Joint Research Centre.

Schleicher, A. (2023). *PISA 2022 insights and interpretations*. OECD.

제2장 디지털 전환과 교육의 대응

시작하며

앞 장에서 다룬 디지털 전환(Digital transformation)에 대응하기 위한 사회 각 분야의 대응 중 교육은 복잡한 층위를 가지고 있다. 왜냐하면 교육이 새롭게 추구하는 혁신적 변화를 가져오기 위해서는 교육의 목표 설정과 내용의 선정으로부터 시작하여 교육 방법의 측면 그리고 이를 구현하기 위한 교사 교육 및 관련된 물리적 환경의 변화가 유기적으로 연결되어야 하기 때문이다. 어느 것 하나라도 제대로 기능하지 않을 경우 기대한 바를 확보하기 어렵다.

디지털 전환이라는 사회 환경 변화가 교육에 던지는 변화 요구에 효과적으로 대응하기 위해서는 체제적 접근이 요구된다. 예컨대, 2025년부터 학교교육에 도입되는 AI 디지털교과서가 기대하는 바를 가져오기 위해서는 새로운 혁신적 기술이 가지고 있는 의미와 이것의 확산 과정에 어떤 요소들을 고려해야 하는가를 살펴보아야 한다. AI 디지털교과서는 디지털 교육의 상징적인 변화로 볼 수 있다. 디지털 전환은 교육에 있어서 디지털이 교육 목표와 내용을 구성하면서 동시에 교육의 방법과 제도에 근본적 변화를 가져오는 수단으로서 기능한다. AI 디지털교과서는 교육의 목표, 내용, 방법, 제도를 상당히 다른 관점에서 파악하게 한다. 기존의 인쇄물 교과서와 외형상의 차이가 있다는 차원에서 끝나지 않으며, 교사의 역할과 책임, 학생의 참여 방식, 수업의 물리적 환경과 제도적 변화를 불러일으킨다,

AI 디지털교과서의 도입에 의하여 상징화되는 디지털 전환에 따른 디지털 교육의 변화를 이해하기 위해서는 최근 몇 년 사이에 진행되고 있는 교육적 대응을 전체적으로 조망해야 한다. 본 장에서는 디지털 전환에 따른 교육적 대응을 종합적으로 이해하기 위하여 크게 네 가지 측면을 다룬다. 교육의 목표와 내용을 중심으로 하는 교육과정의 변화, 디지털 기술 기반의 수업 방식의 변화, 교사의 새로운 역량 개발, 그리고 물리적 교육 환경의 변화를 중심으로 어떤 변화가 이루어지고 있는가를 소개한다. 이 과정을 통하여 디지털 전환에 따른 교육의 하위 영역 변화가 어떻게 유기적으로 이루어져야 하는가를 비판적으로 검토하게 된다.

문제상황

경기도 모 초등학교 박 교사는 교육이 이루어지는 학교는 교사와 학생 간의 소통, 정서 안정, 건강한 몸의 성장 아래 전인적인 배움을 하는 곳이며, 효율적으로 공부시키는 것이 교육의 목적이 아니라는 생각을 가지고 있다. 이런 관점으로 인하여 새롭게 도입이 예정되어 있는 AI 디지털교과서에 대하여 반감을 가지고 있었다. 영어와 수학의 교과 교육에 활용될 예정인 AI 디지털교과서가 자신이 평소에 생각하고 있는 교육 철학에 배치된다고 생각하기 때문이다.

그에 반하여 다른 초등학교의 최 교사는 평소 수학 시간에 '느린 학습자'를 위하여 나름대로 맞춤형 수업이 필요하다고 생각하여 몇 가지 시도를 하고 있었다. 마침 AI 디지털교과서가 맞춤형 수업이 가능한 기능을 가지고 있다고 하여, 기대를 가지고 다양한 연수에 적극적으로 참여하고 있다.

2025년 현재 시점에 교육은 다양한 요구에 직면하고 있다. 위 상황의 박 교사가 말하는 정서 교육을 포함하는 전인교육에 대한 강조가 유례없이 이루어지고 있다. 교실 내 동료 학생들과의 소통과 공감 역량은 2022 개정 교육과정의 주요 목표이기도 하다. 한편 디지털 전환에 대응하는 교육의 변화 차원에서 디지털 리터러시가 정보 교과를 벗어나서 모든 교과에서 다루어져야 함을 2022 개정 교육과정은 기본 원칙으로 제안하고 있다. 여기서는 디지털 환경에 포함되는 도구를 문제 해결 과정에 자연스럽게 활용하는 것을 강조한다. 학생들로 하여금 하드웨어로서 컴퓨터와 같은 도구뿐만 아니라 각종 클라우드 기반의 소프트웨어를 활용하여 문제를 확인하고 해결하는 소양을 길러주려고 한다. 앞의 최 교사의 노력은 크게 보면 디지털 리터러시를 위한 학생의 경험을 자연스럽게 심화하는 데에 기여할 것으로 볼 수 있다. 디지털 환경의 AI 기반의 교과서를 학생들이 활용하게 되면서 디지털 리터러시가 높아질 수 있기 때문이다.

위 두 가지 상반되는 두 교사의 생각에 대하여 우리는 어떤 판단을 내릴 수 있는가? 디지털 전환에 따른 교육적 대응 과정에서 나타나는 AI 디지털교과서의 활용이 박 교사가 생각하는 것처럼 전인 교육에 위배되는 현실로 귀결되는가? AI 디지털교과서를 사용하게 되면 최 교사가 추구하는 맞춤형 수업이 손쉽게 실현될 수 있는가? AI 디지털교과서의 활용 과정에서 발생할 수 있는 문제는 무엇이며, 이를 대비하는 방안은 어떻게 이루어질 수 있는가? 박 교사와 최 교사가 지향하는 바가 조화롭게 조정되는 것은 가능한가? 이상의 질문에 답을 하는 과정을 통하여 디지털 전환에 따른 교육적 대응의 실제와 방향에 대하여 비판적으로 논의하여 보자.

탐구문제

1. 디지털 전환에 따라서 교육이 적절하게 대응하기 위하여 종합적으로 고려해야 하는 측면들은 무엇인가?
2. 디지털 전환에 따른 한국의 교육적 대응에서 드러난 특징은 무엇인가?
3. 디지털 전환에 따른 교육적 대응이 성공적으로 이루어지기 위하여 교원 양성 기관의 주요 노력은 무엇이며, 향후 어떤 개선이 필요한가?

학습목표

1. 디지털 전환에 따른 교육적 대응이 효과적으로 구현되기 위한 네 가지 측면을 확인할 수 있다.
2. 디지털 전환에 따른 국내의 교육적 대응의 주요 특징을 설명할 수 있다.
3. 디지털 전환에 따른 국내의 교육적 대응의 문제점과 개선 방향을 비판적으로 논의할 수 있다.

1. 디지털 전환과 교육적 대응의 방식

디지털 전환에 대응하여 사회 각 부문에서 변화가 있으며 교육도 예외는 아니다. 교육의 기본적 가치를 유지하면서, 디지털 전환이 요구하는 교육적 변화를 가져오려는 노력들이 이루어지고 있다. 국가 교육정책 측면에서 '디지털 기반 교육혁신 방안(교육부, 2023b)'이 제시되면서, "모두를 위한 맞춤 교육"을 위하여 'AI 디지털교과서 개발 및 도입', '디지털 역량을 갖춘 교원 양성과 연수', '디지털 선도학교 운영', '디지털 인프라 확충' 등을 구체적인 추진 과제로 설정하였다.

디지털 전환에 따른 국가 차원의 정책 과제를 실천하는 과정에서 교육의 실제 변화는 여러 가지 형태로 나타나고 있다. 본 장에서는 다음 그림과 같이 네 가지 측면, 즉 교육 목표와 내용 자체를 다루는 교육과정(curriculum)의 변화, 디지털 기술을 활용하는 수업 방식의 변화, 현직 교사와 예비 교사의 새로운 역량 개발을 위한 교육 체계의 변화, 교육의 물리적 환경의 변화를 중심으로 살펴본다.

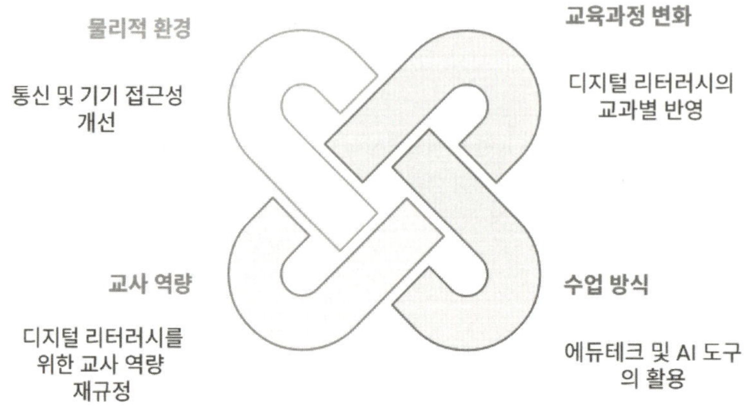

그림 2-1 교육의 디지털 전환에 따른 대응의 측면

교육과정은 성격상 학교교육 체제가 합의한 교육 목적과 목표를 담고 있다. 동시에 이를 구현하기 위한 교육 내용과 그리고 수업 방법의 일부까지 포함하고 있다(정영근 외, 2021). 한국의 경우는 새로운 사회 변화 요구를 반영하려는 국가 중심의 교육과정이 주기적으로 나타나고 있다. 2022년에 공표된 개정 교육과정은 디지털 전환 및 사회적 변화를 반영하는 교육 목표와 내용을 담고 있다. 디지털 전환이 요구하는 대표적인 역량으로 디지털 리터러시를 규정하고, 이를 모든 교과에 걸쳐서 다룰 것을 천명하고 있다(교육부, 2022a). 즉 기존의 정보 혹은 컴퓨터 교과를 통해서 다루었던 디지털 관련 교육목표와 내용을 여타의 교과, 예컨대 국어, 수학, 과학, 사회 교과에서도 다루도록 변경한 것이다. 예컨대 국어과의 경우, 전통적인 교과 내용을 다루지만 의미 표현 방식으로 디지털 매체를 활용함으로써 학생들이 자연스럽게 디지털 리터러시를 경험하게 하는 것이다. 이외에도 개별 교과에서 어떤 방식으로 디지털 리터러시를 다룰 것인가를 교육과정 각론 차원에서 모색하고 있다(이수진, 2023). AI와 다른 교과가 융합하여 이루어지는 AI 융합 교육에 대한 시도(임철일 외, 2024; 최숙영, 2024) 또한 주목할 만하다.

1. 인간상

자기주도적인 사람 · 창의적인 사람 · 교양 있는 사람 · 더불어 사는 사람

2. 핵심역량

자기관리 역량	지식정보처리 역량	창의적 사고 역량
심미적 감성 역량	협력적 소통 역량	공동체 역량

3. 미래 사회의 불확실성에 대응할 수 있는 역량 함양

자신의 학습과 삶을 주도할 수 있는 능력 함양	언어·수리력, 디지털·인공 지능 기초 소양 함양	협력과 공동체 의식 함양

그림 2-2 2022 개정 교육과정의 특징

출처: 교육부(2022), 2022 개정 교육과정 홍보 리플릿

교육과정에 의하여 새롭게 정의된 교육의 목표와 내용은 수업으로 교육 현장에 구현된다. 디지털 전환은 수업 방식에도 큰 변화를 요구하고 있다. 2000년 이후 정보통신기술을 교육에서 활용하려는 노력이 본격화되었다. 2010년을 전후해서는 모바일 기반의 스마트 교육을 활용하는 시도가 나타났다. 2020년 코로나를 극복하는 과정에서는 비대면 교육을 지원하는 줌(Zoom)과 같은 도구를 포함한 다양한 에듀테크(EduTech)를 활용하는 교육이 시도되었다. 그리고 2022년 생성형 인공지능이 소개되면서, ChatGPT와 같은 인공지능 챗봇이나 인공지능 기술 기반의 디지털교과서를 수업의 도구로 활용하려는 시도가 전개되고 있다. 요컨대, 디지털 기술을 활용하는 수업 방법의 변화가 지속적으로 이루어지며, 그 속도가 점차 빨라지고 있다.

변화된 교육과정과 수업이 교육 현장에 구현되기 위해서는 현직 및 예비 교원의 새로운 역량 개발을 위한 교육 체계가 필요하다. AI 디지털 기술 활용 교수학습 설계와 같은 새로운 역량이 정의되고(임철일 외, 2024), 디지털 전환에 따른 현직 교원의 전문성을 확보하기 위한 노력이 이루어지고 있다. 국가 수준에서 대표적인 것으로 2020년부터 현직 교원들을 대상으로 한 AI 융합 교육 전공과정이 전국 교육대학원에서 운영되고 있다(교육부, 2020). 2022년부터 시행 중인 AIEDAP (AI Education Alliance Policy Lab) 국가 사업을 통하여 교사의 AI와 디지털 역량

을 정의하고 그에 따른 역량 개발을 모색하고 있다(임철일, 박철규 외, 2024). 2024년에는 2025년부터 도입되는 AI 디지털교과서 활용을 준비하기 위한 대규모 교사연수체계가 시행되었다(교육부, 2024). 한편 예비교원들을 대상으로 하는 교원양성기관의 교육 방식의 변화도 시작되었는데, '디지털 교육' 과목이 교직 소양의 형태로 2024년부터 제공되기 시작하고 있으며, AI 디지털교과서 활용을 안내하는 교육 내용이 기존 교직 및 교과 교육과목에 반영되는 시도들이 이루어지고 있다(교육부, 2023a).

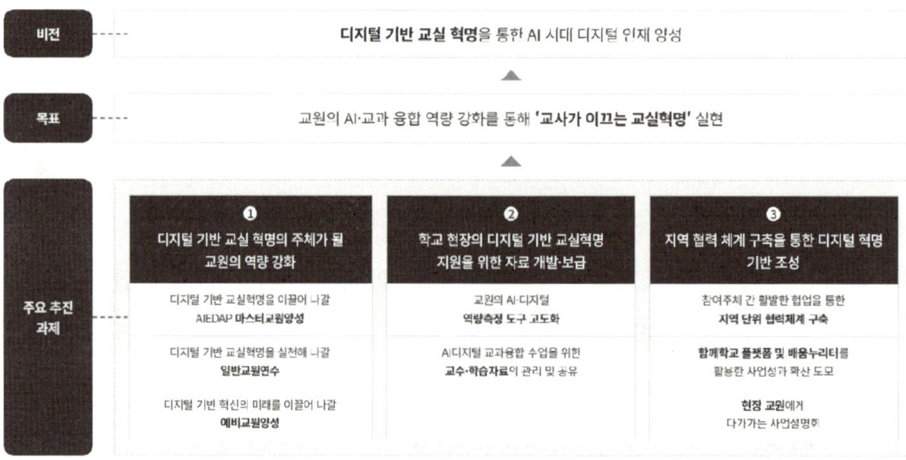

그림 2-3 AIEDAP 사업의 비전, 목표, 주요 추진과제

마지막으로 디지털 전환에 대응하는 교육의 물리적 환경 변화가 이루어지고 있다. 제일 중요한 변화는 학생 개인별로 휴대용 디바이스를 가지게 하여 자연스럽게 교과 교육에서 활용하는 것이다. 지역별로 차이가 있기는 하지만, 2021년 이후 시작된 이 정책(교육부, 2021a)으로 인하여 현재 전체 학교 차원에서 62%의 보급률을 보이고 있다(한병규, 2023. 11. 07). 또한 AI 디지털교과서가 2025년부터 초등 3, 4학년, 중 1학년, 고 1학년 대상으로 영어, 수학, 정보 과목부터 단계적으로 도입된다(교육부, 2023b). AI 디지털교과서는 기존의 디지털교과서를 기반으로 하면서 AI 기능이 추가되어, 수준에 따른 맞춤형 수업이 실제적으로 가능해진다. 이러한 교육 환경의 변화는 기존의 방식과는 다른 수업 활동을 가능하게

하며, 맞춤형 수업뿐만 아니라 다양한 형태의 참여형 수업을 가능하게 만드는 중요한 환경 변화로 자리잡고 있다.

2. 교육과정의 개정

디지털 전환에 따른 교육의 변화는 교육과정의 개정으로부터 시작되었다. 국가 주도의 교육 정책의 실천을 특징으로 하고 있는 한국의 경우 디지털 전환과 직접 연결되는 교육과정은 2022 개정 교육과정이다. 2022 개정 교육과정은 디지털 전환 시대의 불확실성에 대응하기 위해 학습자 주도성을 강화하고, 창의적이고 융합적인 문제 해결 능력을 함양하도록 구성되었다. 이를 위해 교과의 깊이 있는 학습의 기반이 되는 언어, 수리 소양과 함께 디지털 소양이 강조된다(교육부, 2022b; 교육부, 2022c; 교육부, 2022d). 특히 디지털 기초소양은 디지털 기기와 프로그램을 포함한 지식에 대한 이해와 기술의 활용 능력, 디지털 윤리의식을 바탕으로 정보의 수집과 분석, 비판적 이해와 평가, 그리고 새로운 정보와 지식의 생산 및 활용 능력을 아우른다(교육부, 2021b; 교육부, 2022c).

이는 2015 교육과정의 연장선에서 파악될 수 있다. 2015 개정 교육과정에서는 미래 사회가 요구하는 핵심역량 함양을 위해 SW 교육을 강화하였는데, 초등학교의 경우 실과 교과의 정보통신활용 교육을 SW 교육 중심으로 구성하여 연간 17시간 이상 학습하도록 하였다. 중학교에서는 정보 과목을 '과학/기술·가정/정보' 교과군의 필수 과목으로 지정하고 정보 교과와 창의적 체험활동 시간을 활용하여 연간 34시간의 SW 교육을 실시하도록 하였으며, 고등학교에서는 심화선택이었던 정보 과목을 일반 과목으로 전환하고 SW 중심으로 내용을 재구성하였다(교육부, 2015).

한편 이러한 변화의 흐름에서 2022 개정 교육과정은 디지털 기초 소양을 여러 교과에 대한 깊이 있는 학습을 주도적으로 실천하기 위한 기본 소양으로서 제시한다(교육부, 2022b; 교육부, 2022c; 교육부, 2022d). 따라서 디지털 소양은 특정 교과에 국한되지 않고 모든 교과 교수학습 과정에서 자연스럽게 함양되어야 함이 강조된다(교육부, 2022a). 예컨대, 사회 교과에서 사회 문제에 대한 데이터를 수집 및 분석함으로써 해당 데이터를 바탕으로 사회 문제를 도출하고 이를 해결할 수 있는 방안을 탐구하는 교수·학습을 진행할 수 있다. 이와 같이 사회과의 깊이 있는 학습을 유도할 수 있으며, 그 과정에서 자연스럽게 디지털 리터러시를 활용하고 기를 수 있도록 해야 한다는 것이다. 특히 디지털 소양 및 컴퓨팅 사고력 함양을 위한 교육과정 구성 방안은 다음 그림과 같이 제시되며 모든 교과를 통한 디지털 리터러시의 증진을 강조하고 있다(교육부, 2021b).

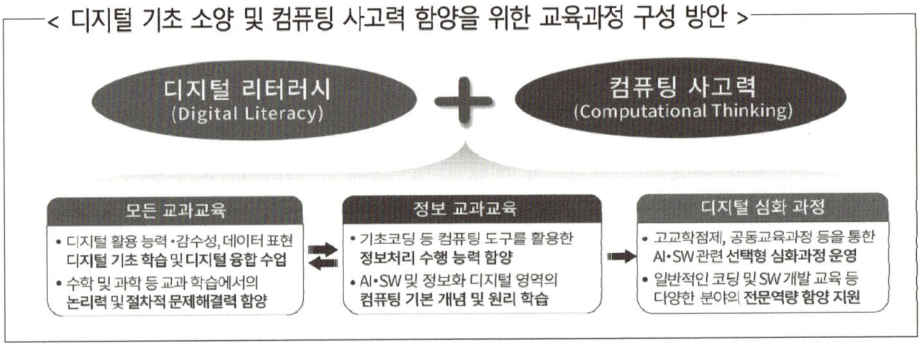

그림 2-4 2022 교육과정 개정의 특징: 디지털 리터러시의 강조

출처: 교육부, 2021

김진숙과 동료들(2023)은 디지털 소양(literacy)의 개념을 디지털 기기와 소프트웨어의 활용, 디지털 정보의 활용과 생성, 디지털 의사소통과 문제해결, 디지털 윤리와 정보 보호의 네 가지 영역과 그 하위의 세부 요소들로 구조화하였다(그림 2-5). 이러한 디지털 리터러시 구성 체계의 모든 요소는 교과 교수학습 과정에서 통합되어야 하며, 전체의 내용에 대해 반복, 심화하여 나선형 교육과정과 같은 방식으로 학습할 수 있도록 해야 함을 제시하였다(김진숙 외, 2023).

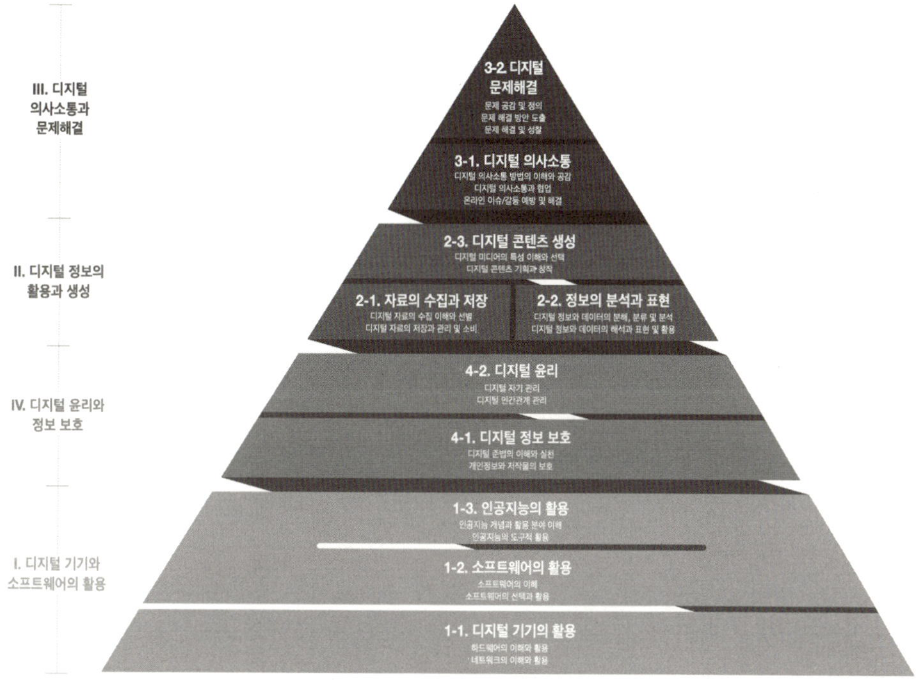

그림 2-5 디지털 리터러시 구성 체계

출처: 김진숙 외, 2023

한편 디지털 리터러시는 지난 2023년 생성형 인공지능의 비약적 발전과 함께 AI 리터러시에 초점을 둔 형태로 발전되었다(최숙영, 2022). AI 리터러시는 개인이 AI 기술을 비판적으로 평가할 수 있는 역량을 의미하는데(Long & Magerko, 2020), 이는 AI에 대한 기본적인 이해를 전제로 한다.

이에 Touretzky와 동료들(2019)이 제시한 AI의 5가지 BIG IDEAS(〈표 2-1〉 참조)를 AI 리터러시의 영역에 포함시킬 수 있을 것이다. 5 BIG IDEAS는 AI 교육을 위한 국가 가이드라인을 제공하기 위해 AI에 대하여 익혀야 할 지식과 학습 목표를 네 개의 학년군으로 나누어 제시하고 있다(Touretzky et al., 2019).

표 2-1 인공지능 교육의 주요 영역: 5 Big Ideas

주제	인식	표현 · 추론	학습	상호작용	사회적 영향
개념	A는 센서를 사용하여 세상을 인식	AI는 세상을 표현하고 구조화해 추론에 사용	AI는 데이터를 통해 학습	AI와 인간의 상호작용에 많은 지식이 필요	AI는 긍정 · 부정적 효과를 동시에 야기
교육 목표	• 인간 감각과 센서의 차이 이해 • 컴퓨터 인식의 작동 방식과 한계 이해 • 시각, 음성 등 인식 유형 파악	• 표현의 유형 파악 • 추론 알고리즘 유형 및 작동 원리 이해 • 추론 알고리즘의 한계 이해	• 학습 알고리즘 유형 • 인공신경망 기초 개념 이해 • 데이터가 학습에 미치는 영향 이해 • 기계학습의 한계	• 자연어의 이해 • 감성 컴퓨팅 이해 • 상식 추론 이해 • 인간-로봇의 자연스런 상호작용	• AI의 산업, 정부 등 영향력 이해 • AI의 윤리적 딜레마 및 윤리 표준 마련 • AI에 의한 일자리, 업무변화 이해

이러한 디지털 리터러시 및 AI 리터러시의 증진에 대한 요구를 반영하여, 2022 개정 교육과정에서는 각 학교급별 교과 편제 시간을 변경하여 제시한다.

초등학교의 경우, 디지털 · AI 기초소양을 강화하기 위해서 실과 교과의 정보영역 17시간을 포함하여, 정보교육을 34시간 이상 편성 · 운영하도록 하였다(교육부, 2022b). 정보교육의 시수를 확보하기 위해서 학교 여건에 따라 다양한 방식으로 편성 · 운영이 가능한데, 학교자율시간을 활용하여 새로운 과목이나 활동으로 편성 · 운영할 수도 있고, '교과(군) 및 창의적 체험활동' 시수의 20% 증감을 활용할 수도 있다(교육부, 2022b).

중학교와 고등학교에서 각각 위와 같은 시수 및 교과 편제의 변화가 있었다. 중학교는 디지털 소양 함양을 위해 학교 교육과정에 '정보를 68시간 이상 편성 · 운영'하도록 하는 지침을 도입하였다(교육부, 2022c). 정보 교과의 시수를 68시간 이상 편성하는 방법은 학교의 상황과 여건에 따라 자율적으로 정할 수 있는데, '2022 개정 교육과정 총론 해설 중학교'에서는 '과학/기술 · 가정/정보' 교과(군)의 시수를 조정하거나 학교자율시간을 통해 정보 과목을 편성하고, '교과(군) 및 창의적 체험활동' 시수를 20% 범위 내에서 증감하여 정보 시수를 확보할 수 있다는 점을 안내한다(교육부, 2022c). 고등학교의 경우에도 디지털 · AI 소양 함양 교육이 강화됨에 따라 기존 기술 · 가정 교과의 하위 과목으로 제시되었던 정보가 별도의 교과로서 기술·가정/정보/제2외국어/한문/교양 교과(군)에 추가되었다(교육부, 2022d).

이와 같이 2022 개정 교육과정은 교과 편제 시간의 변경을 통해 디지털 리터러시와 AI 리터러시 함양을 위한 체계적인 교육 기반을 마련하고 있다. 그러나 별도의 교과와 시수 편성만으로는 모든 교과의 깊이 있는 학습을 위한 기초로서 디지털 소양을 함양시키기에 한계가 있다. 따라서 디지털 및 AI 리터러시 교육은 모든 교과에서 융합 교육의 형태로 이루어질 필요가 있다. 각 교과의 고유한 학습 맥락 속에서 자연스럽게 디지털 도구를 활용하고, AI 기술을 접목하며, 디지털 윤리의식을 함양하는 통합적 접근이 요구되는 것이다. 이는 단순히 교과 수업에 디지털 기기를 활용하는 차원을 넘어, 각 교과의 본질적 학습 목표 달성 과정에서 디지털 소양을 활용하고 증진하여 유기적으로 연계되는 방향으로 구현되어야 할 것이다. 즉 학습자는 각 교과의 교수학습 과정에서 문제를 발견하고 해결해 나가며 디지털·AI에 대한 새로운 지식과 기능을 습득하거나, 별도의 교과를 통해 학습한 디지털 및 인공지능에 대한 개념과 원리를 적용하며 디지털 소양을 증진해 나갈 수 있다.

3. 교수 방법의 개선: 에듀테크 활용

디지털 전환에 대한 교육적 대응은 교수 방법의 변화에서 본격적으로 나타나고 있다. 전통적인 매체 활용 교육을 넘어서 다양한 정보통신기술을 교육에 활용하려는 시도가 지속되어 왔다. 디지털 전환이 본격적으로 일어난 지난 2020년 이후에는 에듀테크(EduTech)라는 개념이 등장하였다. 에듀테크(EduTech)는 교육(education)과 기술(technology)의 두 단어를 합성한 신조어이다(김성희, 2021). 일반적으로 에듀테크는 정보통신기술을 활용한 교육 서비스지만, 기존의 이러닝(e-Learning)과 스마트 러닝(Smart-Learning)보다 더 광범위한 교육 지원 도구를 의미한다.

교수 방법을 지원하는 에듀테크는 하드웨어와 소프트웨어 형태로 다양하게 개발되어 교육에서 활용되고 있는데, 활용 목적에 따라서 맞춤형 학습, 체험형 학습, 협력형 학습, 창의융합형 학습을 지원할 수 있다(임철일 외, 2023). 맞춤형 학습을 위한 에듀테크는 학습자의 수준 및 흥미 등의 학습자 상황에 적합한 맞춤형 학습이 가능하도록 지원하는 데 목적을 두고 개발되었다. 지난 2021년부터 활용되고 있는 '똑똑 수학 탐험대'는 초등학교 수학교과의 내용을 맞춤형으로 안내하고 있다. 학습자의 학업 성취 수준과 동기를 고려한 내용의 제시와 연습 문제 풀이를 지원한다. 2025년부터는 맞춤형 기능이 본격적으로 반영된 인공지능 기반의 디지털교과서가 단계별로 학교 현장에서 활용된다. 생성형 인공지능의 발전 등을 반영한 ChatGPT와 같은 인공지능 기반의 도구와 기술 또한 맞춤형 학습을 지원한다.

체험형 학습을 위한 에듀테크는 기존 교실과 같은 물리적인 공간이 주는 제한점을 극복하여 다양한 체험을 가능하게 한다. 예컨대, 가상현실 기술을 활용하여 미술 감상 체험 학습을 할 수 있다(이소민, 김효정, 2020). 강민수와 동료들(2022)은 메타버스 플랫폼인 게더타운(Gather Town)을 활용한 온라인 수업에서 몰입감을 높일 수 있다는 것을 보여주었다.

협력형 학습을 위한 에듀테크는 일반 수업에서는 경험하기 힘든 동료 학습자와의 협력적 활동을 가능하게 한다. 협력은 교수학습 과정에서 자주 활용하는 학습 방법이지만, 협력 과정에 시공간 등 물리적인 제약이 존재한다. 이에 클라우드 컴퓨팅 기술은 온라인 협력 학습 환경 구축을 촉진하였고, 다양한 협력 도구들이 이에 비롯하여 개발되었다. 예컨대, 구글 문서 시스템을 협력적으로 활용할 경우 학습자 간 활발한 의사소통과 적극적인 참여가 나타날 수 있다(Jeong, 2016).

마지막으로 창의융합형 학습을 위한 에듀테크는 학제 간 융합, 교과 간 융합 수업을 위해 에듀테크를 활용하는 것을 의미한다. 사회적으로 창의융합형 학습에 대한 요구가 제기되며 에듀테크를 통하여 이러한 융합의 시도가 활발해졌다. 특히 소프트웨어 개발 프로그램을 활용한 창의융합형 학습에 관한 적용 사례가 많다. 문외식(2013)은 스크래치를 활용한 STEAM 교육을 진행하면서, 학습자들이 스크래치와 같은 도구를 활용하여 창의적 표현이 가능하다는 것을 확인하였다. 또한 엔트리를 활용한 영어, 미술, 소프트웨어를 융합한 수업을 진행한 결과 학생들의 수업 참여율, 인공지능에 대한 이해 정도와 관심에 긍정적 영향을 주었음이 나타났다(한규정, 안형준, 2021).

4. 디지털 역량을 위한 교사 교육

교사들에게 요구되는 일반적인 디지털 리터러시 개발뿐만 아니라 교육 활동에 필요한 디지털 역량을 정의하고, 이를 개발하기 위한 다양한 교육 및 연수 프로그램을 제공하는 노력이 지속적으로 이루어지고 있다. 교원의 AI와 디지털 역량 개발을 위한 AIEDAP(AI Education Alliance and Policy Lab) 사업에서는 AI・디지털 기본 영역, AI・디지털 교육 실천 영역, 전문적 참여 영역으로 나누어 교원의 AI・디지털 역량을 구분하고 있다(서정희 외, 2023).

표 2-2 AIEDAP의 교원의 AI・디지털 역량 체계

영역	역량	역량 정의
AI・디지털 기본	AI・디지털 기술 활용	AI・디지털 기술을 올바르게 활용한다.
	AI・디지털 윤리 실천	AI・디지털 기술 활용에 관련된 윤리적인 측면을 내면화하고 실천한다.
AI・디지털 교육 실천	AI・디지털 기술 활용 교육맥락분석	AI・디지털 기술을 활용하여 수업설계를 위한 요구와 제한점을 도출한다.
	AI・디지털 기술 활용 교수-학습 설계	AI・디지털 기술을 활용하여 교육내용과 학습과제를 구성하고, 교수-학습 방법을 설계한다.
	AI・디지털 기술 활용 교육자원 개발	AI・디지털 기술을 활용하여 교수-학습 자료, 평가자료를 개발한다.
	AI・디지털 기술 활용 수업실행	설계한 수업을 AI・디지털 기술을 활용하여 실행한다.
	AI・디지털 기술 활용 교육평가와 성찰	AI・디지털 기술을 활용하여 학습자의 학업성취를 평가하고 수업을 성찰한다.
전문적 참여	자기 개발	AI・디지털 역량을 꾸준히 개발한다.
	사회 참여	AI・디지털 기술을 이용하여 긍정적인 사회 변화에 기여한다.

디지털 전환에 따른 교사 교육은 크게 두 가지 측면에서 이루어지고 있다. 하나는 AI와 디지털 기반의 도구를 교육에 활용하는 것을 지원하는 교육이다. 다양한 형태의 연수 프로그램을 통하여 교사의 AI와 디지털 활용 교육 역량을 개발하고 있다. 예컨대, 다음 그림은 2023년도와 2024년도 교육부와 교육청 차원에서 주도한 교사 역량 개발 프로그램의 전체 틀을 보여주고 있다(교육부, 2024).

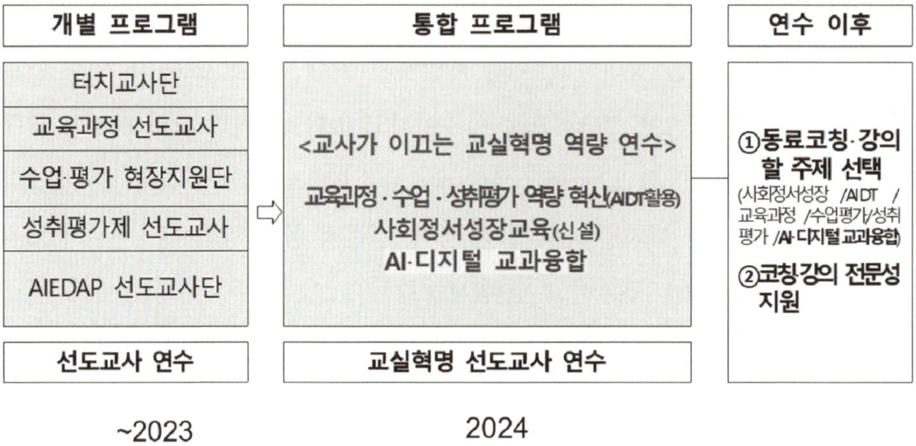

그림 2-6 AI · 디지털 역량을 위한 교사 연수 프로그램의 변화(2023~2024)

위 그림에서 터치교사단(T.O.U.C.H, Teachers who Upgrade Class with High-tech)은 2025년 AI 디지털교과서 도입에 대비한 연수 프로그램이며, AIEDAP 사업에서는 AI · 디지털 활용 교육과 함께 AI 융합 교육을 구현할 수 있는 교사 역량 개발 연수 프로그램을 제공한다. 터치교사단에 이어 2024년에는 교실혁명 선도교사 연수라는 이름으로 전국적인 규모의 대략 10,000명 정도의 AI · 디지털 역량 개발을 위한 프로그램이 제공되었다.

두 번째로 현직 교원을 위한 연수 프로그램의 제공과 함께 예비 교원을 대상으로 하는 교원양성기관의 변화도 나타나고 있다. 예컨대 '디지털 교육'과 같은 교직 소양 과목이 신설되어 2024년 이후 전국의 사범대학과 교육대학에서 제공되기 시작하였다. 교과소프트웨어 융합 교육과 같은 교직 선택 과목이 대학별로 개설되어 제공되기도 한다(임철일 외, 2024). 코로나 사태를 극복하는 과정에서 전국에 미래교육센터가 신설되어 예비 교원들의 원격교육과 디지털 역량 개발을 지원하기도 한다(홍석호 외, 2023). AIEDAP 사업에서도 지난 2022년 이후 예비교원의 교육을 위하여 교직과목을 시작으로 수학, 영어, 과학, 지리 교과에 AI를 융합하는 방식을 포함하는 교과목을 개발하여 운영하였다(임철일, 박철규, 황윤정, 2024).

5. 교육의 물리적 환경의 변화

2011년 교육과학기술부(현 교육부)에서는 스마트 교육을 21세기 학습자 역량 강화를 위한 지능형 맞춤 학습 체제이자 교육 환경, 교육 내용, 교육 방법 평가 등 교육체제를 혁신하는 동력으로 보고, 전국적으로 스마트 교육을 추진한 바 있다(교육과학기술부, 2011). 이러한 국가 주도의 스마트 교육 도입을 계기로 스마트 교육은 국내 대학과 초·중등 교육기관, 기업 및 기관 등에 점진적으로 확산되어 왔다.

국내에서는 테크놀로지를 활용한 수업의 실천을 명시·지원하는 정책이 제안 및 실천되기 시작하였으며(교육부, 2020) 코로나19의 발생으로 1인 1디바이스의 필요성이 증대되었다. 노트북이나 태블릿 등과 같은 하드웨어 소유 여부에만 초점을 두고 1인 1디바이스의 개념을 기술하려는 기존 접근에는 한계가 있다는 지적에 따라 1인 1디바이스 기기들은 하드웨어에만 초점을 두지 않고 특정 교육용 소프트웨어 활용에 최적화된 형태의 하드웨어로 구성되어야 한다는 관점에서 클라우드 기반 1인 1디바이스의 필요성이 제기되기도 하였다(임철일 외, 2023). 한편 1인 1디바이스의 보급은 학교의 네트워크 인프라의 확충, 협력적 학습을 위한 교실 및 학교 건물 구조의 변화 그리고 '디지털 튜터' 제도와 같은 인적 인프라의 확보와 연결되어 발전되고 있다.

교육의 물리적 환경 변화는 지능형 교수 체제의 개발과 보급 차원에서도 이루어지고 있다. 영어과의 경우 '펭톡' 시스템 개발을 통하여 학습자의 말하기와 듣기와 같은 활동을 적응적으로 도와주었으며(임재은, 한규정, 2024), 수학과의 경우 '똑똑 수학 탐험대' 시스템을 통해 수학 영역에서 맞춤형 수업이 가능할 수 있음을 보여주었다(최서연, 임철일, 2023). 2022년 하반기 이후에는 생성형 인공지능이 출현하면서 ChatGPT와 같은 대화형 인공지능 챗봇이 교육 현장에서 중요한 도구로 활용되기 시작하였다. 초・중등 교육은 물론이고 대학 교육 등에서 다양한 방식으로 생성형 인공지능이 보편적으로 사용되고 있으며, 효과적 활용을 위한 설계 원리와 모형들이 개발되고 있다. 2024년 하반기에는 국가 차원의 AI 디지털교과서가 영어, 수학, 정보 교과의 특정 학년에 맞추어 개발되었다. 2025년 이후 학교 현장에서 다양한 방식으로 활용될 예정이다.

이상과 같이 지난 10년 사이에 교육의 디지털 관련 물리적 환경이 급속도로 변화하고 있으며, 이에 대응하는 교육의 목적, 내용, 방법에 있어 체계적 대응이 요구되고 있다.

6. 결론

디지털 전환은 교육 전반에 걸쳐 혁신을 요구한다. 교육의 목표와 내용, 교수 방법, 교사 역량, 그리고 물리적 환경에 이르기까지 다양한 변화가 이루어지고 있다(교육부, 2023b). AI 디지털교과서와 같은 혁신적 도구는 맞춤형 학습을 지원하고 학습자 주도성을 강화하는 새로운 기회를 제공하지만(한국교육학술정보원, 2023), 이러한 변화가 교육 현장에서 효과적으로 실현되기 위해서는 몇 가지 중요한 전략적 대처가 필요하다.

먼저 디지털 리터러시와 AI 리터러시는 단순히 기술 사용 능력에 그치지 않고 개별 교과의 본질적 학습 목표를 달성하는 것과 유기적으로 연계되면서 동시에 윤리적 의사결정과 비판적 사고를 포함하는 포괄적인 소양으로 정의되어야 한다(교육부, 2021). 이를 통해 학습자들은 디지털 환경에서 정보 수집, 분석, 평가뿐 아니라 창의적으로 문제 해결까지 수행할 수 있는 능력을 함양하게 된다. 또한 새로운 정책의 도입과 교수학습 방법 개선, 교사 연수 등은 상호 보완적으로 이루어져야 하며, 이를 위해 국가 정책, 지역 교육 기관 및 관련 당사자 간의 협력적 거버넌스 체제가 중요하다(임철일 외, 2024). 교사들은 디지털 기술을 교육에 능동적으로 활용할 수 있는 역량을 갖추어야 하며, 이를 위해 AI 기반 수업 설계와 디지털 평가 방법을 포함한 교원 연수 프로그램이 지속적으로 이루어질 필요가 있다(홍수민 외, 2024). 마지막으로 디지털 기기 보급과 에듀테크 활용의 불균형을 해소함으로써 모든 학습자가 공평하게 디지털 교육을 받을 수 있는 환경을 조성해야 한다(안정임, 서은경, 2014).

디지털 전환이 단순히 새로운 기술 도입에 그치는 것이 아니라, 학습자의 창의성과 문제 해결 능력을 신장시키는 미래 지향적 학습 생태계를 구축하는 지속 가능한 과정이 될 수 있도록 다각적인 노력이 필요하다. 이러한 전략의 구현을 통해 교육은 시대적 요구에 부응하는 혁신적 변화를 실현하고, 궁극적으로 학습자 중심의 교육 패러다임을 정착시킬 수 있을 것이다.

참고문헌

강민수, 김건우, 신예은, 김대권 (2022). 메타버스 플랫폼 게더타운을 활용한 교육대학원 수업에서 학습자의 학습실재감과 몰입감이 학습만족도에 미치는 영향. 교육문제연구, 35(1), 83-116.

교육과학기술부 (2011). 인재대국으로 가는 길-스마트 교육 추진 전략.

교육부 (2015). 초중등학교 교육과정 총론(교육부 고시 제2015-74호).

교육부 (2020). 현직 교사의 인공지능 융합교육 역량 강화를 위해 교육부, 시도교육청, 38개 교육대학원이 힘을 합치다. 보도 자료(2020. 10. 29).

교육부 (2021a). 교육회복 종합방안 기본계획(2021. 7. 29).

교육부 (2021b). 2022 개정 교육과정 총론 주요사항(시안).

교육부 (2022a). 2022 개정 초・중등학교 교육과정 총론 [별책1](교육부 고시 제2022-33호).

교육부 (2022b). 2022 개정 교육과정 총론 해설 초등학교(교육부 고시 제2022-33호).

교육부 (2022c). 2022 개정 교육과정 총론 해설 중학교(교육부 고시 제2022-33호).

교육부 (2022d). 2022 개정 교육과정 총론 해설 고등학교(교육부 고시 제2022-33호).

교육부 (2023a). 유치원 및 초등, 중등, 특수학교 등의 교사자격 취득을 위한 세부기준(교육부 고시 제2023-14호, 2023. 3. 29 일부 개정).

교육부 (2023b). 디지털 기반 교육혁신 방안. 보도자료(2023. 2. 24).

교육부 (2023c). 인공지능(AI) 디지털교과서로 1:1 맞춤 교육시대 연다. 보도자료(2023. 6. 8).

교육부 (2024). 디지털 기반 수업혁신 이끌 교사 역량 강화에 올해 3,818억 원 투입. 보도자료(2024. 4. 15).

김성희 (2021). 디지털 빅데이터 교실에서 스마트교육의 실제와 활용: 에듀테크를 활용한 학습자 중심 교육. 한국엔터테인먼트산업학회논문지, 15(4), 279-286.

김진숙, 김묘은, 박일준, 배현순, 이지은, 임동신, 임지영, 홍선주 (2023). 교육과정 연계 디지털 리터러시 교육 가이드라인 개발 연구(CR 2023-1). 한국교육학술정보원.

문외식 (2013). 스크래치 프로그래밍을 활용한 초등학교 STEAM 학습모형. 정보교육학회논문지, 17(4), 457-466.

서정희, 허희옥, 임규연, 이현우, 임경희, 박세영, 공현아, 권미영 (2023). 예비・현직 교원의 AI・디지털 역량 측정도구 개발(KR 2023-08). 한국교육학술정보원.

안정임, 서윤경 (2014). 디지털 미디어 리터러시 격차의 세부요인 분석. *Journal of Digital Convergence, 12*(2), 69-78.

이소민, 김효정 (2020). 가상현실(VR)을 활용한 미술 감상수업이 학습자의 학습동기 및 학업성취도에 미치는 영향. 교과교육학연구, 24(2), 167-177.

이수진 (2023). 2022 개정 초등 사회과 교육과정에 반영된 디지털 시민성 분석. 사회과교육연구, 30(1), 1-17.

임재은, 한규정 (2024). 인공지능 챗봇 활용 영어교육이 초등학생의 영어 발음과 어휘력 향상에 미치는 영향. 정보교육학회논문지, 28(3), 303-311.

임철일, 박철규, 황윤정 (2024). 국가 교육 사업의 협력적 거버넌스 실천 사례 분석: 교원의 AI·디지털 역량 강화를 위한 AIEDAP(아이에답) 사업을 중심으로. 교육행정학연구, 42(1), 193-220.

임철일, 임은선, 엄태연, 이은서, 정예일, 임민희 (2024). 교사의 교수설계 지원을 위한 AI 코스웨어 대시보드 프로토타입 개발 연구: 초등 수학 교과를 중심으로. 교육정보미디어연구, 30(3), 907-932.

임철일, 지현경, 고보경, 임은선, 민시은 (2024). 예비교원의 AI・디지털 활용 수업설계 역량 강화를 위한 교육 프로그램 개발 연구. 교육정보미디어연구, 30(1), 129-153.

임철일, 한옥결, 채지윤, 이진연, 이다연 (2023). 교원 양성기관의 에듀테크 활용 실태 분석 및 에듀테크 분류 체계. 컴퓨터교육학회 논문지, 26(4), 77-87.

정영근, 민용성, 이병천, 권점례 (2021). 우리나라 학교 교육과정 거버넌스 변화의 방향 탐색: 교사와 교육전문직의 인식을 기반으로. 교육과정평가연구, 24(4), 1-29.

정제영, 계보경, 김갑수, 박보람, 박휴용, 전우천, 정영식, 조헌국, 최숙영, 하민수 (2024). 디지털 교육의 이해. 박영스토리.

최서연, 임철일 (2023). 인공지능 튜터링 시스템 기반 초등학교 수학 수업 설계원리 및 지침 개발. 교육공학연구, 39(4), 969-1009.

최숙영 (2022). AI 리터러시 프레임워크에 대한 연구. 컴퓨터교육학회 논문지, 25(5), 73-84.

한국교육학술정보원 (2023). AI 디지털교과서 개발 가이드라인.

한규정, 안형준 (2021). 초등학교에서의 엔트리를 활용한 인공지능 융합 교육 사례. 창의정보문화연구, 7(4), 197-206.

한병규 (2023. 11. 07). 학생 스마트기기 보급 지역 격차 심해. 한국교육신문. https://www.hangyo.com/news/article.html?no=100331

홍석호, 조유성, 노재호 (2023). 예비교원의 디지털 기반 교육 역량 강화를 위한 미래교육센터 역할 재점검 및 개선방안. 한국과학창의재단 FOCUS. https://www.kosac.re.kr/menus/249/boards/476/posts/39488?brdType=R&thisPage=1&bbIdx=38149&brdCodeValue=&searchField=&searchText=

홍수민, 윤일규, 문유주, 임은선 (2024). 교원의 AI·디지털 역량 함양을 위한 시도교육청별 현직 교원 연수 현황 분석 및 평가. 교육정보미디어연구, 30(5), 1421-1446.

Jeong, K. O. (2016). A study on the integration of Google Docs as a web-based collaborative learning platform in EFL writing instruction. *Indian Journal of Science and Technology, 9*(39), 1-7.

Long, D., & Magerko, B. (2020, 4). What is AI literacy? Competencies and design considerations. *In Proceedings of the 2020 CHI conference on human factors in computing systems* (pp. 1-16).

Touretzky, D., Gardner-McCune, C., Martin, F., & Seehorn, D. (2019). Envisioning AI for K-12: What should every child know about AI. *Proceedings of the AAAI conference on artificial intelligence, 33*(1), 9795–9799.

제3장 에듀테크의 활용

시작하며

디지털 전환에 따른 교육적 대응 중 가장 눈에 띄는 것은 에듀테크(EduTech) 활용의 증가이다. 에듀테크는 교육(Education)과 디지털 기술(Technology)의 합성어로서 대체로 2000년 초반에 나타나기 시작하다가, 2020년 코로나19를 거치면서 널리 확산되기 시작하였다. 코로나를 극복하는 과정에서 교사는 물론이고 모든 학생들이 원격 교육 상황에서 활용할 수 있는 에듀테크를 경험하였다. 구글 클래스룸(Google Classroom)과 같은 학습관리 시스템(Learning Management System, LMS)를 활용하여 교육 및 학습용 자료를 공유하였다. 줌(ZOOM) 등의 화상회의 시스템을 활용하여 비대면 실시간 화상 수업이 이루어졌다. 학생들은 일반 PC, 노트북, 혹은 태블릿을 활용하여 온오프라인 학습을 하였다. 그리고 이 경험은 그대로는 아니지만 코로나 이후 학교 교실 수업에서도 큰 영향을 주었다. 이제는 자연스럽게 에듀테크를 활용하는 교육과 학습이 학교 현장 및 가정에서 이루어지고 있다. 2022년 말에 등장한 ChatGPT로 인하여 생성형 인공지능과 같은 각종 AI 기술과 도구를 활용하는 교육도 넓은 의미의 에듀테크에 포함되면서 그 관심은 더욱 증가하였다.

수많은 에듀테크가 개발되어 학교 현장에서 사용되는 과정에서 두 가지 실제적인 문제가 나타나고 있다. 하나는 새로운 에듀테크가 계속 나타나면서 그때마다 이를 활용하는 방법을 배워야 하는 교사와 학생이 느끼는 부담감 문제이다(신민철 외, 2023). 하나를 배워서 사용하다 보면 얼마 가지 않아서 또 다른 에듀테크가 나타나서 새롭게 배워야 하는 상황이 발생하고 있다. 예컨대, 파워포인트(PowerPoint) 혹은 구글 슬라이드(Google Slide)를 활용하여 교육용 자료를 만들고 있는 상황에서 캔바(Canva)와 같은 도구들이 나타나서 이를 활용하는 교사들이 증가하는 것을 들 수 있다. 이때 새로운 도구를 계속하여 배워야 하는 것이 어렵게 느껴지는 교사들이 적지 않다.

다른 하나는 다양한 에듀테크 도구를 최적으로 사용하는 방법에 대한 요구이다. 교과목의 특성 혹은 목표로 하는 역량을 고려하여 최적의 도구를 선택할 때 기준과 원칙이 필요하다. 또한 에듀테크를 활용할 때 학습자의 참여를 어떻게 확보할 것인가를 포함한 교수 방법 혹은 모형에 대한 안내가 이루어져야 한다. 그렇지 않을 경우 교사들은 새로운 에듀테크에 대하여 부정적 경험을 가지게 되어 결과적으로 교육 및 학습에 제대로 활용하지 않는 것으로 귀결될 수 있다.

본 장에서는 에듀테크가 무엇이며, 어떠한 유형의 에듀테크가 현재 개발되어 학교 등 교육 현장에서 활용되고 있는가를 소개한다. 에듀테크 의미와 유형에 대한 기본적인 소개를 바탕으로 이를 교육 현장에서 최적으로 활용될 수 있는 방법을 다룬다. 인공지능 기술을 기반으로 하는 최신 에듀테크는 4장 이후에 별도로 다룬다.

문제상황

중학교 교실에서 영어 수업이 진행 중이다. 오늘은 영어 듣기 능력을 키우기 위한 시간이다. 교사는 학생들에게 유튜브에서 다운받은 5분 분량의 영어 영상을 보여준다. 영상은 실제 뉴스 클립으로, 다양한 영어 억양과 표현을 들을 수 있도록 준비된 자료다. 수업 목표는 학생들이 실생활에서 사용하는 자연스러운 영어를 듣고 이해하는 능력을 기르는 것이다. 영상을 틀자 처음에는 학생들이 조용히 집중하는 듯 보인다. 그러나 1분쯤 지나자 일부 학생들이 집중력을 잃고 눈을 떼기 시작한다. 뒤쪽 자리에 앉은 학생 몇 명은 작은 목소리로 잡담을 나누고, 한쪽에서는 스마트폰을 만지는 학생도 보인다. 교실 앞줄에 앉은 몇몇 학생은 화면을 주의 깊게 바라보고 있지만, 이들 역시 난이도가 높은 내용에 곤란한 표정을 짓는다. 교사는 잠깐 영상을 멈추고 학생들에게 내용을 물어보지만, 답변은 거의 나오지 않는다. "선생님, 너무 어려워요." 한 학생이 작은 목소리로 말하자 교사는 수업 방식을 다시 고민하게 된다.

교실 환경에서는 학습자료의 수준과 흥미 요소가 중요하다. 교사는 학생들의 집중력이 떨어지는 이유를 곰곰이 생각해 본다. 영상의 분량이 길어 학생들이 부담을 느끼거나, 내용이 그들의 수준과 맞지 않을 수 있다는 점이 떠오른다. 영어로만 진행되는 영상은 일부 상위권 학생들에게는 흥미로울 수 있지만, 대부분의 학생들에게는 어렵다. 특히 중위권과 하위권 학생들에게는 자막 없이 듣고 이해하는 것이 상당히 힘들다. 또한 영상이 학생들의 관심사와 동떨어진 것도 문제다. 뉴스와 같은 딱딱한 주제는 학생들에게 흥미를 끌기 어렵다. "선생님, BTS 영어 인터뷰 같은 건 없어요?" 한 학생의 요청이 이러한 상황을 잘 보여준다. 한국 학생들은 자신이 좋아하는 가수, 영화, 또는 게임과 연관된 콘텐츠를 더 선호한다는 사실을 교사는 다시금 깨닫는다.

영상 자료를 효과적으로 활용하려면 준비 과정도 중요하다. 많은 교사들은 바쁜 일상 속에서 유튜브 영상 자료를 찾아 편집하고, 자막을 삽입하는 등의 작업을 할 시간이 부족하다. 교사들은 종종 "영상 준비하는 데 너무 시간이 걸려요"라며 어려움을 토로한다. 이러한 이유로 많은 교사가 적합한 영상 자료를 준비하지 못하거나, 준비하더라도 학생들의 반응이 미미한 경우가 많다. 이러한 상황을 개선하기 위해, 교사는 영상을 짧은 클립으로 나누어 보여주기로 한다. 예를 들어, 1~2분 길이의 흥미로운 부분만 재생하고, 재생 후에는 간단한 질문을 던져 학생들의 이해를 점검한다. 또한 학생들이 좋아할 만한 주제를 선정하는 데 더 많은 시간을 투자한다. 아이돌 인터뷰, 인기 있는 영화 예고편, 또는 게임과 관련된 콘텐츠를 활용하면 학생들의 흥미를 더 끌어낼 수 있다.

자막 활용도 개선한다. 영어 자막과 한글 자막을 번갈아 제공하거나, 교사가 직접 중요한 단어를 사전에 설명해 주는 방식도 고려한다. 학생들에게 새로운 어휘를 소개하고, 해당 어휘가 영상 속에서 어떻게 사용되는지 보여주는 방식은 특히 유용할 것이다. 마지막으로 교사는 AI 기반 편집 도구나 유튜브의 자동 자막 기능을 활용해 준비 시간을 줄인다. 이렇게 하면 영상의 중요한 부분만 빠르게 편집할 수 있어 효율적으로 수업을 준비할 수 있다. 교사용 교육 자료를 제공하는 플랫폼에서 학습 목표에 맞는 영상을 검색하고 활용하는 것도 좋은 방법이다.

위 사례는 교수 매체로서 유튜브를 활용하는 상황에서 발생할 수 있는 문제점을 지적하고, 이를 해결하기 위한 방법으로 학생의 흥미와 관심사의 고려, 적절한 준비 및 활용 방식의 적용, 그리고 자막 삽입과 같은 관련 기술의 통합적 활용 과정을 제안하고 있다. 이러한 문제 상황과 대처 방안이 던져주는 시사점은 무엇인가? 교수 매체의 연장선에서 새롭게 대두되고 있는 에듀테크 활용 자체가 효과적인 교육을 가져오는가? 아니면 효과적 교육을 위한 구체적인 활용 방안이 따로 있는가?

탐구문제

1. 에듀테크를 활용하여 학습자의 지식 획득과 적용 과정을 지원하기 위한 교수학습 방법은 무엇인가?
2. 학습자의 관심과 동기를 유발, 유지할 수 있는 에듀테크의 활용 방법은 무엇인가?
3. 학습자의 참여를 유도하고 학습자 간 의사소통을 촉진하여 협력학습을 지원하기 위한 에듀테크 활용 방법은 무엇인가?

학습목표

제3장에서는 다음과 같은 학습 목표를 다룬다.

1. 에듀테크의 의미와 발전을 설명할 수 있다
2. 에듀테크의 주요 유형을 구분할 수 있다.
3. 에듀테크의 효과적 활용을 위한 주요 원리와 모형을 비판적으로 논의할 수 있다.

1. 에듀테크의 의미와 발전

에듀테크(EduTech/EdTech)는 '교육(Education)'과 '기술(Technology)'의 합성어로, 교육과 학습을 지원하고 증진하기 위해 정보통신기술(ICT)을 활용하는 모든 방식을 포괄하는 개념이다(박성익 외, 2021). 또한 임철일 외(2023a)는 에듀테크를 '교육적 활용을 목적으로 설계되었거나, 교육 목표 달성에 적합한 하드웨어, 소프트웨어, 서비스를 포함하는 기술 전반'으로 정의하고 있다.

일반적으로 에듀테크는 디지털 기술 혹은 정보통신기술을 활용한 교육 서비스를 일컫는다(백승철 외, 2016). 기존 정보통신기술 활용 교육의 대표적인 형태인 이러닝(e-Learning)과 스마트 러닝(Smart Learning)보다 더 다양한 매체와 학습 상황 속에서 학습자 중심의 맞춤형 교육환경을 제공할 수 있다. 교육의 효과성과 효율성을 극대화할 수 있기에(남선우, 2020), 4차 산업혁명 시대의 교육 패러다임(박정민, 길정민, 2020)의 한 축을 구성하고 있다.

에듀테크의 기원은 교육용 매체의 등장과 함께 시작되었다. 전통적인 인쇄물 자료와 칠판에서 시작해 시청각 자료, 컴퓨터 기반 학습, 그리고 인터넷과 디지털 기술의 발전에 따라 스마트 러닝과 같은 새로운 학습 방법으로 확대되었다. 최근에는 인공지능(AI), 가상현실(VR), 증강현실(AR), 빅데이터, 블록체인 등 첨단 기술이 융합된 에듀테크가 등장하며, 기존 교육 방식을 뛰어넘는 혁신을 가져오고 있다.

에듀테크는 역사적으로 교육용 매체와 정보통신기술을 활용한 다양한 시도를 거쳐 발전해 왔다. 첫 번째 단계는 1950년대 본격적으로 시도된 시청각 교육용 매체의 활용 단계이다. 이 시기에는 라디오와 텔레비전 방송을 통해 원격 학습이 시작되었고, 학습 자료를 대중적으로 제공하며 교육의 접근성을 확대하는 데 중점을 두었다. 이후 두 번째 단계로, 1980년대 이후 컴퓨터와 인터넷의 등장으로 인한 정보통신기술 기반의 에듀테크 발전이 이루어졌다. 20세기 후반, 컴퓨터 기술과 인터넷이 본격적으로 보급되면서 전자학습, 즉 이러닝(e-learning)이 확산되었고, 멀티미디어 콘텐츠와 온라인 학습 플랫폼이 활용되기 시작했다. 세 번째 단계로, 2010년 초반부터 스마트 러닝의 시대가 열렸다. 스마트폰과 태블릿 같은 디바이스의 대중화와 클라우드 컴퓨팅 기술의 발전으로 학습자는 시간과 장소의 제약 없이 학습할 수 있는 환경을 갖추게 되었으며, 학습자 중심의 맞춤형 학습이 강조되었다(임철일 외, 2023b).

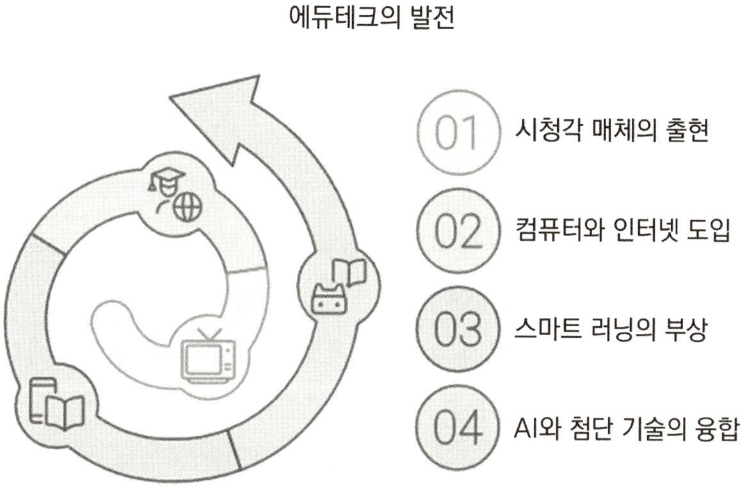

그림 3-1 에듀테크의 역사적 발전

마지막으로 2020년 이후 4차 산업혁명 시대에 접어들면서 인공지능, 빅데이터, 가상현실(VR), 증강현실(AR)과 같은 첨단 기술이 에듀테크와 융합되었다. 이를 통해 실시간 학습 분석, 개인화된 피드백, 그리고 몰입형 학습 경험이 가능해지며 기존의 교육 방식을 혁신하고 있다. 특히 이 시기에 있었던 두 가지 사건, 즉 2020년 코로나19의 확산과 2022년 생성형 인공지능 기술 기반의 ChatGPT의 등장은 에듀테크의 혁신적 발전을 가져왔다. 일반 교실 내 면대면 수업을 벗어나서 원격으로 그리고 디지털 환경에서 교육과 학습이 일어나는 것을 지원하는 클라우드 기반 학습 환경의 일상화는 매우 큰 변화 중 하나이다. Google Classroom과 같은 학습관리시스템(LMS)을 활용하여 각종 교육 자료와 도구가 공유되며, 자연어 처리 기반의 생성형 인공지능 기술을 응용하여 학생들에게 맞춤형 영어 말하기 평가를 할 수 있는 것이 일상화가 된 것이다.

2. 에듀테크의 유형

수많은 에듀테크가 향후에도 지속적으로 개발된다고 볼 때 개별 에듀테크들이 어떠한 교육 목적을 달성하는 데 도움을 주는지를 이해할 필요가 있다. 이를 바탕으로 교육 목적에 맞는 최적의 에듀테크를 선정할 수 있기 때문이다. 에듀테크를 활용 목적에 따라 유형화할 수 있다.

한국교육학술정보원(2022)에 따르면 에듀테크는 크게 '학습 콘텐츠', '소통', '창작', '관리'의 4가지 유형으로 구분된다. '학습 콘텐츠' 유형은 학습자가 교과 내용 및 교과 지식을 습득하기 위해 필요한 학습 요소를 포함한다. '소통' 유형에는 이러한 교과 내용 및 지식을 교사와 학생 간, 학생들 간 상호작용에 활용하는 도구들이 포함된다. 교사가 교수학습 활동지, 영상 등과 같이 다양한 형태의 교수학습 자료를 제작하기 위한 도구들은 '창작' 유형으로 구분된다. 또 학급을 운영, 관리하고 학생의 성취도에 대한 판단을 기반으로 한 피드백 제공과 관련한 기능을 포함하는 도구들을 '관리' 유형으로 설정하였다.

이상의 4가지 에듀테크 유형의 특징을 구체적으로 살펴보면 다음과 같다. 첫째, '학습 콘텐츠 유형'은 어떠한 교수학습의 상황적 맥락에서 교과학습 지식 및 내용을 습득하는지에 따라 수업 중 교사와 학생의 교수학습 과정을 지원하는 '교수학습지원 콘텐츠'와 수업 전, 후 학생이 스스로 학습하는 과정에서 필요한 '자기주도 학습 콘텐츠'로 나누고 있다. '교수학습 지원 콘텐츠'의 하위 유형은 다시 수업 중 교사의 수업을 지원하는 '교수지원 콘텐츠' 관련 도구, 학생의 학습을 지원하는 '학습지원 콘텐츠' 관련 도구로 나뉘고 있다. 반면 '자기학습주도 콘텐츠'는 학생 스스로 관찰하고 탐구할 수 있는 VR 및 AR 등과 같은 '실감형 콘텐츠'와 학생들이 주로 주도적으로 해당 플랫폼에서 주도적으로 조작하며 학습을 진행하는 'SW 교육', 'AI 교육' 콘텐츠로 분류하고 있다.

둘째, '소통' 유형의 에듀테크는 어떠한 교수학습 매개체를 활용하는지, 매개체의 형태에 따라 '영상 활용', '텍스트 활용'으로 분류된다. '영상 활용'의 경우 주로 '화상수업'과 관련한 하위 범주를 설정하였고, '텍스트 활용' 에듀테크는 '마인드맵'을 위한 도구, '실시간 협업(실시간 공동 작업, 토의, 토론 등)'을 위한 도구로 분류된다.

셋째, '창작'을 위한 에듀테크는 주로 교수학습 자료를 개발하고 이를 제작하기 위한 '저작 도구'와 교수학습에 필요해 목적에 맞는 영상을 제작하기 위한 '영상 제작' 도구로 구분된다.

넷째, 학급을 전반적으로 운영, 관리하고 교수학습에 대한 피드백 부여와 관련한 '관리' 유형의 경우, 전반적인 '학급 운영' 도구와 '평가' 도구로 나뉜다. '학급 운영'은 학생들의 학교생활, 교우관계, 학급 일과 및 일정, 과제 등 학급의 학습지도 및 생활지도와 관련하여 다시 '과제 관리', '일정 관리', '구성원 관리'로 구분된다. '평가'는 학생의 학업 성취도를 관리하는 기능과 관련하여 교사가 피드백을 부여하는 '교사 피드백'과 ITS와 같이 인공지능 튜터가 학습자의 학습 데이터를 기반으로 피드백을 제공하는 'AI 피드백'으로 구분된다.

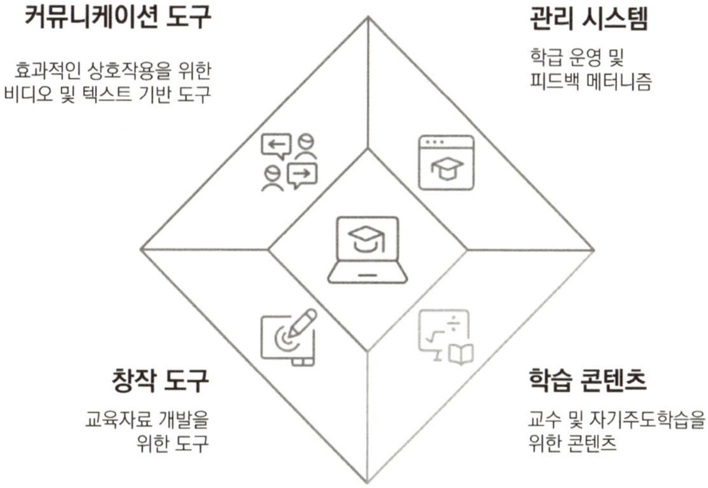

그림 3-2 한국교육학술정보원의 에듀테크 유형 구분

한편 임철일 외(2023a)는 교원양성기관의 미래교육센터를 대상으로 에듀테크 활용 실태에 대한 종합적 분석을 토대로 다른 방식으로 에듀테크 유형을 구분하였다. 먼저 에듀테크 유형을 기술적 측면에서 크게 하드웨어와 소프트웨어로 분류하였다. 하드웨어는 실체를 갖춘 물리적인 형태로 표현되는 기술로서, 학습에 활용되는 맥락에 따라 개인형, 공유형으로 다시 구분된다. '개인형' 기기는 개인 디바이스와 웨어러블 기기와 같이 학습자 개인이 직접 소유할 수 있는 기기이다. '공유형' 기기의 경우 공용으로 공유하여 활용할 수 있는 기기를 의미하며 주로 SW 및 AI 교육, 메이커 교육 등에서 쓰이는 피지컬 컴퓨팅 도구 및 교육용 로봇, AI 스피커 등을 사례로 들 수 있다. 최근에는 교수자의 교수를 지원하는 '교수지원형' 하드웨어 도구가 다양하게 개발되어 활용되고 있다. 특히 디지털 기반 교수학습환경에서 하이브리드 수업을 지원하는 와콤 태블릿, 전자 칠판, AI 추적 카메라, 모션 인식 카메라 등을 교수지원형 하드웨어 도구의 대표적 사례로 들 수 있다.

소프트웨어는 지식, 정보의 저장 장치이자 하드웨어와 함께 활용 가능한 모든 자원을 포함한다는 의미를 가지고 있다. 대부분의 소프트웨어는 교육용 플랫폼, 애플리케이션을 의미한다. 이러한 소프트웨어는 주로 인터넷 및 클라우드 기반으로 이것은 다시 '인공지능 기술', '온라인 교수학습 활동 지원 플랫폼/도구', '소프트웨어 개발 프로그램', '디지털 콘텐츠'로 분류된다.

'인공지능 기술'은 인공지능 챗봇, 인공지능 튜터링 시스템, 인공지능 기반 평가 시스템, 인공지능 기반 학습활동 등을 대표적 예로 들 수 있다. 인공지능 챗봇은 사용자와 상호작용하는 지능형 에이전트로 교과 교육에서 학습 내용을 기록, 피드백 및 평가 기능, 학습자를 위한 답변자 역할, 학교행정 업무를 지원하는 등 다양한 기능을 수행하고 있다. 인공지능 튜터링 시스템(ITS)은 주로 적응형 학습(adaptive learning), 개별화 학습(personalized learning)을 총칭하는 맞춤형 학습을 지원하는 플랫폼이라고 할 수 있다. '인공지능 기반 평가 시스템'에서는 인공지능 자연어 처리 기술이 적용된 자동 글쓰기 평가, 채점 시스템 플랫폼도 학교현장에서도 활발하게 활용되고 있다. 최근 생성형 인공지능 모델의 발달로, 정량적 채점 뿐 아니라, 맞춤형 피드백 제공이 가능함에 따라 인공지능 기반 학습 플랫폼에 인공지능 기반 평가 모델이 적용된 사례가 많다.

'온라인 교수학습 활동 지원 플랫폼/도구'는 학습에 활용하는 용도에 따라 크게 '학습지원 시스템', '원격교육 지원용 매체', '메타버스 플랫폼', 'AR/VR 플랫폼', '연습문제 풀이 도구', '학습지원 시스템'으로 분류하고 있다. '학습지원 시스템'에 원격수업, 이러닝 수업을 지원하는 학습관리시스템인 구글 클래스룸을 대표적 사례로 들 수 있다. '협력학습 지원 도구'는 주로 클라우드 기반으로 실시간 협업 학습활동을 지원하는 도구인데, 대표적으로 구글 독스 및 슬라이드, 미로, 패들렛 등이 있다.

'소프트웨어 개발 프로그램'은 주로 소프트웨어 교육시 활용되는 프로그래밍 관련 프로그램을 예로 들 수 있다. 블록코딩, 텍스트 코딩 등이 가능한 코딩 프로그램, AI 모델 및 데이터 분석 관련 프로그래밍 시 활용되는 프로그램들이 있다.

'디지털 콘텐츠'는 소프트웨어와 하드웨어에 저장되어 있으며 디지털 기기를 통해 접근할 수 있는 디지털교과서와 동영상 학습 콘텐츠, 교육용 게임 콘텐츠 등을 의미한다. 특히 디지털교과서의 경우 텍스트 콘텐츠만이 아닌 다양한 동영상 및 실감형 콘텐츠가 함께 포함되어 있어 학습자에게 다양한 학습경험의 기회를 제공하고 있다. 또한 게이미피케이션을 적용한 교수학습이 활발해짐에 따라 '교육용 게임 콘텐츠' 또한 활발하게 개발되고 활용되고 있다고 할 수 있다. 이들은 모두 교수자의 교수설계 및 평가, 학습자의 학습과정을 지원하는 협력 도구의 기능을 하고 있다.

표 3-1 에듀테크 기술별 유형(임철일 외, 2023a)

유형			사례
소프트웨어	AI 기술	챗봇	AI 펭톡, Google Assistant, Ada, Ellie, Freud Bot
		AI 기반 학습용 툴	Auto draw, Teachable Machine
		AI 조교	Jill Watson(Georgia Tech), SNU Genie (Seoul National University)
		ITS(Intelligent Tutoring System)	Knock-knock!, Math Expedition, Aleks, Mathia
		AI 기반 평가 툴	WriteToLearn, Open Essayist, 자작자작, 키위티
	온라인 교수학습 플랫폼 및 툴	원격교육 툴	Zoom, Meet
		협력학습 지원 도구	Google Docs, Padlet, Mentimeter, OK Maps
		학습관리시스템(LMS)	Canvas, Moodle, Google Classroom
		메타버스 플랫폼	Cospaces, Aurasma, Minecraft, Roblox, 제페토
		온라인퀴즈 툴	Kahoot, Socrative, Clicker
	소프트웨어 교육 프로그램	코딩 프로그램	(Block-based Coding) Entry, Scratch
		AI 프로그래밍	Keras programming, Python, Tensorflow
		데이터 분석 프로그래밍	Textom, Edu Big data, Codap

유형			사례
	디지털 콘텐츠	비디오 콘텐츠	Youtube, MOOC
		디지털 텍스트북	디지털교과서(에듀넷), AI 디지털교과서
		교육용 게임 콘텐츠	Hodoo English, Word Force
하드웨어	개인용 디바이스	개인용 모바일 디바이스	Chromebook, iPad, 휴대폰
		웨어러블 디바이스	Smartwatch, Glove, Necklace
	공유용 디바이스	메이커교육용 디바이스	3D 프린터, 아두이노
		VR/AR 디바이스	HMD, AR Glasses
		AI Speaker/Robot	Amazon Echo, GiGA Genie, Google Nest
	교수지원 디바이스	원격교육 지원 디바이스	Wacom Tablets, Electronic Blackboard
		하이브리드러닝 지원 디바이스	AI tracking cameras

임철일 외(2023a)는 에듀테크의 기술 유형에 따른 분류 외에도 학습에서의 에듀테크 활용 목적에 따라 맞춤형 학습, 체험형 학습, 협력형 학습, 창의융합형 학습의 4가지 유형으로 분류한다. 먼저 '맞춤형 학습'은 학습자의 수준 및 흥미 등의 학습자 상황에 적합한 맞춤형 학습이 가능하도록 지원하는 에듀테크를 의미한다. 특히 최근 인공지능 기술의 발전에 힘입어 인공지능 기술을 활용하여 학습자 개개인의 수준과 흥미에 따라 맞춤형 학습 제공을 가능케 하는 AI 기반 학습 플랫폼이 다양해지고, 교육 현장에서도 활발하게 활용되고 있다. 특히 다양한 교과 영역에서 에듀테크를 활용한 맞춤형 학습 지원 시스템이 학습에 긍정적인 영향을 미친다는 연구 결과(임미인 외, 2021)에 따라 이를 활용한 교수학습 방안 개발과 적용을 기대한다.

'체험형 학습'은 직접 체험을 강조하는 장소나 체험에서 발생한 학습 과정과 결과가 반성적 사고를 통해 학습으로 연결되는 교과 내·외 활동을 의미한다. 기존 교실이라는 물리적인 공간에서 다양한 체험을 진행하는 데 있어서 제한이 있었지만, 가상현실, 메타버스 등 기술을 활용하면 현실 세계와 똑같은 지각과 감각을 부여하는 사물의 양태와 정보를 체험할 수 있다(이소민, 김효정, 2020). 가상현실을 통해 학습자의 학습 동기, 학업 성취도에 긍정적인 영향을 미치고 온라인 수업에서의 학습 실재감이 몰입감에 유의미한 영향을 미치는 것으로 나타났다(강민수 외, 2022).

'협력형 학습'은 동료 학습자와의 협력적 활동이 초점이 되는 학습 형태로, 협력은 교수학습 과정에서 자주 활용하는 학습 방법이지만, 협력의 과정에 시공간 등 물리적인 제약이 존재한다. 이에 구글 슬라이드(Google Slides)와 같은 클라우드 컴퓨팅 기술은 온라인 협력 학습 환경 구축을 촉진하였고, 다양한 협력 도구들이 이에 비롯하여 개발되었으며(Al-samarraie & Saeed, 2018), '위키 기반', '컴퓨터 기반', '컴퓨터 지원', '웹 기반' 등 다양한 협력 지원 에듀테크에 관한 연구가 이루어졌다. 예컨대, 글쓰기 수업에서 온라인 공유 플랫폼 구글 독스(Google Docs)를 활용하여 협력학습을 진행하여, 학습자 간 활발한 상호작용을 촉진하고, 학습자의 적극적인 참여를 향상시켰다(Jeong, 2016). 다양한 에듀테크 기반 협력형 학습을 통하여 더욱 역동적인 협력형 학습을 이루는 것을 기대할 수 있다.

마지막으로 '창의융합형 학습'은 학제 간 융합, 교과 간 융합 수업을 위해 에듀테크를 활용하는 것을 의미하는데, 사회적으로 창의융합형 학습에 대한 요구가 제기되며 에듀테크를 통하여 이러한 융합의 시도가 더욱 활발해졌다. 특히 소프트웨어 개발 프로그램을 활용한 창의융합형 학습에 관한 적용이 활발하게 이루어지고 있다. 이와 관련하여, 문외식(2013)은 스크래치와 같은 SW 교육플랫폼을 활용하여, 학생들의 창의적 표현활동과 STEAM 융합 교육을 시도한 바 있다.

3. 에듀테크의 효과적 활용 방법

다양한 에듀테크의 효과적 활용 방법을 안내하는 원칙과 모형들이 지속적으로 개발되고 있다. 이 중에서 일반적인 차원에서 고려할 수 있는 대표적 모형 세 가지를 제시한다. 일종의 체계적인 수업 설계 관점에서 매체의 활용을 파악하는 ASSURE 모형, 매체 혹은 기술 관련 지식(Technological Knowledge)과 교과 내용 지식(Content Knowledge) 및 교수 방법 지식(Pedagogical Knowledge)과의 연결성을 강조하는 TPACK 모형, 그리고 온오프라인의 기술적 도구들의 통합적 사용을 강조하는 혼합 학습(Blended Learning) 모형을 소개한다. 이러한 일반적인 모형을 기반으로 하여 특정 상황에 맞는 모형과 원리를 적용함으로써 에듀테크의 효과적 활용을 가져올 수 있다.

1) ASSURE 모형과 에듀테크

ASSURE 모형은 매체의 유형 및 종류와 관계없이 매체를 활용한 수업의 설계에 실제적인 도움을 줄 수 있는 절차적 모형이다(Heinich et al., 1996). 이 모형은 강의식 수업에만 국한되지 않으며, 다양한 자원을 통합할 수 있고 온라인 수업을 설계할 때도 활용할 수 있다(박성익 외, 2021). 따라서 현재뿐만 아니라 향후 다양한 에듀테크를 활용하는 과정에서 참고할 수 있는 대표적인 모형으로 볼 수 있다.

ASSURE 모형은 여섯 단계의 교수설계 활동의 앞 글자를 따서 명칭되는데, 순서대로 (1) 학습자 분석(Analyze learners), (2) 목표 진술(State standards and objectives), (3) 전략, 테크놀로지, 매체, 자료의 선정(Select strategies, technology, media and materials), (4) 테크놀로지, 매체, 자료의 활용(Utilize media and materials), (5) 학습자 참여 요구(Require learner participation), (6) 평가와 수정(Evaluate and revise)으로 구성되어 있다(박성익 외, 2021).

이 모형은 매체 활용에 있어서 체계적 접근을 강조하는 점이 가장 큰 특징이다. 매체를 단순하게 보조 수단으로만 파악하지 않고, 전체 수업 설계 과정에 통합하려는 관점을 잘 보여주고 있다. 즉 교육용 매체의 활용을 교수설계 관점에서 파악하는 것이다. 특히 이 모형이 주목을 받는 이유는 교육용 매체 혹은 에듀테크를 메시지 전달에 그치지 않고, 반드시 학습자의 적극적 참여를 유도하는 것을 중요한 하나의 단계로 포함하고 있다는 점이다. 즉 다섯 번째 단계인 '학습자의 참여를 요구하라'를 통하여 학습자의 인지적 참여를 필수화함으로써 그 중요성을 강조하고 있다. 이 모형의 주요 단계를 간략히 설명하면 다음과 같다.

(1) 학습자 분석(Analyze learners)

학습자 분석 단계에서는 학습자의 일반적 특성, 주제에 대한 지식, 구체적인 출발점 행동(entry behavior), 학습 양식(learning style)에 대한 분석이 진행된다.

(2) 목표 진술(State standards and objectives)

두 번째 단계에서는 수업의 목표가 무엇인지를 구체적으로 기술하고, 목표가 의도한 학습자의 수준을 파악해야 한다. 이때 목표는 교수 방법, 교수학습 매체, 자료의 선정 및 평가를 위한 기초가 된다.

(3) 전략, 테크놀로지, 매체, 자료 선정(Select strategies, technology, media and materials)

학습목표 성취를 돕기 위해서 적절한 수업 전략, 테크놀로지, 매체, 자료를 선택하는 것이 필요하다. 가용한 자원이 무엇인지 파악하여 선정하고, 기존에 활용하던 매체나 자료가 있다면 필요할 경우 수정하거나 새로운 자료를 개발한다.

(4) 테크놀로지, 매체, 자료의 활용(Utilize media and materials)

선택한 매체와 자료를 활용하기 위한 수업을 계획한다. 이를 위해 5P 과정을 수행하게 되는데, 매체와 자료를 사전에 검토(Preview), 준비(Prepare), 환경 준비(Prepare), 학습자 준비(Prepare), 학습경험 제공(Provide)와 같은 순서로 진행된다.

(5) 학습자 참여 요구(Require learner participation)

효과적인 수업을 위해서는 학습자의 능동적인 참여를 요구하는 것이 필요하다. 평가 전에 학습자들에게 연습의 기회를 제공하고, 학습자의 반응에 대한 피드백을 계획해야 한다. 수업 중, 수업 후 활동에 대한 계획 역시 필요하다.

(6) 평가와 수정(Evaluate and revise)

마지막 단계에서는 크게 학습자에 대한 평가, 수업에 대한 평가가 이루어진다. 학습자에 대한 평가는 학습자 성취도 평가이며, 수업에 대한 평가는 수업에서 활용한 전략, 테크놀로지, 매체, 자료에 대한 평가를 의미한다. 평가 결과, 의도와 실제 수행된 것 사이에 불일치가 있다고 판단될 경우 수업계획을 수정해야 한다.

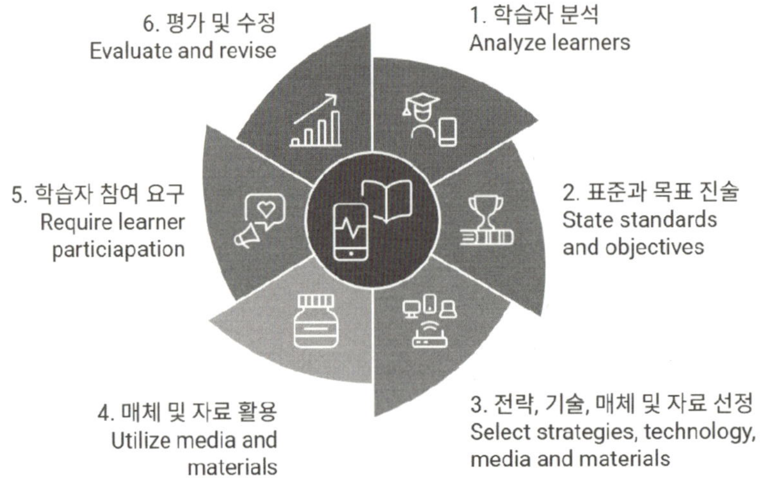

그림 3-3 ASSURE 모형의 여섯 단계

2) TPACK 모형과 에듀테크

교육용 매체의 효과적 활용을 안내하는 대표적인 모형으로 TPACK을 들 수 있는데, 이 모형 또한 에듀테크의 효과적 활용 과정에 적용할 수 있는 일반적인 모형이다. TPACK은 Shulman(1986)이 제시한 교수법과 내용지식(Pedagogical Content Knowledge, PCK)에 테크놀로지 지식을 추가해 확장한 개념이다. 이 모형은 교사가 효과적으로 수업을 운영하기 위해서는 세 가지 지식, 즉 교수 방법 지식, 내용 지식과 함께 테크놀로지 지식의 상호작용에 기반한 통합적 활용이 필요하다는 관점을 보여주고 있다(Mishra & Koehler, 2006).

TPACK 모형은 테크놀로지, 교수법, 내용의 세 가지 요소가 각각 상호작용을 하면서 교수 방법과 내용을 효과적으로 통합하기 위한 교수법과 내용지식(PCK),

교수 방법에 적합한 테크놀로지를 선택하는 테크놀로지와 교수법 지식(TPK), 교육 내용을 효과적으로 전달하기 위해 적합한 테크놀로지를 선택하는 테크놀로지와 내용지식(TCK)을 구성한다. TPACK 모형은 교수자가 단순히 테크놀로지에 대한 지식을 많이 안다고 해서 테크놀로지 활용 수업을 효과적으로 설계 및 실행할 수 있는 것이 아님을 강조한다(박성익 외, 2021).

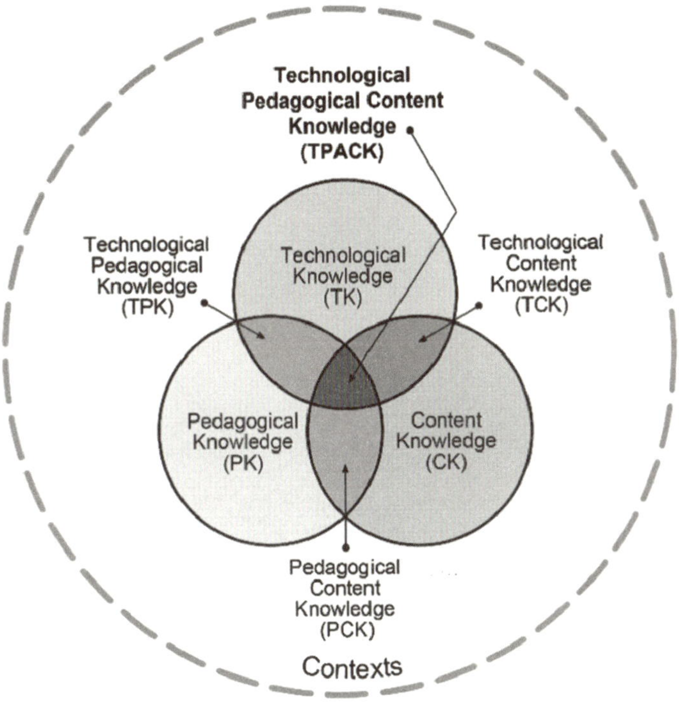

그림 3-4 TPACK 모형의 구성

이상의 TPACK 모형의 특성이 잘 드러난 사례로 김성욱과 임철일(2017)의 모바일 탐구학습을 위한 수업설계모형을 들 수 있다. 이 모형은 모바일 테크놀로지가 수업에서 효과적으로 활용되기 위해서는 단순히 수업에서 모바일 테크놀로지를 활용하는 물리적 결합이 아니라 학습 내용과 교수 방법에 유기적으로 연결되어야 한다는 필요성과 함께, '테크놀로지 통합'의 관점을 제시하고 있다. 이때 '통합'의 의미는 여러 테크놀로지를 혼합해 사용하거나 특정한 테크놀로지를 사용하기 위해 수업을 설계하는 것이 아니라, 효과적 교수학습의 목적에서 테크놀로지를 학습 내용과 교수 방법에 관련짓는 것을 의미한다. 이 모형에서 제시된 모바일 탐구학습 설계 원리는 이러한 TPACK의 이론적 틀과 밀접하게 맞닿아 있다.

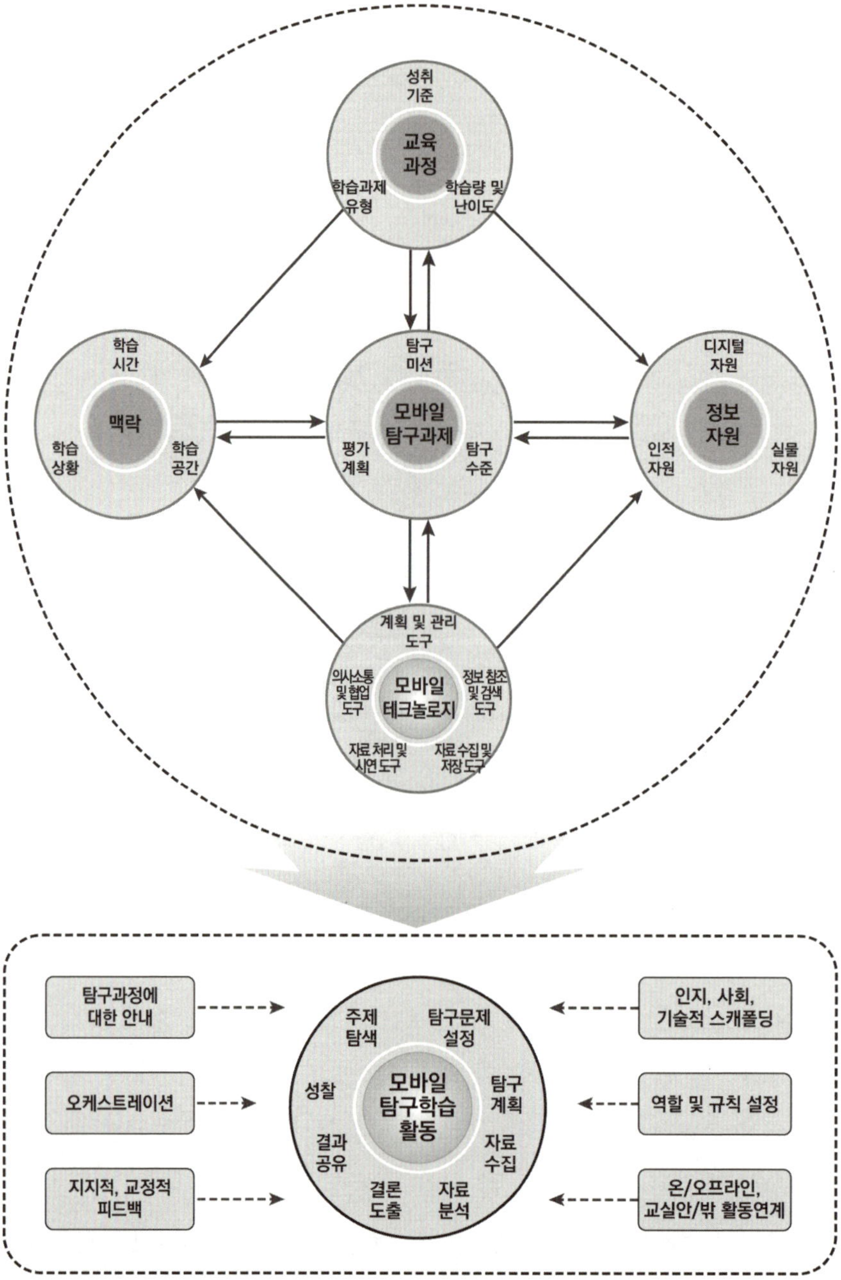

그림 3-5 모바일 탐구학습을 위한 테크놀로지 통합 수업설계의 개념모형

출처: 김성욱, 임철일, 2017

위 모형의 기술 지식(TK)은 하단의 모바일 기술의 역할과 활용으로 구체화된다. 이 모형에서 모바일 기술은 학습 도구로서의 휴대성, 즉시 접근성, 그리고 학습 상황과의 상호작용을 촉진하는 데 핵심적인 역할을 한다고 강조한다. 학습자는 모바일 기기를 통해 데이터를 수집하고, 분석하며, 탐구 문제를 해결한다. 이러한 활동은 정보 검색 도구, 자료 수집 및 저장 도구, 그리고 자료 처리 및 시연 도구와 같은 기술적 요소를 포함하며, 이는 TPACK의 TK를 구성한다. 이 모형에서 모바일 테크놀로지 구성 요소는 학습자가 탐구 활동을 보다 효과적으로 수행하도록 돕는 기술적 도구의 집합으로 정의된다.

이 모형에서 TPACK의 교수법 지식(PK)은 제시된 하단의 탐구 기반 학습(모바일 탐구 학습) 과정에서 구현된다. 모바일 탐구 학습은 주제 탐색, 문제 설정, 자료 수집, 분석, 결과 도출, 그리고 반성의 과정을 포함한다. 이러한 탐구 과정에서 교사는 학습자에게 방향을 제시하고 피드백을 제공하며, 탐구 활동을 설계하고 관리한다. 이 모형에서 특히 교사의 오케스트레이션(Orchestration) 역할을 강조한다. 이는 교사가 학습자의 탐구 과정을 조율하며, 모바일 기술을 활용한 협력적 학습 환경을 구축하는 것을 의미한다. 이처럼 탐구 활동 설계는 TPACK의 PK를 구체적으로 반영하며, 학습 활동이 효과적으로 이루어질 수 있도록 지원한다.

내용 지식(CK)은 이 연구에서 국가 수준의 교육과정을 기반으로 설계된 학습 목표와 성취 기준으로 드러나며 학습 내용의 적정한 난이도와 학습량을 조정하여 학습자가 과제를 성공적으로 수행할 수 있도록 해야 한다. 예컨대, 학생이 마을 지도를 그리며 자연 환경과 인문 환경의 개념을 학습할 때, 교사는 이러한 내용을 탐구 과제와 연결시켜 제공한다. 이는 TPACK의 CK가 학습 설계에서 어떻게 반영되는지를 보여주는 구체적인 사례이다.

이 모형은 TPACK의 세 요소가 어떻게 통합적으로 작동할 수 있는지를 설계 원리와 개념적 틀을 통해 보여준다. 여기서 설계 모형은 기술(TK), 교수법(PK), 그리고 내용(CK)의 상호작용을 시각화하며, 각 요소가 학습 목표를 달성하기 위해 어떻게 조화를 이루어야 하는지를 강조한다. 모바일 기술은 탐구 활동의 핵심 도구로, 학습자의 문제 해결 능력을 지원하며, 교수자는 이러한 기술을 효과적으로 활용할 수 있도록 설계를 조율한다. 동시에, 내용 지식은 학습자에게 제공될 교육 내용의 기준을 설정하며, 학습 활동이 목표에 부합하도록 방향을 제시한다.

이 모형에서와 같이 모바일 탐구학습을 설계하는 과정에서 기술, 교수법, 그리고 내용의 통합적 활용은 TPACK이 강조하는 교육의 본질을 구현한다. 이 모형과 설계 원리는 교사들이 모바일 기술을 활용한 수업을 효과적으로 설계하고 실행할 수 있도록 돕는 유용한 지침을 제공할 수 있다.

3) 블렌디드 러닝과 에듀테크

에듀테크는 블렌디드 러닝(blended learning, 혼합 학습) 환경에서 효과적인 교수매체로서 다양하게 활용된다. 블렌디드 러닝은 온라인과 오프라인의 교육을 연계하여 최적의 교육적 효과를 가져오려는 방식이다(임철일 외, 2023c; Lim et al., 2007). 전통적인 강의실 수업의 시간적, 공간적 제약을 극복하고 학습의 효과를 극대화하기 위해 온라인 학습의 장점을 혼합한 수업방식을 의미한다(Bonk & Graham, 2012). 이때 중요한 것은 단순히 공간적, 기술적 요소만 혼합하는 것이 아니라 다양한 학습요소들의 화학적 결합이 요구되며, 특히 에듀테크 도구의 적절한 활용이 필요하다. 즉 오프라인 수업의 한계를 테크놀로지에 기반을 둔 온라인 수업이 보완한 수업 접근이라고 할 수 있다(홍효정, 이재경, 2016).

블렌디드 러닝 환경에서 에듀테크는 학습의 효율성과 효과성을 높이는 데 필수적인 요소로 자리 잡고 있다. 에듀테크는 학습자와 교사 모두에게 학습 자료에 대한 접근성을 향상시키고(예컨대, 학습관리시스템을 활용하는 경우), 학습 경험을 개인화하며(예컨대, 디지털교과서 또는 AI 디지털교과서), 상호작용과 피드백을 즉각적으로 제공할 수 있는 도구(예컨대, Padlet)를 제공한다. 이러한 기술은 학습자들이 물리적 공간과 시간의 제약을 넘어서 학습할 수 있도록 돕는다. 또한 학습 데이터를 수집하고 분석하여 개인화된 학습 경로를 설계하거나 학습 진행 상황을 추적할 수 있는 기능을 제공함으로써, 학습자 중심의 교육을 실현한다. 교사 역시 에듀테크를 활용하여 수업을 보다 유연하고 창의적으로 설계할 수 있으며, 이를 통해 학생들의 참여를 촉진하고 학습 목표를 효과적으로 달성할 수 있다. 따라서 에듀테크는 블렌디드 러닝에서 기술, 교수법, 그리고 학습 내용을 통합적으로 연결하며, 현대 교육 환경에서 필수적인 도구이다.

블렌디드 러닝 환경에서의 에듀테크 활용 방법에 대한 다양한 접근이 이루어지고 있다. 이종찬(2022)의 모형에서는 초등학교 인공지능 리터러시 교육을 위한 블렌디드 러닝 방법을 제시하고 있다. 이 모형은 '교실 안'에 해당하는 실시간 온, 오프라인 수업과 '교실 밖'에 해당하는 비실시간 온라인 수업으로 구분된다. 교실 안 실시간 수업은 교실 내에서 학생들이 PC 혹은 태블릿을 활용해 학습을 하는 상황이며, 이때 교수자와 학습자는 오프라인뿐 아니라 온라인 환경을 활용해서도 실시간으로 상호작용할 수 있다. 교실 밖 비실시간 수업은 가정 환경에서 학생들이 PC 혹은 태블릿을 활용해 학습을 하는 상황으로, 동영상이나 인쇄물 등의 다양한 학습 자료를 활용해 학습을 하며 교수자와 온라인 환경을 통해 비실시간으로 상호작용하게 된다.

이 모형은 수업 전, 중, 후에 따라 크게 3단계로 구분되며 세부적으로는 총 8개의 단계가 선형적으로 구성된 형태이다. 각 단계의 명칭은 1) 블렌디드 러닝 환경 및 학습자 수준 확인, 2) 동기 유발 및 인공지능 개념 안내, 3) 인공지능 기술 체험 지원, 4) 주제 선정 및 데이터 수집 방법 안내, 5) 데이터 수집 및 정리 지원, 6) 인공지능 모델 훈련 및 수정 안내, 7) 모델을 활용한 프로그래밍 안내, 8) 공유 및 학습지속 지원이다.

이종찬(2022)은 이 모형과 함께 초등학교 인공지능 리터러시 교육을 위한 블렌디드 러닝의 교수전략을 〈표 3-2〉와 같이 개발하였다. 각 전략에는 수업의 단계별로 교사가 고려 및 준비해야 하는 요소들이 포함되어 있으며, 특히 PC나 태블릿과 같은 하드웨어부터 LMS, 온라인 내 동영상 등 학습자료, 엔트리나 머신러닝 포키즈와 같은 플랫폼 등의 소프트웨어를 어떻게 활용할 수 있는지에 대해 설명하고 있다. 또한 이 교수전략은 하드웨어나 소프트웨어뿐 아니라 학생들의 컴퓨터 활용 능력, 테크놀로지 접근성 및 경험, 블록코딩 수준과 같이 에듀테크 활용 수업의 결과에 영향을 미칠 수 있는 학습자들의 특성에 대한 고려도 필요함을 강조하고 있다.

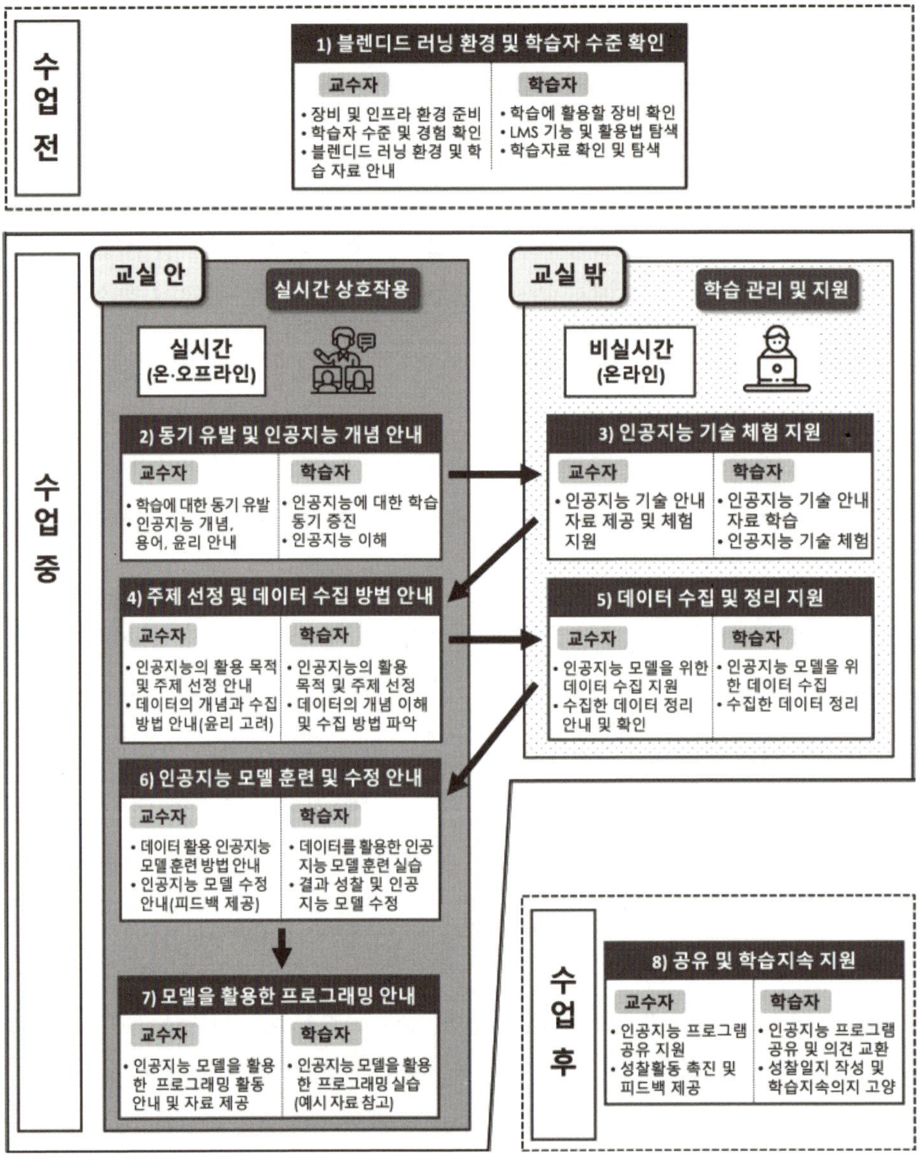

그림 3-6 초등학교 인공지능 리터러시 교육을 위한 블렌디드 러닝 모형

출처: 이종찬, 2022

표 3-2 초등학교 인공지능 리터러시 교육을 위한 블렌디드 러닝 교수 전략 일부(이종찬, 2022)

수업 단계			교수전략	
수업 전	[단계 1] 블렌디드 러닝 환경 및 학습자 수준 확인	공통	1.1	인공지능 리터러시 교육을 위한 블렌디드 러닝 환경을 확인하라.
			1.2	수업 전 인공지능 관련 내용이 포함된 학습자료를 제공하여 동기 및 흥미를 유발하라.
			1.3	학습자 수준을 고려하여 인공지능 리터러시 교육에 적합한 교구와 적절한 학습량을 정하라.
수업 중	[단계 2] 동기 유발 및 인공지능 개념 안내	교실 안 실시간	2.1	학생들의 인공지능에 대한 사전학습수준을 확인한 후 이를 고려한 수업을 진행하라.
			2.2	학생들이 인공지능 리터러시 교육에 대한 목표의식과 학습 동기를 갖도록 하라.
	[단계 3] 인공지능 기술 체험 지원	교실 밖 실시간	3.1	학생들이 인공지능 기술 체험을 통해 인공지능에 대해 생각할 수 있는 기회를 제공하라.
	[단계 4] 주제 선정 및 데이터 수집 방법 안내	교실 안 실시간	4.1	학생들이 데이터에 대한 개념을 잘 이해할 수 있도록 생활 속에서 쉽게 접할 수 있는 데이터 사례를 제시하라.
	[단계 5] 데이터 수집 및 정리 지원	교실 밖 비실시간	5.1	데이터 수집 시 참고할 수 있는 자료를 안내하고 과정에 대한 피드백을 제공하라.
			5.2	데이터 수집 과정에서 발생할 수 있는 윤리적인 문제를 다루고 학생들이 이를 고려할 수 있도록 안내하라.
	[단계 6] 인공지능 모델 훈련 및 수정 안내	교실 안 실시간	6.1	학생들이 인공지능 모델 생성에 활용 할 데이터(이미지 등)를 미리 준비할 수 있도록 하라.
			6.2	학생들이 인공지능 모델의 훈련 및 수정 과정을 완료할 수 있도록 실습 시간을 충분히 제공하라.
			6.3	인공지능 모델의 정확도가 좋지 못한 경우 피드백 제공, 자기 평가 등을 통해 수정의 기회를 부여하라.
	[단계] 모델을 활용한 프로그래밍 안내	교실 안 실시간	7.1	프로그래밍을 할 때 참고할 수 있는 학습자료와 예시 작품을 제공하라.
수업 후	[단계 9] 공유 및 학습지속 지원	공통	8.1	학생들이 결과물 공유, 소감문 작성 등을 통해 성찰하고 학습지속의지를 가지도록 격려하라.

블렌디드 러닝은 현대 교육 환경에서 기술과 교육의 통합을 실현하는 강력한 학습 방법이다. 블렌디드 러닝에서 에듀테크의 활용은 단순한 보조 수단을 넘어 학습자 중심의 교육 혁신을 가능하게 한다. 블렌디드 러닝의 성공은 앞의 모형과 교수 전략의 활용에서 볼 수 있듯이 기술 자체가 아니라 이를 효과적으로 설계하고 실행하는 데 달려있다. 결과적으로 블렌디드 러닝에서 교사는 에듀테크를 교육 목표에 맞게 활용하고, 학습자들이 주체적으로 학습 과정에 참여할 수 있도록 최적의 교수 모형과 전략을 활용할 필요가 있다.

4. 결론

에듀테크는 디지털 기술의 발전과 함께 현대 교육에서 필수적인 도구로 자리 잡았으며, 교육의 접근성을 확대하고 학습자 중심의 맞춤형 학습 환경을 제공하는 데 기여하고 있다. 코로나 이후 에듀테크는 원격 학습과 디지털 환경에서 중요한 역할을 했으며, 생성형 인공지능, 빅데이터, 증강현실(VR), 가상현실(AR)과 같은 첨단 기술의 융합을 통해 교육 방식을 근본적으로 혁신하고 있다. 에듀테크의 성공적인 활용을 위해서는 기술 그 자체에 의존하기보다는 교육 목표와 학습 환경에 최적화된 도구와 전략을 체계적으로 설계하고 통합하는 것이 중요하다. ASSURE 모형, TPACK 모형, 블렌디드 러닝 모형과 같은 교수 설계 모형과 원리는 에듀테크를 효과적으로 활용하는 데 필요한 틀을 제공하며, 교사와 학습자가 기술을 효율적으로 사용할 수 있도록 도울 수 있다.

향후 에듀테크는 초개인화된 학습 환경을 제공하며 학습자의 수준과 흥미에 맞춘 맞춤형 경험을 제공하는 방향으로 발전할 것이다(임철일 외, 2023a). 또한 VR과 AR 기술을 활용한 몰입형 학습 경험이 융합 교육, 의학 교육, 군 교육, 직업 교육 등 다양한 분야에서 확대될 것이며, 클라우드 기반 협업 도구와 메타버스와 같은 플랫폼을 통해 시공간 제약을 초월한 협력적 학습 환경이 조성될 것이다. 아울러 AI 디지털교과서를 비롯한 다양한 전자 자료의 활용을 통해 지속 가능한 교육 환경 구축에도 기여할 수 있을 것이다. 이러한 변화 속에서 교사의 역할은 단순한 지식 전달자를 넘어 학습 촉진자이자 설계자로 재정의되고 있으며, 이를 지원하기 위한 교사의 디지털 리터러시와 기술 활용 역량 강화가 더욱 중요해질 것이다(계보경 외, 2022).

에듀테크는 교육의 질을 높이고 학습자 중심의 교육 환경을 조성하는 데 핵심적인 역할을 수행하며, 미래 교육을 선도하는 필수적인 요소로 발전해 나갈 것이다. 그러나 디지털 격차, 새로운 도구 적응의 부담, 윤리적 문제, 기반시설 미비 등의 에듀테크의 통합을 방해하는 학교 내외적 요인과 같은 해결해야 할 과제도 여전히 존재한다(신민철 외, 2023). 따라서 에듀테크의 효과를 최대한 활용하기 위해서는 교육 담당자, 정책 결정자 등 관련된 모두가 협력하여 지속적인 개선과 혁신을 추구할 필요가 있다.

참고문헌

강민수, 김건우, 신예은, 김대권 (2022). 메타버스 플랫폼 게더타운을 활용한 교육대학원 수업에서 학습자의 학습실재감과 몰입감이 학습만족도에 미치는 영향. 교육문제연구, 35(1), 83-116.

계보경, 박준홍, 이다영 (2022). 국내외 에듀테크 활성화 정책과 거버넌스. 한국교육학술정보원.

김성욱, 임철일 (2017). 모바일 탐구학습을 위한 수업설계의 개념모형 개발 연구: 테크놀로지 통합을 중심으로. 교육공학연구, 33(2), 327-364.

남선우 (2020). 에듀테크 기반 플립러닝 교수학습 모형 개발 및 적용. 인문사회 21, 11(3), 1677-1691.

문외식 (2013). 스크래치 프로그래밍을 활용한 초등학교 STEAM학습모형. 정보교육학회논문지, 17(4), 457-466.

박성익, 임철일, 이재경, 최정임, 조영환 (2021). 교육공학과 수업(6판). 교육과학사.

박정민, 길정민 (2020). 4차 산업혁명 시대의 에듀테크. 한국정보처리학회 소프트웨어 · 데이터 공학회지, 9(11), 329-331.

백승철, 조성혜, 김남희, 최미경, 노규성 (2016). 다문화 구성원을 위한 에듀테크 적용 방안에 관한 연구. Journal of Digital Convergence, 14(3), 55-62.

신민철, 유하원, 장재홍 (2023). 학교 에듀테크 통합 방해요인과 해결방안: 선도적 교원의 인식을 중심으로. 교육공학연구, 39(1), 219-250.

이소민, 김효정 (2020). 가상현실(VR)을 활용한 미술 감상수업이 학습자의 학습동기 및 학업성취도에 미치는 영향. 교과교육학연구, 24(2), 167-177.

이종찬 (2022). 초등학교 인공지능 리터러시 교육을 위한 블렌디드 러닝 모형 개발. 서울대학교 대학원 석사학위논문.

임미인, 김혜미, 남지현, 홍옥수 (2021). 인공지능(AI) 활용 초등수학수업 지원시스템의 교수 · 학습 적용 방안 모색. 학교수학, 23(2), 251-270.

임철일, 한옥결, 채지윤, 이진연, 이다연 (2023a). 교원 양성기관의 에듀테크 활용 실태 분석 및 에듀테크 분류 체계. 컴퓨터교육학회 논문지, 26(4), 77-87.

임철일, 한옥결, 채지윤, 엄태연, 박성경 (2023b). 클라우드 기반 1인 1디바이스의 교육적 활용 효과 -교사의 인식 변화를 중심으로-. 교육공학연구, 39(3), 891-931.

임철일, 홍수민, 임은선, 박성경, 김한휘, 한형종 (2023c). 대학교육에서 하이브리드 학습 운영을 위한 개념 모형 및 교수설계전략 개발 연구. 교육정보미디어연구, 29(4), 821-850.

한국교육학술정보원 (2022). 에듀테크 수업 활용 가이드북(TL 2022-07).

홍효정, 이재경 (2016). 블렌디드 러닝(Blended Learning)을 위한 대학 교수자의 교수역량 도출. 교육공학연구, 32(2), 391-425.

Al-samarraie, H., & Saeed, N. (2018). A systematic review of cloud computing tools for collaborative learning: Opportunities and challenges to the blended-learning environment. *Computers and Education, 124*, 77-91.

Bonk, C. J., & Graham, C. R. (2012). *The handbook of blended learning: Global perspectives, local designs*. Pfeiffer.

Heinich, R., Molenda, M., Russell, J., & Smaldino, S. (1996). *Instructional media and technologies for learnin*g. Macmillan.

Jeong, K. O. (2016). A study on the integration of Google Docs as a web-based collaborative learning platform in EFL writing instruction. *Indian Journal of Science and Technology, 9*(39), 1-7.

Lim, D. H., Morris, M. L., & Kupritz, V. W. (2007). Online vs. blended learning: Differences in instructional outcomes and learner satisfaction. *Journal of Asynchronous Learning Networks, 11*(2), 38-50.

Mishra, P., & Koehler, M. J. (2006). Technological pedagogical content knowledge: A framework for teacher knowledge. *Teachers College Record, 108*(6), 1017-1054.

Shulman, L. S. (1986). Those who understand: Knowledge growth in teaching. *Educational Researcher, 15*(2), 4-14.

제4장 AI 활용 교육

허선영

시작하며

인공지능(AI)은 데이터를 효율적으로 처리하고 분석하여 여러 분야에서 새로운 가능성을 열어주는 도구로 주목받고 있다. 인공지능 기술로 잘 알려진 자연어 처리, 음성 인식, 이미지 분석과 같은 기술들은 다양한 분야에서 복잡한 문제를 해결하거나 개인화된 서비스 제공을 위해 활발하게 활용되고 있다.

이러한 인공지능은 교육 분야에서 효과적으로 활용될 가능성이 확인되고 있으며, 교사와 학생 모두를 지원할 수 있는 도구로 자리매김하고 있다. 인공지능은 학습자의 데이터를 기반으로 수준과 필요를 분석하여 개별 맞춤형 학습 경험을 제공할 수 있으며, 교사에게는 학습자 데이터 기반의 정보와 수업 설계 지원 도구를 제공함으로써 수업의 질을 향상시킬 수 있다. 또한, 인공지능은 정보 전달을 넘어 학생들의 고차적 사고와 창의력을 촉진하는 지원도구로서의 역할을 할 수 있다. 이러한 가능성을 통해 앞으로 인공지능은 학습 격차를 줄이고 개별 학생의 참여와 동기를 향상시키기 위한 중요한 도구로서 활용될 것으로 보인다.

인공지능을 활용한 교수학습도구의 대표적인 사례로 ITS(Intelligent Tutoring Systems)와 AI 코스웨어(Courseware)와 같은 기술이 개발되어 왔다. 이들은 개별 학생에게 최적화된 학습 경로를 제시하고, 실시간으로 학습 데이터를 분석하여 적시적소에 피드백을 제공한다. 최근에는 생성형 AI가 보급되면서 이를 교육적으로 활용하려는 시도가 활발히 이루어지고 있다. 생성형 AI는 교수학습 자료를 생성하거나 학생들의 창의적 표현을 지원하는 도구로서, 교육 현장에서 새로운 가능성을 열어주고 있다. 오늘날 연구자들 뿐만 아니라 현장 교사와 학생 또한 인공지능의 효과와 잠재력을 확인하고 있으며, 이를 실제 수업에 활용하려는 다양한 시도를 이어가고 있다.

이러한 배경을 바탕으로, 본 장에서는 맞춤형 학습을 지원하는 AI 기반 교수학습 지원 도구와 다양한 잠재력을 가지고 있는 생성형 AI의 교수학습에의 활용에 대해 살펴보고자 한다. 그리고 실제 수업에서 사용할 수 있는 AI 활용 수업 설계 및 실행 모형에 대해 다룬 후, 마지막으로 인공지능 활용 교육 시 고려해야 할 사항을 논의한다.

문제상황

이 교사는 학기 초부터 학급 학생들 사이의 학습 격차가 점점 벌어지고 있다는 사실에 고민이 깊어지고 있다. 일부 학생들은 수업 내용을 빠르게 이해하고 과제를 수월하게 끝내지만, 다른 학생들은 기초적인 개념조차 어려워하며 따라가기 힘들어한다. 수업이 진행될수록 수준 높은 학생들은 흥미를 잃고, 뒤처지는 학생들은 점점 더 불안감을 느끼는 모습이 보였다. 이 교사는 이 상황을 해결하기 위해 여러 가지 방법을 시도했지만, 여전히 모든 학생들을 한 명, 한 명 관리하기는 어렵다는 사실에 한계를 느꼈다.

며칠 전, 한 학생이 찾아와 어려운 문제의 해결 방법을 물어보아 가르쳐준 뒤, 곧이어 또 다른 학생이 찾아와 훨씬 쉬운 문제에 대해 물어보았다. 한 번에 알아듣는 학생과 여러 번 설명을 해주어도 이해를 잘 못하는 학생을 보며 학습 격차에 대한 심각성을 다시금 느끼게 되었다. 학생들의 학습 수준과 속도가 제각기 다른 상황에서, 앞으로 수업을 어떻게 설계해야 할지 난감했다. “내가 혼자서 모든 학생에게 맞추어 수업을 제공할 수 있을까?”, “결국 일부 학생들은 포기해야 하는 것인가?” 라는 생각이 머릿속을 떠나지 않았다.

고민이 나날이 깊어가던 어느날, 같이 점심 식사를 하던 중 미술 교과 담당인 박 교사는 이 교사에게 한숨을 쉬며 말했다. 지난번 미술 시간에 작가의 화풍을 가르쳤는데, 학생들이 그림을 따라 그리는 활동을 하던 중 일부 학생이 그림을 똑같이 그리는 것에 너무 집중해 작가의 화풍을 배우지 못하고 색깔을 고르며 색칠만 하다가 수업이 끝나버린 일이 있었다고 말했다. 이 교사는 박 교사의 말을 들으며, 남의 일 같지 않다는 생각과 함께, 수업 목표를 달성하지 못하고 주객전도가 된 이 상황을 해결할 수 있는 방법이 없을지 고심하게 되었다.

며칠 후, 학교에서 최신 기술을 활용한 교육 방식을 도입하자는 논의가 있었고, 그중에서도 인공지능 도구들에 대한 제안이 나왔다. 몇 가지 기술들이 소개되었는데, 특히, AI 코스웨어는 다양한 교과목에서 활용되며 발전하고 있었고, 학생들의 개별 학습을 지원하는 데 중점을 두고, 학습자가 자신의 속도와 수준에 맞는 문제나 학습 콘텐츠를 제공받을 수 있도록 설계되어 있다고 소개되었다. 그리고 생성형 AI에 대해서도 소개되었는데, 수업시간에 다양한 학습활동을 가능하게 하는 기술로 활용된다고 소개되었다. 이 교사는 머릿속에 전구가 켜진 기분이 들었다. AI 코스웨어를 잘 활용하면 모든 학생이 자신에게 맞는 교육을 받을 수 있겠다는 생각이 들었다. 그리고, 최근 이슈가 된 생성형 AI를 활용해 개별 학생들의 사고를 확장하고 다양한 학습활동을 제공할 수 있겠다고 생각했다.

이 교사는 이러한 인공지능이 학습활동을 지원해주는 튜터로서의 역할을 하거나, 학습자가 사고를 확장할 수 있도록 지원하는 것도 가능할 것이라는 기대감이 생겼다. 이를 잘 활용하면 모든 학생이 보다 효과적인 학습경험을 할 수 있도록 도울 수 있다는 희망도 생겼다. 이 교사는 의욕이 생기기 시작한 동시에, 교실에서 학생들에게 효과적인 학습경험을 제공하기 위해 어떤 AI 도구를 사용할 수 있을지, 그리고 AI를 어떻게 활용할 수 있을지 또 다시 고민되기 시작했다.

탐구문제

1. 인공지능은 어떠한 방식으로 개별 학습자를 지원할 수 있을까?
2. 수업에서 활용할 수 있는 인공지능 도구는 무엇이 있을까?
3. 인공지능을 활용한 수업을 어떻게 설계하고 실행할 수 있을까?

학습목표

1. ITS와 AI 코스웨어의 학습지원 방식을 이해하고 이를 교육에 활용할 수 있다.
2. 생성형 AI의 특성을 바탕으로 생성형 AI의 교육적 활용 가능성에 대해 설명할 수 있다.
3. AI를 활용한 수업을 설계하고 실행한 사례를 바탕으로 AI 활용 수업을 계획할 수 있다.

1. 맞춤형 학습을 위한 ITS와 AI 코스웨어

맞춤형 학습(personalized learning)은 개별 학습자의 특성과 요구를 반영하여 학습목표를 달성하도록 돕는 학습 형태이다. 이는 학습자가 자신의 속도와 수준에 맞는 문제나 콘텐츠를 제공받아 자신만의 학습경로로 학습하는 것을 통해 완전학습을 실현하는 데 중점을 둔다. 이러한 맞춤형 학습은 학습자의 참여도를 높이고, 학습격차를 줄이는 데 기여할 수 있다. 그러나 현실적으로 소수의 교사가 다수의 학생들을 1:1로 관리하며, 개별 학습경로를 제공하는 등 맞춤형 학습 경험을 제공하기 어려운 상황이다. 이러한 어려움을 극복하기 위해 디지털 기술, 특히 인공지능(AI)을 활용한 교수학습 지원 도구가 주목받고 있다. 지능형 튜터링 시스템(Intelligent Tutoring System, ITS)과 AI 코스웨어는 맞춤형 학습을 지원하는 대표적인 예이다.

지능형 튜터링 시스템(ITS)은 기존의 컴퓨터 보조 교수법(Computer-Assisted Instruction, CAI)이 발전된 형태로, 인공지능 기술을 활용하여 학습자를 지원하는 시스템이다. ITS는 학습자의 반응 데이터를 실시간으로 분석하여 학습 경로를 동적으로 조정하고, 개인화된 학습자료와 피드백을 통해 개별 학습자의 학습 과정을 지원한다(Corbett et al., 1997). ITS는 학습자 모델에서 문항 반응 이론(Item Response Theory, IRT)과 지식 추적(Knowledge Tracing) 기법을 사용하여 학습자의 수행 능력을 실시간으로 분석한다(Liu, 2022). 이러한 기술을 활용하여 ITS는 학습자의 행동 데이터를 분석하여 현재 학습 상태와 요구를 분석하고, 그 결과에 기반하여 학습자에게 적합한 학습 콘텐츠를 추천하거나 보충 자료를 제공한다. 예를 들어, 수학 수업에서 특정 주제를 이해하지 못한 학생에게 ITS는 개념을 반복 학습시키거나 시각적 설명을 추가적으로 제공한다.

지능형 튜터링 시스템의 대표적인 사례로 MATHia와 Betty's Brain이 있다. 먼저, MATHia는 중·고등학생을 위한 1:1 수학 학습 플랫폼으로, 인공지능을 활용하여 각 학습자의 학습 수준과 필요에 맞는 맞춤형 학습 경험을 제공한다(MATHia 홈페이지). 학습자는 MATHia를 통해 다양한 수학 문제를 풀고, 즉각적인 피드백을 받아 개념에 대한 자신의 이해도를 높일 수 있다. 또한, 교수자는 MATHia를 통해 학습 진행상황을 실시간으로 파악하고, 개별 학습자에게 필요한 지원을 제공할 수 있다. 이러한 개인화된 학습 환경은 학습자의 수학적 이해도를 높이고, 교수자가 개별 학습자를 효율적으로 지원할 수 있도록 돕는다.

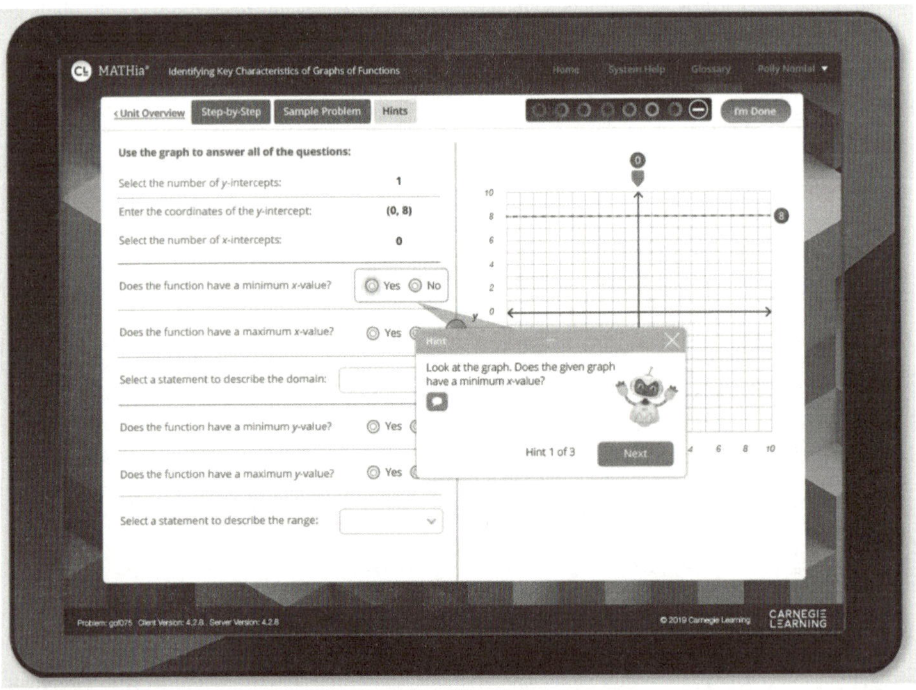

그림 4-1 MATHia

출처: https://clearmath.co.kr/M_intro

다음으로, Betty's Brain은 밴더빌트(Vanderbilt) 대학에서 개발한 소프트웨어로, 학습자의 자기조절학습을 통해 연못 생태계, 기후 변화, 인체의 온도 조절 등 과학 커리큘럼을 학습하도록 설계되었다. 학습자는 Betty라는 가상의 캐릭터에게 과학 개념을 가르치면서 학습내용에 대한 이해도를 높인다. 예컨대, 학습자는 제공된 하이퍼텍스트 자료를 읽고, 과학 개념 간의 인과관계를 시각적으로 나타내는 지도를 작성하며 Betty에게 가르친다. 이러한 지도는 복잡한 과학 모델을 시각적으로 구성할 수 있도록 지원하는 역할을 한다. 그리고 학습자는 Betty에게 질문을 하거나 퀴즈를 통해 그녀의 이해도를 평가할 수 있고, Betty는 학습된 인과 관계 지도를 기반으로 질문에 답변한다. 이를 바탕으로 학습자는 자신의 지도에 있는 오류나 누락된 부분을 찾아 수정할 수 있다. 한편, 시스템 내의 Mr. Davis라는 멘토 에이전트는 학습자에게 학습전략과 피드백을 제공한다. 예를 들어, Betty의 퀴즈 결과를 평가한 후, 학습자가 지도를 개선할 수 있도록 피드백을 제공한다. 이러한 과정을 통해 학습자는 자신의 수준에 맞추어 학습을 진행하며 학습 과정에 대한 도움도 받을 수 있다. 이러한 ITS는 주로 특정 과목이나 주제에 대한 심층적인 튜터링을 제공하며, 학습자의 이해도를 평가하고 개별 피드백을 제공하는 방식으로 학습을 촉진한다.

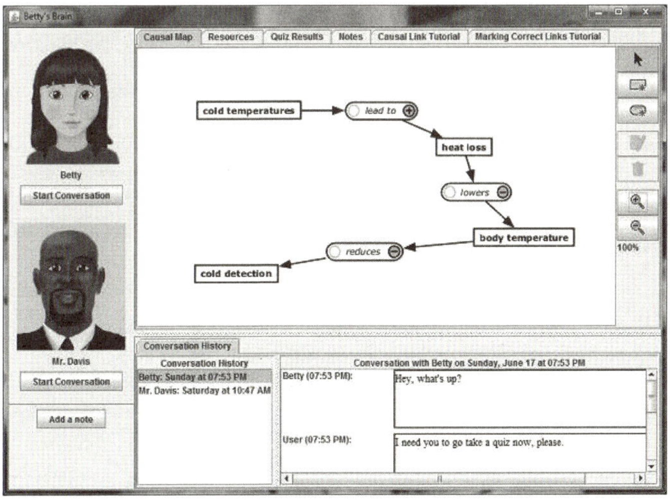

그림 4-2 Betty's Brain

출처: https://www.researchgate.net/figure/Screenshot-of-Bettys-Brain_fig1_325851419

최근 인공지능 기술이 발달하며, 개별 학생들의 수준에 맞는 다양한 학습 콘텐츠를 제공하고 교육과정을 포괄할 수 있는 AI 코스웨어(AI Courseware)에 대한 관심이 높아지고 있다. AI 코스웨어는 인공지능 기술을 기반으로 학습자의 학습 과정을 진단하고 개인 맞춤형 학습 콘텐츠를 제공하는 교과 과정 소프트웨어(Course Software)로 정의된다(교육부, 2023). AI 코스웨어는 학습자의 수준을 진단하고, 개별 학습자를 위한 최적화된 학습 경로를 추천하여 학습효과를 높이는 도구로 주목받고 있다. AI 코스웨어는 인공지능을 기반으로 학습자로부터 수집된 학습 관련 빅데이터를 분석하고, 머신러닝 기반의 추천 알고리즘을 통해 개인화된 학습 경로와 맞춤형 학습 콘텐츠를 제공한다(박만구, 2020). 또한, 학습자의 성과 데이터를 분석하고, 개별 학습자에게 적합한 피드백을 제공한다(이은주 외, 2023; 주정흔, 2023). AI 코스웨어는 ITS와 유사하지만 학습자가 추천된 학습 경로와 인공지능 튜터 기능 등을 중심으로 주체적으로 학습을 이끌어나간다는 점에서 보다 학습자의 능동적이고 주도적인 학습을 수행하도록 돕는다는 특징이 있다.

AI 코스웨어의 대표적인 사례로, 플랭(Plang)과 ALEX가 있다. 플랭은 2019년에 국내에서 개발된 AI 기반 개인 맞춤형 영어학습 코스웨어로, 학습자 진단과 맞춤형 콘텐츠 제공을 주요 목표로 하는 플랫폼이다. 플랭은 학습자가 자기주도적으로 영어를 학습할 수 있도록 돕는 서비스와 교수자가 교과목과 연계된 학습 활동을 설계할 수 있는 플랭 클래스 기능을 함께 제공한다. 이 플랫폼은 Speaking, Writing, Reading Aloud, 표현 트레이닝 등 다양한 활동을 학습자의 수준에 맞게 제공한다. 플랭은 AI 기반 레벨 테스트를 통해 학습자의 능력을 분석하고, 학습자의 수준에 적합한 영상 자료(예: 드라마, 애니메이션 등) 기반의 트레이닝 활동을 제시한다. 동일한 표현이라도 학습자의 진단 결과에 따라 핵심 표현 강의와 상황 속

그림 4-3 플랭 화면

출처: PLANG 홈페이지

문장 만들기 활동을 차별화하여 제공함으로써 개별 학습자 맞춤형 학습을 지원한다. 그리고 학습과정에서 수집한 데이터를 바탕으로 이후 학습내용이 수정되며, 인공지능 코칭을 통해 개별 학습자 맞춤형 피드백과 학습지원을 제공한다.

다음으로, ALEKS(Assessment and LEarning in Knowledge Spaces)는 미국 McGrawHill Education에서 개발한 AI 기반 적응형 평가 및 학습 시스템으로, 주로 수학, 화학, 통계, 회계 등의 분야 학습 시 활용되고 있다. ALEKS는 누적된 학습자 데이터를 인공지능으로 분석하여 맞춤형 학습 경로를 설계하여 개별 학습자에게 제공한다. 시스템은 학습자가 제시된 주제를 완전히 이해했는지, 다음 단계로 진행할 준비가 되었는지를 지속적으로 문제풀이 등을 통해 평가한다. 이를 토대로 현재 학습자에게 가장 효과적인 주제를 선별하여 제안하며, 학습자는 제안된 주제 중 학습할 내용을 선택할 수 있다. 학습자는 각 주제를 완전히 숙달한 후에만 다음 단계로 넘어갈 수 있어, 자신의 지식 수준에 적합한 난이도의 콘텐츠를 학습하게 된다.

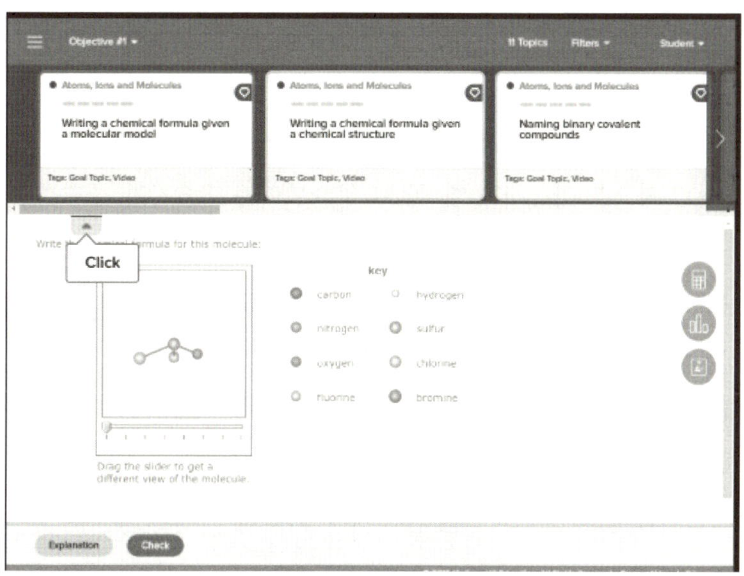

그림 4-4 ALEKS 화면

출처: https://www.mheducation.com/prek-12/program/microsites/MKTSP-GAB02M0/chemistry.html

최근 AI 디지털교과서가 개발되어 보급을 앞두고 있다. AI 디지털교과서는 인공지능을 포함한 지능정보화기술을 활용하여 학습자 개인의 능력과 수준에 맞는 맞춤형 학습 기회를 지원하도록 설계되었다. 이를 통해 학습자는 자신의 학습 진단 및 분석 결과에 따라 최적의 학습 경로와 콘텐츠를 추천받고, AI 튜터를 통해 자신에게 맞는 학습지원을 제공받을 수 있다. 또한 교사는 수업 설계와 맞춤형 학습지원을 위한 AI 보조교사를 활용할 수 있고, 데이터 기반의 학습 이력을 활용하여 학습관리를 효율적으로 수행할 수 있다. 이러한 기능들은 학습자 개개인의 특성에 맞는 맞춤형 학습을 실현할 수 있는 가능성을 높여준다고 할 수 있다.

이러한 AI 코스웨어는 다음과 같은 장점이 있다. 첫째, 개인화된 학습 경험을 제공한다. 학습자의 학습 스타일, 이해 수준, 학습 속도 등을 종합적으로 분석하여 맞춤형 콘텐츠와 문제를 제안함으로써 학습자는 자신의 학습 과정을 이해하고, 자신에게 적합한 학습 전략을 손쉽게 적용할 수 있다(이은주 외, 2023). 둘째, 적응형 학습 시스템을 기반으로 한다. AI 코스웨어는 학습자의 학습과정을 반영하여 학습 난이도를 조정하는 적응형 학습 기능을 제공한다(신종호, 손정은, 2021). 학습자가 어려움을 겪는 경우에는 난이도를 낮춰 학습을 지원하고, 높은 이해도를 보이는 경우에는 더 난이도 높은 문제를 제시하여 학습자가 지속적으로 성장할 수 있도록 돕는다(최민선, 정재삼, 2021; 손태권, 강다혜, 2024). 셋째, 실시간 피드백과 평가를 가능하게 한다. AI 코스웨어는 학습자가 문제를 푸는 동안 즉각적인 피드백을 제공하며, 이를 통해 학습자는 자신이 이해하지 못한 부분을 효과적으로 보완할 수 있다. 또한 실시간 평가 결과를 통해 학습자는 자신의 강점과 약점을 파악할 수 있고, 교수자는 이를 토대로 학습자 개개인에 맞춘 학습 지원을 제공할 수 있다(간진숙 외, 2023).

한편, ITS나 AI 코스웨어의 교육적 활용에는 윤리적 이슈를 고려해야 한다. ITS와 AI 코스웨어는 학습자의 다양한 데이터를 수집하고 이를 분석한 결과에 기반하여 맞춤형 학습 지원을 제공한다. 이 과정에서 개인정보 유출의 위험이 존재하며, 이러한 데이터가 부적절하게 사용될 경우 학습자의 프라이버시가 침해될 수 있다. 또한, AI 코스웨어의 의사 결정 과정이 불투명할 경우, 오류나 부작용이 발생했을 때 책임 소재를 명확히 밝히기 어렵다. ITS와 AI 코스웨어가 교육 현장에서 활발하게 활용되기 시작한 만큼, 이러한 윤리적 문제를 인식하고 기술의 한계를 고려한 신중한 접근이 필요하다.

2. 생성형 AI와 교수학습

2022년 11월, OpenAI사가 ChatGPT3.5를 공개하면서 생성형 AI에 대한 관심이 전 세계적으로 급격히 증가했다. 생성형 AI(Generative AI)는 딥러닝 모델을 기반으로 인간이 만들어내는 것과 유사한 콘텐츠(예: 이미지, 텍스트, 동영상 등)를 생성하며, 명령, 질문 등 다양하고 복잡한 요청에 반응할 수 있는 기술로 정의된다(Lim et al., 2023). 생성형 AI는 기술에 따라 생성되는 결과물이 달라질 수 있다. 먼저, GPT(Generative Pre-trained Transformer), LaMDA(Language Model for Dialogue Applications), 노바(Nova)와 같은 언어 모델은 대규모 디지털 데이터를 학습하여 인간과 유사한 텍스트나 음성 기반의 응답을 생성하는 데 활용된다. 현재 활발히 활용되고 있는 ChatGPT는 GPT를 사용하는 대표적인 서비스로 알려져 있다. 그리고, 보컬과 악기 파트를 생성하는 Bark 모델과 Chirp 모델은 음악을 생성하는 데 활용된다. 한편, Midjourney나 DALL-E는 이미지를 생성하는 기술로 알려져 있다. 이렇듯 생성형 AI 기술은 이미지, 비디오, 텍스트, 음악 등의 다양한 산출물을 생성해 내며 예술, 마케팅, 교육 등 다양한 분야에서 창의적인 작업을 지원하고, 새로운 아이디어나 산출물을 만들어내는 데 활용되고 있다.

생성형 AI 기술에 따라 교육 현장에서 교수학습을 위해 활용할 수 있는 방법은 다양하게 나타난다. 교육 분야에서 활용할 수 있는 텍스트 기반의 생성형 AI의 경우 ChatGPT, Gemini, Copilot 등이 대표적이다. ChatGPT는 OpenAI가 개발한 대화형 인공지능으로, 자연어 처리(NLP) 기술을 활용하여 인간과 유사한 대화 및 텍스트를 생성할 수 있다. 이를 기반으로 ChatGPT는 학습자와의 상호작용, 콘텐츠 작성, 문제 해결 지원 등 다양한 목적으로 활발하게 활용되고 있다. ChatGPT는 사용자가 도구를 사용하면서 ChatGPT에게 제공하는 피드백에 기반하여 모델이 지속적 학습 및 개선을 하기 때문에 점점 사용자의 요구에 맞는 정확하고 유용한 정보를 제공한다. Gemini의 경우, Google의 생성형 언어 모델로, 검색과 생성형 AI 기능을 결합하여 질문에 대한 답변을 하거나 새로운 콘텐츠를 생성하며, Google 서비스와 통합되어 효율적으로 활용된다. 한편, Copilot은 Microsoft의 AI 모델로, GPT 기술을 기반으로 검색 엔진에 대화형 인터페이스를 도입하여 정확한 검색 결과와 실시간 정보를 제공한다.

이러한 특징을 지닌 텍스트 기반의 생성형 AI는 학생과 교사의 필요에 맞는 도움을 제공해줄 수 있다. 텍스트나 음성을 기반으로 인공지능과 대화가 가능하며,

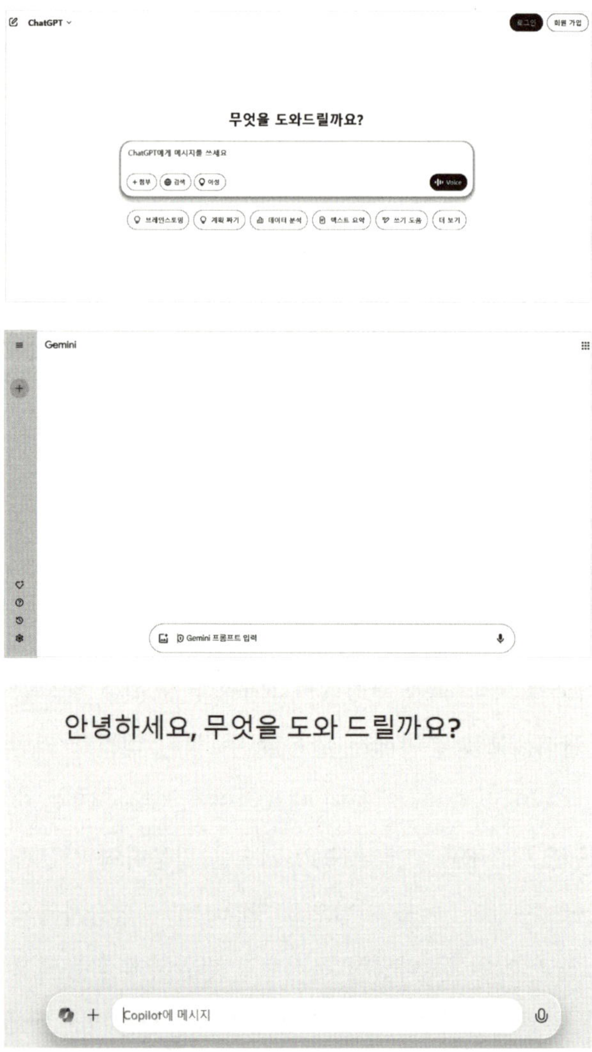

그림 4-5 ChatGPT, Gemini, Copilot 화면

정보 탐색과 정리 등 사용자가 직접 명령하는 것에 대한 처리가 용이하기 때문이다. 이러한 특성을 바탕으로 텍스트 기반의 생성형 AI를 활용하여 학습자는 다양한 학습지원을 받을 수 있다. 예컨대 질문에 대한 신속한 답변을 얻거나 과제와 에세이 작성에 대한 아이디어를 구상할 수 있다. 또는, 인공지능 도구와 대화하며 언어학습을 하거나 AI 에이전트와 토론하며 학습내용을 정교화하고 새로운 관점에 대해 학습할 수 있다. 필요한 경우 인공지능에게 요청하여 정보 검색 후 목적에 맞게 정리하는 것 또한 가능하다. 한편, 교수자의 경우에도 여러 지원을 받을 수 있는데, 예를 들어 텍스트 기반 생성형 AI를 활용하여 강의 자료를 보완하거나, 학습 자료를 제작하고, 과제에 대한 피드백 초안을 생성할 수 있다.

텍스트 생성 외에도 사용자가 입력한 텍스트 프롬프트를 기반으로 다양한 스타일의 음악을 생성하는 인공지능 서비스도 예체능 교육을 위해 활발하게 활용되고 있다. 대표적인 음악 생성 AI는 Suno AI, Soundraw, AIVA 등이 있다. 이러한 도구를 활용하면 비전문가도 간단한 프롬프트 입력만으로 새로운 음악을 만들 수 있으며, 다양한 장르의 음악을 손쉽게 생성할 수 있다. 예컨대, Suno AI는 텍스트 프롬프트를 기반으로 음악을 생성하는 도구로, 사용자가 입력한 가사나 분위기에 맞춰 보컬이 포함된 완성된 노래를 제작할 수 있다. 특히 Suno AI는 키워드나 가사를 직접 입력하여 쉽게 음악을 생성할 수 있기 때문에 특수교육 환경에서도 활용이 가능하다. 그리고 Soundraw는 사용자가 선택한 분위기, 장르, 길이 등에 맞춰 인공지능이 즉시 음악을 생성하고, 생성된 음악을 편집하여 개인의 취향에 맞게 수정할 수 있다. 또한, AIVA의 경우 클래식부터 현대 음악까지 다양한 장르의 작곡을 지원하며, 영화, 광고, 비디오 게임 등 여러 미디어 프로젝트에 활용할 수 있는 음악을 생성한다.

이러한 음악 생성 인공지능은 비전문가인 학생들도 음악교육에서 창의적인 산출물을 제작할 수 있도록 돕고, 자신만의 음악을 작곡하며 이론이나 음악적 표현력을 향상시킬 수 있다. 또한, 음악 교과가 아니라도 다양한 교과목과 융합수업을 실시할 때 활용할 수 있다. 예컨대, 학습내용에 따라 맞춤 가사를 제작하여 입력하고 적절한 음악을 작곡함으로써 학습내용을 잘 기억할 수 있도록 돕는 도구로도 활용 가능하다. 한편, 교수자는 음악 생성 인공지능을 활용하여 학습자료를 다양하게 생성 가능하고, 음악과 관련된 전문 지식이 없어도 융합수업을 준비하고 실행할 수 있다.

그림 4-6 Suno AI 화면

다음으로, 텍스트 설명이나 기존 이미지를 입력받아 새로운 이미지를 생성하는 인공지능 기술도 교육 현장에 소개되고 있다. 대표적으로 Adobe의 Firefly, OpenAI의 DALL-E 시리즈, Stability AI의 Stable Diffusion, Midjourney의 Midjourney 등이 있으며, 최근에는 Google의 Imagen 3이 공개되어 주목받고 있다. 이러한 모델들은 대규모 데이터 학습을 통해 사실적인 이미지뿐만 아니라 창의적인 이미지도 생성할 수 있으며, 비전문가인 사용자도 간단한 텍스트 입력만으로 원하는 이미지를 얻고 편집할 수 있다.

교육 분야에서 이러한 이미지 생성 인공지능은 학생들의 창의력과 표현력을 향상시키는 도구로 활용될 수 있다. 학생들은 간단한 텍스트 입력만으로 이미지를 원하는 화풍과 분위기로 생성할 수 있기 때문에, 미술교육에서 이를 활용하여 다양한 스타일과 기법을 실험해보며 이론 학습을 할 때 효과적으로 활용할 수 있다. 그리고 학습내용과 관련된 이미지를 생성하거나 기존 이미지를 편집함으로써 학습내용을 시각화할 수 있기 때문에 융합수업에서도 활발하게 활용될 수 있다. 예컨대, 독서교육과 융합하여 책의 장면을 구체적으로 표현하여 이미지로 생성해

보거나, 책 표지를 디자인해보는 등의 활동을 수행하며 언어적 표현력과 예술적 표현력, 책의 내용 이해도를 증가시킬 수 있다.

그림 4-7 Firefly 화면

교수학습에 활용할 수 있는 기타 도구로는 PPT나 웹페이지를 생성해 주는 Gamma, 텍스트를 시각적 도식으로 나타내주는 Napkin이 있다. Gamma는 인공지능을 활용하여 사용자가 입력한 텍스트를 기반으로 프레젠테이션, 문서, 웹페이지 등을 자동으로 생성해 주는 플랫폼이다. 디자인이나 코딩에 대한 지식이 없어도 간단한 텍스트 프롬프트 입력만으로 디자인된 콘텐츠를 제작할 수 있다. Napkin의 경우, 문서 편집 시 다이어그램, 스케치, 일러스트레이션 등을 손쉽게 삽입할 수 있도록 지원하는 도구로, 텍스트를 시각화하여 아이디어를 효과적으로 전달할 수 있게 돕는다.

이러한 도구들은 교사와 학생의 활동을 효율적으로 수행할 수 있도록 지원한다. Gamma를 활용하면 프레젠테이션 자료를 제작할 때 자료의 구조를 신속하게 제작할 수 있어 준비 시간을 단축할 수 있다. 그리고 교사는 Napkin을 활용하여 복잡한 개념이나 아이디어를 시각화하여 학생에게 제공할 학습자료로 제공할 수 있다. 학생의 경우, 학습과정에서 내용이 복잡한 경우 Napkin을 활용하여 시각화해봄으로써 내용을 더 쉽게 이해하고 기억할 수 있도록 지원할 수 있다.

그림 4-8 Napkin ai, Gamma 화면

생성형 AI는 교육 분야에서 창의적이고 효과적인 학습경험을 제공하는 기술로 주목받고 있다. 학습자는 생성형 AI와 상호작용하는 것을 통해 필요에 맞는 다양한 학습지원을 제공받을 수 있다. 또한, 교수자는 생성형 AI를 활용하여 수업설계와 자료 준비에 소요되는 시간을 줄이고, 학습자의 사고를 촉진하는 학습활동을 다양한 분야와 융합하여 실행할 수 있다. 생성형 AI를 효과적으로 교육에 활용한다면, 학습자의 참여도와 학습효과를 높이고, 학습자의 창의적인 사고를 촉진하는 데 기여할 수 있다.

한편, 생성형 AI를 교육에 올바르게 활용하기 위해서 고려해야 할 점이 있다. 우선, AI가 학습한 데이터의 편향성으로 인해 특정 인종, 성별, 문화 등에 대한 편견을 강화하거나 부정확한 정보를 생성할 수 있다. 또한, 생성형 AI는 실제로 존재하지 않는 정보나 콘텐츠를 생성하는 '환각(Hallucination)' 현상을 보일 수 있으며, 이는 정보의 신뢰성과 정확성에 문제를 초래하여 학습자가 오개념을 학습하게 되는 위험성이 있다. 그리고 생성 결과의 질이 기대보다 낮을 수 있다는 점도 고려해야 한다. 종합하면, 생성형 AI는 큰 잠재력을 가지고 있으나, 간혹 의도와 다르거나 올바르지 않은 정보를 생성해 낼 수 있기 때문에 교사와 학생 모두 생성형 AI에 의존하지 않도록 주의해야 하며, 결과물을 그대로 사용하기보다는 이를 재구성하여 활용할 수 있도록 해야 한다. 생성형 AI를 교육적으로 활용함에 있어 이러한 제한점에 대한 인지가 교사와 학생 모두에게 필요하며, 교사는 생성형 AI를 교수학습에 활용할 때 신중하게 설계해야 하고, 주의사항에 대한 안내가 인공지능 활용 전 선행되어야 할 것이다.

3. AI 활용 수업 설계 및 실행

인공지능의 활용효과를 높이기 위해서는 인공지능을 활용한 수업을 잘 설계하고 실행하는 것이 중요하다. 본 절에서는 인공지능 활용 수업을 어떻게 설계하고 실행할 수 있는지 모형과 사례를 살펴보도록 한다.

인공지능을 활용한 수업을 설계하고 실행하는 사례는 활발하게 연구되어 왔다. 이러한 연구들을 종합하여 박성경과 그의 동료들(2024)은 체계적 문헌 고찰을 통해 국내 초·중등 교육에서 인공지능을 활용한 수업 설계 단계를 체계적으로 분석하여 ADDIE 모형을 기준으로 분석, 설계, 개발, 실행, 평가의 각 단계에 해당되는 내용을 정리하였다. 그 결과는 아래 표와 같다. 먼저, 분석 단계에서 학습자 요구와 교육과정을 분석하며, 이를 반영해서 인공지능 도구를 선정한다. 그리고 설계 단계에서는 교육 목표와 평가 방안을 설정하고 차시별 프로그램을 계획한다. 개발 단계에서는 수업 자료와 평가 데이터를 개발한다. 실행 단계에서는 인공지능 도구를 활용할 준비 이후에 인공지능 도구를 활용한 학습활동을 진행한다. 마지막으로 평가 단계에서는 학습자의 반응, 인지적, 정의적 영역을 평가하고 이를 반영하여 수업을 재설계한다. 이 연구결과에서는 분석 결과를 반영하여 인공지능 도구를 선정하는 것과 기술적 스캐폴딩을 준비하고 학습자가 인공지능 도구를 사전 탐색할 수 있도록 돕는 것을 강조하였다.

표 4-1 ADDIE 모형에 따른 교수설계 단계 종합 분석(박성경 외, 2024)

Analysis	Design	Development	Implementation	Evaluation
• 분석 - 관련자료 및 선행 연구 분석 - 교육과정 분석 - 학습자 분석 - 교수학습환경 분석	• 프로그램 설계 - 최종 교육 주제 선정 - 교수학습목표 설정 - 평가 방안 설계 - 차시별 프로그램 설계	• 프로그램 개발 - 세부 과제 구성 - 수업용 자료(교사용, 학생용 자료) 개발 - 평가 데이터 개발	• AI 활용 준비 • 교사: 기술적 스캐폴딩 준비 • 학생: AI 도구 사전 탐색	• 수업 효과성 평가 - 학습자 반응 분석 - 인지적 영역 평가(예: 학업 성취도 평가) - 정의적 영역 평가
• 분석 결과 반영 - 학습내용 선정 - AI 도구 선정	• 설계안 수정 - (교사) 동료 교사 검토를 통한 개선 - (연구자) 전문가 및 교사 검토를 통한 개선	• 프로그램 수정 - (교사) 동료 교사 검토를 통한 개선 - (연구자) 전문가, 교사 검토를 통한 개선	• 프로그램 실행 - AI 활용 학습 활동 (관련 교과 지식 및 개념 습득) 수행 - AI 활용 문제 해결 활동	• 수업 재설계 및 개발 - 앞선 평가 결과 바탕으로 수업 재설계 및 개선(분석, 설계 혹은 개발 단계로 이동)

구체적으로, ITS나 AI 코스웨어와 같이 적응형 학습시스템를 활용하여 수업을 설계하고 실행하는 모형도 개발되고 있다. 신종호(2021)는 적응형 학습시스템을 활용한 교수학습 모형을 소개하였는데, AI 기반의 적응형 학습시스템을 통해 학습자의 사전 지식 수준을 진단하고, 이를 바탕으로 맞춤형 콘텐츠를 추천받아 자기주도 학습을 지원하는 방식을 제안하였다. 학생은 LMS를 통해 사전 학습과 진단평가를 수행하고, 교사는 진단 결과를 바탕으로 요약 강의, 질의응답, 그룹 활동 등 학습자 주도적 학습활동을 설계한다. 수업 후 적응형 학습시스템을 활용한 형성평가와 수준별 과제를 제공하여 학생의 이해도를 점검하고 추가 학습을 유도한다. 이 모형에서 인공지능을 활용한 적응형 학습시스템은 수업 전과 후에 활용되었는데, 학생에게 수준별 맞춤형 콘텐츠를 제공하고, 학생이 완전학습을 할 수 있도록 도왔으며, 교사가 교실 수업을 설계하는 데 필요한 정보를 제공하는 데 활용되었다.

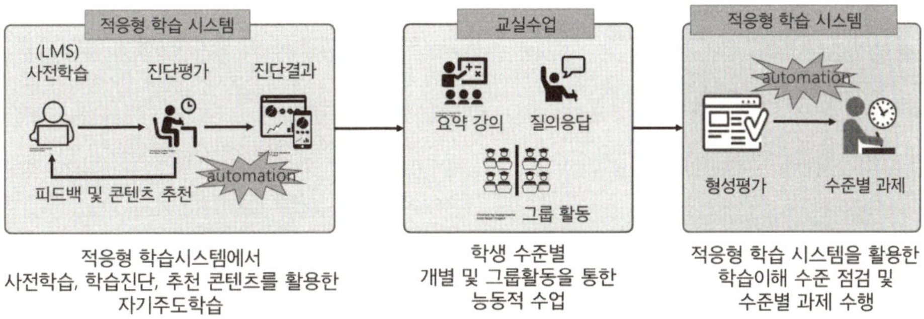

그림 4-9 적응적 학습시스템 활용 수업 모형

출처: 신종호, 2021

한편, 특정 교과에서 인공지능을 활용한 수업 사례도 나타난다. 특히, 수학 교과는 AI 코스웨어를 활발하게 활용하는 교과목 중 하나다. 수학 교과는 명확한 규칙과 절차에 기반하기 때문에 문제 해결 과정이 명확하며, 내용상 위계적 특징이 있어(Holmes et al., 2020) ITS나 AI 코스웨어에 적합하기 때문에, 수업에서 활발히 활용되고 있다. 임미인과 그의 동료들(2021)은 초등 수학수업에서 "똑똑! 수학탐험대"라는 ITS를 활용한 수업 모형을 개발하였다. 모형은 총 4개로 구성되어 있으며, 기능 안내형, 수 개념 이해형, 계산원리 탐구형, 개념원리 연습형으로 구성되어 있다. 애플리케이션 기능 안내형을 제외한 모형들은 학생이 AI로 개념이나 원리를 이해하고 연습문제를 풀어보는 활동이 주요 활동으로 포함되어 있다.

앞선 모형들에서 ITS와 AI 코스웨어의 활용을 살펴보면, 인공지능은 학생이 부족한 개념 영역을 파악하고, 이를 보완할 문제를 추천하거나 콘텐츠를 제안한다. 학습 중에는 개별 학생의 성취 데이터를 분석해 즉각적인 피드백과 스캐폴딩을 제공하며, 학습결과를 교사에게 제공하여 수업이나 학습지원을 준비할 수 있도록 한다. 즉, ITS와 AI 코스웨어는 수업 전, 중, 후에 모두 활용되며, 학생 개인의 학습 속도와 이해 수준을 고려한 맞춤형 학습 지원도구와 학습결과를 교사에게 제공하여 수업 설계에 활용할 수 있도록 지원하는 도구로 활용되었음을 알 수 있다.

생성형 AI의 경우에도 수업 전, 중, 후에 걸쳐 학습자와 교수자의 활동에 효과적으로 활용될 수 있다. 김인주와 김귀훈(2024)은 초·중등 교육에서 '수업 준비,' '수업 중,' '수업 정리'로 나누어 각 단계에서 교수자와 학습자가 활용할 수 있는

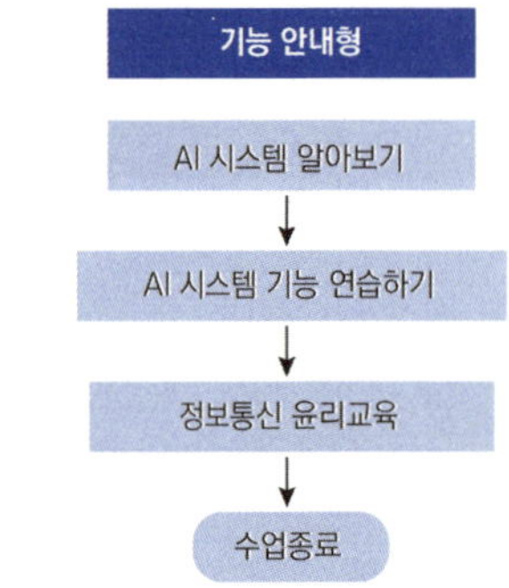

- AI 시스템 알아보기
  - 교사의 안내에 따라 AI 시스템의 특징을 알아보고 주요 기능 탐색하기
- AI 시스템 알아보기
  - AI 시스템에 대한 소개를 듣고 시스템에 접속하여 로그인하기
  - AI 시스템의 주요 기능 연습하기
  - AI 시스템의 〈진단 활동〉 참여하기
- 정보통신 윤리교육
  - AI 시스템 사용 시 지켜야 할 규칙 알아보기
  - AI 시스템을 바르게 사용하기 위한 마음 다지기

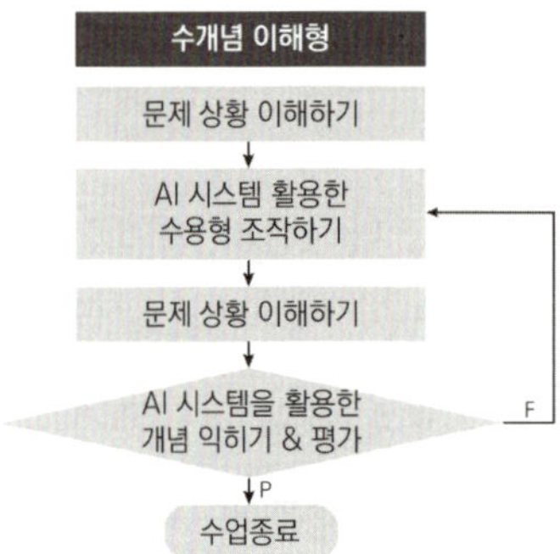

- 문제 상황 이해하기
  - 새로운 문제 상황을 통해 수학적 개념의 필요성 인식하기
- AI 시스템을 활용한 수모형 조작하기
  - AI 시스템을 활용하여 수모형을 조작하면서 수개념 형성하기
- 개념 형식화하기
  - 구체물을 수로 표현하기
  - 수 쓰고 읽기
- AI 시스템을 활용한 개념 익히기 & 평가
  - AI 시스템을 활용하여 문제를 풀면서 수개념 익히기 & 이해도 평가하기

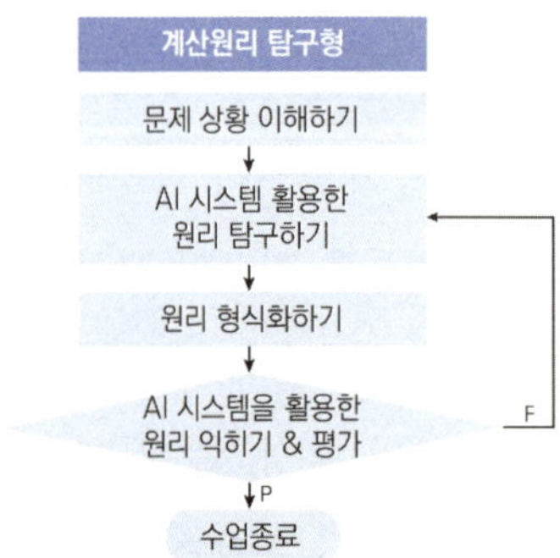

- 문제 상황 이해하기
  - 새로운 문제 상황을 통해 수학적 원리의 필요성 인식하기
- AI 시스템을 활용한 원리 탐구하기
  - AI 시스템을 활용하여 수모형을 조작 활동을 하면서 계산원리 탐구하기
- 원리 형식화하기
  - 표준 알고리즘 형식화하기
- AI 시스템을 활용한 원리 익히기 & 평가
  - AI 시스템을 활용하여 문제를 풀면서 계산원리 익히기 & 이해도 평가하기

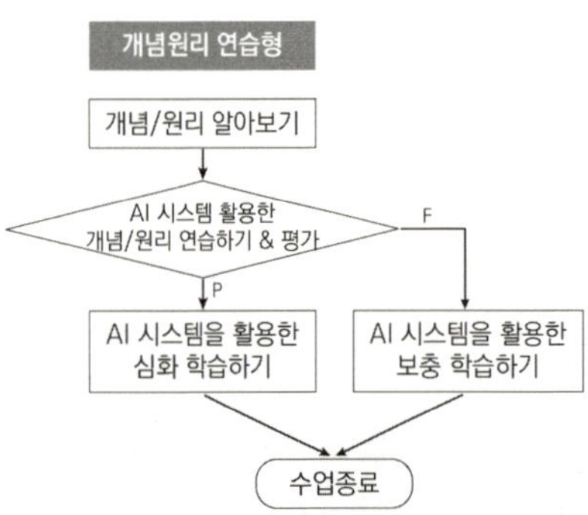

- 개념/원리 알아보기
  - 이전에 학습한 수개념/계산원리 상기하기
- AI 시스템을 활용한 개념/원리 연습하기 & 평가
  - AI 시스템을 활용하여 문제를 풀면서 수개념/계산원리 연습하기
- AI 시스템을 활용한 심화/보충 학습하기
  - 평가 결과에 따라 심화/보충 학습을 선택하여 수개념/계산원리 연습하기

그림 4-10 수학교과에서 "똑똑! 수학탐험대"를 활용한 수업 모형

출처: 임미인 외, 2021

생성형 AI 프로그램과 그 활용 내용을 정리하였다. 구체적으로, 수업 준비 단계에서는 교사는 ChatGPT, ClovaX, Wrtn 등을 활용해 수업 아이디어 생성, 교수학습 자료 제작, 평가 계획 수립 등을 수행하며, 수업 중 단계에서는 교사와 학생이 ChatGPT, Canva, Wrtn, Vrew 등을 활용해 발표 자료 제작, 이미지와 비디오 생성, 프로그래밍 학습 등 다양한 활동을 진행한다. 수업 정리 단계에서는 ChatGPT와 Gamma를 활용해 복습 퀴즈를 생성하여 형성평가를 하고, 발표 자료를 제작하여 발표한다. 이 연구에서는 생성형 AI가 수업의 준비부터 실행과 평가까지 모든 단계에서 효과적으로 활용될 수 있는 구체적인 방안을 제안하며, 교사와 학생이 모두 효율적이고 효과적으로 활용할 수 있다고 설명하였다.

표 4-2 수업 단계별 생성형 AI 활용 방법(김인주, 김귀훈(2024)의 표를 번안함)

단계	활용자	내용	생성형 AI
수업준비	교사	수업 아이디어 생성	ChatGPT
		학습 단계에 맞는 설문지 생성	ChatGPT
		교수학습 계획 준비	ChatGPT
		수업을 위한 온라인 플랫폼 추천	ChatGPT
		교수학습 자료 제작 (1)-활동별 주제 및 키워드 생성	ChatGPT/ClovaX
		교수학습 자료 제작 (2)-학생 참고용 예시 자료 제작	ChatGPT/Wrtn
		교수학습 자료 제작 (3)-다양한 온라인 플랫폼 사용 가이드	ChatGPT/Wrtn
		교수학습 자료 제작 (4)-평가 계획 수립	ChatGPT
		최신 기사 및 영상 등 자료수집	BingChat
		수집된 데이터 요약 및 정리	ChatPDF
수업중	교사/학생	프로그래밍 코드 생성	ChatGPT
		프로그래밍 학습 튜터	Wrtn
		생성형 AI 체험	AskUp
		프레젠테이션 생성	Canva
		이미지 생성	Wrtn / Ideogram
		동영상 생성	Canva / Vrew
		스토리텔링 생성	Wrtn
수업정리	교사	퀴즈 생성	ChatGPT
		프레젠테이션 생성	Gamma

실제 수업에서 생성형 AI를 활용하고자 하는 노력도 이어지고 있다. 먼저, 이명숙(2024)은 그의 연구에서 ChatGPT를 활용한 소프트웨어 교육 수업 모델을 개발하고 그 가능성을 탐구하였다. 컴퓨터 비전공자를 대상으로 한 파이썬 수업에서 ChatGPT를 보조 교수자로 활용했으며, 학생들은 ChatGPT를 통해 과제 작성, 오류 수정, 코드 작성, 지식 습득 등 다양한 활동을 수행하였다. ChatGPT는 즉각적인 피드백을 제공하여 학생들이 오류 해결에 소요되는 시간을 줄이고, 프로그래밍 이해와 학습 효율성을 높이는 데 기여하였고, ChatGPT가 학생들의 학습 도구로 유용하며, 프로그래밍 교육을 위한 맞춤형 학습지원에 효과적으로 활용될 수 있음을 확인하였다.

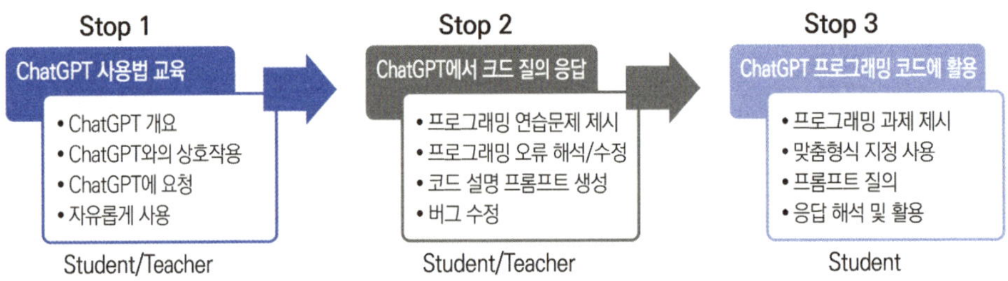

그림 4-11 단계별 ChatGPT 활용

출처: 이명숙, 2024

ChatGPT는 텍스트 기반 생성형 인공지능으로 글쓰기 교과에도 빈번하게 활용된다. 이빛나(2024)는 그의 연구에서 생성형 AI를 활용하여 학생들의 쓰기 능력을 향상시키기 위한 교수-학습 방안을 탐구하였다. 생성형 AI를 글쓰기 과정 중 주제 선정, 아이디어 생성, 내용 창작 등의 단계에 적용하고, 쓰기 결과물에 대한 평가를 받아 수정을 하도록 수업을 설계하였다. 이 연구에서 생성형 AI는 글쓰기 주제에 대한 영감을 얻는 도구로 활용될 수 있으며, 구체적인 내용과 아이디어를 준비하는 데 유용함을 확인하였다. 간단한 줄거리나 스토리보드 아이디어를 생성하는 데 특히 효과적이었고, 글쓰기 수행 자료를 제작하거나 글을 점검하고 피드백을 제공하는 기능을 통해 자신의 글을 평가하는 데 활용할 수 있다는 점도 확인되었다.

한편, 이미지 생성 도구는 미술수업에서 창의성과 표현력 증진을 위한 목적으로 활용된다. 장윤경과 그의 동료들(2023)은 그들 연구에서 이미지 생성 AI 도구를 분석하고, 이를 중학교 미술 수업에 활용한 사례를 통해 이미지 생성 도구의 미술교육에의 활용 가능성을 탐구하였다. 이 연구에서는 중학교 1학년 학생을 대상으로 자유학기제 미술 수업에서 Scribble Diffusion과 Stable Diffusion을 활용하여 상상력을 발휘한 초현실주의 표현 활동을 진행하였는데, 학생들은 이미지 생성 도구를 통해 창의적이고 고도화된 시각 결과물을 도출하고, 수정하고, 공유하는 활동을 하였다. 이를 통해 학습자의 몰입도를 증대시키고 상상력과 표현 방식을 확장할 수 있고, AI 도구가 미술 수업에서 창의적 사고에 효과적으로 활용될 수 있음을 확인하였다. 반면, 영어 프롬프트 입력의 어려움, 생성 결과물의 예측 불가능성, 그리고 문화적 맥락의 부족과 같은 한계점도 동시에 발견되었다.

표 4-3 인공지능 활용 수업 차시별 활동 내용(장윤경 외, 2023)

차시	학습 주제	차시별 세부 활동 및 내용
1	초현실주의와 상상표현	• 초현실주의 소개 • 초현실주의 다양한 기법과 작품 감상 • 상상의 개념과 초현실주의 특징 이해 • 자유로운 상상과 발상의 신선함 나누기
2	이미지 생성 AI 체험(Scribble Diffusion 체험)	• 이미지 생성 AI 소개 • 이미지 생성 시의 작품 감상 • Scribble Diffusion 사용 시범 • 상세화를 위한 스케치 시도 • Scribble Diffusion 사용하여 아이디어 스케치하기 • 표현되어진 AI 생성 결과물 비교하기 • 웹에 게시하여 서로의 작품 감상하기
3	이미지 생성 AI 체험(Stable Diffusion UI 체험)	• Stable Diffusion UI 사용 시범 • 프롬프트의 이해와 번역기 사용 시범 • Stable Diffusion UI 사용하기 • 표현되어진 AI 생성 결과물 비교하기 • Scribble Diffusion과 Stable Diffusion UI 생성 결과물 비교하기 • 웹에 게시하여 서로의 작품 감상하기
4-5	이미지 생성 AI 활용 제작 및 결과물 비교 감상	• 이미지 생성 AI 생성 이미지와 자신의 상상 비교하기 • 이미지 생성 AI 생성 이미지를 수정 · 보완하여 작품 제작하기 • 서로의 작품을 감상하기 • 작품 제작과정 및 소감 나누기
6	배움 확장하기	• 학습 속 초현실주의가 녹아있는 시각예술 살펴보기 • 이미지 생성 AI 사용 소감 나누기

수업 실행 과정에서 교수자를 지원하는 도구로 ChatGPT가 활용되는 경우도 있다. 이가영, 허선영(2024)은 생성형 AI인 ChatGPT를 활용하여 예비교사의 수업 설계 역량을 증진시키기 위해 맞춤형 피드백을 개발하고 적용한 효과를 탐구하였다. 이 연구에서 교수자는 사전 수업 설계 역량 진단 결과와 수업 지도안을 바탕으로 프롬프트를 입력해 피드백 초안을 생성하고, 이를 연구자가 검토 및 수정하여 학습자에게 제공했다. ChatGPT는 피드백 생성 과정에서 피드백 결과를 종합하고 세부 항목별 개선 방법과 방향성을 제시하는 데 사용되었다. 결과적으로, 예비교사들은 AI 기반 피드백이 수업 설계와 운영 역량을 향상시키는 데 유용하다고 응답했으나, 피드백의 구체성 부족과 신뢰성에 대한 우려를 제기하였다. 이 연구를 통해 ChatGPT는 맞춤형 학습 피드백 생성에 효과적인 도구가 될 수 있음이 확인되었으나, 피드백의 효과성을 높이기 위해 교수자의 개입이 필요하다는 점도 함께 확인하였다.

ITS나 AI 코스웨어, 생성형 AI 등 인공지능을 활용한 수업은 다양한 장점을 제공한다. 인공지능은 개별 학습자의 요구를 반영하여 맞춤형 학습 경험을 제공할 수 있으며, 글쓰기나 예술 분야의 산출물 제작과 같은 복잡한 과제에서 아이디어 생성, 내용 구성, 수정 및 피드백 과정을 지원한다. 이를 통해 학습자는 학습과정에서 발생하는 어려움에 대한 지원을 수준 맞춤형으로 받을 수 있고, 시공간적 제약이 없이 수업 전과 후에도 도움을 받을 수 있다. 이는 학습자의 학습동기와 참여도를 높이는 데 기여하며, 학습자가 적절한 도움을 받아 효과적으로 학습할 수 있도록 돕는다. 한편, 인공지능은 교수자가 학습자의 학습 현황을 효율적으로 파악할 수 있도록 돕고, 이를 반영하여 수업을 설계할 수 있도록 지원한다. 특히, 교수자가 학급 내 모든 학습자의 개별적인 학습 요구를 세밀하게 충족시키는 데 한계가 있을 때, 인공지능이 보완적 학습지원 도구로서의 역할을 수행할 수 있다. 이는 인공지능이 단순한 학습 도구를 넘어 교사와 협력하는 교육 파트너로 활용될 가능성을 보여준다.

반면, 인공지능의 활용에는 고려해야 할 점도 존재한다. 인공지능이 제공하는 정보나 피드백은 구체성이 부족할 수 있으며, 정보의 정확성을 검증하는 과정이 필요하다. 또한, 학습자가 지나치게 인공지능에 의존할 경우 비판적 사고나 창의성을 저해할 가능성도 있다. 따라서 교육 현장에서 인공지능을 효과적으로 활용하려면 교수자의 개입이 중요하며, 인공지능의 한계를 이해하고 이를 보완할 수 있는 체계적인 수업 설계가 필요할 것이다.

4. 결론

인공지능은 교육현장에서 발생하는 문제를 극복할 수 있도록 돕고, 교수자와 학습자의 요구와 필요를 지원해줄 수 있는 기술임에는 틀림 없다. 본 장에서 다룬 여러 인공지능 도구와 활용 사례에서 확인하였다시피, 인공지능 도구는 학습자의 학습 수준을 분석하고, 그에 맞는 맞춤형 자료와 피드백을 제공함으로써 학습효과를 향상시킬 수 있다. 그리고 학습자의 학습현황을 분석하거나, 교수자가 피드백 등을 제작하고 제공할 수 있도록 돕고, 학습자에게 직접 지원을 제공해주기도 하며 교수자의 효율적인 수업 준비와 진행을 돕는다.

그러나 인공지능을 수업에 도입하는 것은 몇 가지 중요한 이슈를 동반한다. 먼저, 인공지능의 활용이 초래할 수 있는 윤리적 문제와 관련된 인지가 필요하다. 예를 들어, 인공지능 의존성, 데이터 편향, 그리고 데이터 프라이버시 침해와 같은 이슈는 해결해야 할 중요한 과제이다. 이러한 문제를 해결하기 위해 교육부는 2022년 8월 '교육분야 인공지능 윤리원칙'을 발표하여 AI의 윤리적 개발과 안전한 활용을 촉진하고 있다. 여기서는 인공지능 윤리 교육 강화, 교수자의 인공지능 역량 강화, 윤리적 인공지능 개발 지원 등을 실천 과제로 설정하고 있다(교육부, 2022). 교수자는 인공지능이 초래할 윤리적 문제와 관련하여 인지하고, 인공지능을 적절히 교육적으로 활용할 수 있도록 계획해야 한다.

둘째, 인공지능 도구가 효과적으로 교육 현장에서 활용되기 위해서는 교수자의 전문성 개발이 필수적이다. 교수자는 AI 교육 환경 준비 역량, AI 활용을 위한 교육과정 재구성 역량, AI 활용 개별화 학습설계 역량 등 다양한 역량을 갖춰야 한다(이동국, 이봉규, 이은상, 2022). 싱가포르에서는 교사들 간의 인공지능 도구 사용에 관한 전문적 학습 공동체가 존재하며, 학생들에게 이러한 도구를 책임감 있게 사용할 수 있는 기술을 지도하고 있다고 한다(유호경, 2023). 이처럼 교사들이 인공지능 기술을 교육 현장에서의 효과적으로 활용하기 위해서는 수업에서 인공지능을 활용하기 위한 역량 계발이 필요하다.

셋째, 교육 현장에서 인간 교수자와 인공지능의 관계에 대한 재정의도 필요하다. 인공지능이 교수자의 역할을 대체하는 것을 우려하거나, 반대로 인공지능을 무시하기 보다는 인간 교수자와 인공지능의 협력적 관계를 통해 학습자에게 양질의 교육을 제공할 필요가 있다. 예컨대, 인간 교수자는 인공지능이 제공하는 데이터를 활용하여 학생들의 학습 과정을 세밀하게 파악하고, 직접적인 상호작용과 개별 학습지원을 강화할 수 있다. 이러한 협력적 관계는 인간 교수자와 AI의 역할을 상호보완적으로 지원하여 학습자들에게 보다 풍부하고 개인화된 학습 경험을 제공할 수 있게 할 것이다.

교육 현장에서 인공지능 기술의 도입이 성공적으로 이루어지기 위해 교수자의 역량 강화와 더불어 교실에서의 실질적인 활용 방안에 대한 깊이 있는 연구와 논의가 이루어지고 있다. 교육에서 활용할 수 있는 인공지능 기술이 나날이 발전하고 있는 상황에서 교수자는 인공지능을 수업에 효과적으로 활용하기 위해 어떠한 준비가 필요하고, 인공지능과 어떻게 협력해야 하는지에 대해 지속적인 고민과 탐구가 필요할 것이다.

참고문헌

간진숙, 박미경, 이지연, 이유은 (2023). 대학 영어 수업에서 AI 기반 적응형 학습이 TOEIC 학업성취도와 자기 주도적 학습 능력에 미치는 영향. 학습자중심교과교육연구, 23(19), 267-283.

교육부 (2022). 교육분야 인공지능 윤리 원칙.

교육부 (2023). 인공지능을 활용한 디지털 교육으로 '모두를 위한 맞춤 교육시대'연다.

김인주, 김귀훈 (2024). 초・중등 수업에서 생성형 AI 활용을 위한 콘텐츠 개발 연구. 한국컴퓨터정보학회논문지, 29(8), 223-230.

박만구 (2020). 수학교육에서 인공지능의 활용 동향. 한국초등교육, 31(특집), 91-102.

박성경, 홍수민, 임은선, 임철일 (2024). 체계적 문헌 고찰을 통한 국내 AI 활용 수업 연구 현황 및 주요 수업 설계 단계 탐색. 교육정보미디어연구, 30(4), 1135-1158.

손태권, 강다혜 (2024). 수학교육에서 AI 코스웨어의 디지털 유형학적 분석. 초등수학교육, 27(3), 261 - 279.

신종호 (2021. 7. 15). 아주대학교 데이터 및 AI 기반 적응형 학습 적용 및 실천. 2021 대학혁신지원사업 총괄협의회 발표자료.

신종호, 손정은 (2021). 대학 교육에서 인공지능 기반 적응형 학습 구현을 위한 교수자 인식 및 요구분석. 디지털융복합연구, 19(10), 39-48.

유효경 (2023년 3월 15일). 챗GPT가 던진 교육계의 고민, 주요국의 대응 정책은? 이코리아. https://www.ekoreanews.co.kr/news/articleView.html?idxno=65844

이가영, 허선영 (2024). 예비교사의 수업설계 역량 증진을 위한 생성형 AI기반 맞춤형 피드백의 효과 탐색. 열린교육연구, 32(2), 265-287.

이동국, 이봉규, 이은상 (2022). 인공지능(AI) 활용 교육을 위한 교사 역량 및 연수 과제 도출. 교육정보미디어연구, 28(2), 415-444.

이명숙(2024). 생성형 AI 를 활용한 소프트웨어교육 수업모델 연구-ChatGPT 를 중심으로. 실천공학교육논문지, 16(3), 275-282.

이빛나 (2024). 생성형 인공지능 (AI) 을 활용한 글쓰기 지도 방안. 학습자중심교과교육연구, 24(14), 171-189.

이은주, 손찬희, 정영식, 임서은 (2023). AI 활용 맞춤형 교육의 교수 · 학습 효과성 연구 (정책연구 보고서 No. 2023-14). 경기도교육연구원.

임미인, 김혜미, 남지현, 홍옥수 (2021). 인공지능(AI) 활용 초등수학수업 지원시스템의 교수・학습 적용 방안 모색. 학교수학, 23(2), 251-270.

장윤경, 윤인화, 박지원, 제갈유진, 이지연 (2023). 이미지 생성 AI 도구의 이해와 미술교육의 활용 가능성 탐구. 조형교육, (88), 277-298.

주정흔 (2023). 인공지능 기반 맞춤형 교육의 실제와 쟁점. 교육비평, 52, 23-63.

최민선, 정재삼 (2019). 적응형 학습 상황에 활용된 학습분석 테크놀로지: 국내외 사례연구를 중심으로. 한국교육공학회 학술대회발표자료집, 2019(1), 215-221.

Carnegie Learning. (n.d.). *Meet MATHia. Carnegie Learning*. Retreived from https://discover.carnegie learning.com/meet-mathia

Corbett, A. T., Koedinger, K. R., & Anderson, J. R. (1997). Intelligent tutoring systems (Chapter 37). In M. G.Helander, T. K. Landauer & P. Prabhu (Eds.), *Handbook of human-computer interaction* (2nd ed., pp. 849–874). Elsevier Science.

Holmes, W., Bialik, M., & Fadel, C. (2020). *Artificial intelligence in education*. Center for Curriculum Redesign.

Lim, W. M., Gunasekara, A., Pallant, J. L., Pallant, J. I., & Pechenkina, E. (2023). Generative AI and the future of education: Ragnarök or reformation? A paradoxical perspective from management educators. *The international journal of management education, 21*(2), 100790.

Liu, T. (2022). Knowledge tracing: A bibliometric analysis. *Computers and Education: Artificial Intelligence*, 3, Article 100090.

McGraw Hill Education. (n.d.). ALEKS chemistry. McGraw Hill Education. Retreived from https://www.mheducation.com/prek-12/program/microsites/MKTSP-GAB02M0/chemistry.html

PLANG. Retreived from https://www.plang.ai/

Teachable Agents Group. (n.d.). *Screenshot of Betty's Brain [Image]*. ResearchGate. Retrieved from https://www.researchgate.net/figure/Screenshot-of-Bettys-Brain_fig1_325851419

제5장 초등 AI 디지털교과서 활용 교육

시작하며

AI 디지털교과서는 학생 개개인의 학습 데이터를 분석하여 맞춤형 학습을 지원하는 도구로 주목받고 있다. 이 교과서는 인공지능 기술을 활용해 학습자의 수준과 필요를 분석하고, 개인화된 학습 경험을 제공함으로써 학습의 질을 향상시킬 수 있다. 예를 들어, 학생이 자주 틀리는 문제 유형을 분석하여 이를 보완할 수 있는 추가 자료를 제공하거나, 학습이 빠른 학생에게는 심화 문제를 제시함으로써 개별화된 학습을 실현한다.

특히 2022 개정 교육과정과 AI 디지털교과서는 밀접하게 연결되어 있다. 2022 개정 교육과정은 학생 중심의 역량 기반 교육을 지향하며, 모든 학생이 각자의 수준과 속도에 맞는 학습 경험을 통해 성장하도록 돕는 것을 목표로 한다. AI 디지털교과서는 이러한 교육적 요구를 충족할 수 있는 도구로 설계되었다. 학습 데이터를 실시간으로 분석해 학생의 필요에 맞는 문제 또는 질문에 대한 답을 제시하고, 교사에게는 데이터를 기반으로 수업 설계와 피드백을 지원하여 교육의 효과를 극대화한다.

AI 디지털교과서를 활용하면 보편적 학습 설계(UDL, Universal Design for Learning) 원칙을 적용하기에 유리하다. UDL은 모든 학습자가 자신의 방식으로 참여할 수 있도록 학습 환경을 설계하는 접근법으로, AI 디지털교과서가 제공하는 개별화된 자료와 실시간 피드백 기능은 이를 효과적으로 구현할 수 있는 기반을 제공한다. 언어적 지원이 필요한 학생(예를 들어 중도입국 학생)에게는 교사가 제공하는 학습자료를 지정한 언어(중국어, 일본어 등)로 자동번역하여 제공할 수 있다. 또한 각도의 의미를 알고, 각을 그리는 수업에서 이미 빠른 이해를 통해 학습 목표에 도달한 학생에게는 몇 개의 각을 제시하고 이 각을 포함한 특정 물건을 디자인하는 과제를 제시할 수 있다. 이처럼 AI 디지털교과서는 학생들의 학습 동기와 참여를 촉진하고, 창의적 사고와 문제 해결 능력을 키워주는 학습 도구로 활용될 수 있다. 이를 통해 교사와 학생은 기존의 종이 교과서로는 접근하기 어려웠던 다양한 학습 경험을 탐구할 수 있다.

문제상황

4월의 햇살이 교실 창가를 부드럽게 비추고 있었다. 학생들은 책상 위에 엎드려 있거나 친구들과 소곤거리며 쉬는 시간을 보내고 있었다. 오늘 수업 준비를 하면서 나는 잠시 고민에 빠졌다.

이번 단원은 4학년 수학, 각과 각의 작도이다. 직각, 예각, 둔각의 개념을 이해하고, 자와 컴퍼스를 사용해 각을 작도하는 것이 목표다. 하지만 내 학급에는 다양한 학습 배경과 학습 능력을 가진 25명의 학생들이 있다. 이들 모두에게 맞는 수업을 준비하려면 무엇이 필요할까?

며칠 전 동료교사에게 AI 디지털교과서 이야기를 들었다. 이 교과서는 학생 개개인의 학습 데이터를 분석해 맞춤형 자료를 제공할 수 있다고 했다. 예를 들어, 언어적 지원이 필요한 학생에게는 모국어로 번역된 설명을 제공하고, 학습 속도가 느린 학생에게는 쉬운 문제를 제시하며, 심화 학습이 필요한 학생에게는 도전 과제를 추천한다고 했다. 하지만 머릿속에는 의문이 가득했다. "정말로 이 교과서가 아이들 개개인의 필요를 충족시켜 줄 수 있을까? 만약 그렇다면, 실제 교실에서 이걸 어떻게 활용해야 할까?" 시간이 부족한 교사로서 AI 디지털교과서가 내 수업 준비를 얼마나 실질적으로 도와줄지, 또 이 도구가 교실에 어떤 변화를 가져올지 궁금증과 기대가 동시에 생겼다.

게다가 최근 시작된 2022 개정 교육과정은 학생 중심의 수업과 개별화된 학습, 그리고 역량 중심의 학습을 강조하고 있다. 모든 학생이 각자의 속도와 방식으로 배울 수 있도록 돕는 것이 교육과정의 목표다. AI 디지털교과서는 이 교육과정의 방향성과 잘 맞는 도구라고 한다. 하지만 이 두 가지가 어떻게 연결될 수 있을지에 대한 고민은 여전히 크다. "2022 개정 교육과정의 철학을 AI 디지털교과서와 함께 실현하려면, 교사는 무엇을 알아야 하고, 또 어떻게 설계해야 할까?" 단순히 기술에 의존하는 것이 아니라, 이 도구를 2022 개정 교육과정의 목표에 맞게 효과적으로 활용하려면 내가 먼저 더 많이 배우고 고민해야겠다고 느꼈다.

또한 우리 반에는 특히 신경 써야 할 학생들이 있다. 한국어가 서툰 다문화 배경의 학생 A와 L, 그리고 발달장애를 가진 J는 각기 다른 이유로 수업에 어려움을 겪고 있다. 반면, 학습 능력이 뛰어난 S는 기본 문제를 빠르게 해결하고 더 어려운 문제를 찾는다. 이때, UDL(보편적 학습 설계) 원칙이 떠올랐다. UDL은 모든 학생이 배움에 참여할 수 있도록 다양한 방법으로 수업을 설계하는 것을 목표로 한다. AI 디지털교과서는 학생들에게 맞춤형 학습 자료를 제공하고, 언어적·시각적 지원을 강화하며, 학습 능력에 따라 차별화된 문제를 제시할 수 있다고 들었다. 그렇다면 AI 디지털교과서를 활용해 UDL을 적용하면, 우리 반 아이들이 각자의 방식으로 배우고 성장할 수 있는 수업을 만들 수 있지 않을까?

하지만 고민은 여전했다. AI 디지털교과서를 활용해 모든 학생이 참여할 수 있는 UDL 기반 수업을 설계하려면, 이 도구의 기능을 제대로 이해하고 내 수업에 맞게 활용해야 한다. 학생들 개개인의 학습 상태를 파악하고 그에 맞는 활동을 계획하는 시간도 필요했다. "내가 이 모든 걸 해낼 수 있을까?" 하는 걱정이 머릿속을 맴돌았다.

탐구문제

1. AI 디지털교과서는 기존의 종이 교과서와 어떤 점에서 차별화되며, 교육 현장에서 어떤 가능성을 제공할 수 있는가?
2. 2022 개정 교육과정의 철학과 목표는 AI 디지털교과서의 기능과 어떻게 연계될 수 있는가?
3. AI 디지털교과서를 활용한 UDL 기반 수업 설계는 다양한 학습자의 요구를 어떻게 충족할 수 있는가?

학습목표

1. AI 디지털교과서의 주요 기능과 특징을 이해하고, 종이 교과서와의 차이를 비교할 수 있다.
2. 2022 개정 교육과정과 AI 디지털교과서의 연계성을 분석하고, 교육적 활용 가능성을 설명할 수 있다.
3. AI 디지털교과서를 활용한 UDL 기반 수업 설계 방안을 탐구하고, 학습자의 다양성을 고려한 맞춤형 학습 모형을 제안할 수 있다.

1. 디지털교과서와 AI 디지털교과서

교육부(2023a)는 AI 디지털교과서를 학생 개인의 능력과 수준에 맞는 다양한 맞춤형 학습 기회를 지원할 수 있도록 인공지능을 포함한 지능정보화기술을 활용하여 다양한 학습자료 및 학습지원 기능 등을 탑재한 교과서라고 정의하였다. 이전에도 디지털교과서는 존재하였다. 한국지능정보사회지능원(2024, 이하 NIA)은 우리나라의 디지털교과서 사업의 진행과정을 다음과 같이 밝혔다. 교육부는 디지털교과서 사업을 2007년부터 추진하여 개발과 시범적용을 거쳐 2018년부터 초등 3~6학년, 중 1~3학년에 사회, 과학, 영어 교과를, 고등학교에는 영어 교과에 적용하여 일반학교에서 교과서로 사용하도록 하였다. 그 후 코로나19와 인공지능 기술의 비약적인 발전으로 2023년 2월 '디지털 교육 혁신 방안'을 발표하며 AI 디지털교과서 개발과 일반학교에 적용하기 위한 사업을 시행하였다. 이에 앞으로 2025년 3월에는 초등 3~4학년, 중학교 1학년, 고등학교 1학년에 수학, 영어, 정보

교과를 적용하고, 2028년까지 사회, 역사, 과학 교과로 확대 적용할 것을 밝혔다.

디지털교과서는 기존의 서책형 교과서를 전자매체로 변경하여 PC 등의 전자기기에서 교과서를 사용할 수 있도록 하였다. 서책형 교과서의 한계로 지적된 그림, 영상 등의 다양한 멀티미디어 자료를 탑재하여 학습자가 편리하게 학습할 수 있도록 자료를 제공한다. 이에 비해 AI 디지털교과서는 디지털교과서의 기능을 포함하며, 거기에 AI 기술을 활용하여 학습자에게 맞춤형 학습기회를 제공할 수 있다는 점에서 차이가 있다. AI에 의한 학습 진단과 분석을 바탕으로 개인별 학습 수준과 속도를 반영한 맞춤형 학습을 설계할 수 있다는 특징을 가진다. 이러한 특징은 교수학습 방법과 교육환경의 변화를 초래할 것으로 생각된다.

교육부(2023b)에서 제시한 'AI 디지털교과서 개발 가이드라인'에서 밝힌 AI 디지털교과서의 개발 원칙은 다음과 같다. 첫째, 인간 존엄성을 위한 교육으로 AI 기술을 활용하되 인간다움과 교육의 본질적 가치를 중시해야 한다. 둘째, 평등한 학습 기회를 보장해야 한다. 모든 학생이 사회・문화・경제적 배경과 관계없이 AI 디지털교과서에 접근하고 활용할 수 있도록 해야 한다. 셋째, 교사의 전문성이 존중되어야 한다. 교사가 AI 기술을 효과적으로 활용하고 관리할 수 있도록 지원하며, 교사의 전문적 역량을 인정하고 보조하는 방향으로 발전해야 한다.

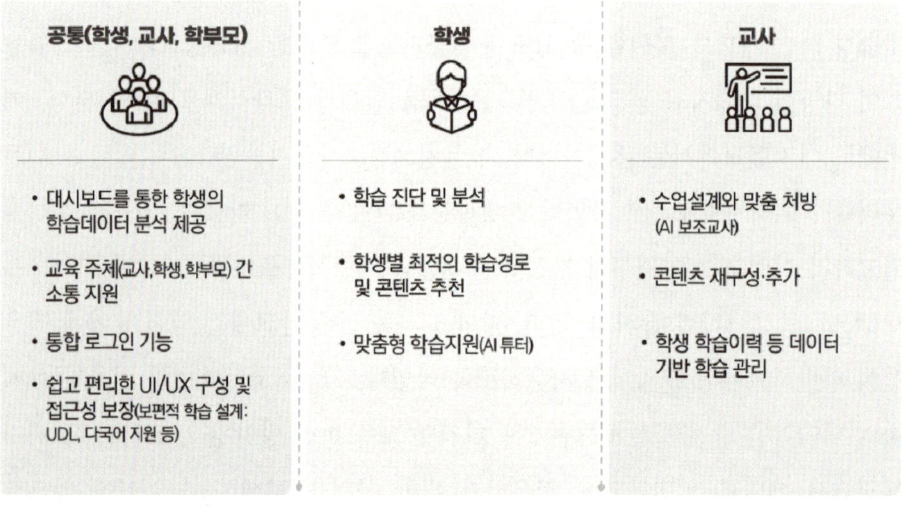

그림 5-1 AI 디지털교과서의 핵심 서비스 10가지

출처: 교육부b(2023), AI 디지털교과서 개발 가이드라인

이를 실현하기 위해 교육부는 AI 디지털교과서를 개발하는 업체에게 10가지의 핵심 기능이 들어가도록 가이드라인을 제시하였다.

AI 디지털교과서는 학습자 데이터를 기반으로 맞춤형 교육 서비스를 제공하는 교육 플랫폼이다. 이 플랫폼은 인증 정보를 활용하여 학습자의 이력을 수집하고, 이를 분석하여 개인화된 학습 경험을 제공한다. 핵심 서비스 중 학생, 교사, 학부모에게 공통적으로 적용되는 기능으로는 대시보드를 통한 학생의 학습 데이터 분석 제공, 교육 주체 간 소통 지원, 교육디지털원패스를 활용한 통합 로그인 기능, 그리고 보편적 학습 설계(Universal Design for Learning, UDL) 개념을 바탕으로 한 쉽고 편리한 사용자 환경 구성 및 접근성을 보장하도록 하고 있다.

학생에게 특화한 기능으로는 학생이 AI 디지털교과서를 활용하여 학습한 활동과 기록을 바탕으로 해당 학생에 대한 개별 학습 진단, 분석된 내용을 시각화하여 학생에게 제시한다. 이를 바탕으로 학생의 학습 이해도를 분석하여 강, 약점을 도출하고, 현재 수준을 파악하여 학생의 학습목표에 도달할 수 있는 최적의 학습경로와 콘텐츠를 추천하도록 하였다. AI 튜터 기능을 제공하여 단순 오답풀이가 아닌 개념 이해도를 높일 수 있는 설명을 제시하거나, 학습에 대한 정서적 지원도 가능하다. 약점을 보완하기 위한 학습 콘텐츠를 제공할 뿐만 아니라, 학습 속도가 빠른 학생을 위해 추가학습 요소를 제공하며, 학생의 질문에 대한 응답 기능도 제공하도록 하였다. 또한 수업 중 활용할 수 있는 온라인 공학도구 등을 지원하여 화면상에서 각도기의 방향을 조정하여 각을 재거나 자로 길이를 측정할 수 있고, 도형판에서 선을 그려 도형을 만들 수 있다. 칭찬 아이템 혹은 배지 등을 활용하여 학생들의 학습동기가 지속적으로 유지되게 하였다.

교사를 지원하기 위한 기능으로는 AI 보조교사 기능을 제공하여, 학습자의 학습활동, 학습 데이터 등을 수집, 분석하여 개인별 맞춤형 학습 계획을 제안하도록 하였다. 교과의 차시별 수업 진행을 위해 교과서의 디지털 자료를 제공하면 교사는 이를 재구성하거나 콘텐츠를 추가할 수 있다. 학생의 학습 이력 데이터와 사회정서 데이터를 분석하고, 시각화하여 제공함으로써 교사가 학급을 운영하는 것뿐만 아니라 학생별 맞춤형 학습지원을 할 수 있도록 보조교사의 역할을 제공하도록 하였다. 수업 진행과정에서의 유용한 기능들도 적용되어 있는데 학생들이 선생님의 수업속도보다 빠르게 해당 차시에 대한 내용을 학습하는 것을 제한할 수 있도록 진단평가나 형성평가의 공개시기를 교사가 선택하거나 혹은 반드시 잠금해제를 해야만 열리게 하는 기능들도 추가되었다. 교사가 집중학습 모드나 화면동기화 기능을 활용하여 교사가 특정 페이지의 콘텐츠를 선택하면 학생들을 동시에 해당 콘텐츠 화면으로 불러올 수 있는 기능도 제공되어 학습자의 학습활동을 적절히 제어할 수 있다. 학습 모니터링 기능이 제공되어 문제를 너무 빠른 시간 안에 풀거나 한 페이지에 너무 오랜 시간 머무는 학생들을 선별하여 교사가 확인할 수 있다.

기존의 학생들이 공부하던 교실은 여러 명의 학생을 교사가 혼자 가르치는 경우가 보통이었다. 교사는 20명이 넘는 학생들을 한꺼번에 가르치다 보니 학생들 개개인을 모두 상세히 파악하고 수업과정에서 세세하게 신경 쓰기가 힘들다. 학생들에 대한 평가를 실시하더라도 모든 학생들에게 평가에 대한 피드백을 개별적으로 주기는 현실적으로 어렵다. 예를 들어 교사가 20개의 문항이 적혀있는 평가지를 학생에게 제시하였다. 교사는 20문항×20명의 총 400문항에 대해 채점하고 문제를 살펴보고 채점해야 한다. 실제 이 단계에서 소요되는 시간이 많기에 정작 학생 개개인의 틀린 문제나 부족한 부분에 대해 상세히 피드백을 줄 시간이 부족하다.

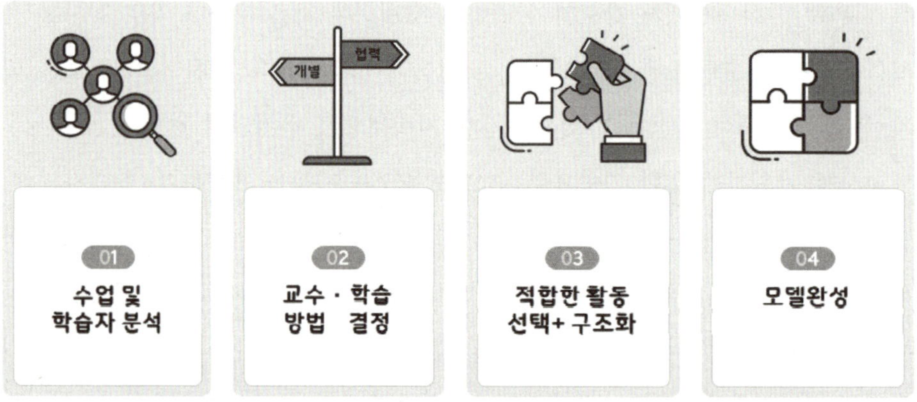

그림 5-2 AI 디지털교과서를 활용한 개념 기반 탐구 수업 설계 모델

출처: 교육부(2023c). 함께학교 지식샘터-수업설계모델, https://educator.edunet.net/sub/sub2/sub_realization.php?tab=3)

[그림 5-2]는 교육부에서 제시한 AI 디지털교과서를 활용한 개념기반 탐구 수업 설계 모델이다. AI 디지털교과서가 깊이 있는 학습을 할 수 있게 학생들의 삶의 맥락에서 실제 생활과 관련된 내용을 가져오며 학생 스스로 주도성을 가지고 지식을 구성할 수 있게 수업을 설계를 하도록 안내하고 있다. 이 과정에서 상호작용 및 협력도 고려해야 하며 개인별 맞춤교육까지 고려하도록 교사에게 요청하고 있다.

AI 디지털교과서는 기존 수업의 문제점을 진단 단계부터 맞춤형으로 바꿀 수 있다. 일단 진단평가 단계부터 학생들의 이전 학습결손을 파악하여 해당 차시를 공부하기 위해 필요한 사전 학습지식의 정도를 판단하여 준비되지 않은 학생에게는 개별적으로 공부하도록 과제를 제시할 수 있다.

본 수업에서는 텍스트와 이미지 중심의 기존 교과서와 차별화하여 멀티미디어, 게임, 협업 등 다양한 기술을 활용하여 학습 내용을 생생하게 전달한다. 이를 통해 학생들은 학습에 더 몰입하고 흥미가 높아진다. 학습과정에서 틀린 문제는 AI 오답 노트를 통해서 정리되며 학생들이 자신이 자주 틀리는 유형에 대한 조언을 AI 튜터로부터 얻을 수 있다.

수업을 진행하는 과정에서 발생하는 데이터는 AI에 의해 실시간으로 분석되어 학생들의 수준, 속도, 흥미 등에 따라서 각기 다른 학습 콘텐츠를 추천한다. 음식으로 비유하면 학생들이 모두 같은 음식을 먹는 것이 아니라 본인에게 딱 맞는 음식을 개별적으로 먹는 것과 같다. 틀린 문제에 대해서는 AI 오답이 추천되는데, 단순히 오답에 대한 풀이과정을 제시하는 것이 아니라, 학생들은 이 과정에서 도전을 통해 스스로 부족한 점을 고칠 수 있다. 교사는 대시보드를 통해 학생 개개인의 이해도를 정확하게 파악하고 그에 맞는 맞춤형 지도를 할 수 있다. 이를 통해 지식 전달자의 역할에서 벗어나 학습자의 능력의 최대치를 끌어내는 조력자이자 코치의 역할을 수행할 수 있다.

2. AI 디지털교과서와 2022 개정 교육과정

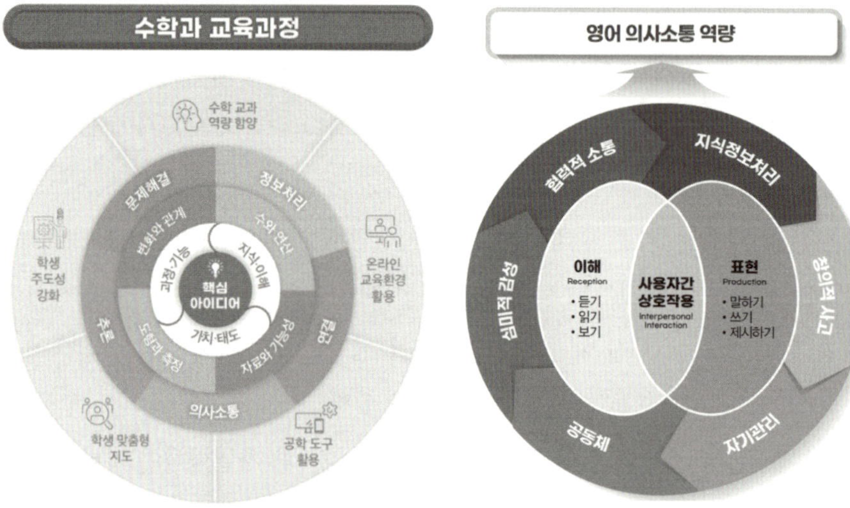

수학과 영어과

그림 5-3 수학과, 영어과 교육과정 핵심 개념 및 교과 역량

출처: 2022 개정 교육과정, 교육부(2022)

2022 개정 교육과정에서는 학생들의 기초소양을 더욱 튼튼히 하기 위해 새로운 요소를 추가하였다. 기존에 우리가 중요하게 여겨왔던 읽기, 쓰기, 셈하기와 같은 기본적인 언어와 수리 능력에 더해 '디지털 소양'이라는 새로운 역량이 추가되었다.

디지털 소양은 단순히 컴퓨터나 스마트기기 활용능력을 넘어서는, 훨씬 포괄적인 개념을 의미한다. 학생들이 디지털 환경에서 필요한 정보를 찾아내고, 그 정보가 얼마나 가치있는지 판단하며, 찾아낸 정보를 효과적으로 활용할 수 있는 능력을 키우는 것이 바로 디지털 소양의 핵심이다. 여기에 더해 온라인 공간에서 책임감 있게 행동하고, 다른 사람을 배려하며, 올바른 디지털 시민으로 성장할 수 있도록 돕는 것도 포함된다.

이번 2022 개정 교육과정에서는 학생들이 미래 사회에서 꼭 필요한 여섯 가지 핵심역량을 제시하고 있다. 첫 번째는 '창의적 사고' 역량으로, 새로운 상황에서 독창적인 아이디어를 떠올리고 문제를 다양한 관점에서 해결할 수 있는 능력을 의미한다. 두 번째 '자기관리' 역량은, 자신의 학습과 생활에 필요한 목표를 세우고 이를 달성하기 위해 스스로를 관리하고 발전시켜 나가는 능력이다. 세 번째 '공동체' 역량은 다른 사람들과 더불어 살아가는 방법을 이해하고, 공동체의 발전을 위해 책임감 있게 참여하며 행동하는 능력을 말한다. 네 번째 '심미적 감성' 역량은 자연과 예술의 아름다움을 느끼고 이해하며, 이를 삶 속에서 창의적으로 표현할 수 있는 능력이다. 다섯 번째 '합리적 소통' 역량은 자신의 생각과 감정을 효과적으로 표현하고, 다른 사람의 의견을 경청하며 서로를 이해하고 존중하면서 대화를 나눌 수 있는 능력을 의미한다. 마지막으로 '지식정보처리' 역량은 필요한 정보를 찾아내고, 이를 분석하여 새로운 지식을 창출하며, 이를 실생활의 문제 해결에 활용할 수 있는 능력을 말한다. 이러한 여섯 가지 역량들은 어느 한 과목에서만 길러지는 것이 아니다. 예를 들어, 수학 시간에는 문제를 해결하면서 창의적 사고를 기르고, 모둠 활동을 통해 합리적 소통능력을 키우며, 실생활 문제를 해결하는 과정에서 지식정보처리 역량을 발전시킬 수 있다.

수학 과목은 기초 개념을 잘 이해해야 그 다음 단계로 나아갈 수 있는 '계열성'이라는 특징을 가지고 있다. 수학에서는 문제를 해결하는 능력, 논리적으로 추론하는 능력, 수학적 개념을 다른 사람과 소통하는 능력, 실생활과 수학을 연결하는 능력, 그리고 정보를 처리하는 능력이 중요한데, 2022 개정 교육과정에서는 이러한 수학과의 특성을 고려하여 '정보처리 역량'과 '온라인 교육 환경에서의 활용'을 특별히 강조하고 있다. 영어 교과는 기존의 듣기, 말하기, 읽기, 쓰기라는 네 가지 영역을 '이해'와 '표현'이라는 두 개의 큰 범주로 재구성하였으며, 수업에서 디지털 기술과 인공지능을 적극적으로 활용하여 학생들이 더 흥미롭고 효과적으로 영어를 배울 수 있도록 하고 있다. 초등 정보교과는 '실과' 시간을 통해 이루어지는 정보교육이 34시간 이상으로 늘어나 이전보다 두 배가 되었으며, 이를 통해 학생들은 기술적인 문제해결방법을 배우고 디지털 사회와 인공지능에 대한 이해를 넓힐 수 있다. 또한 학교 자율시간을 활용하여 교과와 창의적 체험활동의 20% 범위 내에서 시수를 가져와 정보관련 내용으로 추가 편성하여 운영할 수 있다.

모든 변화들은 우리 학생들이 미래의 디지털 사회에서 필요로 하는 다양한 능력을 갖출 수 있도록 돕기 위한 것이다. AI 디지털교과서를 활용한 수업에서는 학생들의 개별적인 학습 속도와 스타일을 고려한 맞춤형 교육이 가능해져, 모든 학생들이 자신의 속도에 맞게, 흥미를 가지고 학습할 수 있는 환경을 만드는 것을 목표로 한다.

3. AI 디지털교과서의 맞춤형 학습 구현방법

교육부, KERIS(2023)는 'AI 디지털교과서 개발 가이드라인'에서 AI 디지털교과서의 플랫폼을 설계할 때, 보편적 학습 설계(Universal Design for Learning, UDL) 개념을 바탕으로 한 쉽고 편리한 사용자 환경 구성 및 접근성을 보장하도록 안내하였다. Meyer 외(2014)는 보편적 학습설계(Universal Design for Learning, UDL)를 모든 학습자가 자신만의 학습 방식으로 학습에 참여하고 목표를 달성할 수 있도록 지원하는 학습 설계 접근법이라고 정의하며, UDL 프레임워크는 학습자 개개인의 다양성을 존중하며 학습 장벽을 줄이고 포괄적이고 맞춤형 학습 환경을 조성하는 데 중점을 두어야 한다고 강조하고 있다. 특히 학습 장벽을 경험할 가능성이 높은 장애 학생뿐만 아니라 다양한 배경, 능력, 관심사를 가진 모든 학생들이 포함된다는 점에서 UDL은 2022 개정 교육과정에서 강조하는 학습자 중심 교육과 부합한다.

UDL의 주요 원리는 학습자가 각기 다른 방식으로 학습 내용을 이해하고 표현하며 참여할 수 있도록 학습 환경을 설계하는 기본 틀을 제공한다. 특히 첫째, 표현의 다양성(Multiple Means of Representation)은 학습 내용의 이해를 돕기 위해 정보를 다양한 형태로 제공하는 원리를 포함한다. 예를 들어, 텍스트로만 구성된 자료 대신 동영상, 이미지, 그래프 등 시각적・청각적 자료를 함께 제공하여 학습자의 이해를 증진할 수 있다. 이는 수학개념을 배우는 학생들에게 공식과 더불어 시뮬레이션 동영상을 제공하거나, 그래프 분석과 텍스트 설명을 함께 제공하는 방식을 통해 다각적인 학습이 이루어지도록 돕는 사례에서 확인할 수 있다. 둘째, 참여의 다양성(Multiple Means of Engagement)은 학습자의 동기를 유발하고 참여도를 높이기 위해 다양한 학습 접근 방식을 제공한다. 학생의 관심사와 선호도를 반영하여 실생활과 연결된 활동을 통해 학습의 흥미를 유도할 수 있다. 예를 들어, 과학 수업에서 학생들이 환경 문제와 같은 실제 사례를 탐구하거나, 목표를 스스로 설정하고 성취 경험을 쌓도록 설계함으로써 학생들의 학습 동기를 높일 수 있다. 셋째, 행동 및 표현의 다양성(Multiple Means of Action and Expression)은 학습자가 자신의 학습 성과를 표현하고 평가받는 방식을 다변화하여 개별 학습 방식을 지원한다. 이는 학습자가 자신의 강점에 따라 결과물을 표현할 수 있도록 여러 형태의 학습 활동과 평가 기회를 제공하는 데 중점을 둔다. 예를 들어, 한 학습자가 글쓰기 과제를 수행할 수 있는 선택지를 제공받는다면, 다른 학습자는 발표나 시각 자료를 활용하여 동일한 내용을 표현할 수 있다. 예를 들어 초등학교 4학년 수학과 각의 작도 단원을 UDL 프레임워크를 이용하여 학습활동을 설계한다면, 교사는 AI 디지털교과서를 활용하여 학생들이 각의 개념과 작도 방법을 이해할 수 있도록 다양한 자료를 제공한다. 학습 초기에 학생들은 AI 디지털교과서에서 제공하는 시뮬레이션 동영상을 시청하며, 각의 작도 과정과 원리를 시각적으로 이해한다. 이후 학생들 개개인의 학습 수준을 평가하기 위해 형성평가를 실시하고, 학생 개개인의 학습 수준에 따라 적합한 문제와 활동이 제공된다. 예를 들어, 각의 작도가 익숙하지 않은 학생들에게는 반복 학습과 개별 피드백이 이루어지고, 이를 이해한 학생들에게는 심화활동을 추천한다.

그 다음 단계에서 학생들은 팀별 프로젝트 활동을 진행하여, 교사에게 부여받은 팀별 과제를 수행한다. 이 학습과정을 통해 학생들은 각을 측정하고, 각을 그린다. 실제 문제를 해결하기 위한 각을 그리는 경험을 하고, 발표자료를 제작하는 활동을 통해 협동과 문제해결 경험을 하고 학업성취 수준을 높일 수 있다. 교사는 팀별 활동을 순회하며 즉각적인 피드백을 제공하고, AI 디지털교과서의 AI 분석 데이터를 활용해 학생별 진도를 점검하며, 추가 지도를 제공한다.

이처럼 AI 디지털교과서는 학습자의 수준과 속도에 맞춘 콘텐츠 제공과 실시간 피드백을 통해 UDL의 원리를 구현한다. 학습자의 수준을 실시간 분석하여 적합한 콘텐츠를 추천하거나, 확대와 음성 안내 등의 접근성 도구를 통해 학습을 지원한다. 또한 프로젝트 기반 학습과 통합하여 학생들이 다양한 팀 활동이나 프로젝트를 통해 창의적으로 학습 목표를 달성할 수 있도록 돕는다. 자동 채점, 실시간 코칭, 자기주도적 학습경로 설정 등 다양한 디지털 학습 도구를 활용하여 학습 효율성도 높인다.

이러한 보편적 학습설계의 효과를 높이기 위해 교육부(2023c)는 AI 디지털교과서를 활용한 교수학습 설계 모형으로 'AI 디지털교과서를 활용한 개념 기반 탐구 수업의 설계모델'을 제시하였다.

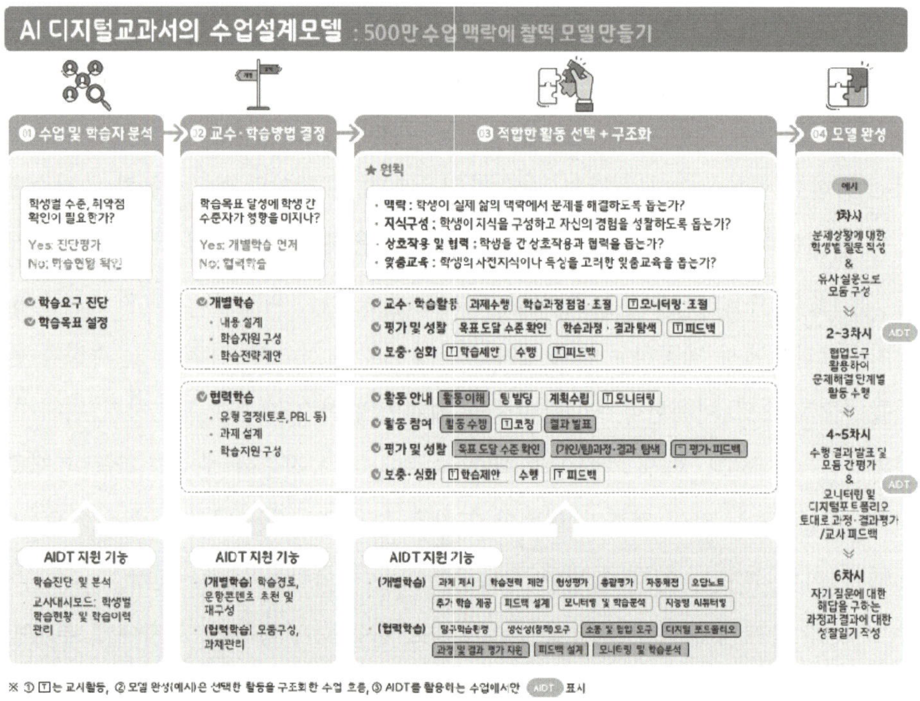

그림 5-4 AI 디지털교과서의 모듈형 수업설계모델

출처: 교육부(2023c). 함께학교 지식샘터-수업설계모델, https://educator.edunet.net/sub/sub2/sub_realization.php?tab=3)

'AI 디지털교과서 수업설계 모델'은 크게 수업 및 학습자 분석, 교수·학습 방법 결정, 적합한 활동 선택과 구조화 및 모델 완성의 4단계로 진행된다. 각 단계에서 AI 디지털교과서의 기능을 활용하여 학습자 개별 맞춤형 지도와 협력학습이 가능하도록 한다.

수업설계는 학습자에 대한 이해에서 시작된다. AI 디지털교과서는 학습자의 사전지식과 학습수준을 정확하게 진단하고 분석하는 기능을 제공한다. 교사는 진단평가를 통해 학생들의 선행학습수준을 파악하거나, 실시간으로 학습현황을 확인할 수 있다. 이러한 분석 결과를 바탕으로 구체적인 학습목표를 설정하게 된다. 특히 교사 대시보드를 통해 학생들의 학습 상태를 실시간으로 모니터링할 수 있어, 개별 학생의 필요에 맞는 맞춤형 지원이 가능하다. 이때, 실제로 수업으로 진행해야 할 주제가 개별학습에 적합한지, 집단학습에 적합한지를 선택해야 한다. 선택할 때 주안점은 성취기준이다.

교수·학습 방법은 크게 개별학습과 협력학습으로 나누어 설계할 수 있다. 개별학습에서는 각 학생의 수준과 특성에 맞는 학습 내용과 전략을 제공하며, 협력학습에서는 문제중심학습(PBL)이나 토론 등 다양한 형태의 모둠 활동을 구성한다. AI 디지털교과서는 이 과정에서 개별 학생에게 적합한 학습 콘텐츠를 추천하고, 모둠 활동의 진행상황을 효과적으로 관리할 수 있도록 지원한다. 수업 활동을 설계할 때는 네 가지 핵심요소를 고려해야 한다. 첫째, 학생들이 실제 생활과 연계된 맥락에서 학습할 수 있도록 한다. 둘째, 학생들이 스스로 지식을 구성할 수 있는 기회를 제공한다. 셋째, 학생들 간의 활발한 상호작용을 촉진한다. 넷째, 각 학생의 특성을 고려한 맞춤형 교육을 실현한다.

일반적으로 수업은 6차시를 기준으로 구성할 수 있다. 먼저 1차시에서는 학생들에게 의미 있는 문제 상황을 제시하고 탐구 질문을 이끌어낸다. 2~3차시에서는 AI 디지털교과서의 다양한 기능을 활용하여 실제적인 문제해결 활동을 진행한다. 4~5차시에서는 학습 결과를 공유하고 협력적 성찰을 통해 학습을 심화한다. 마지막 6차시에서는 전체적인 평가를 실시하고 다음 학습과의 연계성을 확보한다. 하지만 역시 학습자의 상황에 따라서 전체 수업의 분량과 내용을 적절하게 조절할 수 있다.

교사는 학습 데이터를 기반으로 필요한 시점에 정확한 교육적 개입을 할 수 있으며, 이는 학습의 효과성을 크게 높일 수 있다. AI 디지털교과서가 제공하는 대시보드와 학습 분석 도구를 적극적으로 활용하여 각 학생의 성장을 효과적으로 지원할 수 있는 방안을 지속적으로 모색해야 한다. AI 디지털교과서를 활용한 수업설계는 전통적인 수업설계 과정에 AI 기술의 장점을 결합한 것이다. 이는 단순한 기술적 도구의 활용을 넘어, 진정한 학습자 중심 교육을 실현하면서도 교사의 수업 운영을 효과적으로 지원하는 교육적 플랫폼이라고 할 수 있다.

초등 수학과에서의 AI 디지털교과서를 활용한 수업사례로 각의 작도 단원을 중심으로 1차시 수업지도안의 구체적으로 설계하고자 한다. 해당 학급의 재적은 25명이다. 이 학급에는 교수학습설계 시 고려해야 할 학생들이 있다. 먼저 한국어가 서툰 다문화 배경의 학생 2명이 있다. 이 두 학생은 모두 중도입국 학생으로 서로 다른 나라에서 태어나고 자라 초등학교 3학년 나이에 우리나라에 이주한 학생들이다. 또한 발달장애를 가진 학생 1명과 학습 능력이 뛰어난 학생 1명으로 기본 개념을 빠르게 이해하여 항시 "다했는데 이제 뭐해요"라며 어려운 문제를 찾는 학생이다.

AI 디지털교과서(이하 AIDT)를 활용한 각의 작도 수업은 학생들의 각에 대한 개념 이해와 각을 작도하는 실제적 능력 향상을 목표로 하며, 이 수업은 보편적 학습설계(UDL) 원리를 기반으로 다양한 학습자들이 각자의 수준과 특성에 맞게 학습할 수 있도록 설계하였다.

그림 5-5 **교사 대시보드**

출처: AI 디지털교과서 웹 전시 시스템 _수학 4-1(YBM)-교사용 대시보드

수업은 크게 도입, 전개, 정리의 세 단계로 구성된다. 도입 단계에서는 AIDT의

학습진단 기능을 활용하여 학생들의 사전 지식과 준비도를 면밀히 파악한다. 각과 각도의 개념과 각도기 사용에 대한 기초적인 이해를 확인하는 과정에서, AIDT의 자동분석시스템은 교사에게 즉각적인 진단 결과를 제공한다. 학습 동기를 유발하기 위해 시계 바늘이나 벽과 문에 의해 생성된 각과 같은 실생활 맥락의 시각적 자료를 활용하며, 이를 통해 학생들은 각의 작도 학습의 실제적 필요성을 자연스럽게 인식하게 된다.

그림 5-6 교사 대시보드

출처: AI 디지털교과서 웹 전시 시스템 _수학 4-1(천재교과서)-교사용 대시보드

전개 단계는 개념 이해와 실습 활동을 중심으로 진행된다. AIDT의 애니메이션과 AI 튜터 기능을 통해 각의 정의와 각도기 사용법을 학습하는데, 이 과정에서 학생들은 자신의 학습 속도에 맞춰 반복 학습을 할 수 있다. 실습 활동은 학습자의 수준에 따라 차별화되어 제공된다. 기초 수준의 학습자는 45도, 90도와 같은 기본 각도를 작도하는 것부터 시작하고, 심화 수준의 학습자는 120도, 185도와 같은 복합 각의 작도에 도전한다. 특수교육 대상자에게는 단순화된 인터페이스와 시각적 보조 자료가 제공되며, 다문화 학습자를 위해서는 다국어 지원과 시각적 학습자료 중심의 접근이 이루어진다. 학생들은 실물 각도기와 디지털 가상 각도기를 함께 활용하면서 실제적인 각의 작도 능력을 키우게 된다.

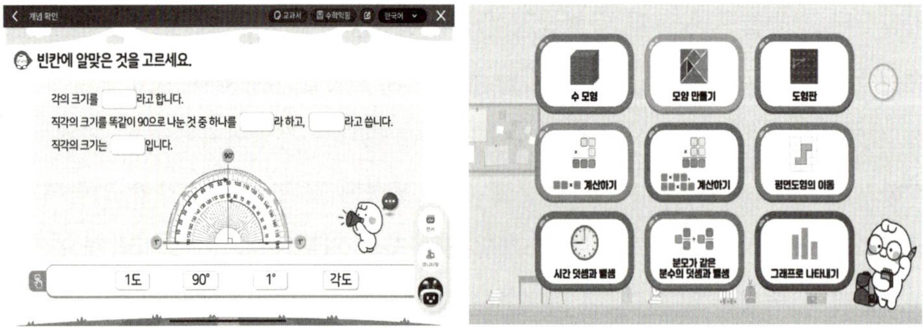

그림 5-7 AI 디지털교과서 학습도구

출처: AI 디지털교과서 웹전시 시스템 _수학 4-1(천재교과서)-교사용 대시보드

그림 5-8 학생별 다국어 지원

출처: AI 디지털교과서 웹 전시 시스템 _수학 4-1(YBM)-학생용 대시보드

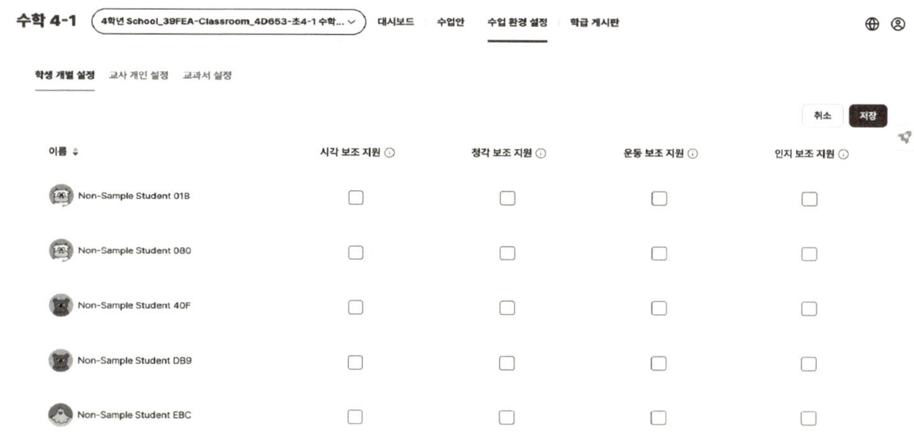

그림 5-9 교사/학생별 개별 지원 설정

출처: AI 디지털교과서 웹 전시 시스템 _수학 4-1(YBM)

정리 단계에서는 AIDT의 대시보드 기능을 통해 학습 성과를 종합적으로 분석한다. 학생들의 각도그리기 정확도와 학습과정이 시각화된 데이터로 제공되며, 이를 바탕으로 개별화된 피드백이 이루어진다. 이러한 데이터 기반의 평가는 단순한 결과 측정을 넘어 학습과정 전반을 포괄하는 종합적인 평가로 이어진다.

그림 5-10 단원별 피드백 관리

출처: AI 디지털교과서 웹 전시 시스템 _수학 4-1(천재교육)

평가는 AIDT의 데이터 기반 학습관리 시스템을 중심으로 이루어진다. 실시간 작도 과정 모니터링과 단계별 성취도 자동 분석을 통해 개별 학습자의 성장 과정을 면밀히 추적한다. 특히 학습자의 특성에 따라 평가 방식을 다양화하고 대체 평가도구를 활용할 수 있으며, 실시간 피드백을 통해 즉각적인 학습교정이 가능하다.

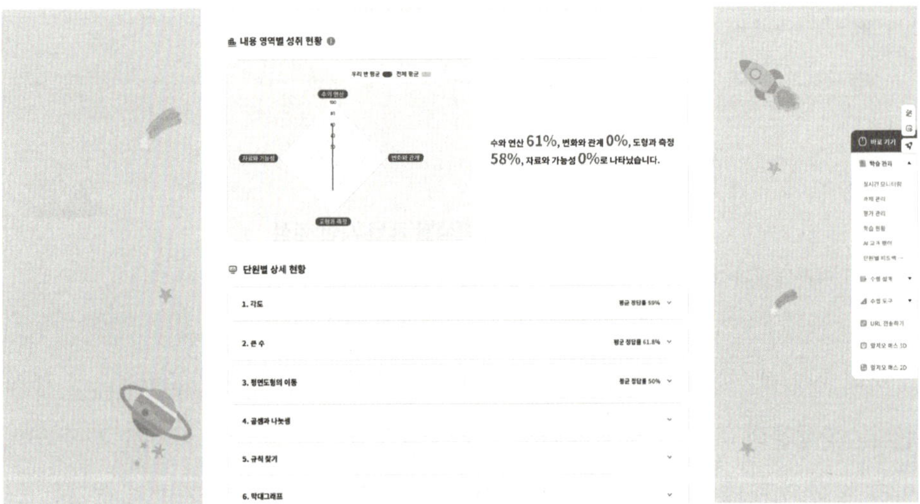

그림 5-11 **성취현황 알림 대시보드**

출처: AI 디지털교과서 웹 전시 시스템 _수학 4-1(천재교육)

이러한 AI 기반의 평가 체계는 단순한 학습 결과의 측정을 넘어, 학습자의 전인적 성장을 지원하는 교육적 도구로 기능한다. 실시간으로 제공되는 피드백과 맞춤형 지원은 학습자가 자신의 학습상태를 정확히 파악하고 개선하는 데 도움을 준다. 또한 AI 시스템의 객관적 데이터 분석은 평가의 신뢰성과 타당성을 높이는 데 기여한다.

평가는 자동채점 시스템을 통한 작도의 정확성 평가, 모니터링 및 학습 분석을 통한 과정 중심 평가, 그리고 형성평가와 총괄평가의 통합적 결과 분석을 통해 이루어진다. 이러한 다면적 평가체계는 학습자의 성장과 발달을 종합적으로 파악하고 지원하는 기반이 된다. 이 수업모형의 핵심은 AI 기반 맞춤형 학습지원에 있다. 개별 학습자의 수준과 특성에 따른 차별화된 학습지원이 실시간으로 이루어지며, 필요한 경우에만 선택적으로 오답 노트를 활용하여 반복적 오류에 대한 체계적인 교정 기회를 제공한다. 또한 AI 분석을 통한 학습진행상황 모니터링과 객관적 평가 데이터의 활용은 효과적인 학습관리를 가능하게 할 것이다.

이러한 수업모형은 전통적인 교실 수업의 한계를 극복하고, 개별 학습자의 특성과 요구를 반영한 맞춤형 교육을 실현할 수 있을 것이다. 특히 실시간 피드백과 AI 기반 분석을 통해 학습과정에서 발생하는 문제를 즉각적으로 발견하고 해결할 수 있어, 학습효과를 극대화할 수 있다. 더불어 데이터에 기반한 객관적인 평가와 체계적인 학습관리가 가능해져 교육의 질적 향상을 도모할 수 있다.

표 5-1 AI 디지털교과서 활용 수학 수업 지도안

<table>
<tr><td>단원</td><td>도형 - 각 그리기</td><td>차시 주제</td><td>각도기로 각을 그리는 방법 알기</td><td>2/8차시</td></tr>
<tr><td>교육과정
성취기준</td><td colspan="4">[4수02-03] 각의 크기를 어림하고, 각도기를 사용하여 각의 크기를 측정하고 그릴 수 있다.
[4수02-04] 여러 가지 각도의 크기를 비교하고, 기준이 되는 각의 크기를 이해한다.</td></tr>
<tr><td>학습
목표</td><td colspan="4">• 각의 정의를 이해하고, 주어진 각을 그리는 방법을 배운다.
• 각도기를 사용하여 45도, 90도, 120도 등의 각을 정확히 그릴 수 있다.</td></tr>
<tr><td rowspan="2">단계</td><td colspan="4">교수 · 학습 활동</td></tr>
<tr><td>교사</td><td colspan="2">학생</td><td>AIDT 보조교사
◀ 교수지원 학습지원 ▶</td></tr>
<tr><td>수업
안내
(10분)</td><td>[동기 유발]
• 실생활 각도 사례 제시(시계 바늘, 접힌 책, 문 각도)
• “시계 바늘의 각도는 몇 도일까요?”

[학습목표 확인]
• 학습목표 제시 및 설명</td><td colspan="2">• 사전 진단 퀴즈
• 시계 바늘 각도를 관측하여 발표
• 실생활 각도 사례 관찰

• 학습목표 확인</td><td>[학습 진단 및 분석]
• 각도 개념 사전 진단 퀴즈
• 각도기 사용 경험 진단

[맞춤형 학습 지원]
• UDL 기반 시각적 자료 제공(발달지체 학생)
• 다국어 지원 (다문화 학생용)</td></tr>
<tr><td>수업
실행
(25분)</td><td>[활동 1] 개념 이해(10분)
• 각의 정의 설명
• 각도기 사용법 시범</td><td colspan="2">• 각의 정의와 특징 학습
• 각도기 사용법 익히기</td><td>[학생별 최적 학습 경로 제공]
• 수준별 실습 활동 추천
• 가상 각도기 시뮬레이션</td></tr>
</table>

	[활동 2] 각 그리기(15분) • 기본각(45°, 90°) 그리기 안내 • 심화각(120°, 135°) 그리기 안내	• 수준별 각 그리기 실습 - 기본: 45°, 90° 그리기 - 심화: 120°, 135° 그리기	[AI 튜터 지원] • 실시간 각도 측정 피드백 • 개별화된 연습 문제 제공
정리 및 평가 (10분)	[학습 확인] • 학생별 성취도 확인 • 심화과제 안내 [차시 예고] • 다음 차시 학습 내용 안내	• 각도 그리기 결과 제출 • 자기 평가 실시 • 심화과제 확인 (실생활 각도 찾기) • 다음 차시 내용 확인	[대시보드 분석 제공] • 학습 결과 시각화 • 개별 성취도 분석 [교육주체 간 소통 지원] • 학습 결과 공유 • 가정 연계 학습 안내

4. 결론

AI 디지털교과서는 기존의 종이 교과서와 비교해 학습자의 개별적인 요구에 맞춘 혁신적인 학습 환경을 제공하며, 교육 현장에서 중요한 전환점을 만들어가고 있다. 학습자의 수준과 필요를 실시간으로 분석해 최적화된 콘텐츠를 제안하는 기능은 학습의 질을 높이고, 학생 개개인의 잠재력을 극대화할 수 있는 가능성을 제시한다. 이를 통해 학습자는 단순히 정보를 수동적으로 받아들이는 것을 넘어, 능동적으로 참여하며 학습동기와 창의적 사고를 촉진할 수 있다.

이러한 AI 디지털교과서의 특징은 2022 개정 교육과정의 철학 및 목표와도 긴밀히 연결된다. 2022 개정 교육과정은 학생 중심의 역량기반교육을 강조하며, 모든 학생이 자신의 속도와 방식에 따라 학습경험을 쌓을 수 있는 환경을 조성하는 데 초점을 둔다. AI 디지털교과서는 이러한 교육적 목표를 실현하는 도구로, 학습 데이터를 바탕으로 맞춤형 자료와 피드백을 제공하여 학생중심교육을 구현할 수 있다. 특히 디지털 소양과 창의적 문제해결능력을 함양하는 과정에서 AI 디지털교과서의 기능은 교사와 학생 모두에게 실질적인 도움을 준다.

나아가 AI 디지털교과서는 보편적 학습 설계(UDL) 원칙을 교육 현장에서 실현할 수 있는 강력한 도구로 작동한다. 다양한 배경과 능력을 가진 학습자를 포괄하는 이 설계 원칙은 AI 디지털교과서를 통해 구체적으로 구현된다. 예를 들어, 번역된 설명, 시각적 자료, 수준별 학습콘텐츠 제공과 같은 기능은 장애 학생이나 다문화 배경을 가진 학생들이 학습과정에 효과적으로 참여할 수 있도록 돕는다. 동시에, 학습능력이 뛰어난 학생에게는 심화학습자료를 제공하여 모든 학습자가 개별적인 방식으로 성장할 수 있는 환경을 조성한다.

결론적으로 AI 디지털교과서는 단순한 기술적 혁신을 넘어 교육현장에서 교사와 학생의 역할을 재정의하고 있다. 개인화된 학습설계와 실시간 피드백 기능을 통해 AI 디지털교과서는 2022 개정 교육과정의 목표를 효과적으로 실현하며, 모든 학습자에게 공정하고 포괄적인 학습경험을 제공할 수 있다. 이러한 변화는 교육의 질적 향상을 도모하며, 미래 지향적이고 지속 가능한 교육혁신의 방향성을 제시한다.

참고문헌

교육부 (2023a). AI 디지털교과서 추진방안 발표. 보도자료(2023. 6. 8). https://www.korea.kr/briefing/policyBriefingView.do?newsId=156574196

교육부, KERIS (2023). AI 디지털교과서 개발 가이드라인. 한국교육학술정보원.

교육부 (2023b). 디지털 기반 교육혁신 방안. 보도자료(2023. 2. 23). https://www.moe.go.kr/boardCnts/viewRenew.do?boardID=294&boardSeq=94011&lev=0&searchType=null&statusYN=W&page=1&s=moe&m=020402&opType=N

교육부 (2023c). 디지털 기반 교육혁신 역량강화 지원방안. 정책자료(2024. 4.15). https://www.moe.go.kr/boardCnts/viewRenew.do?boardID=72769&lev=0&statusYN=W&s=moe&m=0315&opType=N&boardSeq=98786

이형빈 (2023). 보편적 학습설계에 기반한 수업혁신 실행연구. 교육과정평가연구, 26(3), 247-268.

최정임, 신남수 (2009). 보편적 학습설계(UDL)를 반영한 디지털교과서 설계 원리. 교육공학연구, 25(1), 29-59.

한국지능정보사회진흥원 (2024). [Data Brief 2024-3] 데이터로 살펴본 디지털 교육혁신 현황-AI 디지털교과서를 중심으로. 간행물(2024. 12. 10). https://nia.or.kr/site/nia_kor/ex/bbs/View.do?cbIdx=82618&bcIdx=27527&parentSeq=27527

AI 디지털교과서 웹 전시 시스템 (2024). https://www.textbook114.com/aidt/apb/user/userPubGroupList.do?tm_id=3 (2024. 12. 25. 발췌)

Meyer, A., Rose, D. H., & Gordon, D. (2014). *Universal design for learning: Theory and Practice*. Wakefield, MA: CAST Professional Publishing.

제6장 중등 AI 디지털교과서 활용 교육

시작하며

교육 현장은 끊임없는 변화와 도전을 마주하고 있으며 중등 학교에서는 학습자 간의 격차가 심화되고, 대학 입시에 대한 부담까지 더해져 교사와 학생 모두에게 어려움이 크다. 특히 다양한 개성과 각 과목에 대한 흥미와 관심이 서로 다른 학생들이 모인 교실에서 각자의 수준과 특성에 맞는 교육을 제공하고, 모든 학생의 성장을 이끌어내는 것은 많은 교사들에게 오랜 이상이었지만 현실적으로는 불가능한 일이었다.

이러한 현장의 고민에 대해 2025년부터 단계적으로 도입되기 시작한 AI 디지털교과서는 새로운 시도에 대한 불안함도 가져오지만 단순히 서책형 교과서의 디지털 버전을 넘어서 기존의 방법으로는 할 수 없었던 새로운 변화를 불러올 수 있을 것으로 기대된다.

AI 디지털교과서가 가져올 교육적 변화는 다음과 같은 세 가지 차원을 중심으로 생각해 볼 수 있다(KERIS, 2023a; KERIS, 2023b).

첫째, '개별화된 학습 경험'의 실현이다. AI 디지털교과서를 활용하면 각 학생의 수준과 학습 속도에 맞춘 맞춤형 학습이 가능해진다. 수업 중에도 실시간으로 학생의 이해도를 파악하고, 필요한 보충 학습이나 심화 학습을 즉각적으로 제공할 수 있다.

둘째, '실시간 상호작용과 피드백'의 강화다. AI 디지털교과서를 활용하면 한 교실에 있는 30여 명의 학생 모두의 학습 과정을 실시간으로 파악하여 선생님과 학생 간 원활한 상호작용을 도울 수 있으며 학생 개인에게 꼭 맞는 개별적인 피드백을 제공할 수 있다.

셋째, '데이터 기반 교육 실천'의 가능성이다. 학생들의 학습 과정과 결과를 더욱 세밀하게 파악하고 분석할 수 있게 된다. 이를 통해 더 체계적인 교수학습 전략을 수립하고, 학생 개개인의 성장을 지원할 수 있다.

이 장에서는 AI 디지털교과서가 중등 영어, 수학, 정보 교과에서 어떻게 활용되는지 살펴보고, 중등 예비 교사들이 AI 디지털교과서에서부터 시작되는 새로운 교육의 변화에 대비하기 위해 어떤 것들을 준비해야 할 것인지 살펴보고자 한다.

문제상황

김 선생님은 중학교에서 영어를 가르치며, 학생들의 영어 실력을 향상시키기 위해 다양한 교수법과 활동을 시도해 왔다. 김 선생님은 수준별 그룹 활동, 멀티미디어 자료 활용, 실생활 중심의 회화 연습 등 여러 방식을 도입했지만, 여전히 학생들의 참여도와 학습 성취도가 기대에 미치지 못해 고민이 많다.

특히 학급 내에서 학생들의 영어 실력 차이가 크게 나타나면서, 수준별 수업의 필요성을 절실히 느끼고 있다. 기초가 부족한 학생들은 알파벳 읽기와 기본적인 문법에서도 어려움을 겪는 반면, 우수한 학생들은 영어로 자유롭게 의사소통이 가능할 정도이다. 이런 상황에서 김 선생님은 개별 맞춤형 지도를 제공하고 싶지만, 한정된 수업 시간과 많은 학생 수로 인해 현실적으로 어려웠다.

특히 말하기 활동에서는 이러한 어려움이 더욱 두드러졌다. 한 교실에 있는 30명이 넘는 학생들의 발음을 일일이 교정해 주기도 어려웠고, 실제적인 의사소통의 기회를 충분히 제공하기도 힘들었다. 또한 학생들의 수준을 정확하게 진단하기 위해 진단평가나 형성평가를 수업에 반영하고 싶었지만, 개별 학생의 진척도를 꼼꼼히 추적하고 피드백하는 것도 쉽지 않았다.

황 선생님은 고등학교에서 수학을 가르치며, 학생들이 수학의 추상적 개념을 이해하는 데 겪는 어려움을 지켜보았다. 최근에는 함수와 기하 영역에서 학생들은 대수적 표현과 기하적 표현을 연결하는 데 큰 혼란을 겪는 모습을 보았다. 이런 현상은 매 단원 새로운 개념이 도입될 때마다 상당수의 학생들에게 발견되었고, 이는 지속적으로 누적되어 더 큰 학습 격차로 이어졌다.

수학은 개념 간의 위계가 뚜렷하여 이전 개념을 충분히 이해하지 못하면 이후 학습에 큰 지장이 생긴다. 이런 사실을 잘 알고 있는 황 선생님은 학생 개개인의 이해도를 실시간으로 파악하고, 필요에 따라 맞춤형 보충 학습을 제공하고 싶었지만, 현실적으로 모든 학생을 개별적으로 지도하는 것은 불가능했다. 특히 학생들의 문제 해결 과정을 세세히 살펴보고 적절한 피드백을 주고 싶었지만, 시간적 제약으로 인해 결과 중심의 평가에 그치는 경우가 많았다.

특히 입시에 대한 부담으로 인해, 개념에 대한 깊이 있는 이해보다는 문제 풀이 위주의 학습이 이루어지는 것에 대한 고민도 컸다. 황 선생님은 수학의 본질적 의미와 아름다움을 학생들에게 전달하고 싶었지만, 현실적인 제약 속에서 이상적인 수업을 구현하기는 쉽지 않았다. 더욱이 학생들의 수학에 대한 두려움과 거부감을 해소하고 자신감을 키워주는 것도 큰 과제였다. 수학 성적이 낮은 학생들의 경우, 점차 자신감을 잃고 수업 참여도가 떨어지는 악순환이 반복되었다.

정 선생님은 고등학교 정보 교과를 담당하며 프로그래밍 실습 지도에서 어려움을 느끼고 있다. 코딩 교육의 중요성이 강조되며 초등학교 때부터 코딩을 시작하여 능숙한 학생부터 컴퓨터를 켜고 끄는 것도 해본 적이 없어서 키보드 자판으로 입력하는 것을 어려워하는 학생까지, 학생들의 출발점이 매우 달랐기 때문이다. 특히 고등학교에서는 프로그래밍의 기초 개념부터 알고리즘 설계, 협력적인 프로젝트까지 이루어지기 때문에, 이러한 수준 차이는 수업 진행에 더 큰 어려움으로 다가왔다.

프로그래밍 실습 중에는 다양한 오류 상황이 발생하는데, 모든 학생의 오류를 즉각적으로 해결해 주기가 어려웠다. 동시에 여러 명이 질문을 하게 되면 도움이 필요한 순간에 적절한 지원을 받지 못한 학생들은 좌절감을 느끼고, 점차 수업에 대한 흥미를 잃어갔다. 특히 기초가 부족한 학생들은 단순한 오타로 인해 막혀서 더 이상 진도를 나가지 못하는 경우가 많았고, 이로 인해 고차원적인 문제 해결 능력을 키우는 데까지 도달하기도 전에 정보는 너무 어렵다고 포기하는 학생들의 모습을 볼 때면 너무 안타까웠다.

더욱이 매 수업마다 새로운 프로그래밍 환경을 설정하는 데 많은 시간이 소요되었다. 새로운 주제를 시작할 때마다 필요한 프로그램을 설치하고 실행하는 과정에서 발생하는 기술적 문제들로 인해 실제 학습 시간이 크게 줄어드는 것이 현실이었다. 정 선생님은 협력적 문제 해결 능력의 중요성을 강조하며 실제 문제 해결을 위한 팀 프로젝트를 진행하고 싶었지만, 학생들 간의 수준 차이로 인해 효과적인 협업이 이루어지지 않았고, 일부 학생들만 프로젝트를 주도하는 상황이 자주 발생했다.

탐구문제

1. 중등 영어 교과에서의 AI 디지털교과서 활용 방안은 무엇일까?
2. 중등 수학 교과에서의 AI 디지털교과서 활용 방안은 무엇일까?
3. 중등 정보 교과에서의 AI 디지털교과서 활용 방안은 무엇일까?
4. 중등 교과에서의 AI 디지털교과서를 활용한 융합 수업은 어떤 모습일까?

학습목표

1. 중등교육에서의 AI 디지털교과서의 특징과 기능을 이해하고, 이를 활용한 중등 교과(영어, 수학, 정보)에서의 수업 설계 방안을 파악할 수 있다.
2. 중등교육에서의 AI 디지털교과서를 활용한 교과 융합 수업의 사례를 통해 융합 교육의 방법과 효과를 이해할 수 있다.
3. 중등교육에서의 AI 디지털교과서 도입에 따른 교육 현장의 변화와 교사의 새로운 역할을 이해하고, 이에 대한 준비 사항을 파악할 수 있다.

1. 중등 영어 교과에서의 AI 디지털교과서 활용

1) 진단평가를 통한 학습자 진단 및 개별화된 학습 경로 지원

교사들은 매시간 많은 학생들의 상황을 세밀하게 파악하기 어려운 문제에 대해 고민하지만, AI 디지털교과서를 활용하면 학습자의 어휘력, 문법 이해도, 발음 능력, 독해력 등을 정밀하게 진단할 수 있다. 간단한 퀴즈와 같은 진단평가부터 음성 인식 기술을 활용한 말하기 평가까지 다양한 평가 도구를 통해 학습자의 현재 수준을 정확하게 파악할 수 있다.

교사들은 이러한 진단평가 결과를 대시보드를 통해 확인하여 학급 전체의 수준 분포를 파악하고, 수업 난이도와 진도를 조절할 수 있다. 이를 통해 기본적인 문법 지식이 부족한 학생에게는 초급 수준의 문법 설명과 함께 연습 문제를 제공하여 최소 성취수준을 달성할 수 있도록 돕고, 문법과 독해 능력이 뛰어난 학생에게는 관심 분야에 대한 전문적인 내용이 담긴 읽기 자료를 제시하여 도전 의욕을 고취시킬 수 있다.

그림 6-1 진단평가를 통한 학습자 진단 화면

출처: YBM AIDT 중등 영어1(김은형)

2) 실시간 피드백과 발음 교정 기능

영어 학습에서 정확한 발음과 자연스러운 억양은 효과적인 의사소통을 위해 필수적인 요소지만 그동안의 방법으로 모든 학생들에 대한 발음을 교정하는 것은 매우 어려운 일이었다. 하지만 AI 디지털교과서의 음성 인식 기술을 활용하면 학생들의 발음을 실시간으로 분석하고 교정해 줄 수 있다. 만약 학생이 특정 발음을 반복적으로 잘못할 경우, AI는 이를 감지하고 교정을 위한 구체적인 피드백과 발음 교정 연습 자료를 추천할 수 있으며, 올바른 발음을 강조하는 시청각 자료를 제시하여 학생이 스스로 개선할 수 있는 기회를 제공한다. 이러한 AI 기반의 개별 피드백을 통해 학생들은 자신의 발음에 대해 부끄러워하지 않고 자신의 발음을 교정할 수 있다.

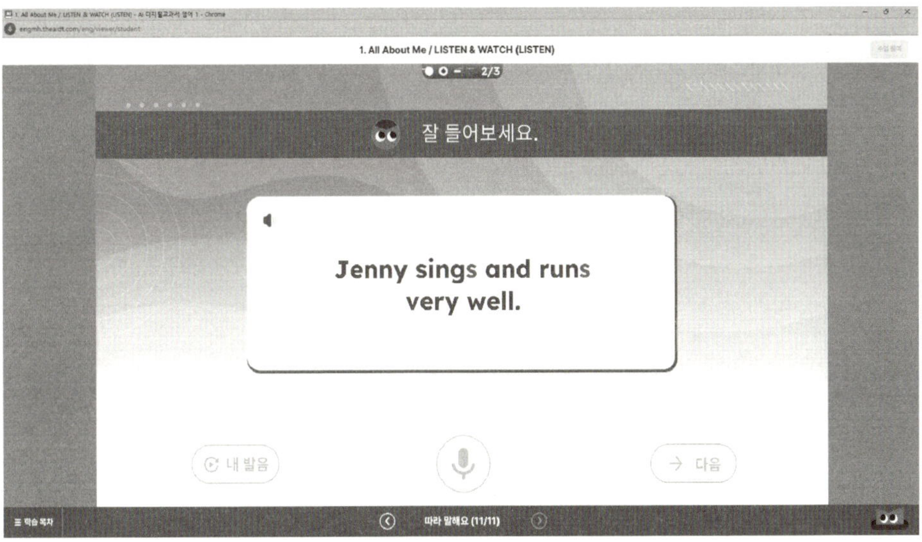

그림 6-2 AI 발음 교정 기능 화면

출처: YBM AIDT 중등 영어 1(박준언)

3) 다양한 시청각 자료 제공 및 AI 튜터 활용

AI 디지털교과서는 학생들의 흥미와 수준에 맞는 다양한 시청각 자료를 제공한다. 중학교에서는 일상적인 대화 상황이나 문화 콘텐츠를 활용하여 자연스러운 언어 습득을 돕고, 고등학교에서는 시사성 있는 뉴스 클립, 전문가 강연, 다큐멘터리 등 더 전문적인 콘텐츠를 제공할 수 있다.

특히 학생들이 수업 중에 모르는 단어나 문법을 만났을 때 AI 튜터에게 질문하고 답을 받을 수 있으며, 디지털화된 오답 노트를 작성하여 자신에게 약한 부분에 대한 반복 학습을 할 수 있다. 또한 이전에 배운 내용을 잊었거나 이해가 부족한 경우에도 관련 콘텐츠를 원하는 시간에 다시 학습할 수 있다.

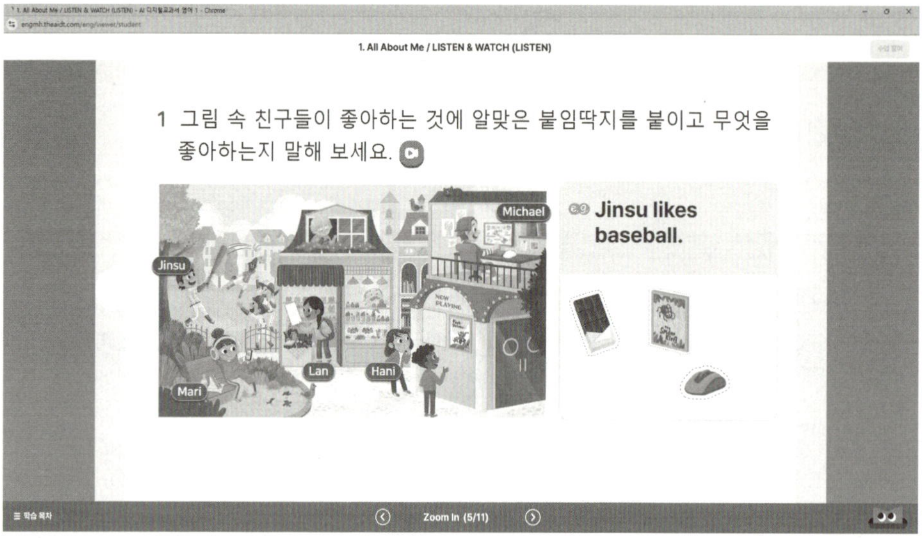

그림 6-3 영어과 AI 디지털교과서의 콘텐츠

출처: YBM AIDT 중등 영어 1(박준언)

4) 평가와 협력 학습 지원 시스템

AI 디지털교과서는 교사가 학생들의 학습 활동을 실시간으로 모니터링하고 평가할 수 있도록 돕는다. 학생이 문제를 풀거나 학습 활동에 참여할 때마다 그 결과가 교사의 대시보드에 즉시 반영되어, 개별 학생의 진행 상황과 이해도를 실시간으로 파악할 수 있다.

또한 AI 디지털교과서를 활용하면 학생들의 성취도와 참여도를 분석하여 최적의 모둠을 구성하는 데도 도움을 받을 수 있다. 예를 들어, 서로 다른 강점을 가진 학생들을 한 모둠으로 구성하여 상호 보완적인 학습이 이루어지도록 하거나, 비슷한 수준의 학생들을 묶어 수준별 학습을 진행할 수도 있도록 돕는다.

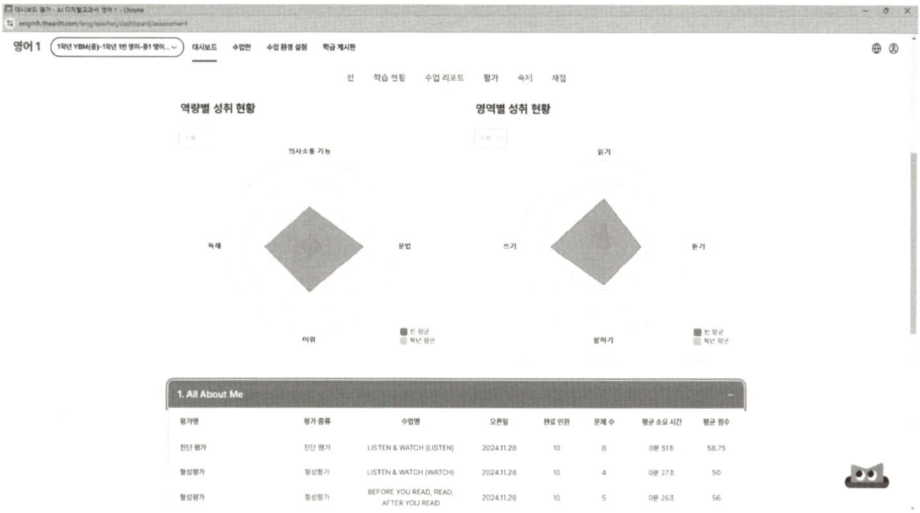

그림 6-4 AI 디지털교과서의 평가 지원 시스템 화면

출처: YBM AIDT 중등 영어 1(박만구)

2. 중등 수학 교과에서의 AI 디지털교과서 활용

1) 개별화된 학습 경로와 진단평가를 통한 맞춤형 학습 제공

수학 교육에서 학생들의 개념 이해도는 이전 학습 내용의 성취 여부에 크게 의존한다. AI 디지털교과서는 학생 개개인의 학습 수준을 정밀하게 진단하고, 이에 따라 이전 학습 내용 중 바르게 이해하지 못한 요소를 찾아내어 해당 개념에 대한 이해를 돕는 개별화된 학습 경로를 제공한다. 이는 교사들이 겪는 개념 간 연계성 문제를 해결하는 데 도움을 준다.

또한 학생이 새로운 단원을 시작하기 전, AI 디지털교과서를 활용하여 선수 학습 요소에 대한 진단평가를 실시했을 때 만약 기초적인 개념이 부족하다면, AI는 이를 보완할 수 있는 학습 자료를 먼저 추천한다. 교사들은 이러한 데이터를 기반으로 개별 학생의 학습 목표를 설정하고, 학생의 학습 진행 상황에 따라 적절한 추가 자료를 제공할 수 있다.

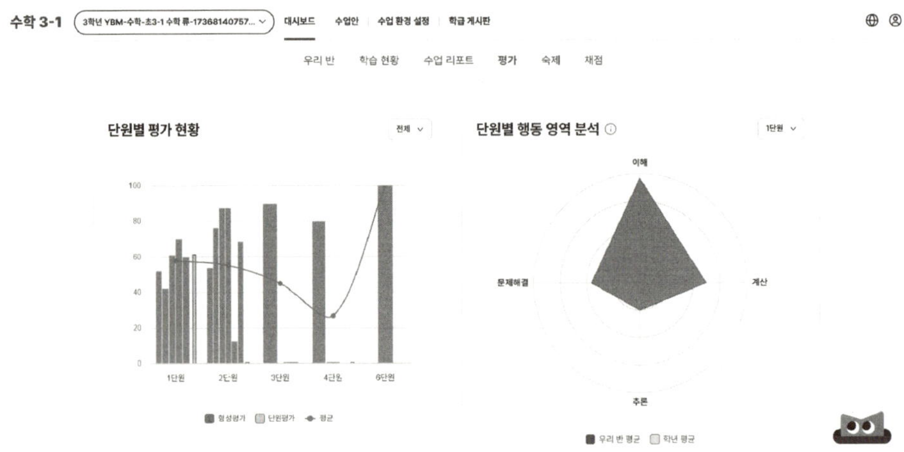

그림 6-5 AI 디지털교과서 진단평가 화면

출처: YBM 초등 수학 3-1(류희찬 외)

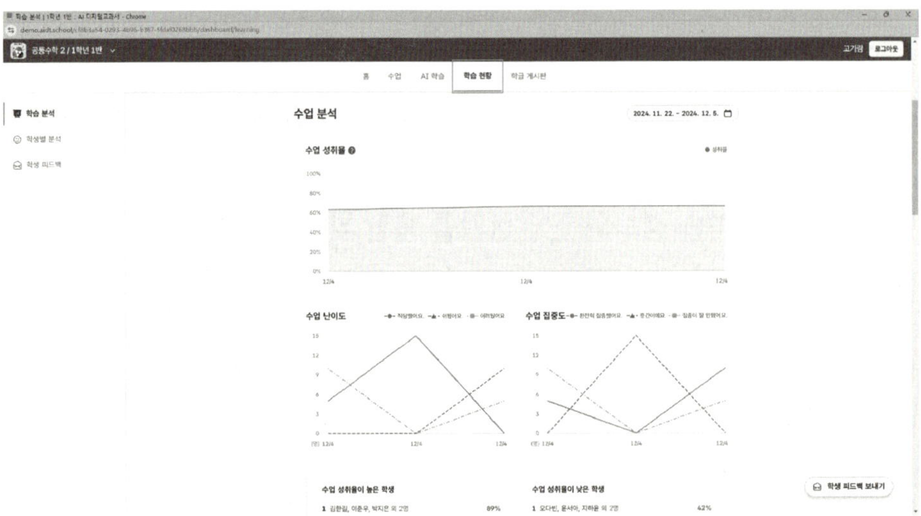

그림 6-6 AI 디지털교과서 개별화된 학습경로 화면

출처: 지학사 공통수학 2(안병곤)

2) 실시간 피드백과 문제 해결 과정 분석

AI 디지털교과서는 학생들이 문제를 해결하는 과정을 실시간으로 분석하고, 즉각적인 피드백을 제공할 수 있다. 만약 학생이 잘못된 연산이나 논리적 접근 방식을 사용할 경우, AI는 이를 즉시 발견하여 문제 해결에 필요한 적절한 비계를 제공할 수 있다.

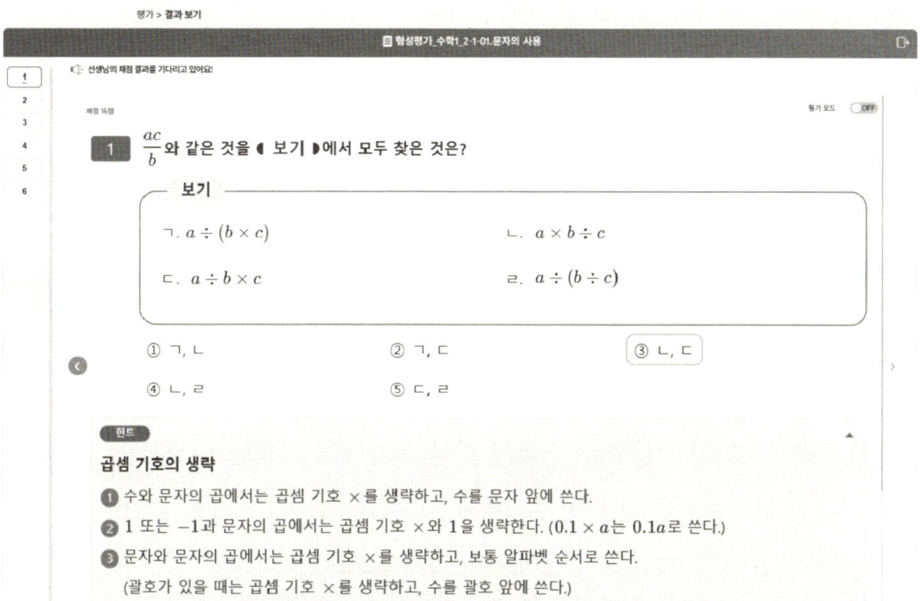

그림 6-7 **AI 디지털교과서 문제 해결 과정 분석 화면**

출처: 비상교육 AIDT 중학 수학 1(이진호)

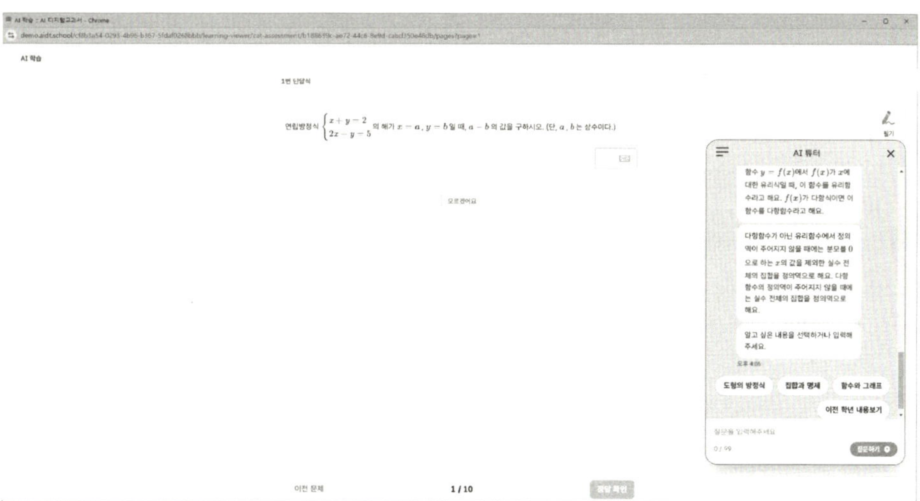

그림 6-8 **AI 디지털교과서 실시간 피드백 화면**

출처: 클래스팅 AIDT 고등 공통수학1(안병곤)

특히 주목할 만한 점은 AI가 단순히 오답을 지적하는 것이 아니라, 오류가 발생한 원인을 분석하고 이를 교정하기 위한 맞춤형 학습 방향을 제시할 수 있다는 점이다. 이를 통해 학생들은 자신의 취약점을 정확히 파악하고, 이를 보완하기 위한 개별 맞춤형 학습을 진행할 수 있다.

3) 수학적 직관 형성을 위한 동적 시각화 도구

AI 디지털교과서는 다양한 동적 시각화 도구를 제공하여 수학의 추상성이 주는 어려움을 극복하는 데도 도움을 줄 수 있다. 특히 학생들이 기하와 함수 영역에서 겪는 문제의 경우 AI 디지털교과서를 활용하면서 학생들이 직접 도형과 그래프를 조작하여 수학적 원리를 직관적으로 이해하도록 도울 수 있다.

예를 들어, 이차함수의 계수 변화에 따른 그래프의 변화를 실시간으로 관찰하거나, 3차원 입체도형을 다양한 각도에서 회전하며 탐구할 수 있다. 이러한 경험은 학생들이 수학적 개념을 직관적으로 이해하고, 추상적 사고력을 발달시키는 데도 큰 도움이 된다.

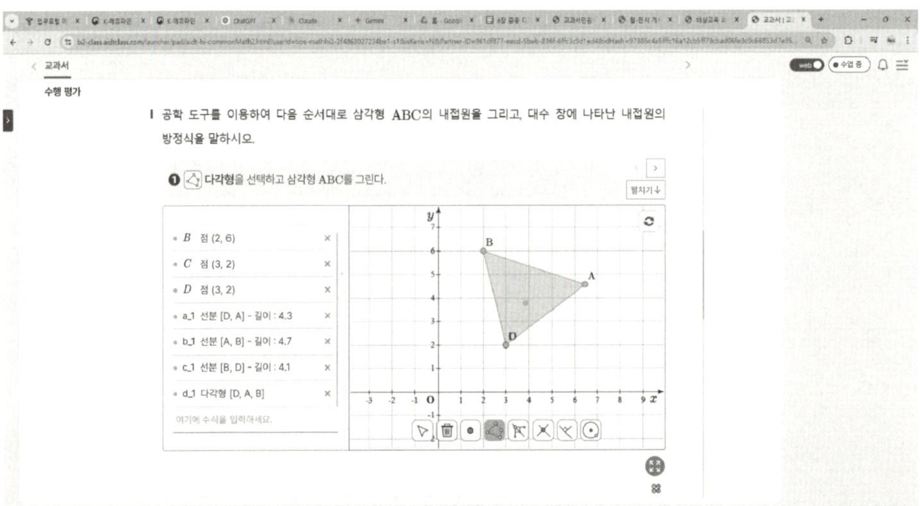

그림 6-9 AI 디지털교과서 동적 시각화 도구 화면(1)

출처: 비상교육 AIDT 중학 수학1(이진호)

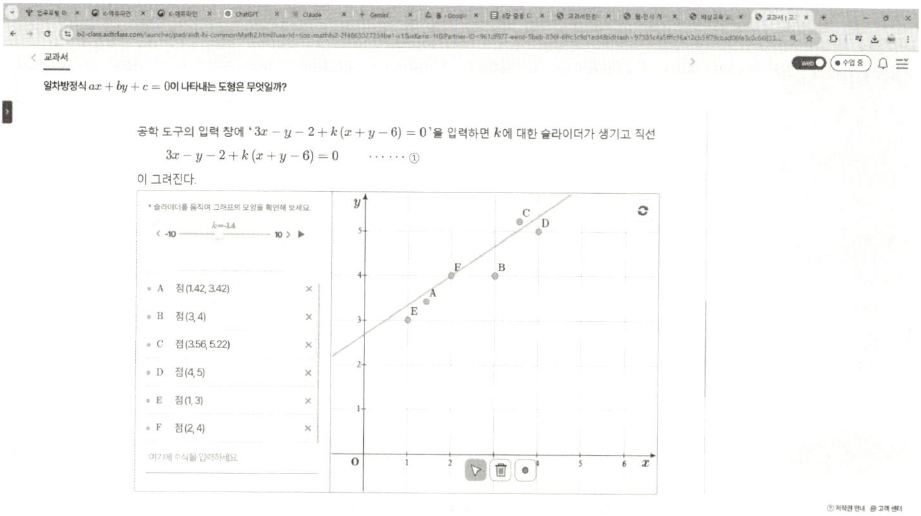

그림 6-10 AI 디지털교과서 동적 시각화 도구 화면(2)

출처: 비상교육 AIDT 중학 수학1(이진호)

4) 정서적 지원과 학습 동기 유지

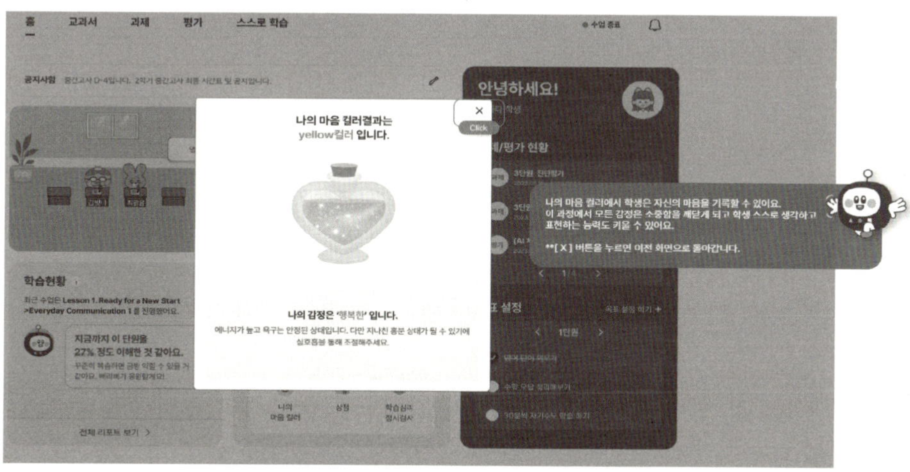

그림 6-11 AI 디지털교과서 정서적 지원 화면

출처: 비상교육 AIDT 메뉴얼

수학에 대한 거부감과 불안감을 해소하는 것도 AI 디지털교과서의 중요한 역할이다. AI는 학생의 감정 상태와 학습 패턴을 분석하여, 학습 의욕이 저하되는 시점을 감지하고 교사에게 알린다. 또한 학생의 작은 진전도 포착해 선생님에게 제공함으로써 선생님이 학생에게 적절한 칭찬과 격려를 하도록 도와 학생이 수학에 대한 자신감을 갖고 학습 동기를 유지할 수 있도록 한다.

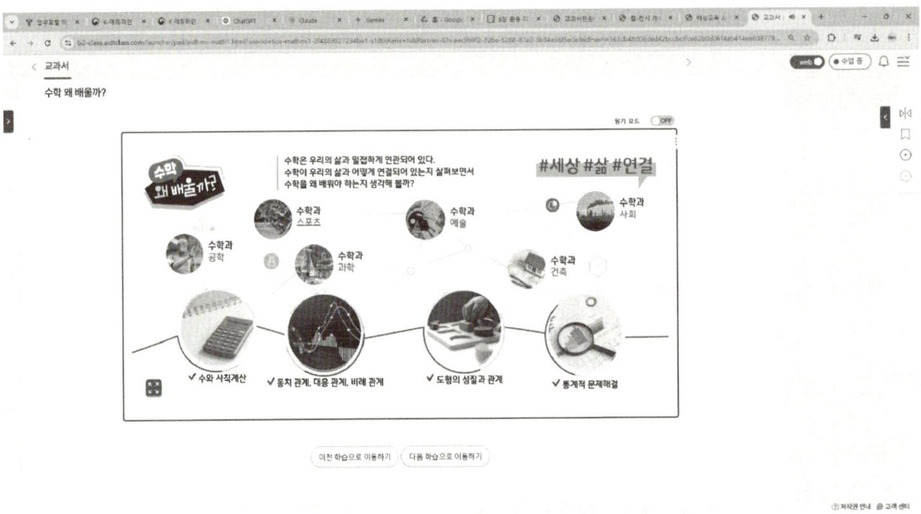

그림 6-12 AI 디지털교과서 학습 동기 유지 화면

출처: 비상교육 AIDT 중등 수학1(이진호)

3. 중등 정보 교과에서의 AI 디지털교과서 활용

1) 통합 개발 환경과 실시간 코드 분석

교사들이 겪는 프로그래밍 환경 설정의 어려움은 AI 디지털교과서의 통합 개발 환경을 통해 해결될 수 있다. AI 디지털교과서에서는 별도의 프로그램 설치 없이 바로 프로그래밍이 가능하며, 모든 학생이 동일한 환경에서 실습을 진행할 수 있다. 또한 AI 튜터는 학생들의 코드를 실시간으로 분석하여 문법적 오류뿐만 아니라 논리적 오류까지 감지한다. 특히 단순한 오류 발견 및 수정에 그치지 않고, 알고리즘 설계와 문제 해결 전략 개선까지 포함하여 학생의 상황에게 맞는 적절한 피드백을 제공한다.

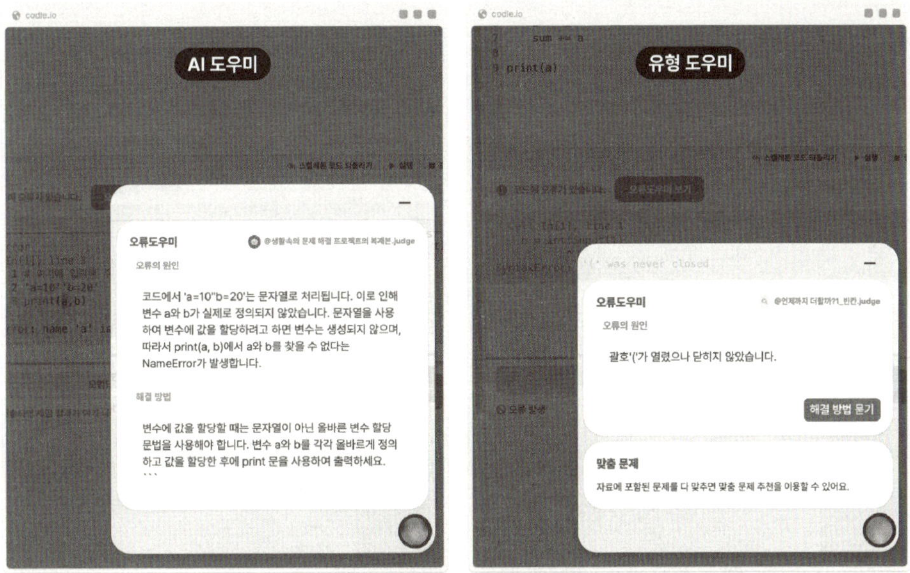

그림 6-13 AI 디지털교과서 통합 개발 환경 관련 화면

출처: 금성출판사 AIDT 고등 정보(김영일)

2) 수준별 학습 지원과 단계적 프로젝트 구성

프로그래밍 경험의 차이가 큰 학생들을 위해, AI 디지털교과서는 개인별 수준에 맞춘 맞춤형 학습 경로를 제공한다. 프로그래밍 경험이 없는 학생에게는 기초 문법과 간단한 알고리즘에 대한 이해를 제공하는 학습 자료를 추천하고, 프로그래밍이 익숙한 학생에게는 복잡한 프로젝트에 도전할 수 있는 학습 자료를 추천할 수 있다. 프로젝트 학습에서도 기초 단계에 해당하는 학생에게는 간단한 프로그램을 제작하는 프로젝트를, 중급 단계의 학생에게는 데이터 분석 및 시각화와 같은 적절한 난이도의 프로젝트를 수행할 수 있는 자기주도적 학습 자료를 제공한다. 그리고 더욱 심화된 학습을 원하는 학생에게는 AI 알고리즘 구현이나 수학, 과학과 융합한 프로젝트와 같은 고급 단계에 해당하는 프로젝트를 선생님의 개별 코칭을 통해 수행하도록 설계할 수 있다. 이러한 단계적 구성은 모든 학생이 자신의 수준과 속도에 맞게 학습하고 성장할 수 있도록 돕는다.

그림 6-14 AI 디지털교과서 단계적 프로젝트 구성 화면

출처: 금성출판사 AIDT 고등 정보(김영일)

3) 효과적인 협력 학습 지원 시스템

그림 6-15 AI 디지털교과서 효과적인 협력 학습 지원 화면

출처: 금성출판사 AIDT 고등 정보(김영일)

AI 디지털교과서는 팀 프로젝트에서 발생하는 참여도 불균형 문제를 해결하기 위해 지능형 협업 시스템을 제공한다. AI는 각 학생의 코드 기여도를 분석하여 균형 있는 역할 분담을 지원하고, 실시간 코드 공유와 검토 기능을 통해 학생들이 서로의 작업을 쉽게 공유하고 피드백을 주고받을 수 있도록 돕는다. 이 과정에서 AI가 제공하는 코드 리뷰 가이드는 학생들 간의 건설적인 상호작용을 촉진하게 된다.

4) 실시간 학습 분석과 적응적 교수 지원

AI 디지털교과서는 교사가 학생들의 프로그래밍 활동을 실시간으로 모니터링할 수 있도록 한다. AI는 코딩 패턴을 분석하여 자주 발생하는 오류나 부족한 개념을 자동으로 식별하고, 이를 교사에게 알린다. 교사는 이러한 데이터를 바탕으로 학생 개개인의 학습 진행 상황에 맞춘 피드백을 적시에 제공할 수 있다. 이를 통해 교사는 학생들의 상황에 맞는 수업 및 과제를 설계할 수 있다.

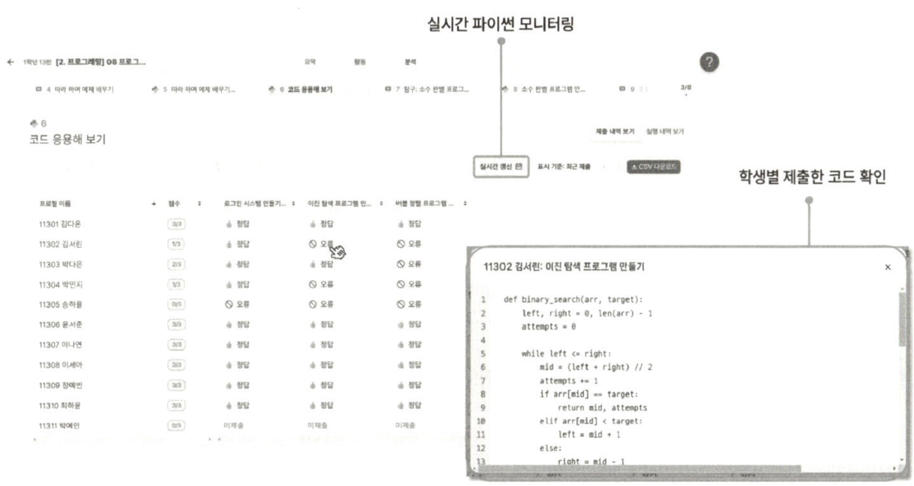

그림 6-16 AI 디지털교과서 실시간 학습 분석과 적응적 교수 지원 화면

출처: 금성출판사 AIDT 고등 정보(김영일)

4. AI 디지털교과서를 활용한 수업 사례(교과 융합수업)

AI 디지털교과서를 활용한 수업은 단지 디지털 기기를 활용한 수업을 넘어서 다양한 교과가 융합하여 디지털 환경에서 실제 문제를 해결하는 프로젝트 수업을 용이하게 한다. 특히 융합 교육은 창의융합형 인재를 양성하기 위한 방안으로 제시된 STEM(Science, Technology, Engineering, and Mathematics) 교육을 통해 주로 이루어져 왔다. 최근에는 인공지능과 교과 간 융합 교육을 통해 실제적인 문제해결력 또는 융합 역량을 개발할 것이 요구됨에 따라(임철일 외, 2024) 인공지능 융합 교육이 강조되고 있다.

관련하여 AI 디지털교과서 활용 수업의 경우 2025년에 적용됨에 따라, 24년까지는 디지털 선도학교를 중심으로 AI 디지털교과서가 개발되기 전 AI 기반 코스웨어를 활용하여 AI 기반 교수학습을 운영해 온 바 있다. 교육부(2023)의 디지털 기반 교육혁신 방안에 따르면 AI 기반 코스웨어는 '학습자 진단 및 수준별 학습 콘텐츠를 제공하는 AI 기반의 교과과정 프로그램(Course+Software)'으로 정의되고 있다. 따라서 본고에서는 AI 디지털교과서를 도입 전 AI 기반 교과과정 프로그램인 AI 기반 코스웨어를 활용한 융합수업 사례를 소개하고자 한다. 본 수업은 AI 코스웨어를 활용하여 수학과 과학, 정보 과목이 융합된 프로젝트 형태로 진행된다. 각 교과에서 수업 시간에 배운 내용을 바탕으로 실생활과 연계된 문제를 해결하고 이를 기반으로 심화된 탐구를 학생 주도적으로 진행하는 모습을 살펴볼 수 있다.

수업에 활용되는 도구는 코드 없이 데이터 과학 프로젝트를 진행할 수 있어서 최근 정보뿐 아니라 수학과 과학 수업에서도 활용되고 있는 오렌지3를 활용하였다. 오렌지3는 파이썬과 같은 텍스트 프로그래밍 언어를 배우고 익히는 데 어려움을 겪는 학습자들과 교사들도 쉽게 접근할 수 있어서 융합 수업의 도구로 적합하다는 현장의 평가를 받고 있다.

1) 수업의 개요

- 주제: 데이터로 예측하는 기후 변화
- 대상: 고등학교 2학년
- 기간: 2주(총 6차시)
- 수업 형태: 팀 티칭 기반 프로젝트 학습
- 관련 교과: 정보(중심 교과), 수학, 과학
- 사용 도구: 오렌지3(소프트웨어)

2) 학습 목표

(1) 총괄 목표

기후 변화 데이터를 수집하고 분석하여 미래의 기온을 예측하는 과정을 통해 융합적 문제해결력을 기른다.

(2) 교과별 목표

① 과학

- 기후 변화의 원인과 영향을 이해한다.
- 과학적 데이터 수집 방법을 익힌다.

② 수학

- 데이터의 상관관계를 분석할 수 있다.
- 추세선을 통한 예측의 의미를 이해한다.

③ 정보

- 데이터 시각화 도구를 활용할 수 있다.
- 머신러닝 모델을 적용하여 예측할 수 있다.

3) 관련 교육과정

(1) 과학

[10통과1-01-04] 자연에서 일어나는 다양한 변화를 측정・분석하여 정보를 산출함을 알고, 이러한 정보를 디지털로 변환하는 기술을 정보통신에 활용하여 현대 문명에 미친 영향을 인식한다.

[12지구01-06] 기후 변화의 원인을 자연적 요인과 인위적 요인으로 구분하여 설명하고, 인간 활동에 의한 기후 변화 문제를 과학적으로 해결하는 방법을 탐색할 수 있다.

(2) 수학

[9수02-15] 일차함수의 개념을 이해하고, 그 그래프를 그릴 수 있다.

[9수04-09] 자료를 산점도로 나타내고 상관관계를 말할 수 있다.

[9수04-04] 통계적 탐구 문제를 설정하고, 공학 도구를 이용하여 자료를 수집하여 분석하고, 그 결과를 해석할 수 있다.

[10공수2-01-03] 점과 직선 사이의 거리를 구하고, 관련된 문제를 해결할 수 있다.

[12인수04-02] 공학 도구를 사용하여 데이터의 경향성을 추세선으로 나타내고 이를 예측에 이용할 수 있다.

(3) 정보

[12정02-03] 빅데이터의 개념과 특징에 대한 이해를 바탕으로, 문제 해결에 적합한 데이터를 수집한다.

[12정02-04] 빅데이터 분석 도구를 활용하여 데이터를 시각화하고 그 의미와 가치를 해석한다.

[12정03-09] 실생활 및 다양한 학문 분야의 문제 해결을 위한 프로그램을 협력적으로 설계・구현한다.

[12정03-10] 문제 해결을 위한 프로그램의 성능을 평가하고 공유한다.

[12정04-03] 기계학습을 활용하여 해결할 수 있는 문제와 그렇지 않은 문제를 구분하고, 사회문제 해결에 기계학습을 적용한다.

4) AI 코스웨어를 활용한 인공지능 개념 이해

정보 수업 시간에 AI 코스웨어를 활용하여 인공지능에 대한 이론을 배우고 스스로 퀴즈를 통해 평가한다. 이때 퀴즈에 대한 정답과 오답에 대해 즉각적인 피드백이 이루어지며, 오답의 경우 해설이 제공된다.

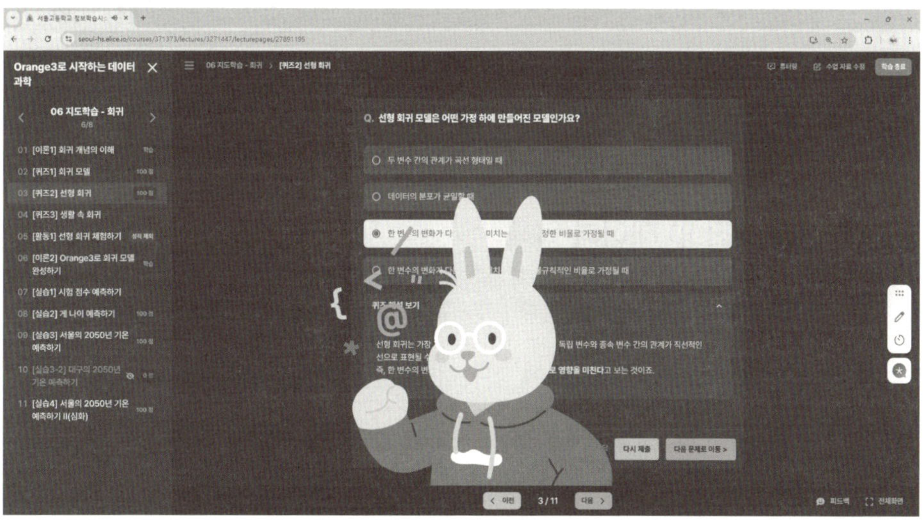

그림 6-17 인공지능 개념 이해 관련 AI 코스웨어 화면

출처: 엘리스 AI 코스웨어-OO고등학교 정보학습시스템

수학 시간에 배운 직선의 방정식과 상관관계의 개념을 디지털 기반의 실습을 통해 익히고, 최적의 추세선을 찾기 위해 데이터와 추세선의 오차를 최소로 하는 기울기와 절편의 값을 잘 찾아야 함을 직관적으로 이해한다. 또한 자신이 찾은 추세선과 기계가 찾은 최적의 추세선을 비교하며 최적의 추세선을 찾기 위해 기계를 활용하는 것이 더 효과적임을 이해한다.

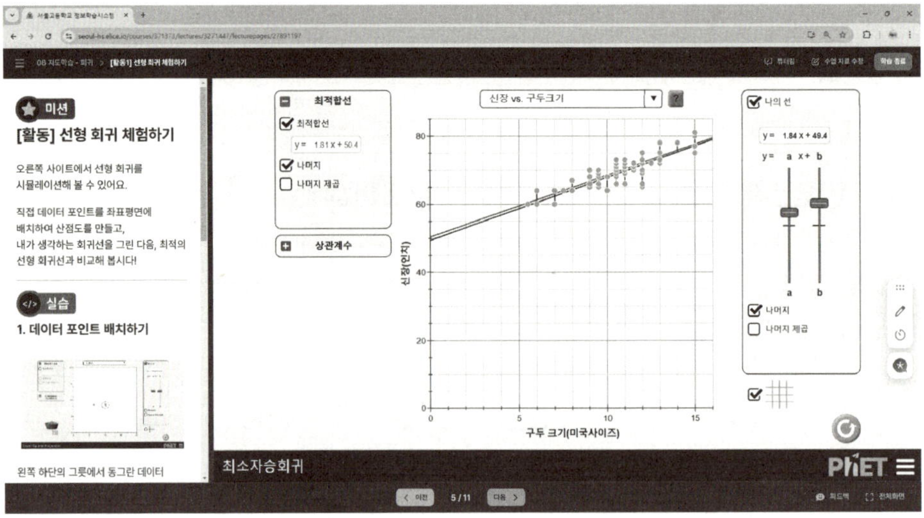

그림 6-18 추세선 찾기 실습 활동

출처: 엘리스 AI 코스웨어

5) 데이터 수집 및 데이터 탐색

과학 시간에 배우는 기후 변화에 대한 데이터를 수집하기 위해 기상청에서 운영하는 기상자료개방포털 사이트에 접속하여 서울의 연간 기온 데이터를 수집한다. 이때 데이터 수집은 서울에 한정하지 않으며 학생들이 생활하는 지역의 데이터를 수집할 수 있으며, 이를 확장하여 두 지역 이상의 데이터를 수집하여 비교할 수도 있다. 자료 구분을 '년'으로 설정한 후 지역을 설정하고 기간을 최대로 설정하여 검색하면 해당 기간의 꺾은선 그래프를 확인할 수 있다. 이때 지역별 기상 관측 기간이 상이할 수 있고 전쟁으로 인한 일부 데이터가 누락될 수 있음을 확인한다(대구, 부산, 목포 등의 지역에서는 전쟁 중에도 데이터가 수집됨).

데이터를 학생들이 직접 다운로드해서 확인해 본 후 데이터를 전처리하여 실습을 진행할 수도 있지만 학생들이 실수하기 쉬운 데이터 전처리 과정을 생략하고 데이터 탐색을 통해 패턴을 발견하는 활동에 집중하기 위해 분석하기 적합한 형태로 가공된 데이터를 AI 코스웨어에서 제공하는 방법을 활용할 수도 있다.

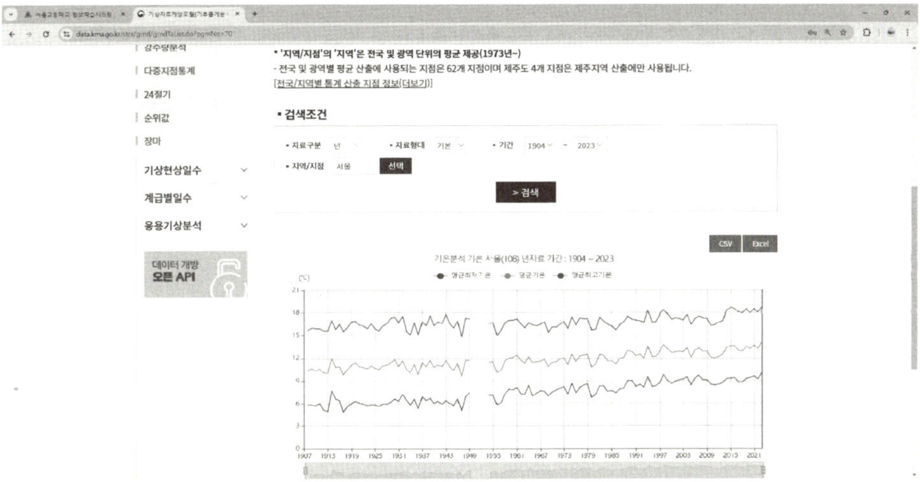

그림 6-19 데이터 수집

출처: 기상자료개방포털

오렌지3를 활용하면 아주 간단한 방법으로 데이터의 패턴을 산점도나 상자그림 같은 형태로 시각화할 수 있다. x축을 연도로, y축을 연간평균기온으로 설정한 후 데이터의 관계를 시각화하여 학생들로부터 데이터의 패턴이 우상향하는 직선으로 모델링하기 적합한 형태임을 스스로 발견할 수 있도록 하고, 이를 직선으로 모델링하기 위해 선형 회귀 모델을 활용할 수 있음을 설명한다.

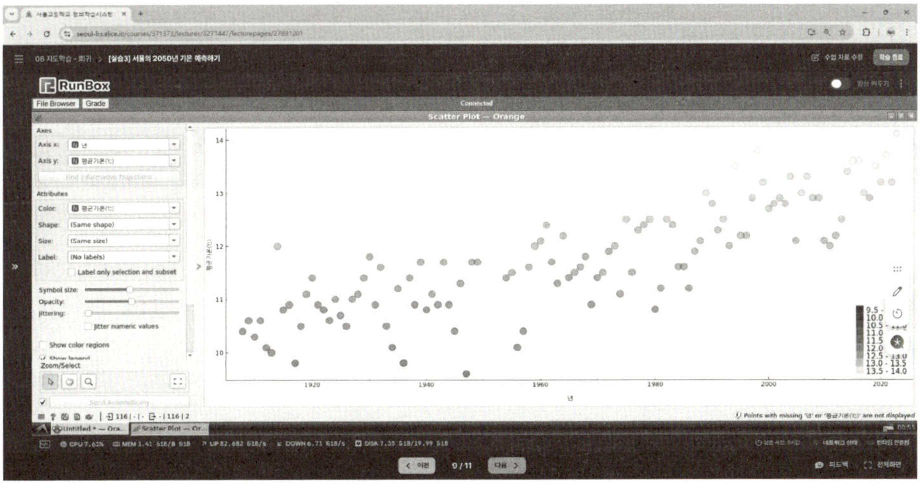

그림 6-20 오렌지3를 활용한 데이터 탐색

출처: 엘리스 AI 코스웨어-OO고등학교 정보학습시스템

6) 가설 설정 및 모델링

데이터 시각화를 통해 발견한 패턴을 바탕으로 '연도의 증가에 따라 연평균 기온이 상승한다'는 가설을 설정하고, 이를 통해 2050년까지의 기온을 예측하기 위한 선형 회귀 모델을 학습하여 예측한다. 실습을 통해 예측된 결과를 저장하여 제출하면 AI 코스웨어를 통해 실행결과가 자동으로 채점된다. 따라서 학생들은 자신이 문제를 바르게 해결했는지에 대한 결과를 즉각적으로 받을 수 있으며, 틀렸을 경우 AI 코스웨어의 가이드를 참고하여 문제를 해결하는 과정에서 발생한 오류를 스스로 수정하거나 교사나 친구들에게 조언을 얻어 문제를 해결할 수 있다. 이 과정에서 교사는 전체 학생들의 실습 현황을 대시보드와 교실 상황을 관찰하며 종합적으로 확인할 수 있다.

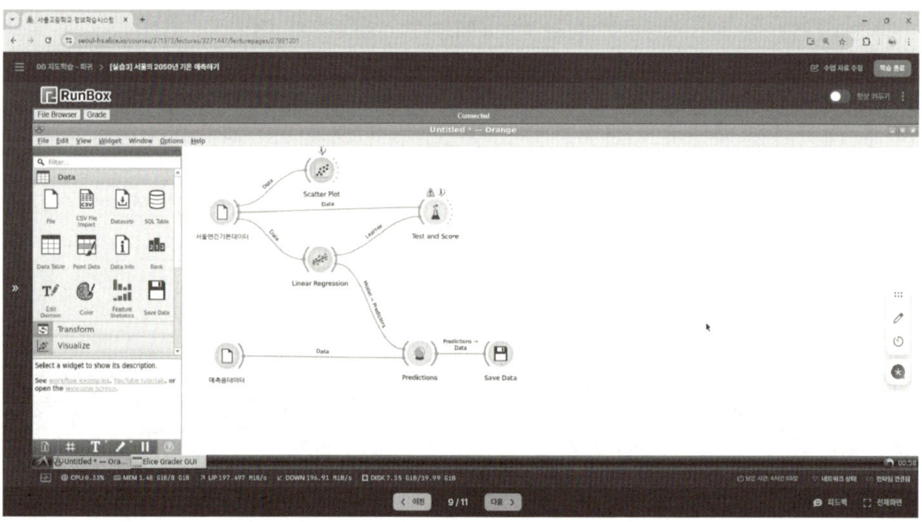

그림 6-21 기온 예측을 위한 모델링

출처: 엘리스 AI 코스웨어-OO고등학교 정보학습시스템

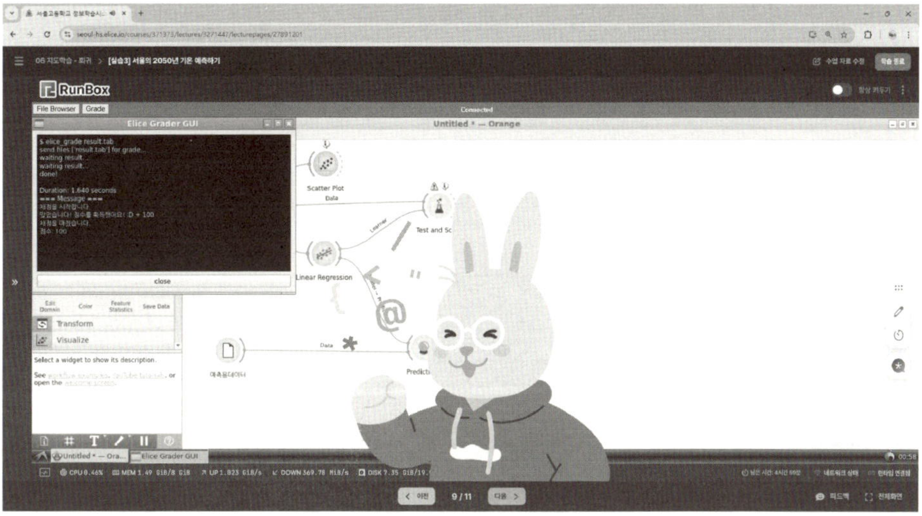

그림 6-22 AI 코스웨어를 활용한 자동 채점

출처: 엘리스 AI 코스웨어-OO고등학교 정보학습시스템

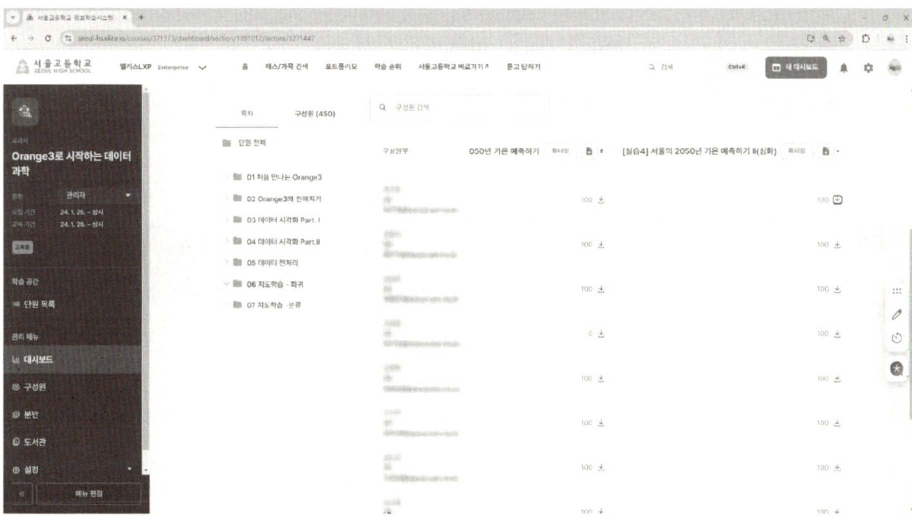

그림 6-23 실습 현황에 대한 대시보드

출처: 엘리스 AI 코스웨어-OO고등학교 정보학습시스템

7) 심화 탐구 문제 제공

AI 코스웨어를 활용하면 기본적인 수업 내용을 어려워하는 학생들에게는 교사의 개별적 도움 또는 동료학습을 통해 학습목표에 도달할 수 있도록 도움을 줄

수 있으며, 기본적인 수업 내용을 쉽게 해결할 수 있는 학생들에게는 별도의 심화 문제를 제시함으로써 맞춤형 교육을 제공할 수 있다.

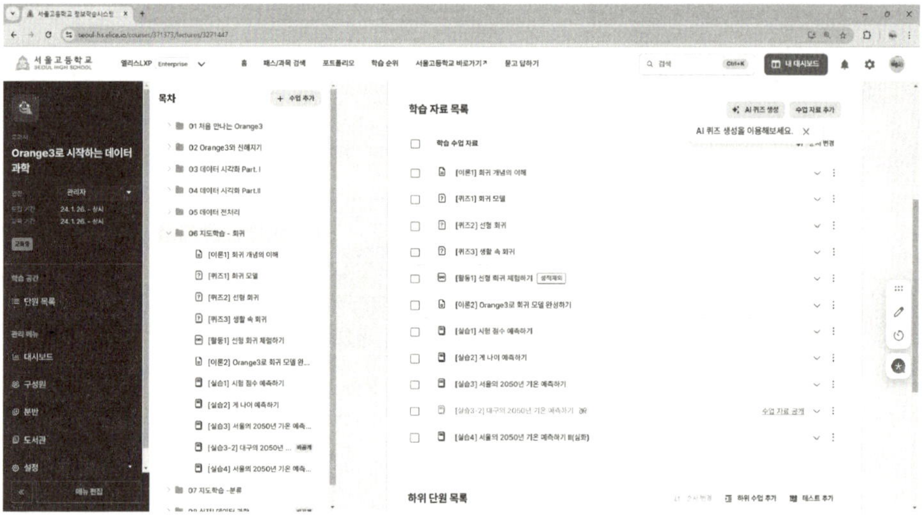

그림 6-24 심화 탐구 문제 제공

출처: 엘리스 AI 코스웨어-OO고등학교 정보학습시스템

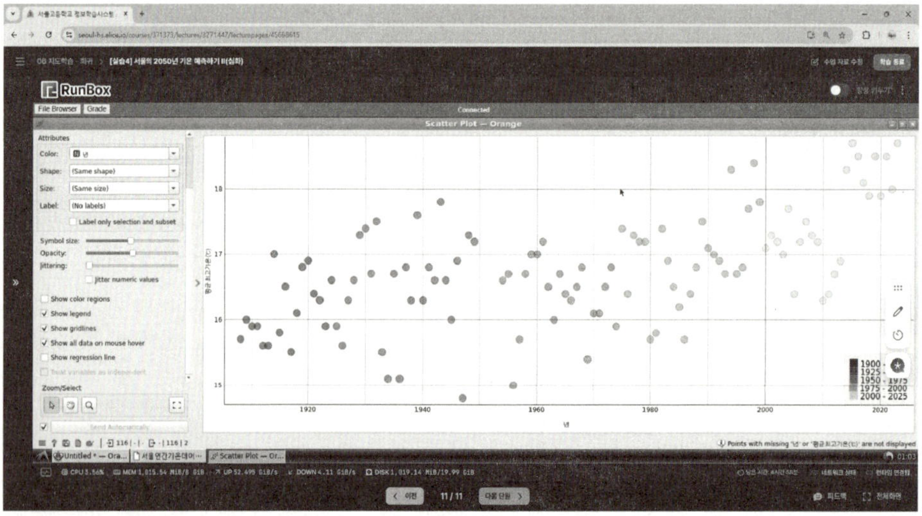

그림 6-25 가설 설정을 위한 데이터 시각화

출처: 엘리스 AI 코스웨어-OO고등학교 정보학습시스템

서울의 기온 예측 프로젝트의 심화 탐구 문제는 다음과 같은 형태로 제공되었다. 앞서 살펴본 서울의 연평균 최고 기온 데이터를 시각화하면 1960년 또는 1970년 전후로 데이터의 패턴이 다른 양상을 띠는 것을 알 수 있다. 이를 통해 2050년의 기온을 예측하기 위해 전체 데이터를 사용하는 방법 외에 일정 기간 이후의 데이터만을 활용하는 방법이 있음을 알려주고, 이후의 프로젝트는 각자 세운 가설을 바탕으로 프로젝트를 진행하고 도출한 결과에 대한 자신의 해석을 발표시킨다.

심화 탐구 문제의 경우 정해진 문제와 정답이 없기 때문에 교사가 개별 프로젝트에 대해 구두로 평가하고 피드백을 제공한다. 가령 어떤 학생은 전체 데이터로 학습한 결과와 1970년대 이후의 데이터로 학습한 결과만을 비교할 수 있고, 또 다른 학생은 이 결과에서 한 발 더 나아가서 학습할 데이터의 기간을 1980년대, 1990년대, 2000년대 이후로 각각 다르게 설정하여 변화의 추이를 비교할 수도 있다.

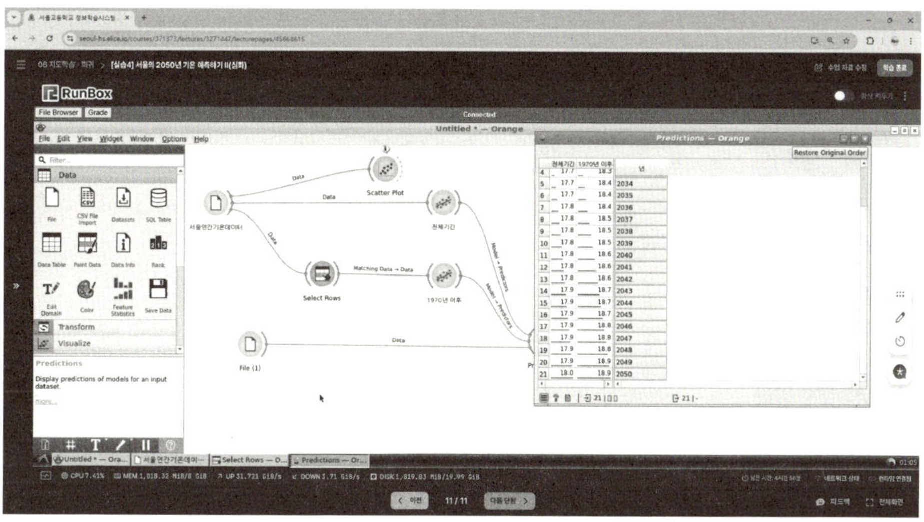

그림 6-26 가설 설정에 따른 기온 예측 및 비교 분석(1)

출처: 엘리스 AI 코스웨어-OO고등학교 정보학습시스템

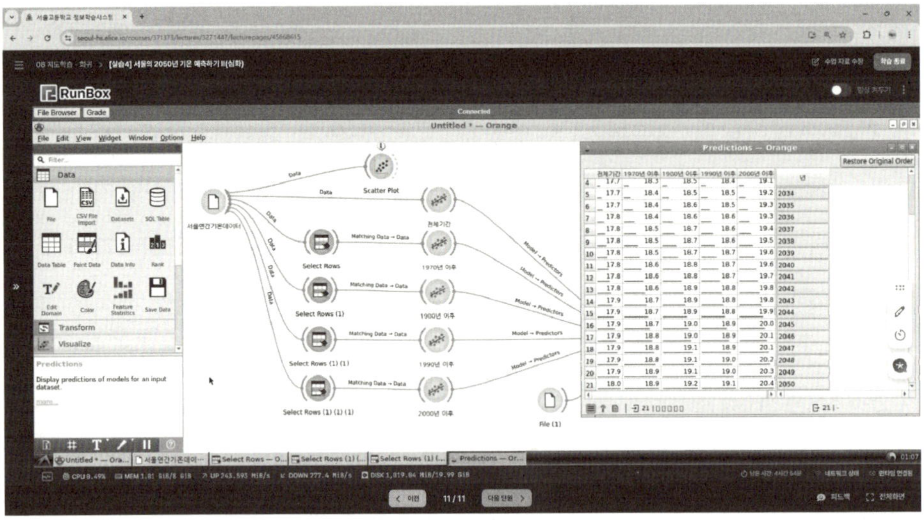

그림 6-27 가설 설정에 따른 기온 예측 및 비교 분석(2)

출처: 엘리스 AI 코스웨어-OO고등학교 정보학습시스템

8) 내용 정리

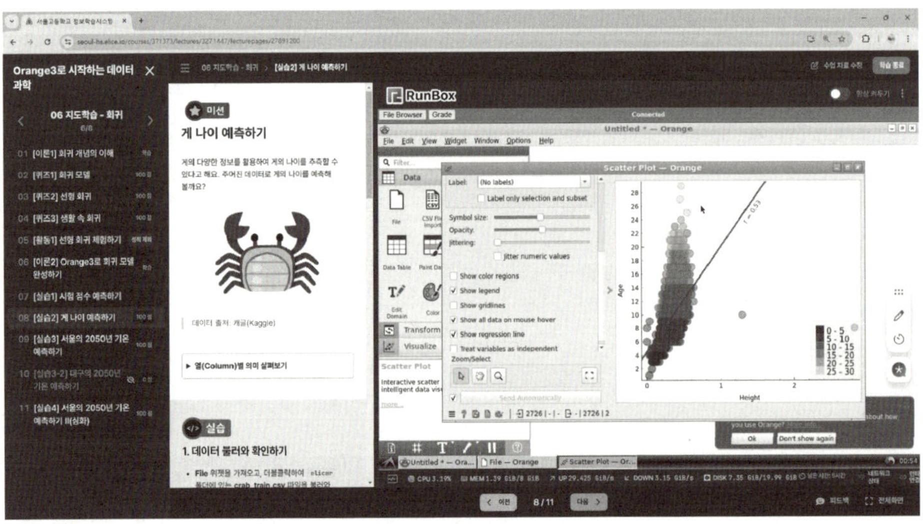

그림 6-28 AI 코스웨어를 통한 추가 문제 제공

출처: 엘리스 AI 코스웨어-OO고등학교 정보학습시스템

전체 내용을 정리하며 이 프로젝트를 해결하기 위해 필요했던 여러 교과 융합적 내용을 상기시키고, 심화 탐구 문제를 해결한 친구들의 다양한 가설과 그에

대한 해석을 공유하며 같은 데이터와 비슷한 문제임에도 서로 다른 결과를 도출할 수 있으며, 가설 설정과 문제 발견의 중요성과 도출된 결과를 잘 해석하기 위해 전문적 지식이 필요함을 학생 스스로 느낄 수 있도록 한다. 또한 수업 외의 시간을 통해서도 스스로 학습하고 싶은 학생들을 위한 추가 문제를 AI 코스웨어를 통해 제공하여 배운 내용을 새로운 문제 상황에 적용하고 응용할 수 있는 기회를 제공한다.

5. 결론

1) AI 디지털교과서가 가져올 교육의 변화

앞서 살펴본 교사들의 사례와 각 교과에서의 활용 방안을 통해 우리는 AI 디지털교과서가 가져올 교육의 변화를 구체적으로 확인할 수 있었다. AI 디지털교과서는 단순한 도구의 변화를 넘어, 교실에서 일어나는 교수-학습의 본질적 변화를 이끌어내는 계기가 될 수 있다.

가장 주목할 만한 변화는 개별 맞춤형 교육의 실현이다. 그동안 30여 명의 학생이 모인 교실에서 각 학생의 수준과 특성에 맞는 교육을 제공하는 것은 현실적으로 불가능했다. 하지만 AI 디지털교과서는 학습자의 수준을 정확히 진단하고, 개별화된 학습 경로를 제시하며, 실시간 피드백을 제공함으로써 진정한 의미의 맞춤형 교육을 가능하게 한다.

또한 교수-학습-평가의 유기적 통합이 실현된다. 학습 과정에서 자연스럽게 이루어지는 진단평가와 형성평가는 즉각적인 피드백으로 이어지고, 이는 다시 개별 학습자에게 최적화된 학습 경로를 설계하는 데 활용된다. 이를 통해 줄을 세우기 위한 평가가 아닌, 학습을 돕는 평가로 자리매김하게 될 것이다.

2) 교사의 새로운 역할과 전문성

AI 디지털교과서의 도입은 교사의 역할에 근본적인 변화를 가져올 수 있다. 교사는 더 이상 지식의 전달자가 아닌, 학습의 설계자이자 조력자로서의 역할이 강화된다. AI가 기초적인 피드백과 반복적인 연습을 담당하는 동안, 교사는 학생들의 고차원적 사고력 향상과 정서적 지원에 더 많은 시간을 할애할 수 있게 된다.

특히 교사는 AI와의 협력적 관계 속에서 수업을 설계하고 평가하며 개선해 나가는 역할을 담당하게 된다. 다양한 학생들의 데이터를 분석하여 교육 활동과 수업, 평가를 설계하고, AI의 지원을 받아 개별 학생의 학습을 촉진하며, 학생들 간의 협력적 학습을 이끌어내는 역할을 수행하게 된다. 또한 AI가 제공하기 어려운 창의적 사고의 촉진, 협력하여 문제를 해결하는 과정에서의 소통과 갈등 조정 등에 대해 지도할 수 있는 능력 역시 교사에게 요구되는 중요한 전문성이 될 것이다.

3) 도입 초기의 과제와 준비사항

AI 디지털교과서로부터 시작되는 새로운 변화가 성공하기 위해서는 현실적인 과제들을 직시하고 이에 대한 준비가 필요하다.

첫째, 학교 현장에서는 기본적인 인프라 구축은 물론, 교실 수업 환경의 재구성이 필요하다. 특히 학생들이 개별 학습과 협력 학습을 자유롭게 전환할 수 있는 유연한 학습 공간이 마련되어야 하며, 학생들의 디지털 기기 활용 격차를 해소하기 위한 지원 체계도 구축되어야 한다.

둘째, 교사들의 준비는 무엇보다 중요한 과제이다. AI 디지털교과서를 단순히 기술적으로 다루는 것을 넘어, 이를 교과 교육의 맥락에서 효과적으로 활용할 수 있는 역량이 필요하다. 학습 데이터를 분석하고 해석하는 능력, AI와 협력하여 수업을 설계하는 능력, 학생들의 디지털 리터러시를 지도하는 능력이 그 예이다. 또한 테크놀로지를 활용한 수업 설계 및 운영 능력도 갖추어야 한다.

셋째, AI 디지털교과서를 도입하는 초기에는 여러 가지 문제가 발생할 수 있음을 예상하고 이에 대한 대비가 필요하다. 학생들의 기기 의존도 증가 문제, 학습 데이터의 수집과 활용에 대한 윤리적 문제, AI 의존도가 높아질 수 있는 문제 등에 대한 구체적인 대응 방안을 마련해야 한다.

이러한 문제를 정부와 교육청, 그리고 교사와 학생, 학부모가 함께 고민하고 해결해 나갈 때 AI 디지털교과서는 우리 교육에 새로운 변화의 바람을 불러올 것이다.

참고문헌

임철일 (2024). AI 융합 교육을 위한 설계 개발 연구 방법론의 활용 가능성. 김동일, 유성상(공편), 혁신과 공존의 교육학: 개념과 실천 (pp. 403-440). 교육과학사.

한국교육학술정보원 (2023a). AI 디지털교과서 개발 가이드라인.

한국교육학술정보원 (2023b). AI 디지털교과서 서비스 모델 및 프로토타입 시연회 자료집.

제7장 데이터 리터러시와 융합 교육

시작하며

사회 전반에서 데이터의 중요성이 강조되는 가운데, 교육 현장에서도 데이터를 읽고, 이해하고, 생성하고, 전달하는 능력인 데이터 리터러시(data literacy)에 대한 관심이 커지고 있다. 데이터 리터러시를 키운다는 것은 단순히 데이터를 분석하는 기술이나 통계적 해석 능력을 갖추는 것을 넘어, 사회나 과학 등 다양한 교과에서 문제를 해결하는 과정에서 학생들의 비판적 사고와 데이터 기반의 문제 해결 능력을 함양하는 것을 의미한다.

이러한 교육적 변화에 대응하기 위해 교사의 데이터 리터러시 역량을 강화하는 것이 무엇보다 중요해지고 있다. 교사가 데이터 리터러시를 충분히 갖추게 되면, 학생들에게 더욱 깊이 있는 학습 경험을 제공할 수 있으며, 교사 자신도 수업뿐 아니라 상담과 같은 교육 활동에서 데이터를 보다 효과적으로 활용할 수 있게 된다.

데이터 리터러시는 특정 교과에만 필요한 것이 아니라 모든 교과에 필요한 것으로 단일 교과 내에서 데이터를 적용하는 것도 충분히 의미 있다. 하지만 데이터 리터러시의 진정한 가치는 다양한 교과를 융합할 때 더욱 두드러진다. 더 나아가 최근 강조되고 있는 AI 디지털교과서와 같은 첨단 학습 도구를 효과적으로 활용하기 위해서도 교사의 데이터 리터러시가 필수적이다. AI 디지털교과서의 대시보드를 통해 학생들의 학습 데이터를 분석하고 그 결과를 기반으로 맞춤형 피드백을 제공하려면, 교사는 데이터를 읽고 해석하는 능력을 갖추고 있어야 한다. 이를 통해 학생들의 학습 성과가 극대화되고 개별적인 학습 지원이 가능해진다.

이 장에서는 데이터 리터러시가 교육적으로 어떤 의미를 가지는지, 이를 수업에 어떻게 적용할 수 있을지, 그리고 데이터에 기반한 융합 수업이 어떻게 이루어질 수 있는지에 대해 살펴보고, 교육 현장에서 데이터를 효과적으로 활용하는 방안을 논의해 보고자 한다.

문제상황

송 선생님은 고등학교에서 사회를 가르치며, 교사로서의 성장과 학생들의 깊이 있는 학습 경험을 위해 다양한 연수에 참여하며 전문성을 키워왔다. 특히 지난 방학 동안에는 최근 강조되고 있는 디지털 기반의 수업 개선에 대한 연수를 집중적으로 듣고 실질적인 수업의 변화를 가져올 수 있을 것이라는 기대를 갖게 되었다.

송 선생님이 연수를 통해 접한 다양한 주제 중 유난히 마음에 들었던 주제는 데이터 리터러시(data literacy)에 대한 것이었다. 데이터 리터러시라는 용어를 처음 들었을 때는 사회 과목과는 관련이 없고 수학이나 정보, 과학 과목과 관련된 내용일 것이라 생각했지만 연수를 받으면서 다른 어떤 과목보다 비판적 사고력과 실생활과 연계한 문제해결 능력을 길러 주어야 할 사회 과목에 더 적합한 내용이며, 사회뿐 아니라 국어, 영어, 가정, 체육 등 다양한 과목에서도 활용되면 좋겠다고 생각했다. 특히 연수에서 소개를 받은 국어와 사회와 정보 과목을 융합한 토론 수업 사례가 정말 인상적이었다. 평소 융합 수업이 필요는 하지만, 실천하는 과정에서 다양한 과목이 자연스럽게 하나의 수업으로 녹아 들여지는 것이 어렵다고 생각해 왔었는데 이런 고민을 데이터를 활용하면 해결할 수 있겠다는 인사이트를 얻을 수 있었다.

송 선생님은 방학이 끝날 무렵 새 학기를 준비하며 인구 변화에 대한 수업에서 데이터를 접목하는 방법에 대해 연구해 보기로 했다. 교과서에 실린 몇 년 전의 통계를 넘어서 최신 데이터를 학생들에게 제공하면 보다 생생한 수업을 할 수 있겠다는 생각이 들었기 때문이다. 하지만 이런 데이터를 어디서 구해야 할지 막막함을 느꼈다. 검색하는 과정에서 접하게 된 데이터의 방대함 앞에서 적절한 정보를 선택하고 이를 수업에 적용하는 과정이 너무나 어렵게 느껴졌다.

송 선생님은 이러한 어려움을 극복하기 위해 다양한 시도를 해보았다. 우선, 데이터 분석에 대한 기초 도서를 참고하며 수업에 필요한 데이터를 수집하고 분석하는 방법을 배우기 시작했다. 그러나 이러한 과정은 생각보다 많은 시간이 소요되었고, 교육 현장을 위한 자료가 아니었기 때문에 몸에 맞지 않는 옷을 입는다는 느낌을 받기도 했다. 그럼에도 불구하고 송 선생님은 생생한 데이터를 활용한 수업을 위해 꾸준히 노력하며, 학생들에게 더 의미 있는 학습 경험을 제공하려 애썼다. 인구 변화뿐만 아니라 경제 지표, 환경 변화 등의 다양한 데이터를 수업 주제에 맞게 활용하고자 했지만, 데이터의 방대함과 분석의 복잡성은 여전히 큰 도전으로 남아 있다.

이런 고민을 비슷한 또래이고 마음이 잘 맞는 같은 학교 수학 선생님인 황 선생님에게 털어놓았더니 요즘 수학 선생님들 사이에서도 데이터 기반의 통계 수업에 대한 연구가 활발하게 진행된다면서 학교 안에서 정보 선생님과 함께 데이터 기반 융합 수업을 준비하기 위한 작은 학교 안 학습공동체를 하나 만들어보면 어떻겠냐고 제안해 주셨다. 송 선생님도 최종적으로는 데이터를 기반으로 사회 수업과 다른 과목 수업을 융합한 프로젝트 형태의 수업을 해보고 싶었기 때문에 황 선생님의 제안이 너무 반가웠고 흔쾌히 제안을 받아들였다. 첫 모임 시간에 서로의 고민과 현재 어떤 수업을 하고 있는지 공유하는 시간을 가졌는데, 정보 선생님인 박 선생님은 이미 정보 시간에 학생들과 데이터를 분석하는 수업을 하고 계셨다. 특히 최근에 수업에서 활용하고 있는 그래픽 기반의 노코드 데이터 분석 도구를 보여주셨는데 몇 번의 클릭만으로 데이터 분석이 정말 쉽게 이루어지고, 심지어 머신러닝 모델까지 쉽게 만들 수 있다는 사실을 알게 되었다. 데이터를 다루는 방법을 검색하면서 파이썬과 같은 프로그래밍 언어를 배워야 하나 걱정했었는데, 박 선생님은 프로그래밍 언어를 배우는 것이 복잡한 문제까지 해결할 수 있기 때문에 가장 좋은 방법이긴 하지만, 처음 시작할 때는 노코드 데이터 분석 도구로 하는 것이 더 좋을 것 같다는 조언을 해주셨다.

하지만 같은 관심사를 가진 선생님들과 모였음에도 불구하고 모두가 데이터 기반의 교과 융합 수업을 해본 경험이 없었기 때문에 어떻게 시작하는 것이 좋을지 갈피를 잡기가 어려웠다. 사회 수업에 데이터를 어떻게 녹일 것인지도 참고할 사례가 부족했지만 서로 다른 교과를 통합해서 하나로 녹이려면 어떤 점을 고려해야 하고 어떤 흐름으로 수업을 설계해야 할지 이야기하다 보니 더욱 막막해졌다.

그러던 중 최근 강조되고 있는 AI 디지털교과서에 대한 연수를 받았는데 여기에서도 학생들의 다양한 학습 데이터를 시각화하고 인사이트를 찾아내는 대시보드가 매우 중요한 역할을 한다는 것을 발견할 수 있었고, AI 디지털교과서가 제공하는 학생의 데이터를 잘 해석해서 적절한 피드백을 제공해 주기 위해서도 교사의 데이터 리터러시가 중요하다는 것을 확인할 수 있었다. 같은 연수 중 학생들의 진로 활동 데이터를 선생님이 직접 수집하고 분석해서 학생들을 상담할 때 활용하는 사례를 소개해 준 선생님도 있었는데, 이런 사례들을 통해 데이터 리터러시가 교육 현장에 필요한 범위는 수업 시간에만 한정되는 것이 아니라 상담과 같이 다양한 교육 활동에서도 반드시 필요하다는 것을 느끼게 되었다.

결론적으로 학생들이 실제 데이터를 분석하고 이를 통해 자신의 생각을 표현하고 공유하는 과정을 경험하는 것은 매우 중요하다는 확신이 들었다. 데이터 리터러시를 바탕으로 한 수업은 단순한 지식 전달을 넘어서, 학생들이 스스로 비판적으로 사고하고 문제를 해결하는 능력을 기를 수 있는 중요한 기회가 되리라 생각했다.

그러나 동시에, '내가 데이터를 수업에 잘 활용할 수 있을까?'라는 의문도 들었다. 현재 수업에서도 큰 무리 없이 학습이 잘 진행되고 있는데, '괜히 내가 익숙하지도 않은 데이터를 수업에 도입했다가 학생들이 데이터를 다루는 과정에서 오히려 혼란을 겪지 않을까?'라는 걱정이 들었다.

탐구문제

1. 데이터 리터러시는 교육적으로 어떤 의미를 가지며, 교사의 역할은 무엇인가?
2. 교과 및 융합 교육에서 데이터를 어떻게 효과적으로 활용할 수 있는가?
3. 교사의 데이터 리터러시 역량을 향상시키기 위해 필요한 자원과 노력은 무엇인가?

학습목표

1. 데이터 리터러시의 개념과 교육적 중요성을 이해하고, 교사에게 필요한 역량을 설명할 수 있다.
2. 다양한 교과에서 데이터를 활용한 수업 설계 방안을 탐색하고, 데이터 기반 융합 수업의 사례를 분석할 수 있다.
3. 교사의 데이터 리터러시 역량 강화를 위한 효과적인 연수 및 학습 공동체 운영 방안을 모색할 수 있다.

1. 데이터 리터러시

스마트폰과 통신 기술의 발달 등으로 데이터가 폭발적으로 증가하는 빅데이터 시대가 됨에 따라 교육에서도 데이터 리터러시의 중요성이 강조되고 있다.

사실을 나타내는 수치 또는 관찰, 측정을 통해 수집된 양적, 질적인 특성이나 값을 나타내는 데이터(Data)와 읽고 쓸 수 있는 능력, 문해 능력을 뜻하는 리터러시(Literacy)가 합쳐진 데이터 리터러시는 다음과 같이 다양하게 정의되고 있다.

> "문제를 해결하기 위해 데이터를 수집하고 분석 및 활용하여 정보로 처리하는 지식 구성과 의사소통의 기초능력"
>
> – 김슬기, 김태영
>
> "데이터를 효과적으로 이해하고 사용하여 의사 결정을 내리는 능력"
>
> – Jessa Henderson, Michael Corry
>
> "데이터를 기반으로 문제를 해결하기 위해 수집, 관리, 이해, 활용, 분석하여 결론을 도출하고 의사소통과정에서 활용할 수 있는 능력"
>
> – 배화순
>
> "데이터로부터 의미 있는 정보를 추출해 내고 실생활의 다양한 문제를 해결하기 위해 데이터를 활용하며 적절한 도구를 활용해 데이터를 분석하고 결론을 도출해 내는 능력뿐만 아니라, 더 나아가 데이터를 활용하여 타인과 효과적인 의사소통을 하는 능력"
>
> – 송유경

OECD(2019)의 'OECD Future of Education and skills 2030'에서도 미래의 교육을 위한 핵심 기반(core foundation) 중 하나로 데이터 리터러시(data literacy)를 강조하고 있다. OECD에서는 데이터 리터러시를 "데이터에서 의미 있는 정보를 도출하는 능력, 데이터를 읽고, 작업하고, 분석하고, 논쟁하는 능력, 차트를 적절하게 읽는 방법, 데이터에서 올바른 결론을 도출하는 방법, 데이터가 오해의 소지가 있거나 부적절한 방식으로 사용되는 경우를 인식하는 방법을 포함하여 데이터가 의미하는 바를 이해하는 능력"으로 설명하고 있다.

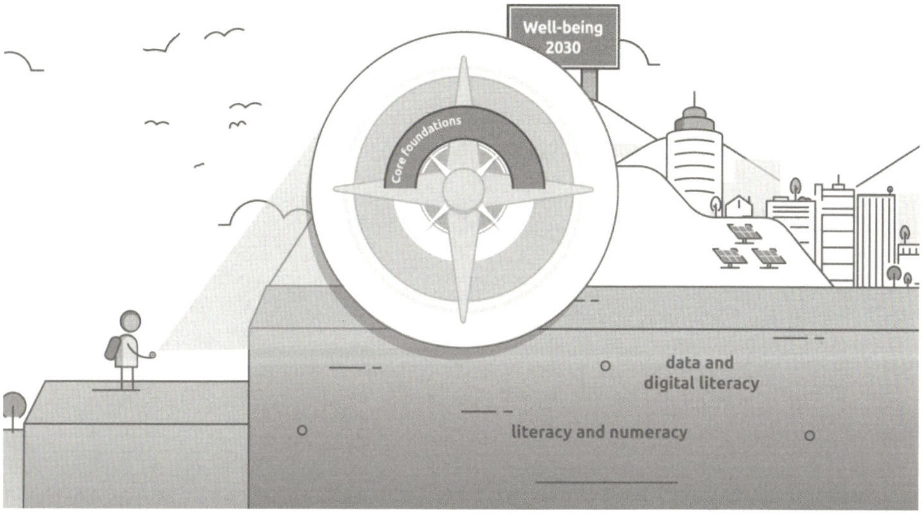

그림 7-1 OECD Future of Education and skills 2030 중 핵심 기초(core foundation)

1) 학생과 교사에게 데이터 리터러시가 필요한 이유

데이터 리터러시는 AI 시대를 살아가는 데 필요한 핵심 역량 중 하나로 데이터 리터러시를 갖춘 학생은 실생활의 문제를 해결하기 위해 데이터를 이해하고 활용하는 능력을 키울 수 있으며, 데이터를 비판적으로 평가하고 신뢰할 수 있는 정보를 구별하는 능력을 기를 수 있다.

학생들에게 데이터 리터러시를 키워주기 위해서는 교사가 먼저 데이터를 수업에 자유자재로 사용할 수 있는 리터러시가 필요하다. 또한 수업뿐 아니라 학생들의 학습 성과를 추적하고 개선하는 교육적 의사결정을 위해 데이터를 수집, 분석, 해석하는 능력이 필요하다.

2) 데이터 과학의 융합적 특성과 시사점

데이터 과학(data science)이란 다양한 데이터로부터 지식과 인사이트를 추출하는 과정에서 과학적 방법론과 알고리즘을 통합하는 융합 분야로 기계 학습 등의 기술을 통해 데이터를 분석하여 인사이트를 도출하고 문제를 해결하는 데 중점을 둔다(위키피디아).

데이터 과학의 융합적 특성을 벤 다이어그램으로 단순하게 표현하면 다음과 같다.

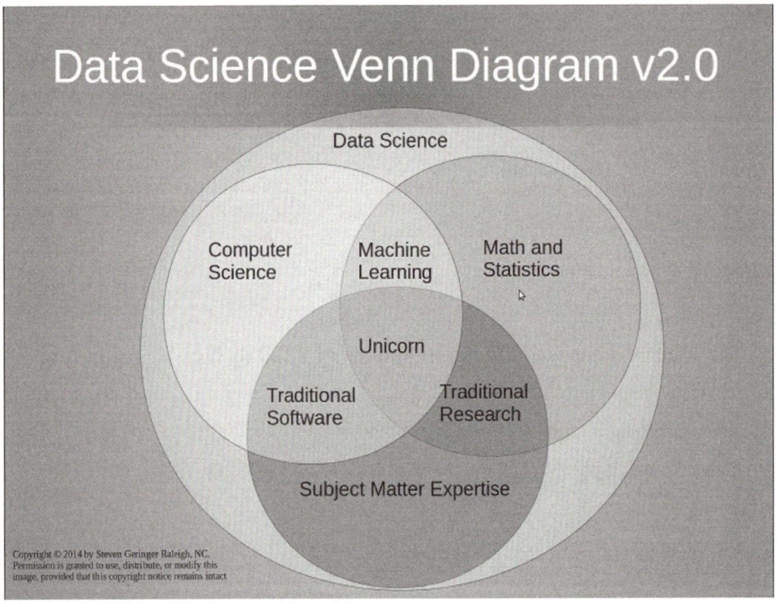

그림 7-2 데이터 과학의 벤 다이어그램

벤 다이어그램은 컴퓨터 과학, 수학 및 통계, 도메인 전문성의 3개 영역으로 이루어져 있다. 이는 데이터로 복잡한 문제를 해결하려면 특정한 영역의 전문성만 있어서는 안 되고, 서로 다른 3개의 영역이 융합되어야 한다는 것을 산업 현장에서 경험적으로 찾아내었기 때문이다.

이 아이디어를 교육에 접목한다면 데이터 과학의 3가지 영역을 공교육의 교과와 연계하여 융합적인 특성을 지닌 데이터 리터러시 교육의 프레임을 생각해 볼 수 있다. 첫 번째 영역에 해당하는 컴퓨터 과학은 데이터에 대한 개념과 데이터를 처리하는 방법을 배우는 정보 교과와 연결이 되고, 수학 및 통계는 통계 지식과 데이터를 처리하는 데 필요한 수학적 이해와 문제해결 능력을 배우는 수학 교과와 연결될 수 있으며, 도메인 전문성은 문제 해결에 필요한 전문 지식을 배우는 사회, 과학, 체육, 가정 등 다양한 교과로 연결될 수 있다. 데이터 과학이 융합적 특성을 지니는 것처럼 학생들에게 데이터 리터러시를 키워주기 위해서는 단일 교과의 노력만으로는 온전히 이루어질 수 없으며 교과 간의 융합이 반드시 필요하다.

2. 교과 및 융합 교육에서 데이터

앞서 언급한 것과 같이 데이터 리터러시를 수업에 적용하기 위해서는 먼저 교사에게 데이터 리터러시가 필요하다. 이를 위해 데이터를 수집하고 분석하고 해석하는 능력이 필요한데, 참고할 만한 참고 자료 및 사례와 함께 데이터를 수업에 활용할 수 있는 방법을 소개하고자 한다.

1) 데이터 수집

데이터 리터러시를 키우기 위한 수업을 위해서는 먼저 수업용 데이터가 있어야 한다. 이때 데이터는 학생들의 생활과 관련이 있거나 교육과정과 연계한 데이터여야 한다.

수업에 필요한 데이터를 구하는 가장 좋은 방법은 같은 주제의 수업에 데이터를 활용한 사례를 찾아 해당 수업에서 활용한 데이터를 사용하는 것이다. 하지만 참고할 수 있는 사례가 없다면 교사가 직접 수업에 사용할 데이터를 수집해야 한다.

데이터를 찾기 위해 정부에서 제공하는 공공데이터포털을 활용할 수 있다. 공공데이터란 공공기관이 생성 또는 취득하여 관리하고 있는 데이터로 정부에서는 각 공공기관이 보유하고 있는 공공데이터를 하나로 통합하여 국민들에게 편하게 제공하기 위한 목적으로 공공데이터포털을 운영하고 있다. 공공데이터포털에서는 다양한 데이터를 카테고리별로 제공할 뿐 아니라 인기 데이터, 최신 데이터 목록을 제공하여 수업에 필요한 데이터를 찾는 데 유용하게 활용할 수 있다.

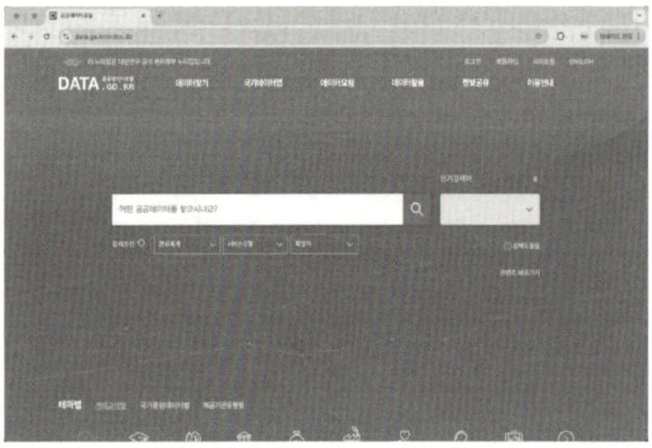

그림 7-3, 7-4 공공데이터포털

출처: www.data.go.kr

또한 공공기관뿐 아니라 민간기관에서도 다양한 데이터를 제공하고 있다. 유튜브 뮤직에서는 기간별, 국가별 음악 차트 데이터를 제공하고, 티머니 교통카드 홈페이지에서는 대중교통 데이터를 제공하는 등 다양한 데이터가 무료로 제공되고 있다.

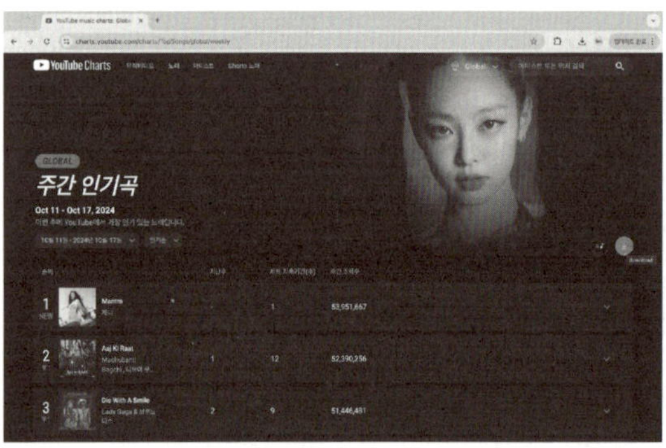

그림 7-5 유튜브 뮤직 차트

그림 7-6 티머니 교통카드 데이터

공공기관 및 민간기관에서 제공하는 데이터는 점점 더 많아지기 때문에 "구슬이 서말이어도 꿰어야 보배"라는 속담처럼 수많은 데이터 속에서 수업에 적합한 데이터를 발굴하고 이를 체계적으로 관리하고 공유하기 위한 노력도 필요하며 무엇보다 데이터의 교육적 가치를 이해하고 데이터를 수업의 소재로 활용할 수 있는 교사의 안목이 필요하다.

2) 데이터 분석 도구

데이터를 분석하는 가장 일반적인 방법은 엑셀과 같은 스프레드시트 프로그램을 활용하는 것이고, 일부 전문가들은 파이썬이나 R과 같은 텍스트 프로그래밍 언어 기반의 데이터 분석 도구를 사용한다. 하지만 앞선 사례에서 소개된 것처럼 최근에는 코드를 작성하지 않아도 간단하게 데이터를 분석할 수 있는 다양한 도구들이 많이 활용되고 있다. 특히 학생들과 함께 데이터를 수업에 활용하기에 적합한 몇 가지 데이터 분석 도구를 소개하고자 한다.

3) 구글 트렌드

구글 트렌드는 특정 키워드의 검색량 변화를 시간대별로 시각화해 보여주는 도구이다. 학생들은 구글 트렌드를 통해 사회적 이슈나 특정 사건이 시간에 따라 어떻게 변화했는지 분석할 수 있다. 이를 통해 수업에서 데이터 기반의 사회 현상 탐구 및 비판적 사고력을 기를 수 있다.

그림 7-7 구글 트렌드

4) 빅카인즈(BigKinds)

빅카인즈는 한국언론진흥재단이 제공하는 뉴스 데이터 분석 도구로, 다양한 뉴스 기사 데이터를 시기별로 분석하고 주요 이슈를 파악할 수 있다. 학생들은 빅카인즈를 활용해 미디어에 나타난 주요 이슈를 분석하거나 특정 주제에 대한 사회적 반응을 이해할 수 있다. 특히 워드 클라우드를 통한 연관어 분석과 같은 직관적인 데이터 시각화 결과를 볼 수 있는 장점이 있다.

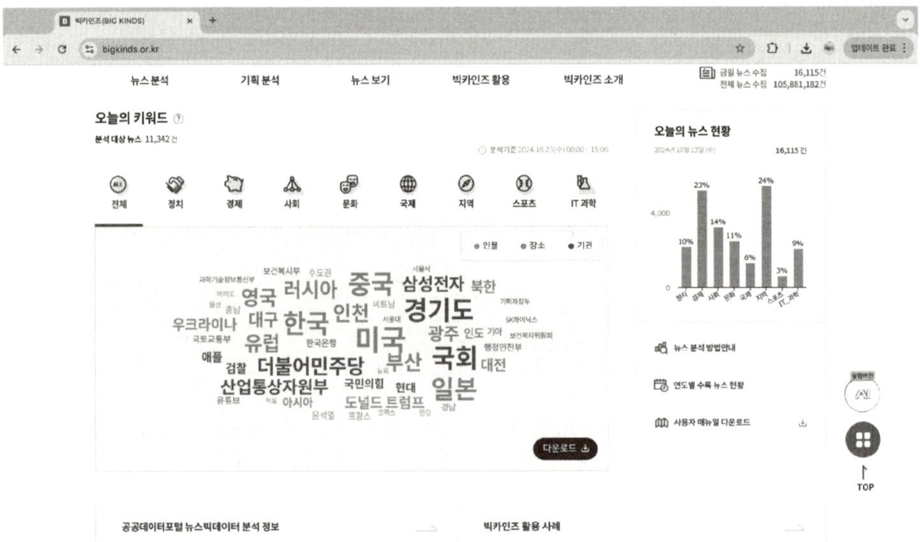

그림 7-8 빅카인즈

5) 코답(CODAP)

CODAP(Computational Data Analysis Platform)은 데이터 분석과 시각화에 특화된 웹 기반 도구로, 학생들이 직접 데이터를 조작하고 시각화를 통해 의미 있는 인사이트를 얻을 수 있게 해준다. 프로그래밍 지식이 없어도 데이터 분석 활동을 수행할 수 있어, 수학, 과학, 사회 등의 교과에서 사용하기 적합한 데이터 분석 도구이다.

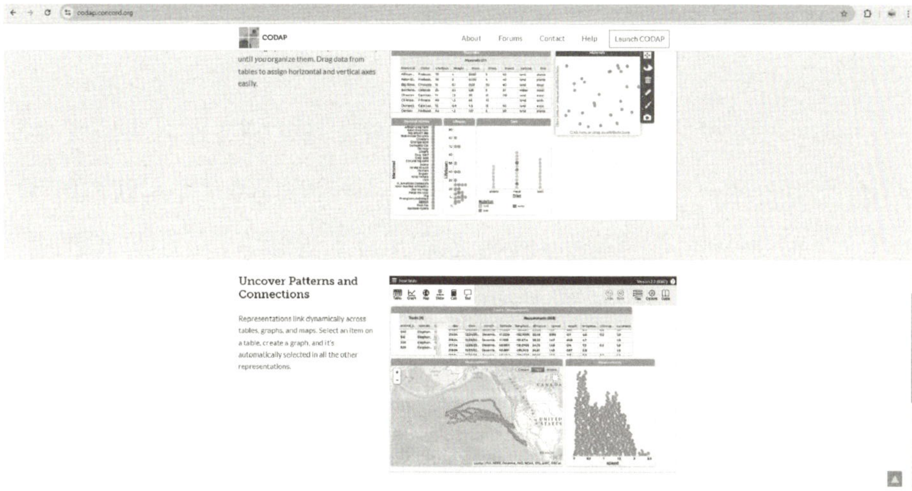

그림 7-9 코답

6) 엔트리(Entry)

엔트리는 주로 초등학생이나 중학생을 대상으로 블록 코딩을 통해 프로그래밍을 배울 수 있는 플랫폼이지만 최근 데이터 분석과 인공지능 관련 기능들이 탑재되어 데이터를 활용한 수업에서도 활용될 수 있다. 특히 실생활에서 접할 수 있는 다양한 데이터들이 기본 탑재되어 있다는 점과 데이터를 블록 코딩으로 간단히 분석할 수 있다는 점이 장점이다.

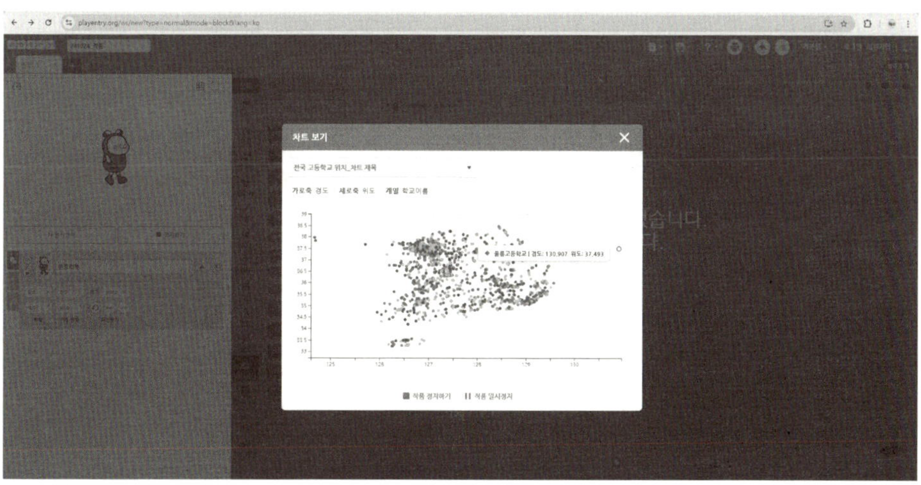

그림 7-10 엔트리

3. 데이터를 활용한 교과 수업 사례

과거에는 사회 시간에 인구 구조 및 인구 변화에 대한 내용을 가르칠 때 주로 교과서에 실린 인구 통계 데이터를 사용하였다. 하지만 교과서에 실린 데이터는 이미 오래된 데이터이기 때문에 최신의 인구 변화를 반영하기 어렵다. 또한 전국을 대표하는 인구 통계를 수록할 수밖에 없는 교과서의 특성으로 인해 학생들이 살고 있는 개별 지역에 대한 인구 통계는 살펴볼 수 없었다. 그런데 만약 데이터 리터러시를 갖춘 사회 선생님이 최신의 데이터를 활용해 인구 통계에 대한 수업을 한다면 어떤 수업이 이루어질 수 있을지 사회 과목을 가르치는 A 선생님의 수업 사례를 살펴보며 다양한 교과에서 데이터를 수업에 어떻게 활용할 것인지에 대한 적용점을 생각해 보자.

1) 제주도는 삼다도일까?

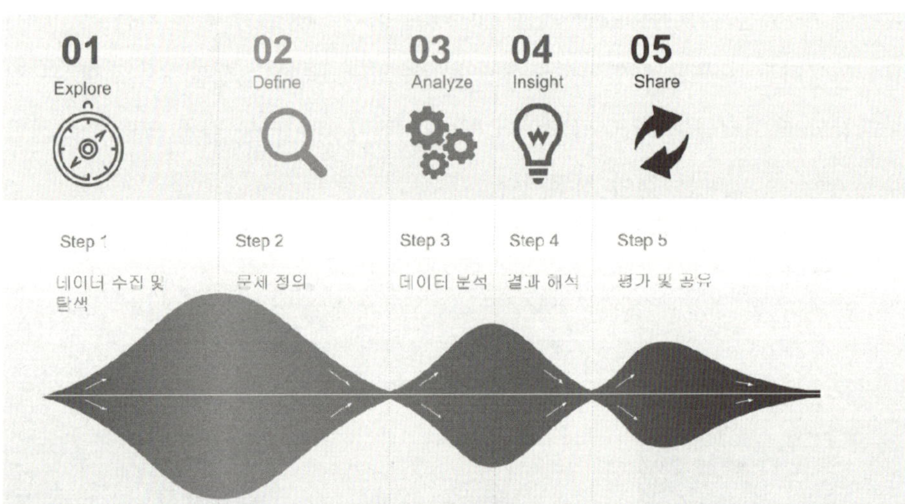

그림 7-11 디자인 씽킹 기반 데이터 리터러시 수업 모형

제주도는 우리나라의 대표적인 관광지이자 수학여행을 많이 가는 지역 중 하나다. A 선생님은 곧 다가올 수학여행 전 한국지리 탐구 수업 시간에 학생들과

함께 제주도의 인구 구조와 학생들이 거주하는 지역의 인구 구조를 살펴보는 수업을 계획하였다.

A 선생님이 수업을 설계하며 참고한 모형은 디자인 사고의 문제해결 과정을 데이터 기반 수업에 맞게 변형한 '디자인 씽킹 기반 데이터 리터러시 수업 모형'이다.

〈2022 개정 사회과 교육과정-한국지리 탐구〉

- 성취기준: [12한탐03-01] 통계 자료를 활용해 우리나라 인구 및 가구구조의 변화를 시각화 및 분석하고, 저출생, 고령화, 다문화 가구의 증가에 대응하기 위한 방안을 모색한다.
- 성취기준 적용 시 고려 사항: 인구구조, 인구이동, 1인 가구, 노령화 지수, 다문화 인구 등 인구 변화 관련 주제는 통계 자료나 국토통계지도, 통계지리정보서비스 등을 활용해 학생들이 직접 데이터를 분석, 시각화함으로써 스스로 결과를 도출할 수 있는 기회를 제공한다. 인구 데이터를 통계 프로그램(예: 엑셀)을 활용해 분석할 수 있으며, 데이터의 효과적인 시각화나 공공 빅데이터의 분석을 위해 지리정보 기술이나 코딩 프로그램을 활용할 수 있다.

(1) 단계 1) 데이터 수집 및 탐색

데이터를 제공하는 다양한 서비스가 있지만 데이터 수집에 가장 유용한 방법 중 하나는 키워드 검색이다. 구글 검색창에서 찾고자 하는 데이터를 '○○ 데이터'와 같은 형태로 검색하면 관련된 다양한 데이터를 찾을 수 있다.

특히 데이터는 신뢰도가 중요하기 때문에 믿을 수 있는 출처에서 데이터를 수집하는 것이 중요하다. '인구 데이터'로 검색한 결과를 보면 최상단에 행정안전부에서 운영하는 주민등록 인구통계 사이트를 확인할 수 있다. 그 외에도 통계청에서 운영하는 국가통계포털 사이트 등에서도 인구를 주제로 한 수업에서 참고할 수 있는 다양한 데이터와 수업 자료를 얻을 수 있다.

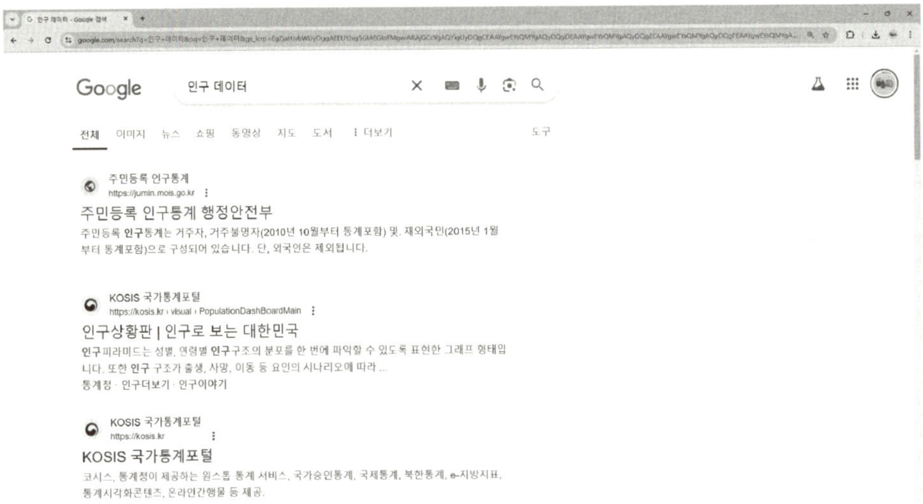

그림 7-12 **인구 데이터 검색**

행정안전부의 주민등록 인구통계 서비스에는 연령별 인구현황뿐 아니라 세대원수별 세대수, 성/연령별 1인 세대수, 지역별 아동, 청소년, 청년 인구 현황 등 다양한 데이터를 확인할 수 있다. 데이터를 수업에 활용하기 위해서는 선생님이 직접 데이터를 열어보고 수업에 쓸만한 교육적 가치가 있는지 확인해야 한다.

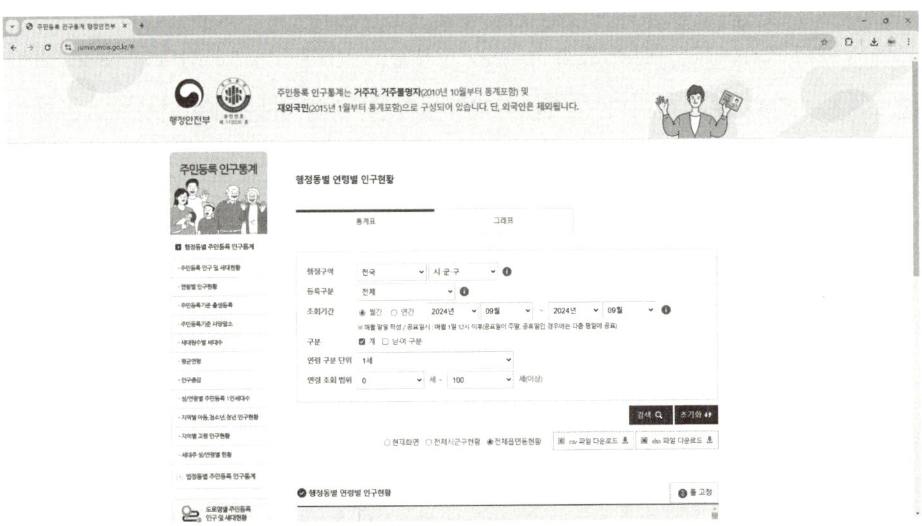

그림 7-13 **행정안전부 주민등록 인구통계 서비스**

(2) 단계 2) 문제 정의

최종적으로 학생들이 데이터에서 문제를 스스로 발견하도록 해야 하지만, 처음부터 학생들이 데이터에서 문제를 찾고 정의하는 것은 어렵기 때문에 먼저 선생님과 함께 탐구할 공통 문제를 찾는 것이 좋다. 이런 경우에 선생님이 학생들의 입장에서 흥미도 있고, 의미도 있으며 학생들과 함께 해결할 수 있을만한 적정한 문제를 발견하여 정의해야 한다.

A 선생님의 경우에는 곧 다가올 제주도 수학여행을 소재로 다음과 같은 문제를 탐구하기로 했다.

"정말 제주도는 삼다도일까?"

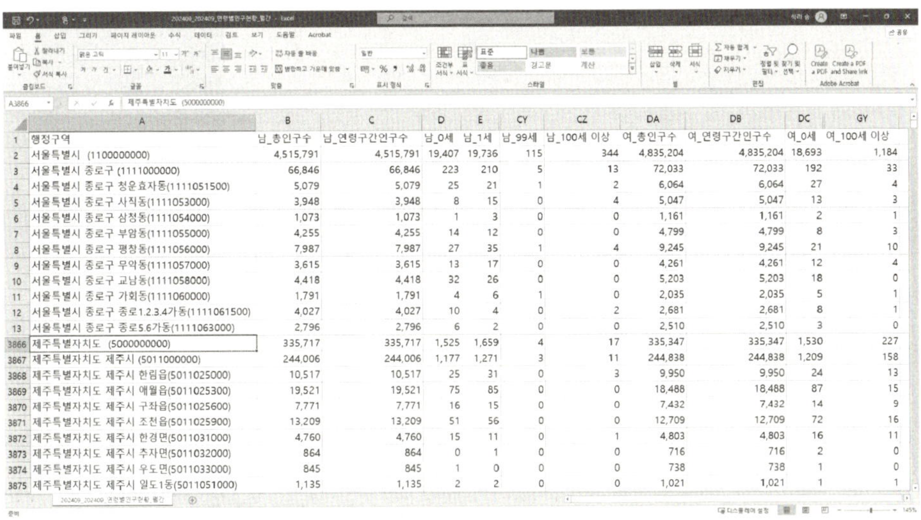

	A	B	C	D	E	CY	CZ	DA	DB	DC	GY
1	행정구역	남_총인구수	남_연령구간인구수	남_0세	남_1세	남_99세	남_100세 이상	여_총인구수	여_연령구간인구수	여_0세	여_100세 이상
2	서울특별시 (1100000000)	4,515,791	4,515,791	19,407	19,736	115	344	4,835,204	4,835,204	18,693	1,184
3	서울특별시 종로구 (1111000000)	66,846	66,846	223	210	5	13	72,033	72,033	192	33
4	서울특별시 종로구 청운효자동(1111051500)	5,079	5,079	25	21	1	2	6,064	6,064	27	4
5	서울특별시 종로구 사직동(1111053000)	3,948	3,948	8	15	0	4	5,047	5,047	13	3
6	서울특별시 종로구 삼청동(1111054000)	1,073	1,073	1	3	0	0	1,161	1,161	2	1
7	서울특별시 종로구 부암동(1111055000)	4,255	4,255	14	12	0	0	4,799	4,799	8	3
8	서울특별시 종로구 평창동(1111056000)	7,987	7,987	27	35	1	4	9,245	9,245	21	10
9	서울특별시 종로구 무악동(1111057000)	3,615	3,615	13	17	0	0	4,261	4,261	12	4
10	서울특별시 종로구 교남동(1111058000)	4,418	4,418	32	26	0	0	5,203	5,203	18	0
11	서울특별시 종로구 가회동(1111060000)	1,791	1,791	4	6	1	0	2,035	2,035	5	1
12	서울특별시 종로구 종로1.2.3.4가동(1111061500)	4,027	4,027	10	4	0	2	2,681	2,681	8	1
13	서울특별시 종로구 종로5.6가동(1111063000)	2,796	2,796	6	2	0	0	2,510	2,510	3	0
3866	제주특별자치도 (5000000000)	335,717	335,717	1,525	1,659	4	17	335,347	335,347	1,530	227
3867	제주특별자치도 제주시 (5011000000)	244,006	244,006	1,177	1,271	3	11	244,838	244,838	1,209	158
3868	제주특별자치도 제주시 한림읍(5011025000)	10,517	10,517	25	31	0	3	9,950	9,950	24	13
3869	제주특별자치도 제주시 애월읍(5011025300)	19,521	19,521	75	85	0	0	18,488	18,488	87	15
3870	제주특별자치도 제주시 구좌읍(5011025600)	7,771	7,771	16	15	0	0	7,432	7,432	14	9
3871	제주특별자치도 제주시 조천읍(5011025900)	13,209	13,209	51	56	0	0	12,709	12,709	72	16
3872	제주특별자치도 제주시 한경면(5011031000)	4,760	4,760	15	11	0	1	4,803	4,803	16	11
3873	제주특별자치도 제주시 추자면(5011032000)	864	864	0	1	0	0	716	716	2	0
3874	제주특별자치도 제주시 우도면(5011033000)	845	845	1	0	0	0	738	738	1	0
3875	제주특별자치도 제주시 일도1동(5011051000)	1,135	1,135	2	2	0	0	1,021	1,021	1	1

그림 7-14 전국 읍면동별 성별 인구 현황 데이터

(3) 단계 3) 데이터 분석

과거에는 데이터를 구하는 것도 어려웠지만 데이터를 분석하는 도구를 다루는 것도 어려웠다. 따라서 교과서나 지도서에서 제공하는 그래프를 해석하는 정도로 수업에서 데이터를 활용했지만 이제는 마우스 클릭만으로도 데이터를 쉽게 분석할 수 있는 도구들이 많이 나와있다. 하지만 제주도가 삼다도인가라는 질문에 대해 성별 인구 피라미드 그래프는 답을 주지 못한다. 이런 경우에 교사와 학생의

데이터 리터러시가 중요하다. 동일한 데이터를 가지고 어떻게 처리하고, 어떻게 표현하면 우리가 해결하기 원하는 문제가 해결될 것인지 데이터를 자유롭게 읽고 쓰는 능력이 필요한 것이다.

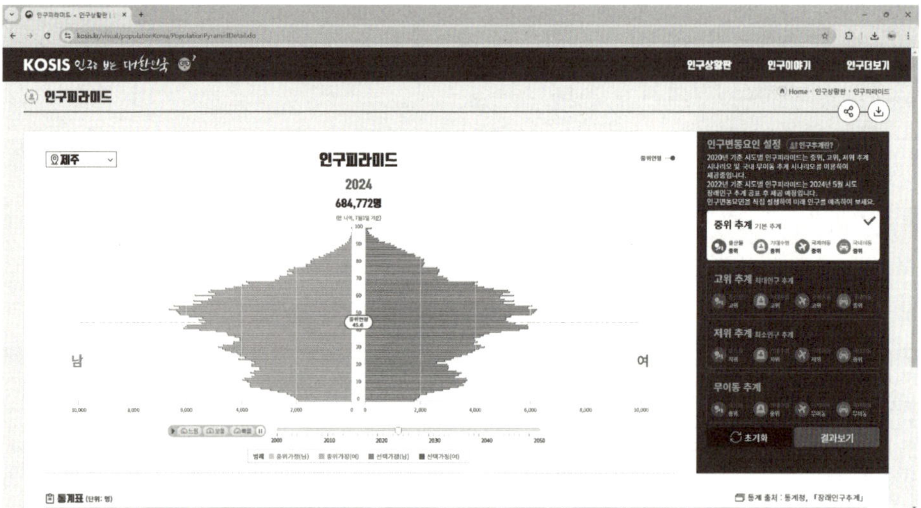

그림 7-15 제주도의 인구피라미드 그래프

다행히도 생성형 AI의 등장으로 인해 데이터 분석은 과거에는 상상할 수 없을 정도로 쉬워졌다. 이제는 수집한 데이터를 업로드해서 정확하게 문제를 설명하면 인공지능이 코드를 작성하여 실행결과까지 보여줄 뿐만 아니라 실행 결과에 대해 수정 요청을 하여 개선시킬 수도 있다. 물론 인공지능이 내가 정의한 문제를 명확하게 해결했는지, 오류가 있지 않은지 평가하고 문제해결 방법에 대해 책임을 지는 것은 여전히 사람이 해야 한다. 그럼에도 인공지능의 발달로 인해 분석에 대한 기술적 장벽은 점차 낮아지고 있어서 데이터 영역에 대한 배경 지식을 바탕으로 문제를 발견하고 명확하게 정의할 수 있는 능력이 더욱 중요해지고 있다.

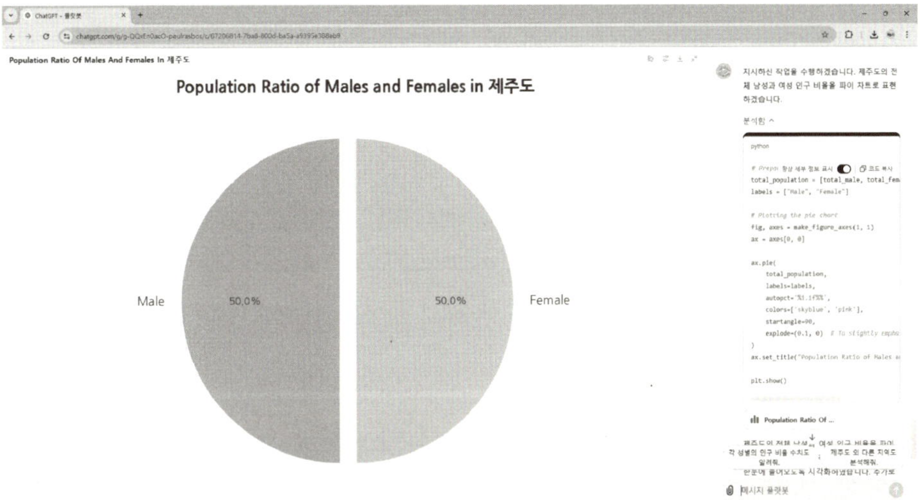

그림 7-16 ChatGPT를 활용한 데이터 분석 1

(4) 단계 4) 결과 해석

데이터를 분석했다면 분석된 결과를 함께 해석하며 그 의미에 대한 탐구를 이어 나가도록 한다. 예를 들어, ChatGPT가 분석한 제주도의 성별 인구 현황을 살펴보면 50 대 50으로 정확하게 같은 비율임을 확인할 수 있다. 이런 경우 '제주도는 삼다도가 아니다'라는 결론을 낼 수 있지만, 교사는 여기에서 왜 이런 결과가 나왔는지 한 번 더 학생들이 질문을 던지며 데이터를 통한 탐구를 이어갈 수 있도록 이끌어주어야 한다. 앞선 분석 결과를 '제주도의 남녀 비율이 동일하게 나왔지만 연령별로 남녀 인구의 차이를 살펴보면 어떨까?'라는 새로운 관점에서 데이터를 살펴보면 아래와 같이 탐구할 내용을 발견할 수 있다. 제주도에 새로 유입된 사람들이 주로 남성이기 때문이라는 새로운 가설을 세울 수도 있고, 관련 참고 문헌을 통해 과거 제주도 남성들이 어업을 주로 했기 때문에 사망률이 높았다는 사실이나 제주 4.3 사건을 통해 성인 남성 인구가 많이 줄었던 것으로 인해 제주도가 삼다도라고 불렸을 것이라는 해석을 내릴 수도 있다.

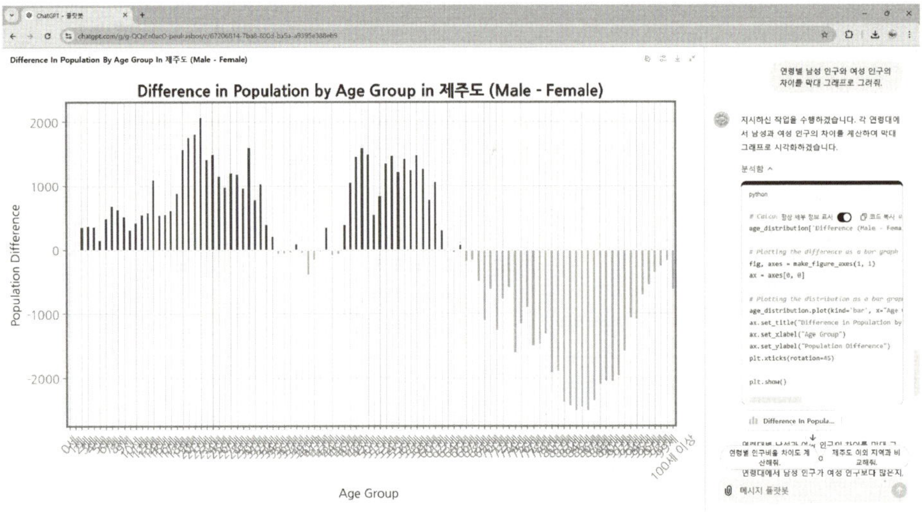

그림 7-17 ChatGPT를 활용한 데이터 분석 2

(5) 단계 5) 평가 및 공유

이와 같은 과정을 학생들이 팀별로 함께 데이터를 살펴보며 문제를 발견하고, 정의하고, 데이터를 분석하고 해석한 결과를 공유하며 서로의 문제해결 과정을 평가하도록 한다.

만약 학생들이 새로운 문제를 발견하기 어려워할 경우 같은 문제의 맥락을 제주도가 아닌 학생들이 살고 있는 지역이나 수업 시간에 다루는 내용과 관련된 지역에 대한 데이터를 분석하고 해석하도록 할 수 있다.

결국 중요한 것은 학생들이 데이터를 통해 새로운 문제를 발견하고 해결함으로써 데이터에 숨겨진 가치를 만드는 경험을 하는 것이며, 이를 위해 학생과 교사 모두에게 데이터 리터러시가 필요한 것이다.

4. 결론

지금까지 데이터 리터러시란 무엇이며, 교과 교육에서 데이터를 활용하는 방안에 대해 논의했다. 데이터 리터러시는 교사들이 학생들에게 더 나은 학습 환경을 제공하기 위한 핵심 역량이며, 교사가 데이터를 효과적으로 다룰 수 있을 때 교육적 성과도 크게 향상될 수 있다.

교과 교육에서 데이터 리터러시는 단순한 교과서 지식을 넘어서, 현실 세계의 문제를 이해하고 해결하는 데 중요한 도구이다. 교사들은 최신 데이터를 통해 학생들이 실제로 접하는 사회적 문제를 더 깊이 이해할 수 있도록 도와야 한다. 그러나 교사들이 최신 데이터를 찾고, 이를 분석하며, 학생들에게 이해하기 쉬운 형태로 전달하는 과정에서 여러 가지 어려움을 겪고 있다. 이러한 문제를 해결하기 위해서는 교사들이 데이터 분석 도구를 학습하고, 학교에서 교사들이 데이터를 자유롭게 사용할 수 있는 환경을 제공해야 한다.

앞으로 교사들이 데이터 리터러시를 효과적으로 활용하기 위해서는, 교육 시스템 내에서 교사들의 역량을 강화할 수 있는 체계적인 지원이 필요하다. 구체적으로, 교사들에게 데이터 분석 도구와 시각화 기술을 학습할 수 있는 기회를 제공하는 것이 중요하다. 이는 교사 연수 프로그램, 워크숍, 그리고 교사 간의 협력 네트워크를 통해 이루어질 수 있다.

또한 학교 차원에서 교사들이 데이터를 쉽게 수집하고 분석할 수 있도록 지원하는 시스템을 구축해야 한다. 이를 통해 교사들이 데이터를 처리하는 데 드는 시간을 줄이고, 학생들에게 더 많은 에너지를 집중할 수 있게 된다. 학교와 교육기관은 교사들이 기술적 부담을 덜고, 학생들에게 더 나은 교육을 제공할 수 있도록 적절한 자원과 지원을 제공해야 한다.

마지막으로 예비 교사들에게도 데이터 리터러시 교육을 체계적으로 제공해야 한다. 데이터 분석 능력과 관련된 필수 역량을 기르는 과정은 교사 교육 과정의 일부로 통합되어야 하며, 이를 통해 예비 교사들이 현장에 나가기 전에 충분한 기술적 준비를 마칠 수 있도록 해야 한다.

결론적으로 교사들이 데이터 리터러시를 잘 활용할 수 있는 환경과 역량이 뒷받침된다면, 학생들은 더 깊이 있는 학습 경험을 할 수 있게 될 것이며, 교육의 질도 크게 향상될 것이다. 데이터는 이제 교육에서 필수적인 도구이며, 교사들은 이를 통해 학생들에게 더 나은 학습 기회를 제공할 수 있을 것이다.

참고문헌

김슬기, 김태영 (2021). 초·중등 AI 교육을 위한 데이터 리터러시 정의 및 구성 요소 연구. 정보교육학회논문지, 25(5), 691-704.

배화순 (2019). 데이터 리터러시의 사회과 교육적 함의. 한국사회과교육학회, 51, 95-120.

송석리, 황수빈, 이정윤, 정유진 (2024). 최소한의 데이터 리터러시. 길벗.

송유경, 송석리, 김예지, 임철일 (2021). 데이터 리터러시 향상을 위한 데이터 기반 토론 수업 모형 및 교수전략 개발 연구. 교육공학연구, 37(4), 943-982.

Henderson, J., Corry, M. (2021). Data literacy training and use for educational professionals. *Journal of Research in Innovative Teaching & Learning, 14*(2), 232-244.

OECD. (2018). *OECD future of education and skills 2030*. OECD Publishing.

제8장 인공지능 교과 융합 교육

시작하며

교육부는 융합인재의 중요성을 인식하여 2018년부터 2022년까지 1차 융합인재교육 중장기 계획을 시행했으며, 이어 2020년부터 2024년까지 2차 융합 교육 종합 계획을 추진했다. 2024년 12월에는 3차 종합 계획(2025년~2029년)을 발표하며, 창의적 문제 해결력을 키우고 함께 성장하는 융합 교육을 목표로 삼았다. 이를 위해 학교의 융합 교육 실행력 강화, 학생 주도의 융합적 문제 해결 경험 확대, 교원의 융합 교육 역량 성장 지원, 지속가능하고 포용적인 융합 교육 인프라 구축이라는 세부 전략을 수립했다.

이러한 교육부의 융합 교육 정책에 따라 인공지능 기술을 각 교과와 융합하는 일은 매우 의미 있는 시도이다. 이를 통해 교과 연계 융합 교육을 활성화하고, STEAM 클럽을 구축 및 운영하며, 학생 주도의 융합적 문제 해결 경험을 확대하고, 교원의 융합 교육 역량을 지원할 수 있는 기반을 마련할 수 있다.

2022 개정 교육과정은 언어, 수리, 디지털 역량을 핵심 역량으로 삼고 있다. 특히 디지털 역량을 학교 현장에 성공적으로 정착시키기 위해서는 각 교과 내용을 디지털 및 인공지능 기술과 융합할 필요가 있다.

이러한 정책적 필요성과 함께 인공지능 기술은 이미 교육 및 연구 분야에서 많은 성과를 내고 있다. 2024년 알파폴드2를 개발한 과학자들이 노벨 화학상을 수상했으며, 노벨 물리학상은 인공신경망의 홉필드 모델과 볼츠만 모델을 제안한 전문가 홉필드와 르쿤이 받았다. 이는 인공지능 기술이 다양한 학문과 융합하여 놀라운 성과를 창출하고 있음을 보여준다.

이제 인공지능 기술은 일상생활 속에서 우리의 삶을 변화시키는 중요한 요소로 자리 잡았다. 이러한 기술이 초・중등 교육의 각 교과와 융합된다면, 각 교과에서 요구되는 역량을 갖춘 미래 인재 양성에 크게 기여할 것이다. 본 장에서는 인공지능 기술이 각 교과와 어떻게 융합될 수 있는지, 이를 기반으로 한 융합 교육 모델에 대해 설명하고자 한다.

문제상황

다가오는 21세기를 준비하며 융합인재를 양성하기 위해 학교 교육과정에서는 교과 융합을 중심으로 한 교육이 중요하다. 각 교과 내용을 인공지능과 융합하기 위해서는 두 가지 주요 과제에 직면하게 된다.

첫 번째 문제는 데이터의 활용과 처리에 관한 것이다. 인공지능에서 데이터는 핵심 요소이며, 이를 어떻게 처리하고 활용할 것인가가 매우 중요하다. 일반적으로 데이터라고 하면 숫자 데이터를 떠올리는 경우가 많다. 예를 들어, 과학 교과에서는 실험 데이터와 같은 수치 데이터를 활용하거나, 학생들이 직접 실험을 통해 데이터를 생성할 수도 있다. 또한 기상청이나 NASA와 같은 기관에서 제공하는 과학 데이터를 활용할 수도 있다. 사회 교과에서도 데이터는 매우 풍부하다. 지리, 교통, 세계 경제 등 시시각각 변화하는 다양한 데이터를 다룰 수 있다.

하지만 데이터는 수치 데이터에 국한되지 않는다. 인터넷에 작성된 글, 유명한 소설이나 시와 같은 문학 작품 등 국어와 영어 교과에서 활용할 수 있는 문자 데이터도 많다. 이미지 데이터와 소리 데이터 역시 음악, 미술, 과학 등 다양한 교과에서 활용 가능하다.

결국, 각 교과의 내용을 구성하고 있는 데이터를 어떻게 처리하여 학습에 도움을 줄 수 있을지가 중요한 과제이다. 첫 번째 과제는 각 교과에서 필요한 데이터를 효과적으로 추출하고 이를 분석 및 처리하여, 학생들이 학습 내용을 더 깊이 이해할 수 있도록 지원해야 한다.

두 번째 문제는 도구의 선택과 활용에 관한 것이다. 우리 주변에는 매우 다양한 도구들이 존재하며, 교과 학습에서 어떤 도구를 어떻게 사용할 것인가가 중요한 과제가 된다. 워드프로세서, 데이터베이스 도구, 스프레드시트, 프레젠테이션 도구와 같은 생산성 향상 도구에서부터, 생성형 인공지능을 활용해 문서 작성, 그림 생성, 음악 작곡 등을 지원하는 도구까지 그 범위는 매우 넓다.

또한 새로운 도구를 개발할 수 있는 C, 자바, 파이썬과 같은 프로그래밍 언어도 중요한 도구로 활용될 수 있다. 교과학습과정에서 학생들에게 어떤 도구를 제공하고 이를 효과적으로 활용하게 할 것인지는 교사와 교육자들이 직면하는 핵심적인 문제 중 하나다.

이 두 개의 문제를 해결하는 과정에서 교사들은 각기 다른 수준의 인공지능 역량을 보여준다. 이를 기반으로 교사들은 크게 5개의 그룹으로 나눌 수 있다.

첫 번째 그룹에 속한 A 교사는 특정 교과, 예를 들어 생물 교과에 대해 깊이 있는 지식을 가지고 있지만, 인공지능 기술에 대해서는 전혀 알지 못하며, 심지어 '인공지능'이라는 단어만 들어도 부담을 느끼는 경우다. 이러한 교사들은 학생들에게 인공지능을 교과와 융합하여 어떻게 효과적으로 가르칠 수 있을지에 대한 고민이 필요하다.

두 번째 그룹의 B 교사는 특정 교과에 대한 해박한 지식을 보유하고 있으며, 대학 시절 교양 수업에서 컴퓨터 도구를 다뤄본 경험이 있는 경우다. 스마트폰 앱을 기본적으로 사용할 수 있는 수준의 디지털 역량을 가지고 있는 이 교사들은 교과와 인공지능을 융합하기 위한 구체적인 방법을 모색해야 한다.

세 번째 그룹의 C 교사는 특정 교과 지식과 더불어 컴퓨터 프로그래밍에 대한 기본적인 개념과 경험을 가지고 있지만, 최신 인공지능 기술에 대해서는 익숙하지 않은 경우다. 이러한 교사들에게는 최신 인공지능 기술을 교육적으로 활용할 수 있는 방안을 제시하는 것이 중요하다.

네 번째 그룹의 D 교사는 컴퓨터 프로그래밍을 잘 다루며, 동시에 특정 교과에 대한 깊이 있는 지식을 보유하고 있는 경우다. 이 교사들은 비교적 높은 수준에서 교과와 인공지능의 융합을 탐구할 수 있다.

다섯 번째 그룹의 E 교사는 컴퓨터 프로그래밍과 인공지능 기술에 모두 능숙하며, 교과에 대한 전문성을 겸비한 경우다. 이러한 교사들은 교과와 인공지능을 창의적이고 심화된 방식으로 융합할 수 있는 잠재력을 가지고 있다.

이처럼 인공지능 융합 교육과 관련하여 교사들은 5개의 주요 그룹으로 나눌 수 있으며, 각 그룹의 역량과 수준에 따라 교과와 인공지능을 융합하는 방식과 접근 수준을 구체적으로 설계할 필요가 있다.

탐구문제

1. 지금까지 융합 교육에 대한 다양한 모델들이 제안되어 왔다. 일반적으로 활용되는 융합 교육모형에는 어떤 것들이 있는가?
2. 인공지능을 각 교과에 융합하기 위한 모델들은 무엇이 있으며, 이들이 기존의 융합 교육 모형들과 어떤 공통점과 차이점을 가지고 있는가?

학습목표

1. 일반적인 융합 교육모형의 특성을 설명할 수 있다.
2. 인공지능 기술을 각 교과에 융합하는 방법과 이를 기반으로 한 다양한 융합모형을 이해하고 설명할 수 있다.
3. 인공지능 기술을 교과에 융합하는 접근법이 기존의 융합 교육모형들과 어떤 공통점과 차이점을 가지는지 논의할 수 있다.

1. 융합 교육의 개념

융합의 개념은 integration, fusion, connection, convergence, consilience 등 다양한 용어로 표현된다. 일반적으로 융합 교육은 통합 교육과 구별되어 사용된다. '통합'은 두 개 이상의 요소를 물리적으로 합치는 과정으로, 각 요소의 고유한 기능은 그대로 유지된다. 이는 물리적인 결합으로 볼 수 있다. 반면, '융합'은 두 개의 요소가 결합하여 전혀 새로운 것을 탄생시키는 과정으로, 화학적 결합에 비유할 수 있다. 학문적 측면에서 통합은 다른 학문들을 물리적으로 결합하는 방식인 반면, 융합 교육은 학문 간의 경계를 허물고 완전히 통합된 새로운 학문적 형태를 지향한다(김진수, 2011; 김진수, 2013).

교육과정 측면에서 '통합 교육과정(integrated curriculum)'은 여러 학문들의 지식을 융합하여 학문 간 경계를 없애는 것을 목표로 한다(Burton, 2001; Lam et al., 2013; Wolfinger & Stockard, 1997). 이는 주제 중심학습이나 프로젝트 기반 학습을 통해 교과 간의 경계를 허물고, 실생활 문제해결에 필요한 다양한 교과의 지식과 기술을 통합하여 유의미한 학습 경험을 제공하는 데 중점을 둔다.

융합 교육의 대표적인 사례는 STEM 교육이다. STEM은 과학(Science), 기술(Technology), 공학(Engineering), 수학(Mathematics)을 통합적 또는 융합적으로 가르치려는 노력을 반영한 개념이다. 미국에서는 학생들이 수학, 과학, 기술, 공학 분야에 흥미를 갖도록 STEM 교육을 발전시켜 왔으며, 이를 기념하기 위해 매년 11월 8일을 STEM Day로 지정하고 다양한 행사를 진행하고 있다.

STEM이라는 용어는 2001년 이전에는 SMET(Science, Mathematics, Engineering, Technology)로 알려졌으나, 미국 국립과학재단(NSF)의 Judith Ramaley가 SMET를 재배치하여 STEM이라는 명칭을 정립했다. Ramaley는 STEM이라는 용어를 널리 알리고 체계화하는 데 중요한 역할을 했다. 2005년, 미국의 번영을 유지하기 위한 전략을 담은 보고서 'Rising Above the Gathering Storm: Energizing and Employing America for a Brighter Economic Future'에서 STEM의 중요성을 강조하며 과학, 수학, 기술 교육이 경제적 성장과 국가 번영의 핵심이라고 주장했다. 융합 교육의 이러한 발전은 학문적 통합을 넘어 교육적 실천과 경제적, 사회적 필요를 연결하는 중요한 사례로 자리 잡고 있다.

우리나라 교육부도 수학, 과학, 정보 교육과 함께 융합 교육에 대한 체계적인 전략을 계획하고 있다. 2025년부터 2029년까지의 수학, 과학, 정보 및 융합 교육 종합 계획은 [그림 8-1]에 제시되어 있다. 구체적인 정책으로는 첫째, 학교의 융합 교육(STEAM) 실행력 강화를 목표로 교육과정 연계 융합 교육(STEAM) 활성화와 STEAM 클럽의 구축 및 운영을 강조하고 있다. 둘째, 학생 주도의 융합적 문제해결 경험 확대를 위해 역량 기반 수업 활성화를 통해 융합적 사고를 발산할 기회를 제공하고, 학생들이 주도적이고 협력적으로 문제를 해결할 수 있는 경험을 확대하려는 계획을 추진하고 있다. 셋째, 교원의 융합 교육(STEAM) 역량 성장 지원을 위해 현장 교원의 융합 교육 저변을 확대하고, AI 일상화에 부합하는 융합 교육(STEAM) 수업 전문성 강화를 목표로 하고 있다. 넷째, 지속 가능하고 포용적인 융합 교육(STEAM) 인프라 구축을 위해 융합 교육 활성화를 위한 협력체제를 강화하고, 융합 교육의 지속적 발전 기반을 마련하는 데 중점을 두고 있다. 특히, AI 일상화에 맞춘 융합 교육(STEAM) 수업 전문성 강화를 통해 AI 융합수업을 지원하는 정책도 포함되어 있다. 이는 수학과 과학뿐만 아니라 다른 교과의 성취기준과 AI 관련 내용을 연계한 프로그램을 개발하여 지원하는 것을 강조하고 있다. 이러한 계획은 교과 간 융합과 AI 기술의 교육적 활용을 통해 미래 인재 양성을 목표로 한다.

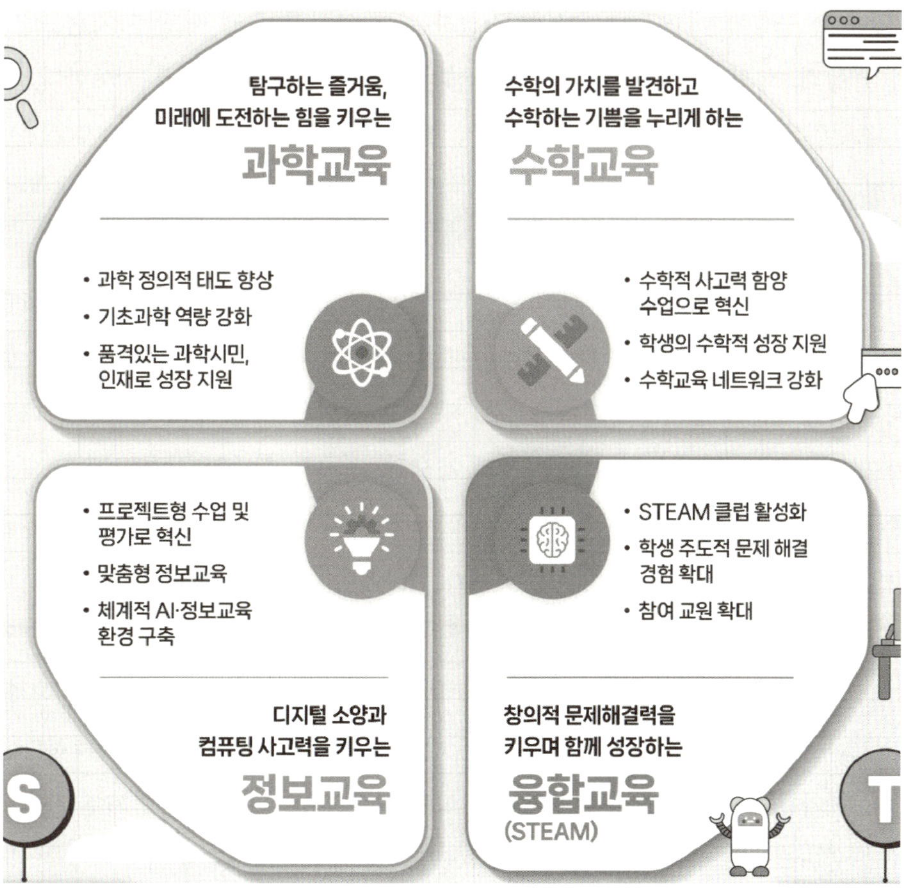

그림 8-1 과학 · 수학 · 정보 · 융합 교육의 방향(2025~2029)

융합 교육은 역사적으로 통합 교육의 연장선에서 등장한 개념이다. 따라서 융합 교육의 특징을 제대로 이해하기 위해서는 통합 교육과정의 특성을 먼저 살펴볼 필요가 있다.

먼저 Ingram(1979)의 통합 교육과정을 간단히 살펴본다. 이 접근법은 교과 간 경계를 허물고 다양한 학문 영역의 내용을 상호 연관시키는 데 중점을 둔다. Ingram은 주제중심(Theme-Based) 접근법을 제안하며, 이는 특정 교과의 내용이 아닌 학생들이 학습할 수 있는 중요한 주제를 중심으로 학습내용을 재구성하는 방식이다. 주제중심 접근은 여러 교과 영역의 지식과 기술을 통합하는 역할을 하며, 개별 교과 내용을 독립적으로 가르치는 것이 아니라 교과 간의 관계를 구성하여 종합적으로 학습할 수 있도록 돕는다. 이러한 주제는 학생들이 관심을 가질 만한 내용으로 구성되며, 단순히 지식을 전달하는 데 그치지 않고 태도, 가치관, 문제해결 능력, 협업 기술 등 학생의 전반적인 역량을 향상시키는 데 기여한다.

다음은 Jacobs(1989)의 통합 교육과정 설계모형을 간단히 살펴본다. Jacobs는 통합 교육과정을 6가지 설계모형으로 구분하며, 각 모형은 학문 간 연계와 통합의 정도에 따라 차이가 있다.

첫 번째는 학문기초 내용중심(학문별/교과별) 설계모형(discipline-based content design)이다. 이 모형은 개별 학문에 초점을 맞추어 각 학문별로 학습하도록 설계된 가장 일반적인 통합모형이다. 교과의 분화로 인해 학문 간의 관련성을 배우기 쉽지 않다는 한계가 있지만, 여전히 가장 흔히 사용되는 형식이다. 두 번째는 학문병렬 설계모형(parallel discipline designs)이다. 두 개 이상의 교과 단원을 동일한 시간에 배열하는 방식으로 설계가 비교적 쉽다는 장점이 있다. 그러나 체계적인 통합이 이루어지지 않는다는 한계가 있다. 세 번째는 다학문 보완적 단원(complementary discipline)모형이다. 이 모형은 주제나 쟁점을 탐구하기 위해 여러 교과를 하나의 형식적 단원으로 묶는 방식이다. 교과 간 연관성이 명확하다면 설계가 가능하지만, 실제로 실행하기는 어렵다는 단점이 있다. 네 번째는 간학문적 단원(interdisciplinary units/courses)모형이다. 기존 교육과정에서 추출한 문제, 주제, 개념을 중심으로 교과 간 연결을 시도하는 방식이다. 이 모형은 종합적이고 통합적인 인식론적 경험을 제공하지만, 설계와 실행에 많은 노력과 변화가 요구된다. 다섯 번째는 통합 일모형(integrated-day mode)이다. 아동의 흥미와 관심사에 초점을 맞추어 주제를 설정하고 교육과정을 구성하는 방식이다. 학생들의 동기를 크게 유발할 수 있지만, 기초 교육과정의 핵심 내용을 충분히 학습하는 데는 어려움이 있을 수 있다. 마지막으로 완전 프로그램(complete program) 모형은 통합 교육과정의 가장 심화된 형태로, 학문 간의 경계를 완전히 허물고 학습자의 전인적 성장과 실질적 문제해결능력 함양에 초점을 맞춘다.

이처럼 Jacobs의 설계 모형은 학문 간 연결성, 학습자의 흥미, 실행 가능성 등을 고려하여 다양한 접근 방식을 제공한다.

Drake(1993)는 통합 교육과정을 학습자 중심으로 설계하여 전통적인 교과중심 교육과정을 넘어선 새로운 학습모델을 제시했다. 이 모델은 학습자가 실제 세계의 문제를 해결할 수 있는 능력을 개발하는 데 중점을 두며, 다학문적(Multi-disciplinary), 간학문적(Interdisciplinary), 초학문적(Transdisciplinary) 세 가지 접근 방식으로 구분된다.

Fogarty(1991)는 교육과정을 통합하기 위한 10가지 방식을 제시했으며, 이를 학문 내 통합, 학문 간 통합, 그리고 학습자 내부 통합의 세 가지 범주로 구분했다.

먼저 학문 내 통합 방식에는 분절형(Frogmented), 연결형(Connected), 동심원형(Nested)이 포함된다. 분절형은 교과 간 연계 없이 각 교과를 독립적으로 학습하는 방식으로, 전통적인 단일 교과 중심 교육에 해당한다. 연결형은 교과를 분리하여 가르치되, 특정 주제나 개념을 연계하여 강의하는 방식이다. 동심원형은 특정 주제를 중심으로 각 교과의 관련 내용을 점진적으로 확대하며 통합적으로 가르치는 방식을 말한다.

학문 간 통합 방식에는 순차형(Sequenced), 공유형(Shared), 웹형(Webbed), 실로꿴형(Threaded), 통합형(Integrated)이 있다. 순차형은 유사한 주제나 내용을 계열성 있게 재배치하여 교과 간 연속성을 부여하는 방식이다. 공유형은 두 개의 교과에서 중복되는 개념, 기능, 태도 등을 중심으로 통합한다. 웹형은 특정 주제를 중심으로 다양한 교과 내용을 추출하여 통합하는 방식이며, 실로꿴형(Threaded)은 특정 지식이나 개념, 주제를 모든 교과에 걸쳐 실로 꿴 듯이 다루는 방식이다. 통합형은 세 개 이상의 교과에서 공통되는 개념, 기능, 태도 등을 통합하여 학습을 조직한다.

마지막으로 학습자 내부 통합 방식에는 몰입형(Immersed)과 네트워크형(Networked)이 있다. 몰입형은 학습자의 관심과 흥미를 중심으로 교과 지식을 통합하는 방식이다. 네트워크형은 학습자가 주제와 관련된 다양한 영역의 전문가들과 네트워킹하여 통합적인 학습을 이끌어가는 방식이다.

포가티의 모델은 교과 간 연계 수준과 학습자의 흥미, 실생활 연계성을 고려하여 교육과정을 설계하는 데 중요한 시사점을 제공한다.

Harden(2000)은 통합 사다리 방법을 가장 낮은 단계는 고립(Isolation)으로 시작하며, 가장 높은 단계는 초학문적(Transdisciplinary) 단계로, 최고의 융합 수준을 의미한다.

사다리는 고립(Isolation) 단계를 시작으로, 인식(Awareness), 조화(Harmonization), 내재(Nesting), 일시적 조정(Temporal Coordination), 공유(Sharing), 상관(Correlation), 보완(Complementary), 다학문(Multidisciplinary), 학제(Interdisciplinary), 그리고 탈학문(Transdisciplinary)의 순서로 융합의 수준이 점점 높아진다.

이러한 Harden의 통합 사다리 방법은 교과 간 융합의 단계적 접근을 체계적으로 설명하며, Ingram, Jacobs, Drake, Fogarty의 통합 교육과정모델과 함께 각 교과 간 융합의 필요성을 강조한다. 특히 인공지능과 각 교과를 융합하는 구체적인 방법을 모색하는 데 중요한 이론적 기반을 제공한다.

Ingram, Jacobs, Drake, Fogarty, 그리고 Harden이 제시한 통합 교육과정의 단계별 접근은 각 교과 간 효과적인 융합을 위해 반드시 필요하다. 이를 기반으로 인공지능을 각 교과와 융합하는 구체적인 방법을 모색하는 것이 중요하다.

2. 인공지능 교과 융합모델

1) 개요

미래 인재 양성을 위해서는 융합인재가 필요하다. 인공지능 기술을 각 교과와 융합하는 목적은 학생들이 교과 내용을 보다 쉽게 이해할 수 있도록 돕는 데 있다. 이를 통해 학생들은 교과 내용을 이해하는 동시에 인공지능 기술도 함께 학습하게 된다.

인공지능 교과 융합모델은 규칙을 찾아 교과 내용을 이해하는 방식과, 규칙을 찾지 못해 인공지능을 활용하여 학습하는 방식으로 구분할 수 있다.

교과 내용은 성취기준을 실현하기 위하여 문자, 숫자, 그림, 동영상 또는 사운드를 포함하고 있다. 이런 교과 내용에서 데이터를 수집하여 인공지능 기술을 이용하면 교과 내용을 더 잘 이해할 수 있다.

교과 내용에서 규칙을 찾지 못할 경우에 인공지능 도구를 이용하여 교과를 융합하는 모델은 [그림 8-2]와 같이 도식화할 수 있다. [그림 8-2]는 교과 내용과 인공지능 간의 관계를 그린 것으로서 인공지능 기술을 이용하여 교과 내용을 이해 한 것을 바탕으로, 규칙을 찾지 못할 경우에 인공지능 도구를 이용하여 융합하는 모델이라고 할 수 있다.

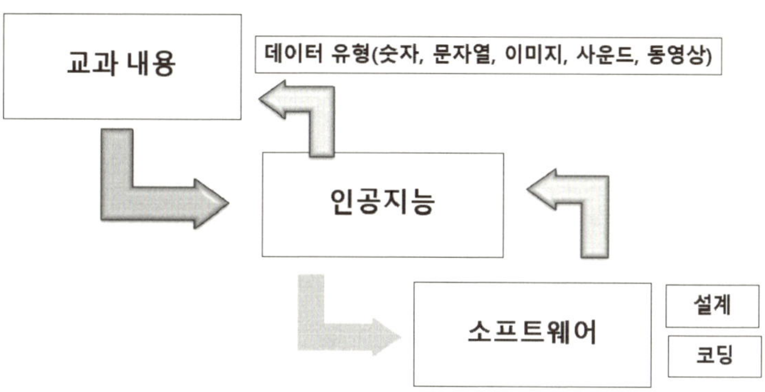

그림 8-2 교과 내용과 인공지능 및 소프트웨어와 관계

교과 내용에서 규칙을 찾을 경우에는 Computing 도구(디지털 도구 및 프로그래밍 도구)를 이용하여 교과 융합하는 모델을 [그림 8-3]과 같이 도식화할 수 있다. [그림 8-3]은 교과 내용과 컴퓨팅과의 관계를 그린 것으로서 교과 내용을 Computing 기술을 통해 이해하고 소프트웨어 프로그래밍 도구를 이용하여 다양하게 확장할 수 있다.

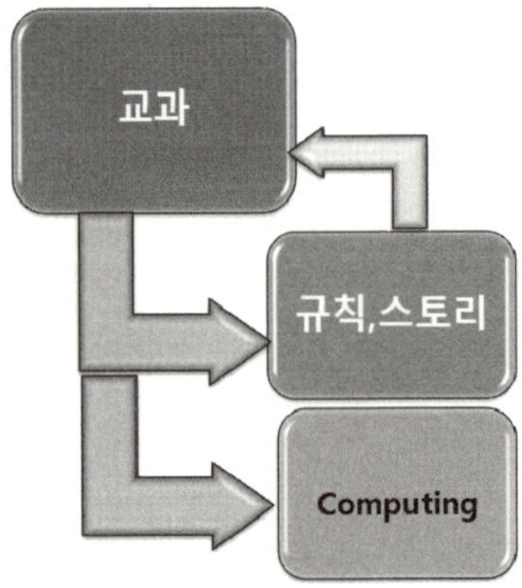

그림 8-3 교과 내용과 Computing 관계

[그림 8-3] 모형을 참고하여 다음과 같이 교과 융합 수업을 설계할 수 있다. 예를 들어, 사회 교과의 성취기준인 "[9사(지리)02-03] 아시아의 인구 특징을 파악하고 지역별 인구구조 변화를 비교하여 지역 발전의 가능성 및 변화 모습을 추론한다"를 활용할 수 있다. 이 성취기준에 따라 아시아 각국의 인구 데이터를 기반으로 다양한 인공지능 모델을 활용하여 인구 데이터의 변화를 예측하도록 할 수 있다.

또한 아시아 각국의 인구 구조를 분석하고 발전 가능성을 인공지능 모델을 통해 예측하도록 설계할 수 있다. 더 나아가 학생들이 인구 구조를 나라별로 비교하고, 특정 국가의 인구 구조와 유사한 국가를 인공지능을 활용해 찾아보도록 함으로써 교과학습과 인공지능 기술의 통합적 이해를 도울 수 있다.

이와 같은 방식은 간학문적 및 초학문적 접근을 통해 인공지능 기술과 교과학습의 유기적 융합을 실현하는 사례로 적용할 수 있다.

인공지능 교과 융합모델에서 첫 번째로 중요한 단계는 데이터를 선정하고 추출하는 것이다. 인구 데이터처럼 명확히 제공되는 경우도 있지만, 다른 교과에서는 교과 과정에서 기술된 성취기준에 따라 적합한 데이터를 찾아내는 과정이 필수적이다. 따라서 교과 융합모델의 첫 관문은 데이터를 다루는 데 있다. 이 모델에서 활용되는 데이터는 다음 세 가지로 구분할 수 있다:

- 교과서나 교과 내용에 있는 데이터

- 실제 생활 데이터나 과학 데이터
- IoT 등으로 직접 데이터를 생성하여 이용하는 데이터

두 번째 문제는 도구를 선택하여 데이터를 분석하는 것이다. 도구를 선택할 때에는 에듀테크 기업 또는 인공지능 기업들이 만들어 놓은 인공지능 도구를 직접 이용하는 방법과 직접 도구를 만들어서 사용하는 방법이 있다. 직접 도구를 만드는 방법은 간단히 라이브러리를 사용할 수 있게 만들어 놓은 모듈 등을 이용하는 방법, 인공지능 도구를 이용하여 도구를 만드는 방법, 또는 파이썬, C, 자바 등을 이용하여 직접 만들어서 사용하는 방법 등이 있을 수 있다. 도구를 선택 또는 사용하는 방법들은 다음 4가지가 있다.

- 만들어 놓은 인공지능 도구를 이용하는 방법
- 라이브러리를 이용한 도구를 만들어서 이용하는 방법
- 직접 코딩하는 도구를 만들어서 이용하는 방법
- 도구를 이용하여 도구를 만들어서 이용하는 방법

위의 두 가지 문제, 즉 데이터 문제와 도구 문제를 적용하면서 교과문제를 해결하는 것이 인공지능 교과융합이 된다.

인공지능 교과 융합모델은 사용하는 데이터의 종류와 인공지능 도구를 선택하는 방법에 따라 다음과 같이 분류한다.

첫 번째는 기본 모델(Basic Model)이다. 이 모델은 교과에 있는 데이터를 에듀테크 기업이나 다른 기관에서 만들어 놓은 인공지능 도구를 이용하여 분석하는 것이다.

두 번째는 응용 모델(Application Model)이다. 이 모델은 실생활에 있는 실제 데이터를 이용하고 인공지능 도구를 이용하는 것이다.

세 번째는 심화 응용 모델(Deep Application Model)이다. 이 모델은 실생활의 데이터에서 인공지능 도구를 직접 만들어서 사용하는 것이다. 이때는 라이브러리를 이용해도 되고, 직접 코딩을 해도 되고, 도구를 만드는 도구를 이용해도 된다. 이때는 인공지능 기술을 많이 알수록 좋을 수 있다.

네 번째는 전문가 모델(Expert Model)이다. 이때는 필요한 데이터를 직접 만들

어서 IoT 등을 연계해서 사용하는 모델이다. 실제 온라인상에서 웹이나 앱의 데이터를 수집하여 직접 만들어 보는 것이다.

2) 기본 모델(Basic Model)

인공지능 교과 융합모델의 기본 모델은 교과서나 교과 내용에서 제공되는 데이터를 기반으로 이미 개발되어 있는 인공지능 도구를 활용하는 방식이다. 예를 들어, 에듀테크 기업이나 공공기관에서 제공하는 AI 분석 도구를 사용하여 교과 내용을 분석하거나 시뮬레이션에 활용할 수 있다. 이 모델은 교사와 학생들이 복잡한 AI 기술을 배우지 않아도 손쉽게 사용할 수 있는 도구를 통해 학습 목표를 달성할 수 있도록 돕는다. 주요 특징은 데이터와 도구가 이미 준비되어 있어 비교적 간단하게 사용할 수 있다는 점이다.

기본 모델은 성취기준을 이해하기 위해서 데이터는 교과 데이터를 이용한다. 이때 보통 데이터들은 교과 개념을 쉽게 이해하기 위한 예제를 만들어 놓은 데이터이다. 수학 교과에서 나오는 예제 데이터, 과학 설명을 하기 위한 예제 데이터, 지구 온난화를 위한 교과서 데이터와 같이 사회나 자연 현상을 설명하는 가장 기본적인 데이터, 국어와 영어 교과의 대상을 설명하는 텍스트 데이터 등이 있다. 기본 모델에 대한 구조적인 설명은 다음 [그림 8-4]와 같다.

도구는 다른 기관이 만들어 놓은 인공지능 도구들을 사용하는 것이다. 인공지능 도구들은 만드는 기업마다 다르고 만드는 기능들의 유연성이 서로 다를 수 있다.

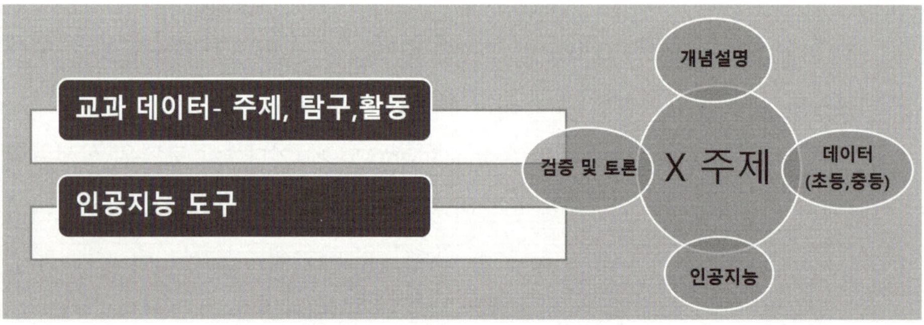

그림 8-4 인공지능 교과 융합 모델의 기본 모델

인공지능 도구는 광의의 도구들이라고 볼 수 있기 때문에 데이터를 시각화하는 것도 매우 중요하다. 인공지능 도구들은 초등학교에서 사용하는 도구부터 고등학생들이 사용하는 도구들을 포함하고, 교과목에 따라, 학년에 따라 다르다.

예를 들어, 음악 교과에 필요한 도구들을 이용하여 음악 수업에 활동하면 된다. 구글에서 제공하는 14개의 음악 도구들이 있다(https://musiclab.chromeexperiments.com/Experiments).

구글의 음악 관련 도구들은 다음 [그림 8-5]와 같다.

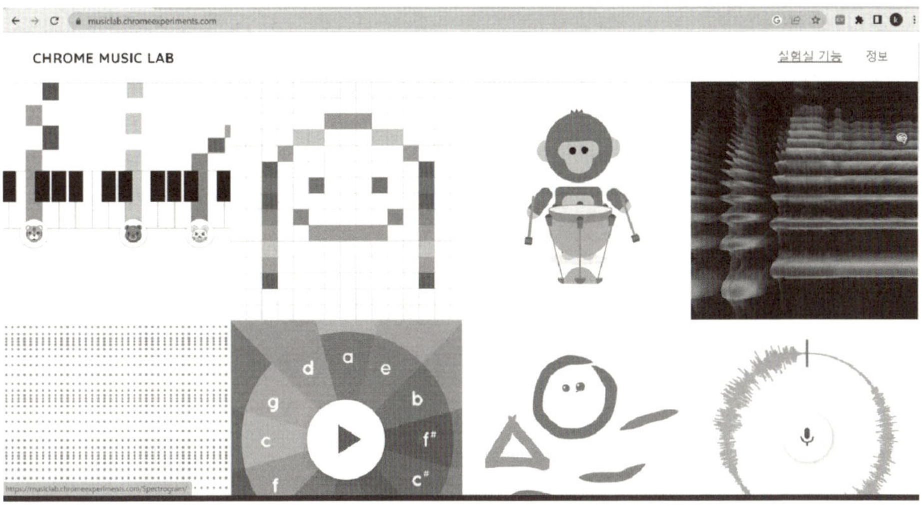

그림 8-5 구글 음악 관련 도구

구글의 Music Lab은 음악 탐색을 재미있고 교육적으로 만들기 위해 설계된 다양한 도구 세트이다. 이러한 도구를 음악 교과에 활용하여 학생들은 리듬, 멜로디, 하모니, 음파, 음조와 같은 음악 개념을 고도의 대화형 및 시각적 방식으로 더 깊이 이해할 수 있다. 14개의 도구 중에 대표적인 Song Maker는 그리드에 메모를 배치하여 멜로디를 만드는 간단한 도구로서 다양한 악기와 템포를 선택하여 자신만의 노래를 만들 수 있고, Rhythm은 비트를 생성하고 다양한 박자 기호와 템포를 실험하여 사용자가 리듬을 이해할 수 있고, 복잡한 리듬 패턴을 시각화하고 생성할 수 있다. 기본 모델은 (교사들의) A그룹과 B그룹 교사들에게 적합하다.

본 기본 모델은 성취기준 내에서 또는 교과 내용을 이해하는 수준에서 인공지능 도구들을 이용하기 때문에 Ingram(1979)의 통합 교육과정에는 접근할 수 없다. Jacobs의 통합 교육과정 관점에서는 교과에 중심을 두고 인공지능 도구를 이용하는 것이기 때문에 학문중심(학문별/교과별)설계모형(discipline-based content design)이고, Drake(1993)의 관점에서는 실제 세계의 문제를 해결할 수 있는 능력을 개발하는 것이 미약하기 때문에 다학문적(Multidisciplinary)의 기초 수준이고, Harden(2000)의 통합 사다리 방법에서는 인공지능 도구를 교과에 사용하기 때문에 조화(Harmonization) 계단이다. Fogarty의 관점에서는 인공지능 도구를 교과의 한 분야라고 보면 순차형, 공유형, 웹형, 쓰레드형, 통합형으로 구성할 수 있다. 교사들의 능력에 따라 구성할 수 있으며 기본적으로 순차형에 초점이 맞추어 진다.

본 기본 모델에서 교사들은 일상적인 웹이나 앱을 사용하는 수준의 도구 사용 능력이 있으면 된다. 물론 교사들이 도구 사용에 대한 이해가 높을수록 더 깊이 있는 수업을 설계할 수 있다. 교사들의 능력이 일반적인 도구들을 잘 사용할 수 있는 수준이면 충분히 이 모델을 활용할 수 있다.

3) 응용 모델(Application Model)

인공지능 교과융합모델의 응용 모델은 실생활에서 얻은 데이터를 활용하여 인공지능 도구로 분석하는 방식이다. 이 모델에서는 교과 내용과 관련된 실생활 데이터를 수집하고, 이를 AI 도구에 적용하여 학습 목표를 확장한다. 예를 들어, 지역의 기후 데이터, 교통량 데이터, 소비자 행동 데이터 등을 수집하여 인공지능 도구를 통해 패턴을 분석하거나 예측하는 활동이 포함된다. 이 모델은 학생들이 실생활 데이터를 다루면서 데이터의 중요성을 체감하고, 인공지능 도구의 활용 가능성을 구체적으로 이해할 수 있도록 설계된다.

응용 모델은 성취기준을 이해하기 위해서, 데이터는 교과 데이터를 기반으로 하되 실생활의 데이터를 이용하여 하는 것이다. 이때 사용하는 도구는 다른 기관이 만들어 놓은 인공지능 도구들을 사용하는 것이다. 단순한 도구뿐만 아니라 인공지능 도구들이 탑재된 플랫폼을 이용하는 것이다. 응용 모델에 대한 구조적인 설명은 다음 [그림 8-6]과 같다.

본 심화 모델은 교사들의 A그룹에서는 적용에 어려움이 있지만 B그룹에서는 조금만 노력하면 충분히 적용 가능하다. C그룹 이상에는 충분히 가능하다.

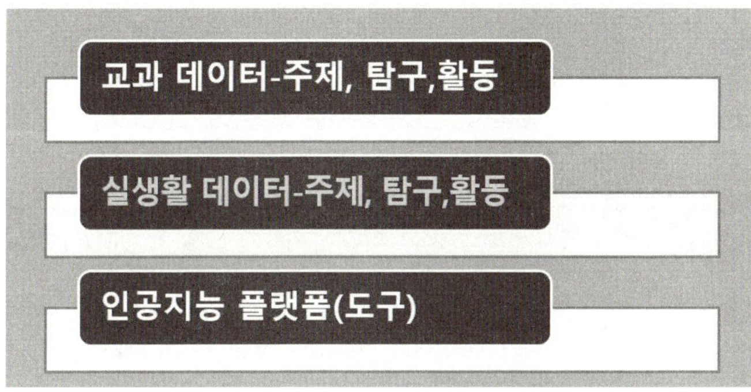

그림 8-6 인공지능 교과 융합 모델의 응용 모델

본 모형의 핵심은 데이터는 교과 데이터에 실생활의 데이터를 같이 사용해 보는 것이다. 실생활의 데이터도 인터넷에 공개된 데이터를 이용하는 것이다. 우리나라의 공개 데이터 제공처로는 대표적으로 www.data.go.kr이 있다. 2025년 1월 6일 현재 100,153건이 수록되어 있다. 수록되어 있는 데이터는 파일 데이터 74,515건, 오픈 API 11,835건, 표준 데이터 셋 250개 11,452건, 연계 데이터는 2351건이 있다. 이 데이터를 직접 찾아서 교과와 연계하여 학습할 수 있어야 한다. 이 사이트의 분야별 국제 데이터 맵 구성도는 다음 [그림 8-7]과 같다.

아래의 공개된 데이터를 기반으로 각 지역 자치 단계에서는 자체 공개 데이터를 유지하고 있고, 정부 각 부처에서는 부처의 공개 데이터를 유지하고 있다. 서울시에서는 서울시 공개 데이터를 운영하고 있다.

미국 데이터는 www.data.gov에서 찾을 수 있다. 2025년 1월 6일 현재 306,121개의 데이터가 있다. https://catalog.data.gov/dataset/을 클릭하면 다음 [그림 8-8]과 같은 데이터 집합이 제시되며, 해당 데이터의 유형 등이 자세히 안내된다. 또한 각 분야별로 필요한 데이터를 찾을 수 있다.

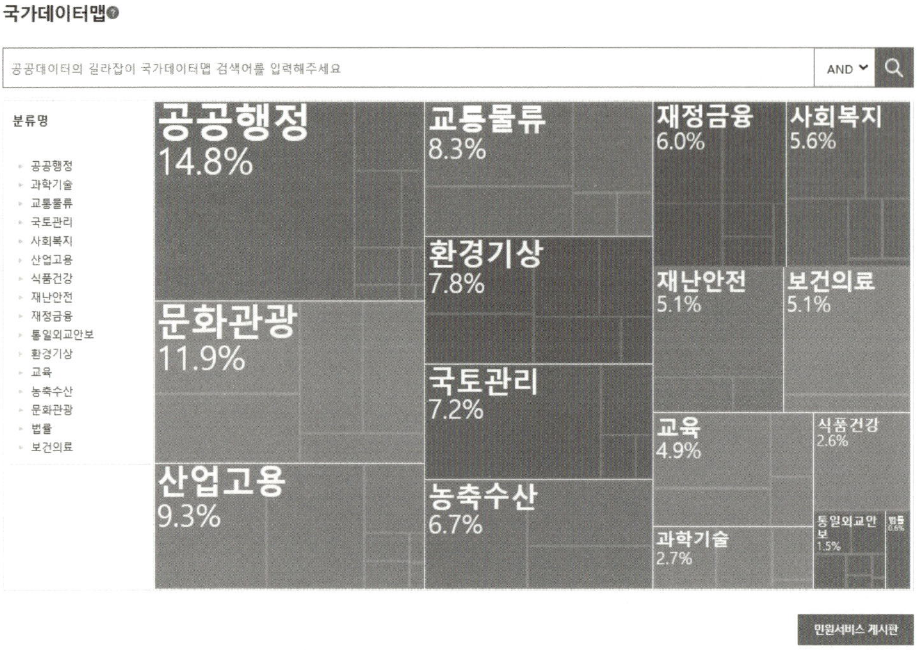

그림 8-7 우리나라 공공데이터 맵

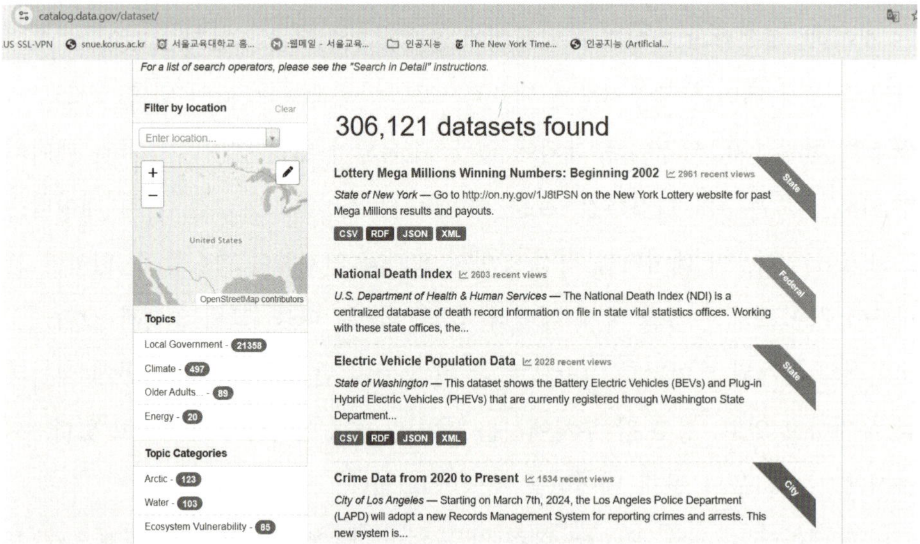

그림 8-8 미국 공공데이터 맵

각 기관별 유용한 데이터 맵을 국외는 〈표 8-1〉로, 국내는 〈표 8-2〉로 정리하였다.

표 8-1 유용한 공개 데이터 목록(해외)

제공 기관/사이트	데이터 이름	URL	설명
구글	Google public data	https://www.google.com/publicdata/directory	전 세계 공공데이터 집합으로 언어를 설정하면 해당 언어로 공공데이터 제공
세계은행(World Bank)	World Bank Open Data	https://data.worldbank.org	세계 각국의 경제, 사회, 환경 등 다양한 데이터 제공
유엔(United Nations)	UN Data	https://data.un.org	유엔이 제공하는 국제적인 통계 데이터
경제협력개발기구(OECD)	OECD Economic Outlook	https://www.oecd.org/economic-outlook	세계 주요 국가의 경제 전망과 통계 제공
미국 정부(U.S. Government)	U.S. Government Data (Data.gov)	https://www.data.gov	미국 정부의 다양한 공공데이터 제공
유럽연합(European Union)	EU Open Data Portal	https://data.europa.eu	유럽연합의 공식 공공데이터 포털
NASA(미국 항공우주국)	NASA Open Data	https://data.nasa.gov	NASA의 다양한 과학 데이터 제공
세계보건기구(WHO)	WHO Global Health Observatory	https://www.who.int/data/gho	세계보건기구에서 제공하는 글로벌 건강 데이터
유럽연합 통계청(Eurostat)	Eurostat	https://ec.europa.eu/eurostat	유럽 국가들의 경제, 사회, 환경 등 통계 제공
영국 데이터 서비스(UK Data Service)	UK Data Service	https://ukdataservice.ac.uk	영국 내 다양한 공공데이터 제공
국제통화기금(IMF)	International Monetary Fund (IMF) Data	https://www.imf.org/en/Data	경제, 금융 관련 통계 데이터 제공
세계보건기구(WHO)	Open Data Portal of the World Health Organization (WHO)	https://www.who.int/data	WHO에서 제공하는 보건 관련 글로벌 데이터
Data.World	Data.World	https://data.world	다양한 분야의 공공데이터와 협업 플랫폼 제공

표 8-2 유용한 공개 데이터 목록(국내)

데이터 이름	제공 기관/사이트	URL	설명
공공데이터포털 (Open Data Portal)	한국정부(한국정보화진흥원)	https://www.data.go.kr	한국의 다양한 정부 및 공공 기관 데이터 제공
통계청 국가통계 포털(KOSIS)	통계청(Statistics Korea)	http://kosis.kr	한국의 국가 통계, 사회 경제적 통계 제공
국토교통부 국가공간정보포털	국토교통부(Ministry of Land, Infrastructure and Transport)	http://www.nsdi.go.kr	공간정보, 지리정보 관련 공공데이터 제공
기상청 날씨누리	기상청(Korea Meteorological Administration)	http://www.weather.go.kr	날씨, 기후 및 기상 관측 데이터 제공
산림청 산림자원정보시스템	산림청 (Korea Forest Service)	http://www.forest.go.kr	산림 자원 및 환경 관련 데이터 제공
해양수산부 해양공간정보포털	해양수산부(Ministry of Oceans and Fisheries)	http://www.mof.go.kr	해양 및 수산 관련 공공데이터 제공
서울열린데이터광장	서울특별시(Seoul Metropolitan Government)	https://data.seoul.go.kr	서울시 공공데이터 제공
경기도 공공데이터	경기도청(Gyeonggi Provincial Government)	https://data.gg.go.kr	경기도의 다양한 공공데이터 제공
한국환경공단 환경공공데이터	한국환경공단(Korea Environment Corporation)	https://www.keei.re.kr	환경 관련 데이터, 오염도 및 기후 변화 데이터 제공
국민건강보험공단 건강보험 데이터	국민건강보험공단(National Health Insurance Service)	https://www.nhis.or.kr	건강보험 관련 통계 및 의료 서비스 데이터 제공
교육부 교육통계서비스	교육부 (Ministry of Education)	https://www.moe.go.kr	교육 관련 통계 및 학술 성과 데이터 제공

응용 모델에서 사용되는 도구들은 인공지능 플랫폼 및 도구들을 이용한다. 플랫폼 및 도구는 교과목에 종속되는 것이 아니라 모든 교과에서 적용할 수 있다. 공공데이터를 분석하는 데 사용할 수 있는 무료 도구들은 주로 오픈소스 또는 제한된 기능을 무료로 제공하고 분석, 시각화, 데이터 클렌징 등 여러 작업을 수행할 수 있으며, 사용자가 손쉽게 접근할 수 있도록 제공한다.

표 8-3 유용한 데이터 분석 및 인공지능 플랫폼

이름	제공 기관/사이트	URL	주요 기능 및 설명
Orange	University of Ljubljana	https://orange.biolab.si https://orangedatamining.com/	데이터 마이닝 및 머신러닝 도구, 시각화, 분류, 회귀 분석 제공
Weka	University of Waikato	https://www.weka.io	머신러닝 및 데이터 마이닝 소프트웨어, 분류, 클러스터링, 회귀 분석 제공
Grafana	Grafana Labs	https://grafana.com	실시간 데이터 모니터링 및 시각화 도구, 다양한 데이터 소스와 통합 가능
Bokeh	Bokeh Development Team	https://bokeh.org	웹 기반의 대화형 데이터 시각화 도구, Python 라이브러리
Pandas Profiling	Open Source (Pandas 관련)	https://pandas-profiling.github.io	데이터 분석 리포트 자동 생성, 탐색적 데이터 분석(EDA) 도구
Datawrapper	Datawrapper	https://www.datawrapper.de	웹 기반 데이터 시각화 도구, 차트 및 지도 시각화
TensorFlow (Tensor Flow.js)	Google	https://www.tensorflow.org	머신러닝 및 딥러닝을 위한 오픈소스 라이브러리, Python 및 JavaScript 지원
KNIME Analytics Platform	KNIME	https://www.knime.com	데이터 마이닝, 분석 및 머신러닝 플랫폼, 오픈소스 및 무료 제공
Leaflet	OpenStreetMap & Contributors	https://leafletjs.com	오픈소스 JavaScript 라이브러리, 지도 시각화 및 공간 데이터 분석
Vega-Lite	Interactive Data Visualization Research Group	https://vega.github.io	간단한 인터랙티브 시각화 도구, JSON 기반 시각화 언어

초·중등학생들이 사용하기 좋은 인공지능 플랫폼 및 도구들은 다음과 같다. 블록 코딩 및 게임 기반 학습을 위하여 Scratch, AI for Oceans, Quick, Draw!, RoboZZle 등이 있다. 이는 직관적이고 재미있는 방법으로 AI 개념을 배우는 도

구이고, 게임을 통해 AI의 다양한 기능을 체험하면서 배우는 방식으로 되어 있다. AI 모델을 만들기 위해서 Teachable Machine, Lobe, Cognimates, RunwayML 등이 있다. 이는 초등학생들이 쉽게 AI 모델을 만들고 테스트할 수 있으며 이미지, 소리, 포즈 등을 인식하는 모델을 생성하고 적용할 수 있다. 창의적 프로젝트를 만드는 도구는 RunwayML, AI Dungeon 등이 있다. 이는 창의력과 상상력을 발휘할 수 있는 도구로, 이미지 생성, 텍스트 기반 게임 등 다양한 방식으로 AI와 상호작용하며 학습할 수 있다. 기초적인 데이터 분석 및 AI 이해를 위해서 Weka, Kaggle 등이 있고 데이터 분석과 AI 모델링의 기본을 배우는 데 유용한 도구이다. Kaggle은 데이터 과학 대회도 개최하여 학생들이 실제 문제를 해결하는 경험을 할 수 있다. 머신러닝 및 딥러닝를 위해서 TensorFlow, Pytorch, Fast.ai, Keras 등이 있다. 이는 머신러닝 및 딥러닝 모델을 만들고 훈련할 수 있는 오픈소스 라이브러리이고, 학생들이 이 도구들을 사용하면 복잡한 AI 모델을 구현하고 실습할 수 있다. 자연어 처리(NLP)를 위해서 OpenAI GPT-3 Playground, DeepL Translator 등이 있다. 이는 AI를 이용한 자연어 처리 및 텍스트 생성 기능을 실험할 수 있는 도구들이고 GPT-3를 사용해 자연어 생성 및 대화를 실험할 수 있다.

이런 도구들을 요약하면 〈표 8-4〉와 같다.

표 8-4 **초·중등학생들에게 유용한 데이터 분석 및 인공지능 플랫폼**

도구 이름	제공 기관/사이트	URL	주요 기능 및 설명
엔트리	네이버	https://playentry.org/	블록 코딩을 통해 프로그래밍을 학습하고, 데이터 분석 및 인공지능 프로그램 가능
Scratch (AI 확장)	MIT Media Lab	https://scratch.mit.edu	블록 코딩을 통해 프로그래밍 및 AI 개념을 배우는 도구, AI 확장으로 이미지 인식, 음성 인식 등 추가 가능
Teachable Machine	Google	https://teachablemachine.withgoogle.com	이미지, 소리, 포즈 인식 AI 모델을 쉽게 만들 수 있는 도구, 직관적인 인터페이스 제공

도구 이름	제공 기관/사이트	URL	주요 기능 및 설명
AI for Oceans	Code.org	https://studio.code.org/s/ai-for-oceans	바다 오염 문제 해결을 위한 AI 프로그램 만들기, 환경 교육과 AI 결합
Google Colab	Google	https://colab.research.google.com	Python과 AI 모델을 실험할 수 있는 클라우드 기반 환경, 초등학생도 접근 가능
RunwayML	RunwayML	https://runwayml.com	창의적인 AI 프로젝트 도구, 이미지 생성 및 편집, 영상 변환 등 다양한 창의적 작업 지원
AI Experiments	Google	https://experiments.withgoogle.com/collection/ai	AI 기술을 재미있는 실험으로 경험할 수 있는 웹사이트, AI의 다양한 활용 사례를 체험
Cognimates	IBM & MIT	https://cognimates.me	코딩과 AI를 결합한 학습 플랫폼, 로봇 제어, 이미지 및 음성 인식, 자연어 처리 기능 제공
TensorFlow	Google	https://www.tensorflow.org	딥러닝 및 머신러닝 모델을 만들고 훈련할 수 있는 강력한 오픈소스 라이브러리
Kaggle	Kaggle (Google)	https://www.kaggle.com	데이터 과학 및 머신러닝 실습, 대규모 데이터셋 활용, AI 및 데이터 분석 대회 참여
Microsoft Azure Machine Learning Studio	Microsoft	https://studio.azureml.com	머신러닝 모델 구축 및 배포, 시각적 인터페이스 제공, 프로그래밍 없이도 AI 실습 가능
Pytorch	Facebook	https://pytorch.org	딥러닝 및 인공지능을 위한 Python 기반의 오픈소스 라이브러리, 머신러닝 모델 훈련 가능
OpenAI GPT-3 Playground	OpenAI	https://platform.openai.com	GPT-3를 기반으로 한 자연어 처리 및 텍스트 생성 모델 실험, 챗봇 만들기
IBM Watson Studio	IBM	https://www.ibm.com/cloud/watson-studio	AI 모델 개발 및 데이터 분석을 위한 클라우드 플랫폼, 초보자부터 전문가까지 활용 가능
Google AutoML	Google	https://cloud.google.com/automl	프로그래밍 없이 머신러닝 모델을 만들고 배포할 수 있는 도구, 이미지 및 텍스트 분석

본 응용 모델은 성취기준 내에서 또는 교과 내용을 이해하기 위해서 단순한 인공지능 도구들을 이용하는 것이 아니라 인공지능 플랫폼을 이용하고, 실생활의 공개 데이터를 이용할 수 있게 구성해야 한다.

본 응용 모델은 교사들에게 인공지능 및 컴퓨팅 능력이 있고, 학생들도 어느 정도 컴퓨팅 도구들을 다루는 방법을 알고 있을 경우 적용하기 쉽다. 따라서 교사 및 학생들의 능력에 따라 다양한 융합의 단계에 적용가능하다.

본 응용 모델은 기본 모델보다 인공지능 기술들을 잘 알아야 한다. 본 모형은 수업하는 중에 디지털 역량과 인공지능 역량이 더 필요하기 때문에, Ingram(1979)의 주제 중심(Theme-Based) 접근법을 이용하여 통합 교육과정에서 인공지능 영역과 각 교과 영역을 허물고 인공지능과 해당 교과와의 다양한 학문 영역의 내용을 상호 연관시키면 좋다.

본 응용 모델은 Jacobs(1989)의 통합 교육과정의 설계모형 관점에서 첫 번째는 학문기초 내용중심(학문별/교과별) 설계모형(discipline-based content design)으로 이용하여도 된다. 인공지능 플랫폼을 알기 위해서 인공지능을 이해해야 하는 측면과 또한 인공지능기술을 학습할 수 있다는 측면을 고려하였을 때 인공지능과 해당 교과에 초점을 맞출 수도 있다. 본 응용 모델은 Jacobs의 6가지 모두 적용 가능하다.

또한 본 응용 모델은 Drake(1993)의 통합 교육과정에서 다학문적(Multidisciplinary), 간학문적(Interdisciplinary), 초학문적(Transdisciplinary) 세 가지 접근 방식 모두 구현 가능하다.

본 응용 모델은 포가티(Fogarty)의 교육과정을 통합하기 위해 10가지 방식 중에서 순차형, 공유형, 웹형, 쓰러드형, 통합형을 다 구현할 수 있다. Harden(2000)의 통합 사다리 방법으로는 조화(Harmonization) 계단 이상에서 가능하다.

4) 심화 응용 모델(Deep Application Model)

인공지능 교과융합모델의 심화 응용 모델은 성취기준을 이해하기 위해서 교과 데이터를 기반으로 한 실생활의 데이터를 이용할 수 있다. 이때 사용하는 도구는 다른 기관이 만들어 놓은 것이 아니라 인공지능 라이브러리 등을 이용하여 직접 프로그래밍한 것이어야 한다. 심화 응용 모델에 대한 구조적인 설명은 다음 [그림 8-9]와 같다. 심화(Deep)라는 표현은 기존의 인공지능 도구를 사용하는 것이 아니라 라이브러리를 이용하여 프로그래밍을 할 수 있다는 측면을 나타내기 위함이다.

본 심화 응용 모델은 교사들의 C그룹에서는 조금 어려움이 있지만 충분히 적용 가능하다. D그룹과 E그룹에서 충분히 적용 가능하다.

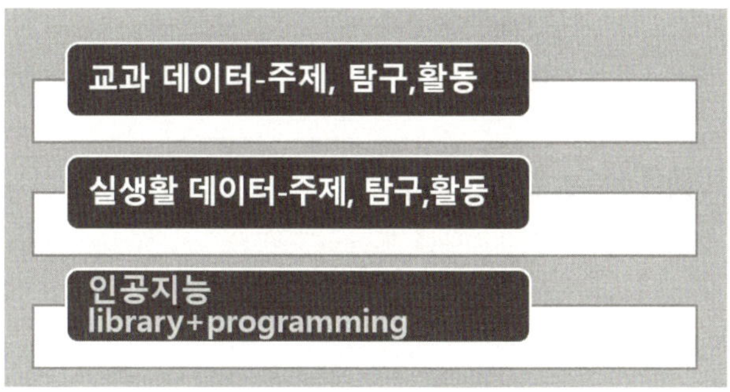

그림 8-9 심화 응용모델

심화 응용 모델의 경우 데이터를 분석하여 성취기준을 달성하고자 할 때에도 기존의 도구를 사용하지 않고 라이브러리를 이용하여 프로그래밍하게 된다. 이때 초보자에게 추천하는 프로그래밍 언어는 Python이다. Python은 직관적이고 배우기 쉬운 문법으로 구성되고 라이브러리 지원이 풍부(NumPy, Pandas, TensorFlow 등)하며 강력한 커뮤니티 지원한다. Python을 이용하여 데이터 분석, 자연어 처리, 머신러닝 모델 개발, 시각화, 예측 분석 등을 수행할 수 있다. 웹 기반 AI를 개발할 경우 JavaScript를 이용하여 웹에서 브라우저 기반 AI 모델을 실행하고 실시간 데이터를 시각화할 수 있다.

심화 응용 모델은 각 교과 선생님이 직접 프로그래밍을 할 수 있는 교사들이어야 가능하다. 예비 교사들이 대학에서 기본적인 프로그래밍의 역량을 기르면 현직 교사가 되었을 때에 직접 지도 가능하다. 교사 한 명이 수업을 하는 것은 매우 어렵다. 따라서 해당 교과와 인공지능 또는 computing 교사 두 사람 이상이 가르칠 수 있다. 이런 측면에서 통합 또는 융합 교육과정 이론으로 Ingram(1979)의 통합 교육과정에서 교과 간 경계를 허물기가 쉽다. 따라서 프로그래밍이 가능한 교사는 해당 교과와 인공지능 내용을 상호 연관시킬 수 있다. Jacobs의 통합 교육과정 측면에서 개별 학문에 초점을 두고 각 학문별 학습하는 모형에 적합하다. Drake(1993)의 통합 교육과정 모델에서도 다학문적(Multidisciplinary) 융합과정에 적합하다. Fogarty의 교육과정을 통합하기 위한 순차형과 주제 정도를 공유하는 공유형 과정까지 가능하다. Harden(2000)의 통합 사다리 방법에서는 인식(Awareness) 계단까지 가능하다. 물론 프로그래밍이 가능한 해당 과목 전문 교사일 경우에는 상위 단계까지 가능하다.

5) 전문가 모델(Expert model)

인공지능 교과 융합 모델의 전문가 모델은 실제 상업용 또는 전문가가 될 수 있게 대상 분야에 인공지능 기술을 이용하는 것이다. 보통 각 교과의 여러 개의 성취기준을 만족하는 주제를 정하고, 해당 주제를 구현할 때에 전문가 수준으로 만드는 것이다. 이때 이용되는 데이터는 직접 수집하고 라이브러리 등을 바탕으로 프로그래밍하여 준비한다. 따라서 전문적인 데이터를 수집하는 방법 등이 매우 중요하다.

본 전문가 모델은 교사들의 C그룹에서는 조금 어려움이 있지만 적용가능하다. D그룹과 E그룹에서 충분히 가능하다.

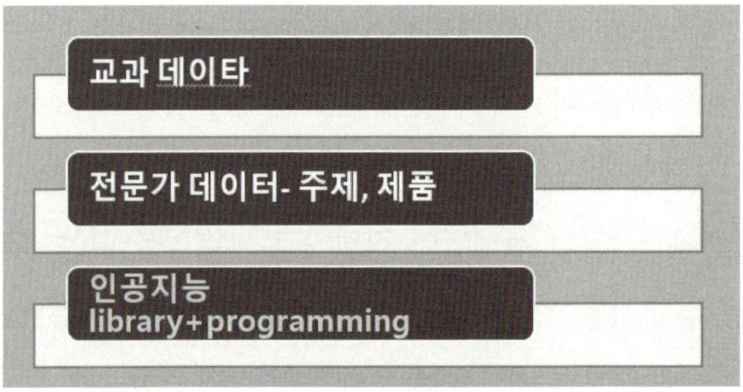

그림 8-10 전문가 모델

전문적인 데이터를 수집하는 방법은 다음과 같다.

첫 번째, 심화 모형의 공개 데이터 집합 등을 이용하는 것이다. 서울시 교통 데이터를 이용하여 다양한 연구 프로젝트를 수행하거나 기상청 데이터를 이용하여 연구 프로젝트를 수행하거나 누구나 사용할 수 있는 앱 등을 만들어 볼 수도 있다.

두 번째, 인공지능을 학습할 수 있는 전문 데이터를 이용하는 것이다. 전문가들이 학습할 수 있는 데이터들은 한국정보화진흥원에서 2017년부터 2024년까지 구축한 것과 https://www.aihub.or.kr/에 국가적으로 구축해 둔 인공지능 학습 데이터 집합이 있으며, 구체적인 내용은 다음 [그림 8-11]에 제시되어 있다. 간단히 살펴보면 2025년 1월 6일 현재 847건의 데이터가 구축되어 있고, 교육 분야의 데이터는 15건 구축되어 있으며, 외부 데이터와 외부 기관 데이터를 잘 활용할 수 있게 구성되어 있다. 이 데이터 집합을 이용하면 전문가용 인공지능 프로그래밍을 할 수 있다.

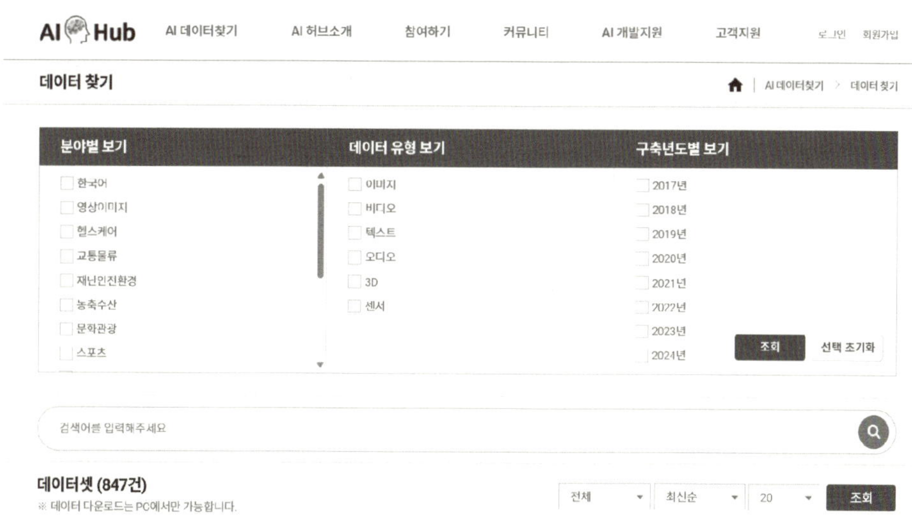

그림 8-11 AI HUB 전문가 데이터 집합

세 번째, 학자 수준으로 연구하여 데이터 분석 논문 등을 작성할 수 있는 연구 데이터 집합들을 이용하는 것이다. 예를 들어 GBIF(https://www.gbif.org/)의 경우 생물학적 데이터를 제공하며, 생태학적 연구 및 환경 보호에 중요한 데이터를 제공한다. 생물 관련 데이터 집합이 2025년 1월 6일 현재 110,986건이 있고, 이 데이터를 이용한 연구 논문들이 11,962개 있다.

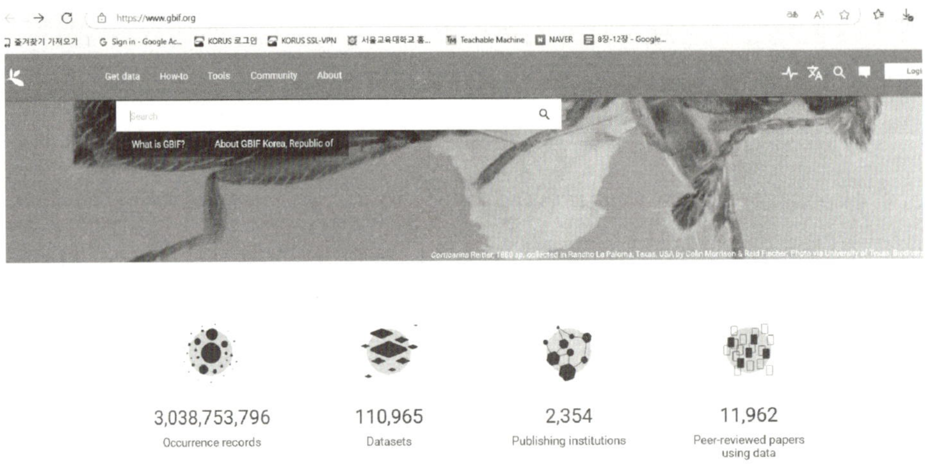

그림 8-12 국제적 생물다양성 정보 플랫폼

또 다른 사례로는 구글 지구엔진(https://earthengine.google.com/)을 이용하는 것이다. 이는 세계자원연구소(World Resources Institute) 회장인 앤드류 스티어 박사가 방대한 양의 위성 이미지를 빠르고 정확하게 처리하여 나무 덮개 변화가 발생한 장소와 시기를 고해상도로 식별한 것으로 지구의 미래를 걱정하는 사람들에게 구글 지구엔진(Google Earth Engine)은 큰 축복이라고 할 정도의 데이터다. 이 데이터는 30년 이상의 역사적 이미지와 과학 데이터 세트가 매일 업데이트 및 확장되고 있으며, 즉시 분석할 수 있는 80페타바이트 이상의 지리 공간 데이터가 포함되어 있다. 이 데이터들은 https://developers.google.com/earth-engine/사이트에 자세한 안내가 있다.

전문가 수준의 연구에 필요한 데이터를 제공하는 기관들은 다음 표와 같다.

표 8-5 전문가용 데이터 제공 기관 및 플랫폼

데이터 제공처/ 플랫폼 이름	제공 기관/ 사이트	URL	주요 제공 데이터 및 설명
NASA Earth Data	NASA (미국 항공우주국)	https://earthdata.nasa.gov	기후, 환경, 지구 관측 데이터, 위성 및 기후 모델링 관련 데이터 제공
NCBI Gene Expression Omnibus (GEO)	NCBI (National Center for Biotechnology Information)	https://www.ncbi.nlm.nih.gov/geo	유전자 발현 데이터, 생물학적 연구 및 유전자 분석을 위한 데이터
Human Protein Atlas	Human Protein Atlas	https://www.proteinatlas.org	인간 단백질의 위치와 발현 데이터 제공, 생물학적 연구 및 단백질 분석에 유용
World Climate Research Programme (WCRP)	WCRP	https://www.wcrp-climate.org	기후 변화 연구 및 모델링에 필요한 데이터 제공
Gene Ontology (GO)	Gene Ontology Consortium	http://geneontology.org	생물학적 기능, 과정, 세포 구성에 관한 유전자 및 단백질 관련 데이터 제공
Protein Data Bank (PDB)	Research Collaboratory for Structural Bioinformatics	https://www.rcsb.org	단백질 3D 구조 데이터, 생화학적 연구 및 단백질 구조 분석에 사용
Ensemble Data	European Bioinformatics Institute (EBI)	https://www.ensembl.org	유전체 데이터, 유전자 및 변이 정보 제공, 유전체학 및 생명과학 연구에 사용
CERN Open Data Portal	CERN (European Organization for Nuclear Research)	http://opendata.cern.ch	고에너지 물리학 실험 데이터, 입자 물리학 연구에 필요한 데이터 제공
OpenAIRE	European Commission	https://www.openaire.eu	유럽연합의 연구 데이터베이스, 연구 논문, 프로젝트 데이터 및 결과 제공
Global Biodiversity Information Facility (GBIF)	GBIF	https://www.gbif.org	생물 다양성 데이터, 종 분포 및 생태계 관련 데이터 제공, 생태학 및 환경 연구에 유용
NOAA Climate Data	NOAA (National Oceanic and Atmospheric Administration)	https://www.noaa.gov	기후, 해양, 대기, 수질 및 환경 관련 데이터 제공

데이터 제공처/ 플랫폼 이름	제공 기관/ 사이트	URL	주요 제공 데이터 및 설명
The Cancer Genome Atlas (TCGA)	National Cancer Institute (NCI)	https://www.cancer.gov/about-nci/organization/ccg/research/structural-genomics/tcga	암 유전자 및 돌연변이 데이터, 암 연구 및 치료 방법 개발에 사용
The Human Connectome Project	Human Connectome Project	https://www.humanconnectome.org	인간 뇌의 연결망 데이터 제공, 뇌 과학 연구 및 신경과학 분석에 활용
World Ocean Database	NOAA (National Oceanic and Atmospheric Administration)	https://www.nodc.noaa.gov/OC5/SELECT/dbsearch/dbsearch.html	해양 환경 및 수온, 수질 등의 데이터 제공, 해양학 연구에 필수적인 데이터
Paleobiology Database	Paleobiology Database	https://paleobiodb.org	고생물학적 데이터, 화석 및 생물 종의 분포와 시간에 따른 변화 데이터 제공
The Open Science Framework (OSF)	Center for Open Science	https://osf.io	과학 연구 데이터를 공유하는 플랫폼, 다양한 분야의 연구 결과 및 데이터 공개
Environmental Data Initiative	National Ecological Observatory Network (NEON)	[https://www.neonscience.org/data](https://www.neonscience.org/data	환경 및 생태학적 연구 데이터, 생물 다양성, 기후 및 토양 데이터 제공
Open Data Portal of the European Space Agency (ESA)	European Space Agency (ESA)	https://www.esa.int/Applications/Observing_the_Earth	우주 관측 및 환경 연구 데이터를 제공, 지구 환경과 관련된 분석 지원

네 번째, 직접 데이터를 수집하는 것이다. 문제해결을 위한 주제를 정한 뒤 데이터를 수집하는 방법은 두 가지가 있는데, 온라인상에서 데이터를 직접 수집하는 방법과 오프라인으로 데이터를 수집하는 방법이 있다. 온라인으로 데이터를 수집하는 방법들은 다양한 방법들이 있다. 웹 크롤링(Web Crawling)을 통하여 웹사이트 내 여러 페이지를 순차적으로 탐색하여 데이터를 수집하는 방법으로 자동화된 프로그램이 페이지를 순차적으로 방문하고, 각 페이지에서 필요한 정보를 추출한다. Python의 Scrapy, BeautifulSoup, Selenium, R의 rvest 패키지 등을 이용할 수 있다. 웹 스크래핑(Web Scraping) 방법은 웹페이지의 HTML 구조를 분석하여 필요한 데이터를 추출하는 방법으로 HTML 요소를 식별하고, 특정 데이

터를 필터링하여 수집한다. BeautifulSoup, Scrapy, Puppeteer, Selenium 등을 활용해 페이지에서 정보를 추출한다. API를 활용하는 방법은 외부 시스템에서 제공하는 API를 통해 데이터를 요청하고 받아오는 것이다. 검색엔진 또는 소셜 미디어 플랫폼에서 제공하는 게시물, 댓글, 좋아요, 팔로워 등의 데이터를 수집하는 방법이 있다.

오프라인으로 수집하는 방법은 현장 조사(Field Research), 설문조사(Surveys), 인터뷰(Interviews), 실험(Experiments), 관찰법(Observation), 데이터 수집 장비, 참여 관찰(Participant Observation), 시뮬레이션(Simulations) 등이 있다. 이에 대한 간단한 설명은 〈표 8-6〉과 같다.

표 8-6 직접 데이터 수집하는 방법

	설명	주요 도구 및 기술	사용 사례 및 설명
현장 조사(Field Research)	실험실 외부에서 직접 데이터를 수집하는 방법	기록지, 카메라, GPS, 음성 녹음기	실험이나 관찰을 통해 데이터 수집(예: 환경 연구, 사회학적 조사 등)
설문조사(Surveys)	질문지를 사용하여 특정 그룹으로부터 의견 및 데이터를 수집	설문지, 온라인 설문 도구(예: Google Forms, SurveyMonkey)	대규모 인구 샘플에서 데이터를 수집(예: 소비자 의견 조사, 사회적 연구)
인터뷰(Interviews)	대상자와 대면 또는 전화 인터뷰를 통해 심층적인 데이터를 수집	녹음기, 비디오 카메라, 질문지	연구 주제에 대한 심층적인 정보 수집(예: 직업 만족도 조사, 사회적 연구)
실험(Experiments)	통제된 환경에서 변수를 조작하여 데이터를 수집	실험 장비, 데이터 기록 도구	과학적 가설 검증을 위한 실험으로 화학 실험, 생리학 실험, 심리학 실험
관찰법(Observation)	연구 대상을 관찰하여 데이터를 기록하는 방법	기록지, 카메라, 타이머, 녹음기	인간 행동, 동물 관찰, 환경 연구 등에서 사용
데이터 수집 장비	현장에 설치된 장비를 통해 자동으로 데이터를 수집하는 방법	센서, 카메라, IoT 장비, 환경 모니터링 장비	환경 모니터링, 교통 흐름 측정, 온도 및 습도 데이터 수집 등
참여 관찰(Participant Observation)	연구자가 직접 연구 대상에 참여하여 데이터를 수집	기록지, 녹음기, 비디오 카메라	사회학적 연구, 문화적 연구 등에서 연구자가 직접 참여하여 데이터를 얻는 방법

전문가 모형은 전문가 수준의 수업을 진행해야 한다. 특정 주제에 대한 여러 교과의 성취기준들이 필요하고, 교사들이 인공지능 기술이나 computing 기술을 깊이 알지 못하면 전체적으로 지도를 할 수 없다. 심화 응용 모델처럼 Ingram(1979)의 통합 교육과정에서 교과 간 경계를 허물기가 쉽고, Jacobs의 통합 교육과정 측면에서 개별 학문에 초점을 두고 각 학문별 학습하는 모형에 적합하고, Drake (1993)의 통합 교육과정모델에서도 다학문적(Multidisciplinary) 융합과정에 적합하다. Fogarty의 교육과정모델에서도 순차형과 공유형 과정까지 가능하고, Harden (2000)의 통합 사다리 방법에서 인식(Awareness) 계단까지 가능하다.

3. 결론

우리나라 2022 개정 교육과정과 융합 교육 정책에 따라 인공지능이 학교교육과정에 어떻게 통합될 수 있는지에 대해 설명하였다. 이러한 정책은 학생들에게 창의성, 문제 해결 능력, 협업 능력을 키울 수 있도록 돕고, 교사들에게는 인공지능 기반 교육을 지원하는 능력을 향상시키기 위한 것이다. 각 교과의 교육에서 AI의 역할로서 인공지능을 다양한 학문 분야에 통합함으로써 교수학습방법을 개선하고, 학생들이 복잡한 내용을 더 잘 이해할 수 있도록 도울 수 있다.

본 장에서는 인공지능을 각 교과와 융합하는 도전 과제로 데이터 문제와 도구 선택 문제를 설명했다. 데이터 문제는 인공지능은 데이터에 크게 의존하기 때문에 과학, 사회, 언어 예술 등 다양한 과목에서 관련 데이터를 선택하고 처리하는 것을 설명하고, 도구 선택 문제로서 각 과목에 적합한 AI 도구를 선택하는 것이다. 교사들의 AI와 디지털 도구에 대한 숙련도에 따라 다섯 가지 그룹으로 나뉜다. AI 통합 접근법은 교사의 기술 수준에 따라 달라지며, 초보자부터 전문가까지 다양한 수준의 접근이 필요하다. 인공지능 교과융합모델을 기본 모델, 응용 모델, 심화 응용 모델, 전문가 모델의 4개의 모델로 제안한다. 기본 모델로서는 교과서를 기반으로 단순한 데이터셋을 사용하여 AI 도구를 활용해 과목을 이해하는 방식이고, 응용 모델은 실세계 데이터를 이용해 과목을 탐구하며 AI 도구를 사용하여 데이터를 분석하는 방식이다. 심화 응용 모델은 교사와 학생들이 자신만의 도구와 응용 프로그램을 개발하고 AI 모델을 만들어 데이터를 분석하는 것이고, 전문 모델은 전문가들이 AI를 이용해 실생활 문제를 해결하는 모델로, 데이터 수집과 AI의 실제 프로젝트 활용을 포함한다.

최종적으로 인공지능 융합교과 데이터베이스가 구축되어 교사들이 모든 교과를 가르칠 때 교과 데이터, 공공데이터, 실생활 데이터가 구축되고 인공지능 및 디지털 도구 활용과 프로그래밍이 되어야 한다.

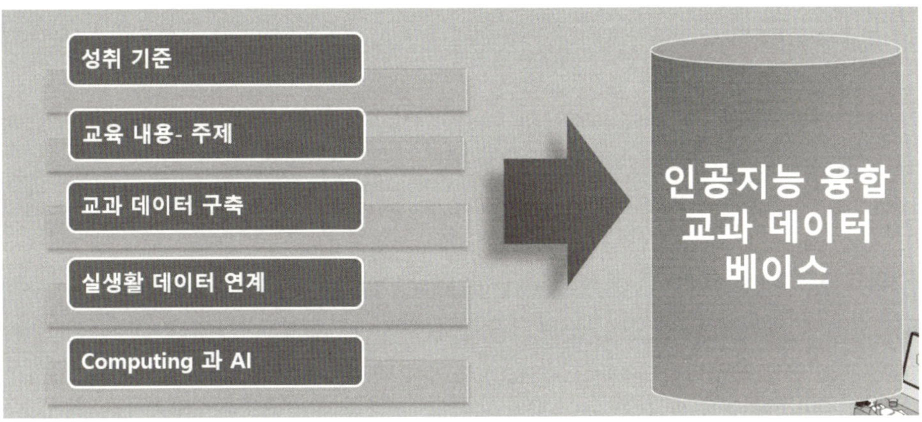

그림 8-13 인공지능 융합 교과 데이터베이스 구축

참고문헌

교육부 (2024). 과학 수학 정보 융합 교육 종합 계획(2025-2029) 발표.

교육부 (2024. 12. 20). 첨단 과학기술 사회의 미래 인재 양성을 위한 과학 · 수학 · 정보 · 융합 교육 종합계획(2025~2029) 발표 [보도자료].

김진수 (2011). STEAM 교육을 위한 큐빅 모형, 한국기술교육학회지, 11(2), 124-139.

김진수 (2013). 공과대학에서 융합교육을 위한 STEAM교육. 공학교육, 20(1), 46-53.

Burton, L. H. (2001). Interdisciplinary Curriculum: Retrospect and Prospect: New research in interdisciplinary studies provides fresh insights into ways of fostering constructive communication and fruitful exchange among the disciplines. *Music Educators Journal, 87*(5), 17-66.

Drake, S. M. (1993). Planning integrated curriculum: The call to adventure. *Association for Supervision and Curriculum Development*.

Drake, S. M., Burns, R. C. (2004). *Meeting standards through integrated curriculum*. Association for supervision and curriculum development.

Fogarty, R. (1991). Ten ways to integrate curriculum. *Educational leadership, 49*(2), 61-65.

Fogarty, R. (2009). *How to integrate the curricula*. CAL Corwin.

Harden, R. M. (2000). The integration ladder: a tool for curriculum planning and evaluation. *Medical Education Oxford, 34*(7), 551-557.

Ingram, J. B. (1979). Curriculum integration and lifelong education: a contribution to the improvement of school curricula.

Jacobs, H. H. (Ed.). (1989). *Interdisciplinary curriculum: Design and implementation*. Association for Supervision and Curriculum Development.

Lam, C. C., Alviar-Martin, T., Adler, S. A., & Sim, J. B. Y. (2013). Curriculum integration in Singapore: Teachers' perspectives and practice. *Teaching and Teacher Education, 31*, 23-34.

National Academy of Sciences, National Academy of Engineering, & Institute of Medicine. (2007). *Rising above the gathering storm: energizing and employing America for a brighter economic future*. The National Academies Press.

Wolfinger, D. M. & Stockard, Jr. J. W. (1997). *Elementary methods: An integrated curriculum*. Longman.

제9장 과학교육과 인공지능 융합 교육

시작하며

과학은 물질세계의 원리를 다루는 학문 분야로 정교하고 복잡한 개념 체계를 이루고 있으며, 이를 기반으로 과학기술 문명을 구성하고 있다. 과거에는 과학을 과학자의 전유물로 생각하였다. 그러나 지금은 누구나 과학이 우리 생활 깊숙히 자리하고 있음을 느끼고 있다. 과학 지식을 바탕으로 의사결정을 하고, 지구온난화와 같은 환경 문제가 우리 생활에 영향을 미친다. 직업 선택에서도 과학적 소양과 전문성이 중요한 역할을 한다.

과학 지식을 학습하고 과학의 과정을 경험하는 것은 필수적인 교육의 영역임에도 현실 교육의 장에서 학생마다 학습 발달 정도가 차이 나고 학생들이 놓인 교육 환경의 격차도 커지고 있어 학교 과학 교육의 어려움이 가중되고 있다. 이러한 현실 속에서 인공지능과 데이터 기반 기술은 과학 교육 현장의 문제를 해결하는 기회가 될 수 있다. 인공지능 기술은 학생의 학습 발달 수준에 따라 맞춤형 교육을 제공하고 데이터 기반 탐구는 제한된 학교 탐구 교육 환경의 한계를 극복할 기회를 제공할 것으로 기대되고 있다.

이러한 기대와 함께 지금의 교육 현장에서는 그 기회가 어떻게 각 교실 수업에 도움을 줄 수 있을지 구체적인 아이디어가 충분하지 않으며, 그 기회를 살려서 교육을 책임질 교사가 갖추어야 할 인공지능 및 데이터 역량에 대해서도 연구와 교육이 부족하다. 더 나아가 인공지능 융합 교육이 무엇이고 나의 과학 수업은 어떻게 달라질 수 있는지 답을 찾기 어렵다.

이 장에서는 이러한 현실에서 인공지능과 데이터 역량을 융합하여 어떤 형태의 과학 개념 학습과 과학 탐구 학습이 가능한지 살펴보고자 한다.

문제상황

올해 새로 부임한 손 선생님은 요즘 학생들 때문에 고민이 많다. 화학 반응에 대해 학습하고 있는데, 재미있는 시범 실험에서는 눈을 반짝이지만 실험이 끝나고 화학 반응식을 소개할 때 마주하는 학생들의 멍한 시선은 교사로서의 자존감을 바닥으로 떨어트리곤 한다. 오늘 오전에는 수업을 진행하는 중에 한 학생이 손 선생님께 물어보았다. " 선생님 왜 과학 시간에 영어를 해요? 그리고 왜 영어 옆에다 숫자를 써요?" 손 선생님은 이 학생들이 원소기호부터 모르고 있다는 사실에 충격을 받았다. 왜 그 전에 미리 알아차리지 못했을까? 그리고 학생들은 도대체 무엇부터 모르고 있는 걸까? 손 선생님은 교사에게 너무 당연했던 개념이 학생들에게는 어려운 개념이 아니었을까 생각하며 어디부터 손을 대서 학생들을 다시 지도해야 할지 고민에 빠지게 되었다.

문제는 개념학습 뿐만이 아니었다. 학생들의 흥미를 이끌어내기 위해 다양한 탐구 수업을 준비한 손 선생님은 실험 수업을 처음 시도해보고는 절망에 빠졌다. 일부 학생은 안전 수칙을 지키지 않아 다치기도 하고, 다른 학생은 화학 물질을 잘못 혼합했으며, 한 학생은 실수로 산이 담긴 비커를 쏟았다. "내가 학생들을 위험하게 만드는 걸까?" 손 선생님은 이렇게 정신없는 과정에서 학생들의 평가를 진행하는 것은 거의 불가능하다고 생각했다. 또한, 탐구 과정을 평가할 때 무엇을 평가하는게 좋을지도 자신이 없었다.

그러던 중 과학 교사 연구모임에서 한 동료가 인공지능을 이용한 과학 수업에 대해 언급했다. "AI 융합 수업을 시도하면, 실험을 시뮬레이션해서 위험을 줄일 수도 있고, 즉각적인 피드백을 제공하며 심지어 학생이 어느 부분을 몰라서 그 수업을 헤매고 있는지 맞춤형으로 알려주기도 한데요. " 그 이야기를 들은 손 선생님은 정말 인공지능 융합수업을 하면 이러한 어려움들이 줄어들지 확신할 수 없었다. 왜냐하면 인공지능을 과학 수업에 융합하는게 필요한지에 대해 의구심이 들었고, 어떻게 인공지능을 과학 수업과 융합해야 하는지도 몰랐으며, 그렇게 인공지능 융합수업을 위해서 자신에게 어떤 역량이 더 필요한 것인지 명확하게 인지하지도 못하였기 때문이다. 과연 손 선생님은 이 문제를 어떻게 해결할 수 있을까?

탐구문제

1. 과학 교사에게 인공지능 역량이 왜 필요하며, 어떤 인공지능 역량이 필요할까?
2. 과학 교과에서 인공지능 융합 교육은 무엇일까?
3. 인공지능을 융합한 과학 수업은 어떻게 운영할까?

학습목표

1. 과학 교사에게 인공지능 역량이 필요한 당위성을 이해하고, 필요한 인공지능 역량에 대해 설명할 수 있다.
2. 과학 교과에서 인공지능 융합 교육을 실시해야 하는 까닭과 인공지능 융합 교육에 대해 설명할 수 있다.
3. 인공지능을 융합하여 과학 수업을 개선하기 위해 활용 가능한 구체적인 인공지능 도구를 설명할 수 있으며, 어떻게 활용해야 하는지 그 방법을 설명할 수 있다.

1. 과학 교사에게 필요한 인공지능 활용 역량

1) 과학 교사에게 인공지능 역량이 필요한 이유

교실에 AI를 도입하려는 가장 중요한 이유는 학습 경험 강화, 맞춤형 학습 환경 조성, 교사의 학생 학습 과정 관리의 편의성 고취 등을 꼽을 수 있다. 특히 개별 학생에게 교육 콘텐츠를 맞춤화하여 제공할 수 있도록 딥러닝을 통해 AI를 학습시켜, 모든 학생들이 만족하는 수업을 진행하는 것이 AI를 학교 현장에 도입하려는 많은 사람들이 꿈꾸는 이상적인 모습일 수 있다. 이는 우리나라 교육부뿐 아니라 미국, 유럽 등의 선진국 정부에서도 추진하고 있는 것으로 학습 리소스를 이용하여 학생 개인에게 맞춤화된 교육 콘텐츠를 제공함으로써 학력 격차를 줄이고자 한다(홍선주 외, 2020).

특히 과학은 개념 지식뿐 아니라 탐구를 강조하고 있는 교과이다. 따라서 이를 관리 감독하는데 많은 교사들의 노력과 시간이 소요되고 있어, 이를 간소화하는 데 인공지능의 역할을 기대하고 있다. AI는 시각적, 청각적 또는 운동 감각적 학습 선호도에 맞게 교육을 조정함으로써 학생들이 기계적 암기에서 벗어나 고차원적 사고를 향해 나아갈 수 있도록 역동적인 교실 활동을 제공할 수 있기 때문이다(Wu & Yu., 2024; Xu & Ouyang., 2022)

우리나라 교육에서 역량 교육을 강조하고, 다수의 디지털 탐구도구와 IoT 기능을 가진 탐구 도구가 도입되면서 학생이 마주하는 어려움의 범위가 확대되고 있다. 인공지능 역량 및 디지털 역량과 가장 관련성이 높은 지식정보처리역량 관점에서 학생들이 과학 탐구를 진행하면서 겪는 어려움을 살펴보면, 앞으로 학생들이 겪는 어려움을 대략적으로 예측할 수 있다(손미현 외, 2018).

표 9-1 지식정보처리역량 관점에서 학생들이 마주하는 어려움의 종류

하위 요소	어려움의 종류
정보 수집	• 정보를 수집할 수 있는 정보원을 충분히 알지 못한다. • 정보를 수집하는데 있어 체계적인 전략을 세우지 못한다. • 정보를 수집하는 과정에서 정보의 출처를 제대로 파악하지 않는 등 정보의 신뢰도를 크게 고려하지 않는다.
정보 분석	• ICT 기기의 분석 프로그램 사용이 미숙하다. • 탐구의 목적을 고려하여 데이터를 적절한 그래프로 변형하지 못한다. • 그래프의 패턴 등을 형태적 유사성을 찾는 데는 익숙하나, 여러 변인을 연계하여 정보를 해석하지 못한다. • 정보와 데이터의 가치와 진위여부를 판단하지 않고 학생들은 탐구 결과를 해석하는 과정에서 그들이 수집하거나 인터넷을 통해 구한 데이터와 정보를 그대로 사용한다.
정보 활용	• 정보를 효율적으로 전달하기 위해 일정한 원칙에 따라 체계화하는 조직화 과정을 수행하지 못한다. • 심미성과 효율성을 고려하여 지식과 정보를 효과적으로 전달하고 소통하는 능력이 부족하다.

학생들 뿐 아니라 교사들 역시 변화된 탐구를 지도하며 여러 어려움을 겪을 수 있다. 지능형 과학실과 같은 플랫폼이나 엔트리, Sagemodeler 및 Codap과 같은 데이터 기반 온라인 저작 도구, IoT 기반 센서 등을 활용하는 변화하는 과학 수업에서는 교사의 인공지능 활용 역량이 필수적이다.

학교 현장에는 이미 인공지능 도구나 디지털 도구를 활용하여 과학 수업을 시도하는 많은 교사들이 있으며, 그들은 과학 교사에게 인공지능 역량과 디지털 역량이 매우 필수적이라고 언급한다(손미현, 2023). 그들이 필수적이라고 생각하는 이유는 다음 몇 가지로 정리해볼 수 있다.

첫째, 학생들의 참여를 끌어내는데 인공지능 도구나 디지털 도구가 효과적이므로 학생 주도적인 수업이 가능하다. 학생들에게는 새로운 인공지능이나 다양한 디지털 플랫폼을 활용하여 수업을 진행할 경우, 학생들이 흥미를 느끼고 좀 더 적극적으로 참여할 수 있다.

둘째, 인터넷 플랫폼을 이용하여 LMS 시스템을 구축하고 학생들의 개인 활동을 누적, 디지털 방식의 학생 성과에 대한 누적 관리는 학생 개개인의 활동을 더욱 쉽게 파악할 수 있으며, 이에 대한 교사의 피드백이 적시에 이루어질 수 있어 학생의 지속적인 참여가 가능하다고 하였다.

셋째, 시대가 요구하는 역량을 평가하기 위한 교사의 전문성을 키울 수 있다. 학생들은 이미 교사보다 더 많은 컴퓨터 활용 역량을 지니고 있으며, 사회에서 요구하는 역량 역시 변하고 있다. 기존 과학 수업을 통해 함양할 수 있던 역량과 미래 사회에 필요한 역량에 간극이 존재하므로, 이 간극을 없애기 위해 교사가 먼저 인공지능 활용 역량, 디지털 역량을 함양하고 이를 토대로 수업을 변화할 필요가 있다.

넷째, 과학의 본성과 과학 지식을 교육하는데 디지털 도구와 인공 지능을 활용하는 것이 효과적이다. 특히 학생 활동 중심의 수업을 구성할 때 학생들에게 생길 수 있는 오개념을 줄이는 데 도움이 되는데, 이는 과학이라는 학문의 특성에 기인하다고 볼 수 있다. 과학은 자연에 존재하는 규칙성을 찾아 이해하는 학문으로 학생들이 기본 원리를 이해하고 데이터로부터 의미를 도출하는 활동이 매우 중요하다. 과학에서 요구하는 디지털 역량과 범교과적인 디지털 역량에는 차이가 있으므로 과학 교사가 이를 지도하기 위해서는 교과 특성에 맞는 인공지능 역량을 포괄하는 디지털 역량이 필요하다.

특히 과학 교육에서 실생활 문제를 다루는 과학 탐구 교육을 강조하면서 학생들이 IoT 센서를 이용한 데이터를 수집하고 처리, 분석하는 활동이 다수 이루어지며, 센서와 소프트웨어의 도움으로 학생들이 오감으로 관찰할 수 없는 것들의 측정 데이터를 수집하거나 공공데이터를 이용하여 이론을 모델링함으로써 미래의 상황을 예측할 수 있는 탐구도 가능해졌다. 관찰할 수 있는 대상의 확대와 모델링을 통한 예측 활동은 학생들의 과학에 대한 호기심을 고취하고 과학의 유용성을 인식하는 데 도움이 되고 결과적으로 이런 활동을 지도할 수 있는 교사의 역량이 필수적이다.

2) 과학 교사에게 필요한 인공지능 역량 및 디지털 역량

인공지능 역량은 다양한 학자들에 의해 정의되었다(김태령 외, 2020; 박주연, 2021). '인공지능 소양을 바탕으로 문제를 해결하는 사고', '인공지능처럼 생각하기',

'인공지능 교육을 통해 인공지능에 대한 이해를 비롯하여, 인공지능의 원리와 활용, 사회적 영향을 함양할 수 있는 것' 등 다양한 의미로 제시되고 있다. 교원의 인공지능 역량과 디지털 역량 함양을 목적으로 하는 AIEDAP 사업에서는 AI・디지털 기본 영역, AI・디지털 교육 실천 영역, 전문적 참여 영역으로 나누어 교원의 AI디지털 역량을 구분하고 있다(서정희 외, 2023).

이제까지의 정의는 범교과적인 내용으로 교과별로 강조되는 요소들이 다를 수 있다. 예컨대 데이터 리터러시라는 일반적인 정의가 있으나 과학 데이터의 특이성을 고려하여 과학적 데이터 리터러시 교육이 강조되기도 했으며(Qin & D'Ignazio, 2010), 디지털 리터러시 역시 과학적 맥락에서의 디지털 리터러시가 강조된다(Son & Ha, 2024). 이러한 관점에서 과학 교사에게 더욱 강조되어야 하는 요소를 아래와 같이 8가지로 제안할 수 있다(손미현, 2023). 이는 이미 이러한 역량을 갖고 있는 과학 교사들이 필수적으로 손꼽는 요소들을 정리한 것으로 학문적 타당성 보다는 실천적인 성격을 갖는 요소로 이해할 수 있다.

(1) 인공지능 도구를 이용한 데이터 해석, 미래 예측, 정보 시각화 역량

학생들이 다루는 데이터의 양과 종류가 다양해짐에 따라 과학 교사들은 이를 변형하고 분석 및 해석하는 과정을 지도할 수 있어야 한다. 이에 인공지능을 활용하면 좀 더 수월하고 정확하게 이 과정을 수업에서 수행할 수 있으므로 관련된 역량을 키울 필요가 있다. 데이터 분석 뿐 아니라 인공지능을 이용한 자연어 처리나 예측 모델링으로 연구에 소요되는 시간을 줄임으로써 더 깊은 논의를 진행할 수 있도록 한다.

(2) 컴퓨터 언어 활용 역량

컴퓨터 언어를 이해하면 학생들의 탐구 활동의 폭이 매우 넓어질 수 있다. 학생들이 직접 도구를 개발하거나 컴퓨터와 융합된 활동을 시도하는 경우 또는 교사가 원하는 수업 도구를 개발하거나 기개발된 프로그램을 수정하여 활용할 때 컴퓨터 언어를 다룰 수 있는 역량이 요구된다.

(3) 인공지능 원리에 대한 이해

기본적인 인공 지능의 원리에 대한 이해가 필요하다. 이해의 수준은 기초 상식 또는 심화 등으로 개인의 관심에 따라 달라질 수 있으나, 인공지능 원리에 대한 이해가 반드시 과학 교사에게 필요하다는 것은 분명한 사실이다. 인공지능 교육과정을 학습하고 오는 학생들을 가르치기 위해서는 과학 교사가 일정 수준의 인공지능 소양을 갖추어야 하며, 이러한 원리 이해를 통해 디지털 도구나 인공지능 도구의 변화에 쉽게 적응할 수 있다.

(4) 과학 수업에 활용 가능한 다양한 정보원 파악

과학 수업의 주제가 실생활에 관련된 내용이 늘어나면서 다양한 데이터를 제공해주는 정보원(resource)를 알고 있어야 한다. 통계청 데이터나 기상청 데이터 이외에 매우 다양한 데이터들을 공공기관에서 제공하고 있으므로 이를 목록화여 학생들에게 제공할 수 있다(8장 〈표 8-5〉 참조).

(5) 과학 수업에 활용 가능한 플랫폼 파악 및 활용

세계 여러 기관에서 과학 수업에 활용 가능한 다양한 플랫폼을 개발하여 제공하고 있다. 우리나라의 지능형 과학실 뿐 아니라 Labster, Sage modeler나 Codap을 개발한 Concord Consortium, 다수의 시뮬레이션 실험이 탑재된 PhET 등 여러 기관의 플랫폼 정보를 알고, 이를 활용할 수 있는 역량이 필요하다.

(6) 디지털 탐구 도구를 활용한 탐구 지도 역량

인공지능 도구의 개발과 변화 속도가 빠르기 때문에 이를 매번 완벽하게 학습하는 것은 어려울 수 있다. 따라서 인공지능 도구 자체를 익히기보다 도구를 원리를 빠르게 파악할 수 있는 역량이 요구된다. 새로운 도구를 접하더라도 두려움 없이 이것의 기본 원리를 파악하고 장단점을 이해할 수 있을 정도의 교육이 필요하다.

(7) 디지털 도구를 활용한 교수학습 구성 역량

과학 수업에서는 일반적으로 다양한 디지털 도구를 사용하는데, 이로 인해 수업의 목표를 교사 또는 학생이 잘못 인식할 수 있다. 즉, 수업의 초점이 도구 사용이 아닌 수업의 목표에 맞춰질 수 있도록 교수학습을 구성할 수 있는 역량이 필요하다. 이때 과학 교사는 디지털 도구의 장단점에 대해 알고 있어야 하며, 학생들과 수업을 수행할 때 겪을 수 있는 어려움을 미리 파악하여 최소화할 수 있는 능력이 요구된다.

(8) 융합수업 설계역량

융합수업 설계 역량은 디지털 도구들이 갖는 교육적 효과를 제대로 이해하고, 이를 활용하여 수업을 실행하였을 때 실제 교육에서의 목표를 얼마만큼 달성하였는지 판단할 수 있는 능력을 의미한다. 특히, 인공지능과 디지털 도구를 학습하는 것이 학습의 최종 목표가 되지 않고 학생들이 주도적으로 위계적 구조를 갖는 과학 지식을 바르게 학습하고 문제를 해결하는데 인공지능이나 디지털 도구를 유기적으로 사용할 수 있도록 수업을 구성할 수 있는 능력이 필요하다.

2. 과학 교과에서의 인공지능 융합 교육

1) 과학 개념의 구조

과학을 학습하는 과정에서 AI가 올바르게 활용되기 위해서는 과학 지식의 구조적 특징에 대해 미리 이해할 필요가 있다. 과학을 체계적으로 학습하기 위해서 물리학, 화학, 생명과학, 지구과학에서의 중요한 핵심 개념(core idea)을 제시할 수 있다(NGSS, 2013). 핵심 개념은 초등학교 저학년에서 대학교까지 점진적으로 다듬어지고 정교해진다. 핵심 개념은 물리학, 화학, 생명과학, 지구과학의 세부 영역을 걸쳐서 활용되고 현상을 설명하는 힘이 있고, 더 심화하여 학습할 때 지식의 빌딩 블록 역할을 한다. 더 나아가 과학과 기술과 관련된 개인적, 사회적,

정치적 판단과 같은 지적 참여를 가능하게 한다. 핵심 개념의 한 예로 '물질의 입자성'을 들 수 있다. 물질을 구성하는 원자의 존재는 물질과 관련된 정성적이고 정량적인 관찰 결과를 해석할 수 있도록 한다. 물질의 상태, 성질, 반응 등은 물질을 구성하는 원자의 종류, 원자 간 상호작용, 움직임에 기반하여 기술되고 설명된다. 더 나아가 화학 반응은 생명 현상의 근간을 이루고 있다.

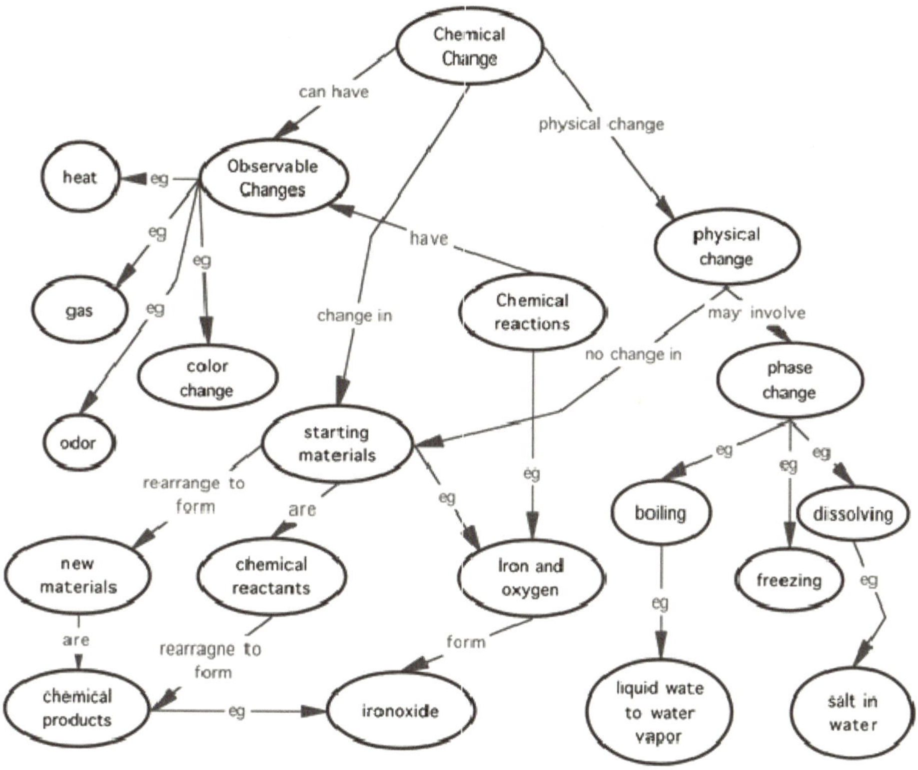

그림 9-1 화학 교과의 지식 맵 예시

과학을 단순하게 바라보면 과학 내용 지식을 이해하는 것으로 볼 수 있는데, 이는 과학의 실제와 다르다. 과학은 지식과 과정을 모두 포함하는 것으로, 둘이 어우러져 과학의 발전을 가져온다. 즉, 과정 없이 지식을 알 수 없고, 지식 없이 과정을 수행할 수 없다. 여기에 서로 다른 과학 영역을 관통하는 관통 개념을 포함하여, 과학의 핵심 개념, 과학적 실천, 관통 개념 3 가지를 고려한 내용과 탐구로 과학 교육이 이루어진다.

2) 과학 교과에서 AI의 역할

인공지능을 활용하여 과학자의 연구에서 얻는 이점과 과학교육에서 인공지능 융합 교육을 실시했을 때 얻을 수 있는 이점과 크게 다르지 않다. 학생들이 과학 수업시간에 하는 개념 학습이나 탐구 활동이 과학자들의 연구와는 수준과 목적에 있어서 차이가 나겠지만, 과학 원리를 적용하고 과학적 사실을 발견하기 위한 탐구의 과정은 같다고 할 수 있다. 따라서 과학자에게 주는 인공지능의 도움은 과학 수업에서 학생들에게 충분히 도움이 될 수 있다. França(2023)는 AI가 과학자의 연구를 도울 수 있는 10가지 방법을 다음과 같이 제안하였다.

① 참고 문헌을 찾을 수 있는 강력한 도구로 AI는 논문 검색, 최신 연구 동향 파악, 주제의 맵핑 등을 통해 연구자들의 문헌 검토를 효율적으로 돕는다.

② 연구자의 문제를 전체적으로 살펴 명확하게 정리하는데 도움이 되는데, ChatGPT와 같은 AI 기반 대화형 인터페이스는 복잡한 문제를 개괄적으로 이해하고 주요 용어 및 주제를 빠르게 파악하는데 도움을 준다.

③ 연구자의 연구 질문을 개선하는데 도움을 준다. AI는 편향 없는 가설을 도출하고 연구자들에게 새로운 관점을 열어주는 도구로 활용이 가능하며 연구 문제를 정확하고 세밀하게 정의하는데 도움을 줄 수 있다.

④ 연구 설계를 돕는데 활용할 수 있다. 연구 방법론을 선택하거나 데이터 검증방법을 개발하는데 AI가 기여할 수 있으며, 설문지나 인터뷰 질문지를 만드는데 도움을 받을 수 있다.

⑤ 가상 데이터를 만들어서 실제 데이터가 없는 경우 연구 절차를 미리 검증하거나 데이터 분석 방법을 테스트하여 파일럿 테스트의 역할을 함으로써 정확한 연구 결과를 유도할 수 있다.

⑥ 데이터 변환에 도움을 줄 수 있다. AI는 인터뷰 녹음, 이미지, 동영상 등 복잡한 데이터를 텍스트로 변환하여 체계적으로 분석할 수 있게 만든다.

⑦ AI는 복잡하고 큰 데이터를 빠르게 처리하여 패턴을 식별하며, 정교한 분석이 이루어져 연구자들이 짧은 시간에 통찰력 있는 분석을 할 수 있도록 도울 수 있다.

⑧ 보고서 작성에 도움을 주어 문법을 교정하거나 서술 구조를 개선하고, 서술적 흐름에 대한 조언을 제공하여 보고서 품질을 개선할 수 있다.

⑨ 비판적인 리뷰어의 관점에서 논문을 미리 검토하고 피드백해 줄 수 있다. 연구보고서라면 일반적으로 갖추어야 하는 형식에 따라 빠진 부분이 없는지 검토하기도 하고, 논문 주제와 관련된 지식을 활용하여 비판적으로 검토할 수 있다.

⑩ AI는 인간의 판단과 전문성을 보완하며 연구의 해석 및 맥락화를 돕는다. 그러나 여전히 알고리즘적 편향이나 해석 등에서 한계를 보이고 있다.

그렇다면 실제 인공지능을 수업 활동의 도구적인 측면 이외에 보조교사의 역할까지 확대하여 살펴본다면 과학 교사에게 어떤 도움을 줄 수 있을까? 여러 학자들은 과학교육에서 AI의 역할, 학습 성과 및 도입 환경, 학생과 교사의 인식, 그리고 AI 과학교육 사용 방안에 대한 방향성을 기존 연구들의 메타 분석이나 정책 제안 등을 토대로 다음과 같이 제안하였다(장진아 외, 2021; 조헌국, 2023; 조헌국, 2024; Almasri, 2024, Park et al., 2023).

(1) 개념의 층위 관계를 고려한 개인화된 학습 경험 제공으로 학습 격차 해결

학생별 학습 속도와 스타일에 맞춘 콘텐츠를 제공하고 예측 모델을 활용한 학업 성과 분석으로 학습 격차를 해결하는데 도움이 된다. 기계 학습 및 자연어 처리와 같은 AI 기술은 학습 경험을 개인화하고 실시간 피드백을 제공하며 참여를 촉진할 수 있다. 과학의 개념은 계층 구조로 되어 있으며 개념간 연계성이 매우 뚜렷하여, 기초 학습이 제대로 이루어지지 않을 경우 학년급이 올라갈수록 심화 개념 이해에 많은 어려움을 겪을 수 있다. 이에 개인화된 학습 경험의 제공은 학생의 지속적 동기 부여 및 학업 성취도를 높일 수 있는 중요한 요건이 된다.

(2) 개념과 탐구 과정에 대한 효율적 평가와 피드백 제공

학생 응답 데이터를 자동으로 분석함으로써 상세하고 즉각적인 피드백을 제공할 수 있으며 학습 성과 모니터링을 통해 적시에 지원이 가능하다. 피드백의 적시성에 대한 다양한 연구 결과 많은 수의 학생에게 즉각적인 피드백이 매우 효율적이라는 점에서 AI 가 평가 도구로 활용될 경우 학생들의 학습 효율성을 높일 수 있다. 지식 이해 부분에서 뿐 아니라 탐구 과정 측면에서도 기존 다수의 학생들을 대상으로 하기에 적용할 수 없었던 기능에 대해서도 즉시적인 피드백을 가능하게 한다.

(3) 가상 실험 및 시뮬레이션 활용

가상 실험 및 시뮬레이션으로 과학 개념 이해에 도움이 될 수 있다. 특히 과학은 가상의 조건이나 이상적인 상황에서 일어나는 일들에 대한 법칙이 존재하며 학생들의 탐구를 통해 이러한 법칙을 학습할 수 있도록 유도한다. 예컨대 물체 운동에 대한 중력의 영향은 공기의 마찰력이 없는 상태에서 정확한 측정이 가능한데, 지구 상에서 그러한 실험을 실제 진행할 수 있는 환경은 매우 제한적이므로 학생들이 실제로 탐구를 통한 실험 결과를 얻는 것은 쉽지 않다. 원자와 분자, DNA 와 같이 눈에 보이지 않는 것은 학생들이 실제로 탐구하기가 쉽지 않다. 가상 실험이나 시뮬레이션을 이용하면 이러한 한계를 극복하고 학습이 가능하게 되고, 이를 AI 로 분석하는 과정에서 학생들은 좀 더 정확하게 과학을 학습할 수 있다.

(4) 탐구에 필요한 기능학습과 보충학습 기회로 작용

과학 교육의 공정한 기회를 보장한다. 공정한 기회는 두 가지 측면에서 생각할 수 있는데, 학업 성취도가 낮은 학생들에 그에 맞는 적절한 보충학습 기회를 제공한다는 측면과 탐구에 필요한 기능 학습을 위한 기회를 제공한다는 측면이다. 일단, 학업 성취도가 낮은 학생에게 학업 성취 수준에 맞는 학습 콘텐츠를 제공하여 학생들의 과학 지식에 대한 이해도를 높임으로써 다음 차시 수업을 이해할 수 있도록 상황을 개선할 수 있다. 또한 과학은 개념 학습 뿐 아니라 기능적인 부분에서의 학습도 매우 중요하게 여기는데, 과학 탐구 활동은 교사의 실행 의지와 주변 환경 여건에 따라 편차가 크게 발생할 수 있다. 이에 지리적, 사회 경제적 격차를 해소하면서 협업 학습 환경을 가능하게 하여 결과적으로 탐구 활동에 대한 공정한 기회를 보장할 수 있다.

3) 과학 교육에서 AI 활용에서의 개선점

AI를 과학 학습에 활용할 때 여러 장점이 있음에도 불구하고 여전히 AI를 활용한 과학 학습에서 개선되어야 하는 내용도 살펴볼 수 있다. 우선 데이터 편향 문제로 AI 시스템이 학습한 데이터가 대표성을 띠는지와 데이터 자체에 편향을 확신할 수 없는 경우가 많다. 또한 윤리적인 문제로 학생 데이터의 프라이버시 문제와 AI의 사회적 영향을 관리할 필요가 있다. 마지막으로 교사들은 아직 AI 도구 사용에 대해 미숙할 수 있으므로 AI 도구를 효과적으로 사용할 수 있도록 교육이 강화될 필요가 있다.

역량 교육의 가장 효과적인 방법은 장기간 꾸준하게 학생 중심의 활동을 수업 시간에 수행하는 것으로 우리나라 및 해외에서 인공지능을 과학 교육에 이용하는 다양한 시도가 이루어지고 있다. 여러 AI 를 이용한 과학 수업에서 드러난 장점과 단점을 살펴보면 다음 표와 같다.

표 9-2 AI를 활용한 과학 수업의 장단점

제목	주제	장점	단점
Examining science education in ChatGPT: An exploratory study of generative artificial intelligence Cooper(2023)	과학 교육에서 생성형 AI의 역할 탐구	• 교육자료 제공, 학습에 어려움이 있는 학생들에게 도움, 효율적이고 참여도 높은 수업 가능, 비판적 사고 함양	• 데이터 편향에 의한 고정관념 강화. 윤리적인 문제 해결 필요, 잘못된 정보 제공 가능성, 적절한 근거 제시 어려운 경우 많음
Improving Science Conceptual Understanding and Attitudes in Elementary Science	AI 챗봇을 이용한 6학년 학생들의 광학 개념 이해	• 낮은 성취도를 가진 학생들이 챗봇을 통해 과학 성취와 흥미를 크게 향상 • 여학생들이 과학에 더 높은 흥미를 보이며 성별 차이를	• AI 챗봇이 제공하는 정보의 신뢰성을 평가하는 데 어려움 • 자연스럽지 못한 상호작용 및 감정적 교류의 부족

제목	주제	장점	단점
Classes through the Development and Application of a Rule-Based AI Chatbo Lee, J. et al(2023)		완화하는 데 기여	으로 인해 학습 몰입도를 저하 • 시각적 자료와의 통합 부족이 제한 요소
Personalised learning and artificial intelligence in science education (Y ı lmaz, Ö. ,2024)	AI는 학생 개인의 학습 속도와 스타일에 맞춘 맞춤형 학습 경험을 제공, 지능형 튜터 시스템(ITS): 실시간으로 학습 진척도와 어려움 평가 및 지원	• 학생들의 학습 속도와 스타일에 맞춘 개인화된 학습 경험 제공 • 지능형 튜터 시스템(ITS)은 학생의 강점과 약점을 파악해 적절한 학습 자료를 제안 • 가상 현실(VR) 및 적응형 평가 도구를 통한 몰입형 학습 제공 • 대규모 데이터 분석과 예측 모델을 통해 학습 결과를 개선하고 교사의 작업 부담 감소	• 학생들의 개인 데이터를 보호문제 • 교사들이 AI 도구를 효과적으로 활용하기 위한 훈련과 데이터 활용 능력이 부족함 • AI 시스템 구축 및 유지에 따른 높은 비용과 학교의 기술 인프라 부족이 제약
Empowering Teachers with AI: Co-Designing a Learning Analytics Tool for Personalized Instruction in the Science Classroom (Nazaretsky et al, 2022)	교실에서 맞춤형 교수 지원을 위한 AI 기반 학습 분석 도구를 설계	• 실시간 클러스터링 알고리즘을 통해 학생 그룹의 학습 필요에 맞춘 맞춤형 학습 시퀀스 설계 지원 • 교사와 AI 간 협업을 통해 데이터 기반 의사결정을 지원하며, 수업의 효과를 높임 • 다차원 분석을 통해 학습 약점을 빠르게 파악하고 이를 기반으로 맞춤형 활동을 설계 가능	• 교사들이 데이터 중심 교수법 채택과 AI 도구 사용에 어려워 함 • AI 기반 도구가 교사의 교육 현실과 맞지 않거나 사용이 복잡해 채택되지 않는 사례가 많음 • AI의 결정 과정을 교사가 이해하고 활용할 수 있도록 설명하는 방식이 제한적임
integrating Artificial Intelligence into Science Lessons: Teachers' Experiences and Views (Park et al., 2023)	싱가포르에서 AI를 과학 수업에 통합한 사례 연구	• AI 모델링과 과학적 모델링의 유사성을 통해 두 분야의 연계성을 강조 • 학생들이 AI 기술을 활용하여 실제 과학 문제를 해결하도록 함 • AI 기본 개념과 실제 응용을 배우는 활동을 통해 학생들의 기술 이해도 향상	• 교사들이 AI를 충분히 이해하고 자신감을 갖고 활용하도록 지속적 지원이 필요함 • AI 수업을 정규 교육과정에 자연스럽게 통합하는 방안 모색이 필요함 • 교사와 학생 모두를 위한 포괄적인 AI 자료 제공 필요함

3. 인공지능을 융합한 과학 수업

1) 과학 수업에 활용 가능한 인공지능 및 디지털 도구

CODAP(Common Online Data Analysis Platform; https://codap.concord.org/) 이 도구는 학생들이 데이터 분석 및 시각화를 쉽게 하기 위한 교육용 도구로서, 학생들의 데이터 기반 학습을 지원한다. 그래프, 맵, 표 등 다양한 시각화 기능을 가지고 있고, 변인을 드래그&드랍 형식으로 투입할 수 있다. 또한 직관적으로 변인과 결과의 관계를 나타낼 수 있어 과학 모델링 수업에서 유용하다.

특히, 과학자들이 실제 측정한 방대한 양의 과학적 데이터를 활용하고 있어서 실질적 맥락의 데이터를 활용한 수업을 진행하는데 유용하다. 예를 들어 그림 9-2와 같이 지구 상에 지진 발생 데이터를 활용한 실제 데이터로 진앙 위도 및 경도 등 다양한 변수 값이 제공되면서, 각 변수 간의 관계를 시각화하여 분석할 수 있는 기능을 함께 가지고 있어 과학 탐구 수업에 활용할 수 있다.

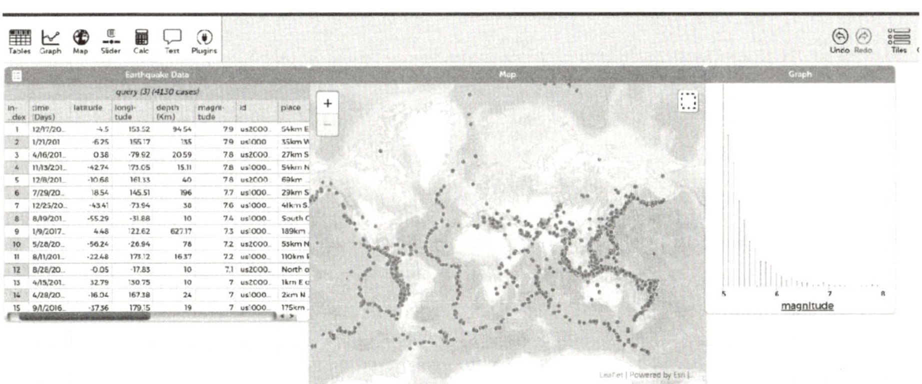

그림 9-2 지진 발생 데이터 시각화(진앙 위도/경도, 진원 깊이 등을 변인으로 분석)

(1) SPSS 모델러

SPSS Modeler는 데이터 분석 및 시각화 도구로, 과학 수업에서 데이터를 기반으로 한 탐구 활동을 설계하고 실행하는 데 유용한 인공지능 및 디지털 도구이다. 이 도구를 활용하여 학생들이 실생활과 연계된 과학적 문제를 탐구하고 데이터 기반의 의사결정 학습을 경험할 수 있다.

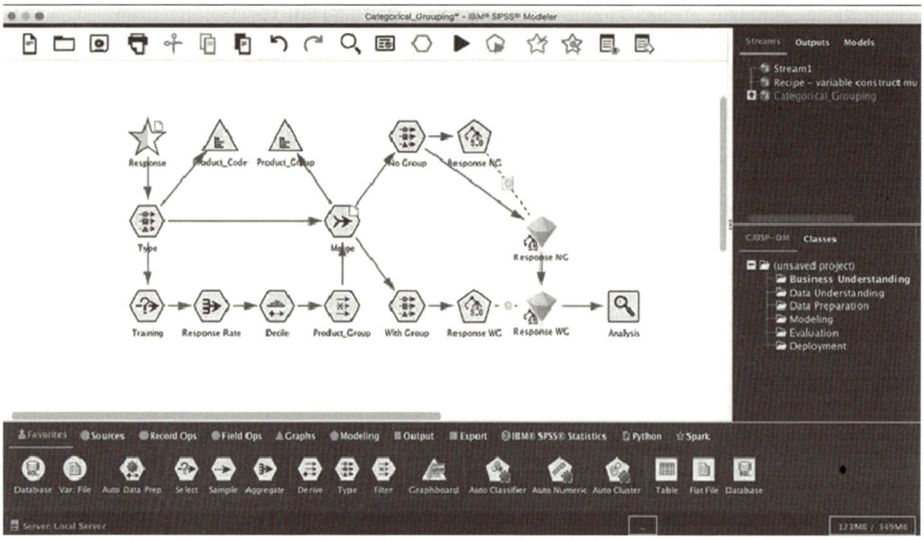

그림 9-3 SPSS 모델러의 화면 구성

실험 데이터, 환경 데이터, 천문학 데이터 등 다양한 과학 데이터는 데이터의 양이 크기 때문에 학생들이 다루고 처리하기 어려운 편이다. 그러나 이러한 데이터 분석 저작 도구는 학생들이 데이터를 정리하고 시각화하며, 데이터 간의 관계와 패턴을 발견하는 과정을 쉽게 경험할 수 있도록 만들어진 것이므로 이를 활용하여 실질적 데이터에 기반하여 과학적 사고력을 키울 수 있다. 데이터 처리 및 시각화를 넘어 의사결정나무, 신경망, 클러스터링 등 다양한 기계 학습 알고리즘을 제공하고 있어서 데이터를 예측하고 과학적 가설을 검증하는 활동을 할 수 있다. 전통적인 과학 수업에서는 여러 변인이 있을 때 하나의 변인을 제외한 나머지 변인을 통제하여 그 하나의 변인이 결과에 어떤 영향을 미치는지 확인하는 접근을 한다. 그러나 AI 통계 기술을 활용하면 많은 변인이 결과에 영향을 미치는 상황을 그대로 두고 여러 변인 중 결과에 영향이 큰 것을 찾아내는 접근을 할 수 있어서 기존 탐구 활동에서는 시간적 제약 등으로 시도하지 못하는 상황을 수업에 가져올 수 있다. 그림 9-4는 환경 데이터를 활용하여 대기 오염을 예측하는 예측 모델을 만드는 활동을 예시로 이러한 플랫폼의 장점을 잘 보여준다.

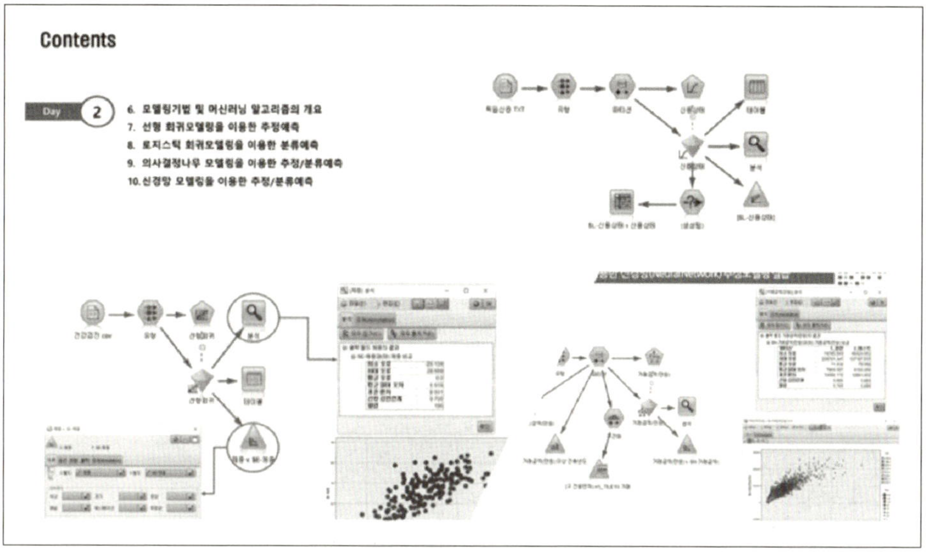

그림 9-4 SPSS 모델러를 활용하여 환경 데이터를 활용해 대기 오염 예측 모델을 만들기 예시

(2) ChatGPT

ChatGPT는 생성형 AI 도구 중 가장 대표적인 것으로 새로 접하는 용어, 현상이나 원리에 대해서 조사할 때 매우 유용하다. 특히 문답형 검색이 가능하므로 용어나 원리를 처음 접하여 이해하는 과정에서는 유용하게 활용할 수 있으나 생성형 AI를 이용하여 검색한 결과의 정확성이나 유효성은 완전히 신뢰할 수는 없으므로 이에 대한 주의는 필요하다. 현재 ChatGPT는 여러 확장 기능이 개발되어 이에 대한 가능성은 계속 확장될 것으로 예상되지만, 현재 과학 교과에서 검색의 기능으로써 역할은 간단하지만 매우 클 것으로 예상된다. ChatGPT의 검색은 계산 코드와 같은 콘텐츠 검색도 가능하므로, 특정한 목적의 계산 코드를 작성하고자 할 때 시간을 소비하지 않고 문제 해결 과정으로 쉽게 넘어갈 수 있으므로, 과학 탐구 활동에도 활용 가능성이 높다.

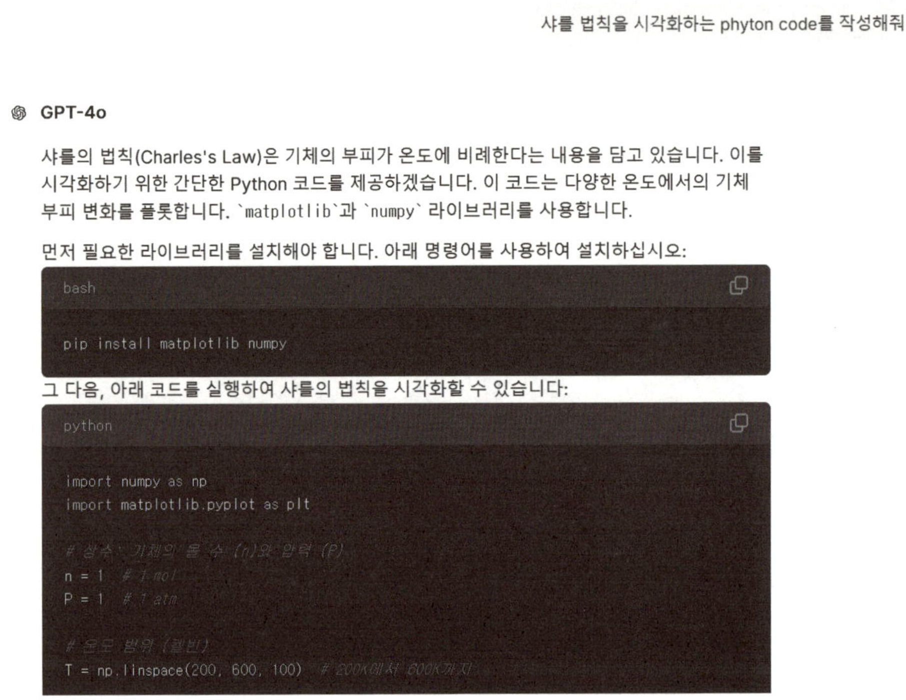

그림 9-5 샤를 법칙을 시각화하는 Python 코드를 검색하는 예시

(3) 엔트리

엔트리는 텍스트 기반 코딩에 대한 부담을 줄이고 명령어별로 블록화하여 블록을 끼워 조립하는 방법으로 컴퓨터에 명령을 내리게 하는 블록형 코딩 플랫폼의 하나이다. 글자 하나 점 하나 틀려도 오류가 나는 텍스트 코딩의 까다로움을 피할 수 있어서 초등학교 학생 대상 수업이나 복잡한 코딩을 필요로 하지 않는 상황에 활용하기에 좋다.

많이 사용되는 블록형 코딩 도구에는 스크래치(Scratch)와 엔트리(Entry)가 있다. 스크래치는 미국 MIT에서 개발한 것으로 블록형 코딩 도구의 시초라고 말할 수 있다. 이후 개발된 블록형 개발 도구들은 거의 모두 스크래치와 비슷한 형태이다. 엔트리는 네이버에서 만든 것으로 스크래치와 비슷하나 한글화가 잘 되어 있으며 인공지능 및 데이터 분석과 관련된 기능이 보강되어 있고, 마이크로비트, 아두이노와 같은 하드웨어와 연결하는 게 수월하다는 장점이 있다.

그림 9-6 엔트리의 개발자 화면

(4) Orange3

Orange3는 데이터 탐색과 시각화를 위한 데이터 분석 소프트웨어로 Python 기반으로 개발되었다. 주로 데이터 마이닝과 기계 학습 작업에 사용되며, 사용하기 쉬운 비주얼 프로그래밍 환경을 제공하여 사용자들이 드래그-앤-드롭 방식으로 다양한 데이터 분석 및 시각화 작업을 수행할 수 있다. 주요 기능으로는 데이터 전처리, 시각화 도구, 통계적 분석, 변형 및 자동화된 기계 학습 도구를 제공하며, 다양한 기계 학습 알고리즘도 통합되어 있어 복잡한 데이터 분석을 효율적으로 수행할 수 있다.

과학은 데이터가 많은 교과인 만큼, 이 도구를 활용하여 각종 과학 관련 실제 데이터를 분석하고 수업에 활용할 수 있다. 특히 기계 학습 기능을 이용하여 데이터에 기반한 학습을 통해 분류, 예측 등을 수행할 수 있다. 실험 측정 데이터를 활용하여 모델을 만들 수도 있고, 현미경을 통한 세포 관찰, 편광 현미경을 활용한 광물 관찰, 생태(식물종) 관찰, 망원경을 활용한 천체 관측 등 시각 자료를 이용한 수업에서 이미지 분석을 지원하여 학생 주도의 다양한 수업을 구성하는데 도움을 줄 수 있다.

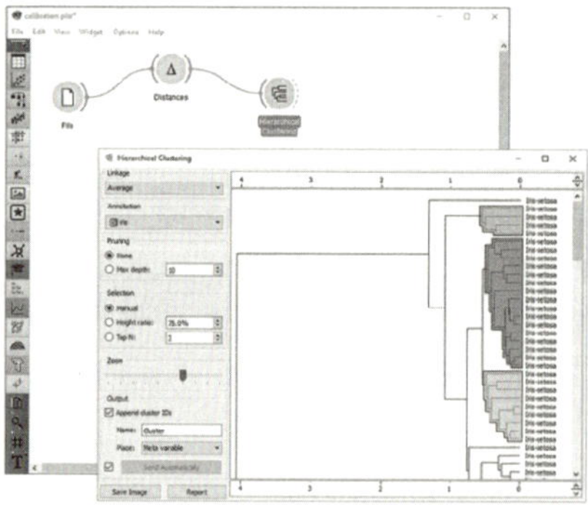

Hierarchial clustering supports interactive cluster selection.

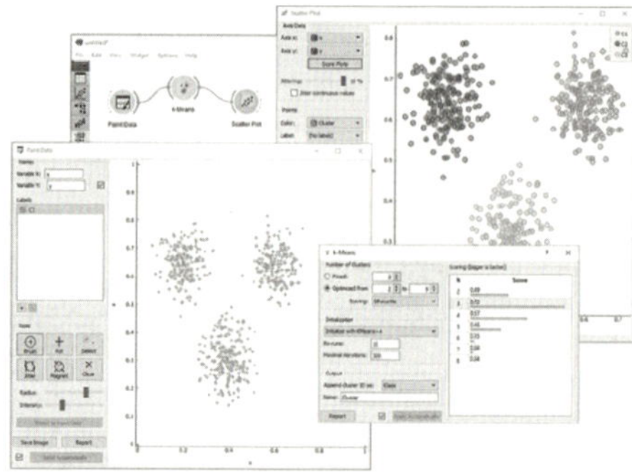

Playing with Paint Data and an automatic selection of clusters in k-Means.

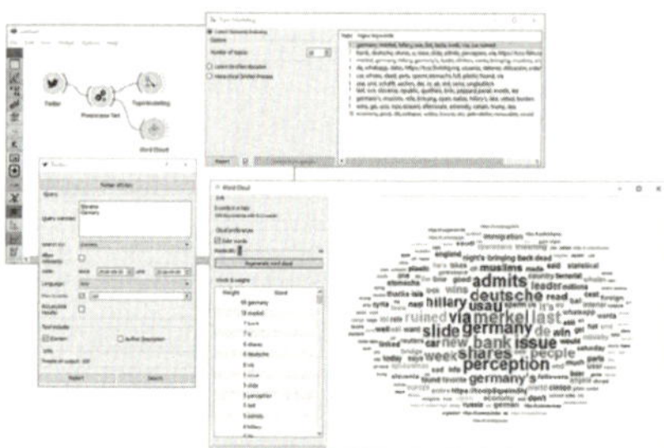

Topic modelling of recent tweets.

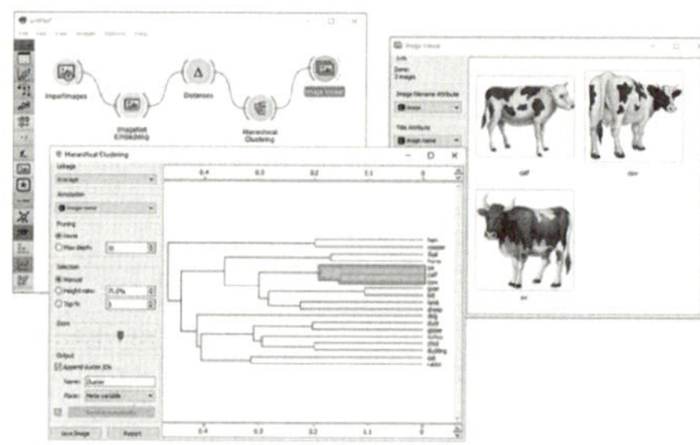

Image analytics with deep-network embedding.

그림 9-7 Orange3의 여러 가지 기능

(5) Python

Python은 텍스트 기반 고급 프로그래밍 언어로, 주로 웹 개발, 데이터 분석, 인공지능, 머신러닝, 과학 계산, 자동화, 애플리케이션 개발 등 매우 다양한 분야에서 사용되는 범용 도구이다. 코드가 읽기 쉽고 이해하기 쉬운 문법을 가지고 있어 초보자들에게 배우기 적합하여, 교육용으로도 많이 활용되고 있다. 사용자와 개발자 커뮤니티가 넓어 다양한 자료와 지원을 받을 수 있으므로 과학, 금융, 게임 개발 등 다양한 산업 분야에서 널리 활용되고 있다. 특히, 측정 결과를 간단한 명령어로 나타낼 수 있고 기계 학습 또는 고급 통계를 쉽게 활용할 수 있어 과학적 원리를 도출하거나 표현하는데 유용하다. VPhyton은 시각화 기능을 기본으로 한 Phyton 어플리케이션으로 과학 현상을 나타내고 이론을 설명하는 등 과학 학습에 유용하다.

2) 과학 수업에서의 인공지능 융합 교육 사례

(1) 인공지능과 과학 교과 융합 교육 내용 체계에 기반한 행성 주제 교수·학습 사례

이주영 외(2022)는 “인공지능과 과학 교과의 체계적인 융합을 위한 내용 체계 및 교수·학습 사례 연구”에서 인공지능과 과학 교과의 융합 교육 내용 체계를 구성하고, 이에 기반하여 외계 행성의 특성을 학습하는 주제로 인공지능과 과학 내용이 융합한 수업을 제시하였다.

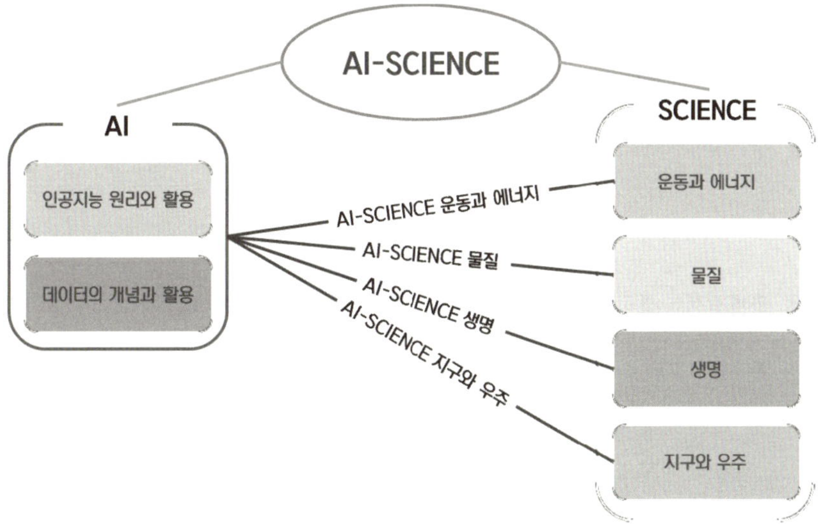

		AI				SCIENCE:지구와 우주															
영역		인공지능의 원리와 활용			데이터의 개념과 활용	환경과 생태계		고체지구					대기와 해양				우주				
핵심 개념		인식	탐색과 추론	학습	데이터	생태계와 상호작용		지구계와 역장		판구조론	지구 구성물질	지구의 역사	해수의 성질과 순환		대기의 운동과 순환		태양계의 구성과 운동		별의 특성과 진화	우주의 구조와 진화	
내용 요소	3-4학년	·컴퓨터와 사람의 인식	·특징에 따라 분류하기	·인공지능 학습 놀이활동	·여러 가지 데이터 ·수치데이터 시각화			·지구의 환경		·화산활동 ·지진 ·지진대처 방법	·흙의 생성과 보존 ·풍화와 침식 ·화강암과 현무암 ·퇴적암	·지층의 형성과 특성 ·화석의 생성 ·과거 생물과 환경	·바다의 특징 ·물의 순환				·지구와 달의 모양 ·지구의 대기 ·달의 환경				
	5-6학년	·컴퓨터의 인식 방법	·인공지능 분류 방법 ·지식 그래프	·기계학습의 원리 체험	·데이터의 중요성 ·문자데이터 시각화 ·데이터 경향성	·생물 요소와 비생물 요소 ·환경 요인이 생물에 미치는 영향	·생태계의 구조와 기능 ·환경 오염이 생물에 미치는 영향 ·생태계 보전을 위한 노력 ·먹이 사슬과 먹이 그물 ·생태계 평형									·습도 ·이슬과 구름 ·저기압과 고기압 ·계절별 날씨	·태양 ·태양계 행성 ·행성의 크기와 거리	·낮과 밤 ·계절별 별자리 ·달의 위상 ·태양 고도의 일변화	·별의 정의 ·북쪽 하늘 별자리		
	중학교	·사물 인식	·인공지능 탐색 방법 ·규칙 기반 추론	·지도학습 ·비지도학습	·데이터 수집 ·데이터 전처리 ·데이터 예측			·지구계의 구성 요소	·지권의 층상구조 ·지각 ·맨틀 ·핵	·지진대 ·화산대 ·진도와 규모 ·판 ·베게너의 대륙이동설	·광물 ·암석 ·암석의 순환 ·풍화작용 ·토양		·수권 ·해수의 층상 구조 ·염분비 일정 법칙	·우리나라 주변 해류 ·조석 현상	·기권의 층상 구조 ·복사 평형 ·온실 효과 ·지구 온난화	·상대 습도 ·단열 팽창 ·강수 과정 ·기압과 바람 ·기단과 전선 ·저기압과 고기압 ·일기도	·지구와 달의 크기 ·지구형 행성과 목성형 행성 ·태양활동	·지구의 자전과 공전 ·달의 위상 변화 ·일식과 월식	·연주시차 ·별의 등급 ·별의 표면 온도	·우리은하의 모양과 구성 천체	·우주 팽창 ·우주 탐사 성과의 의의

그림 9-8 인공지능-과학 융합 교육 내용 체계 영역 구성

출처: 이주영 외, 2022

이 연구에서는 〈표 9-2〉과 같이 행성과 관련된 과학 교과 내용 요소인 '우주-태양계의 구성과 운동-지구형 행성과 목성형 행성(중등)'과 인공지능 교과 내용 요소인 '데이터와 기계학습-데이터-수집(중등)', '데이터와 기계학습-데이터-데이터 전처리(중등)', '데이터와 기계학습-데이터-데이터예측(중등)'의 지식을 선정하고 엔트리의 데이터 분석, 티처블 머신을 활용한 분류모델을 만들어 내는 과정을 거치도록 구성하였다. 구체적인 활동은 다음 단계로 진행되었다.

- [데이터수집] 외계행성 탐사에 필요한 케플러 시계열 데이터 수집하기
- [데이터변환] 엔트리를 활용하여 5개의 외계 행성 데이터 자료를 그래프로 변환하기
- [데이터표현] 시간에 따른 광도변화 수치데이터를 꺾은선 그래프로 나타내기
- [데이터분석] 꺾은선 그래프를 보고 데이터 경향성 확인하기
- [데이터예측] 꺾은선 그래프를 비교·분석을 통해 행성의 특징에 대해 예상하기: 공전주기/크기/공전궤도 반지름 등

표 9-3 외계 행성의 특징을 학습하는 인공지능-과학 융합 교육 교수·학습 사례(이주영 외, 2022)

<table>
<tr><td>가. 구성 의도</td><td colspan="2">인공지능교육 영역 '데이터와 기계학습'의 핵심 개념 데이터와 과학교육 영역 '우주'의 핵심 개념 태양계 구성과 운동을 연계하여 태양계 행성의 특징(크기, 생김새, 부피 등)에 대해 학습하고 이를 기초로 태양계 이외의 외계 행성에 대해 학습할 수 있는 교수·학습 활동을 구성하였다. 외계행성 탐색시스템(KMTYNet), 케플러 아카이브 등의 망원경 시계열 관측 수치자료를 엔트리 데이터 분석 기능을 활용하여 그래프로 변환하고 변환한 자료를 통해 그래프이 경향성을 분석한다. 경향성 분석을 통해 알 수 있는 외계행성의 특징에 대해 설명하고 이러한 활동을 통해 미지의 외계행성의 특징을 짐작하고 예측해볼 수 있도록 한다.
이를 통해 과학 탐구의 기초인 데이터 수집-변환-분석-예측의 과정을 인공지능교육과 융합하여 학습할 수 있는 기회를 제공하고자 한다.</td></tr>
<tr><td rowspan="3">나. 교수·학습 안내</td><td rowspan="2">지식</td><td>데이터와 기계학습-데이터-수집(중등)
데이터와 기계학습-데이터-데이터전처리(중등)
데이터와 기계학습-데이터-데이터예측(중등)</td></tr>
<tr><td>우주-태양계의 구성과 운동-지구형 행성과 목성형 행성(중등)</td></tr>
<tr><td>성취기준
(수행기대)</td><td>[9인04-01] 문제해결에 필요한 데이터 소성을 파악하고 데이터를 수집할 수 있다.
[9인04-02] 수집된 데이터에서 이상치와 결측지를 찾을 수 있다.</td></tr>
</table>

		[9인04-03] 주어진 데이터 분석을 통해 알게 된 규칙으로 새로운 데이터의 결과를 예측할 수 있다.
		[9인04-04] 태양계를 구성하는 행성의 특징을 알고, 목성형 행성과 지구형 행성으로 구분할 수 있다. [12지과I05-05] 외계 행성계의 탐사 방법을 이해하고, 지금까지 발견된 외계 행성계의 특징을 설명할 수 있다.
	목표	행성이 별을 지날 때의 밝기 변화 데이터를 그래프로 표현하여 경향성을 알아보고 행성의 특징에 대해 설명할 수 있다.
다. 교수 · 학습 전기	태양계 행성의 특징과 탐사 방법에 대해 알아보기	• 태양계 구성 행성 특징 알아보기 • 태양계 구성 행성의 공통점과 차이점 비교하기 • 태양계 구성 행성 이외의 외계 행성에 대해 알아보기 • 외계 행성 탐사 방법 조사해 보기: 시선속도법/통과관측법/직접촬영법
	엔트리-데이터분석을 활용하여 외계행성의 특징을 예상하고 확인하기	• **[데이터수집]** 외계행성 탐사에 필요한 케플러 시계열 데이터 수집하기 • **[데이터변환]** 엔트리를 활용하여 5개의 외계 행성 데이터 자료를 그래프로 변환하기 • 시간에 따른 광도변화 수치데이터를 꺾은선 그래프로 나타내기 • **[데이터분석]** 꺾은선 그래프를 보고 데이터 경향성 확인하기 • **[데이터변환]** 꺾은선 그래프를 비교 · 분석을 통해 행성의 특징에 대해 예상하기: 공전주기/크기/공전궤도 반지름 등
	아두이노-광도 측정 모형 제작하기	• 행성의 크기에 따른 항성의 고아도 변화를 확인하기 위한 변인에 대해 논의하기 • 아두이노를 활ㅇ요하여 행성의 크기에 따른 빛의 밝기 변화를 확인할 수 있는 모형 구안하기 • 제작준비물(서보모터, 항성역할 LED 또는 네오픽셀, 조도센서, 노트북 등)을 활용하여 모둠별 광도측정모형 제작하기 • 광도변화측정 그래프를 확인하고 특징에 대해 설명하기
	정리하기	• 광도변화모형을 제작하며 느낀점 공유하기 • 데이터를 그래프로 변환하고 변환한 그래프를 통해 알게된 점 정리하기

(2) 엔트리를 활용한 다양한 수업 사례

과학 교과에서 분류는 여러 영역에서 강조되는 기능으로, 측정 데이터를 기반으로 분류 대상의 속성을 파악하는 역량을 키우는데 중요한 역할을 한다. 한 예로 태양계의 행성은 질량, 반지름, 밀도 값에서 제 각각의 다른 값을 갖지만 지구형 행성과 목성형 행성으로 분류된다. 다음 사례는 엔트리를 활용하여 행성을 지구형과 목성형으로 분류하는 수업 사례이다(정대홍 외, 2023).

행성 이름	행성 종류	질량(지구=1)	반지름(지구=1)	평균밀도(kg/L)
수성	지구형	0.06	0.38	5.43
금성	지구형	0.82	0.95	5.24
지구	지구형	1	1	5.51
화성	지구형	0.11	0.53	3.93
목성	목성형	317.92	11.21	1.33
토성	목성형	95.14	9.45	0.69
천왕성	목성형	14.54	4.01	1.27
해왕성	목성형	17.09	3.88	1.64

그림 9-9 태양계 행성 데이터

이 자료를 엔트리에 입력하고, 인공지능 알고리즘(분류: 숫자(kNN) 모델)이 학습하도록 하면, 미지의 데이터에 대해서 지구형 행성인지 목성형 행성인지 예측할 수 있다.

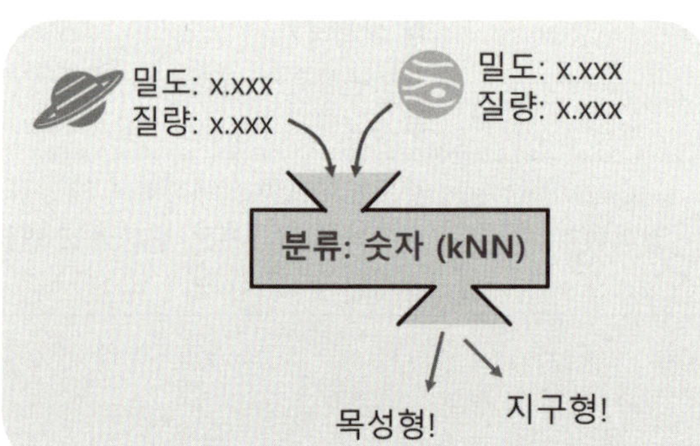

그림 9-10 숫자를 기반으로 분류하기

기계 학습은 다음과 같은 순서로 수행한다.

① 기계 학습의 제목을 정한다. 예: 행성 분류

② 행성을 분류하기 위한 속성(질량, 밀도 등)을 정한다.

③ 클래스 속성은 '행성 종류'를 선택합니다. 이것은 분류의 결과로 행성의 종류가 나온다는 뜻이다.

④ '모델 학습하기'를 클릭하면 학습이 시작된다.

⑤ 아마도 학습 조건을 변경하지 않은 상태에서 바로 학습하기를 시도하면 에러가 발생할 것이다. 이것은 주어진 데이터의 개수가 8개밖에 되지 않는 상태에서 이웃한 8개의 데이터를 학습할 수 없어서 발생하는 에러이다. 따라서 8보다 작은 값을 입력해야 한다.

⑥ 학습한 결과를 확인할 수 있다. 예를 들어, 질량이 지구와 같고 평균 밀도가 '1'인 행성은 목성형으로 분류된다.

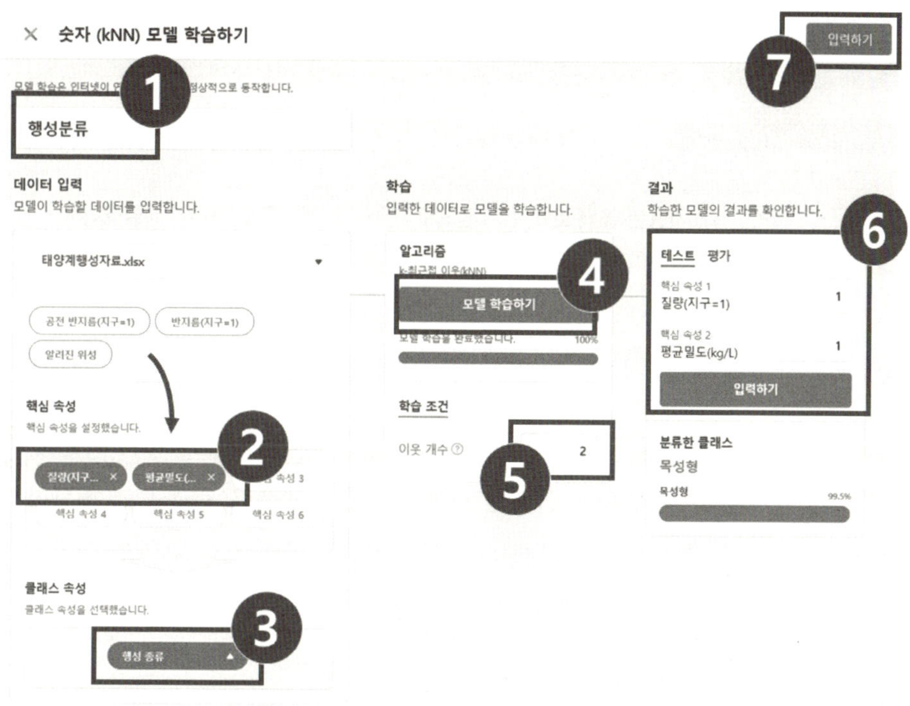

그림 9-11 엔트리 활용 행성 분류 기계 학습 사례

출처: 정대홍 외, 2023

다음 사례는 엔트리를 활용하여 물체의 운동을 시뮬레이션으로 나타낸 수업 사례이다. 엔트리를 활용하면 간단한 수식으로 표현되는 현상을 시뮬레이션으로 쉽게 표현할 수 있다. 높은 건물에서 물체를 옆으로 던지거나 사선으로 높이 던질 때 초기 속도를 입력하는 것만으로 물체가 어떤 운동을 하는지 쉽게 시각적으로 나타낼 수 있다.

다음 그림은 물체의 운동을 시각화하기 위해서 사용된 엔트리 블럭 코드의 종류와 이를 활용하여 옆으로 던지기를 했을 때, 그리고 사선으로 던지기를 했을 때 물체 운동을 시뮬레이션한 예시를 나타낸다. 사용한 몇 가지 코드만으로 물체의 가속도 운동을 잘 표현하기 때문에 물리학의 운동 역학을 쉽게 설명하고 이해할 수 있다.

크기를 20 (으)로 정하기	공의 크기를 20%로 줄인다. (100%의 공은 너무 크게 보이기 때문)
20 번 반복하기	블록 안의 명령들을 정해진 숫자(여기서는 20)만큼 반복한다.
도장 찍기	한 구간씩 움직일 때마다 현재 위치에 도장을 찍는 것처럼 물체의 모습을 남겨둔다.
Vy ▾ 에 -9.8 만큼 더하기	Vy 변수에 9.8을 빼준다. 이것은 y축의 반대 방향(아래 방향)으로 매 순간 가속도가 작용하는 것을 뜻한다.
y 좌표를 Vy ▾ 값 만큼 바꾸기	변화된 속력에 따라 물체를 이동시킨다.

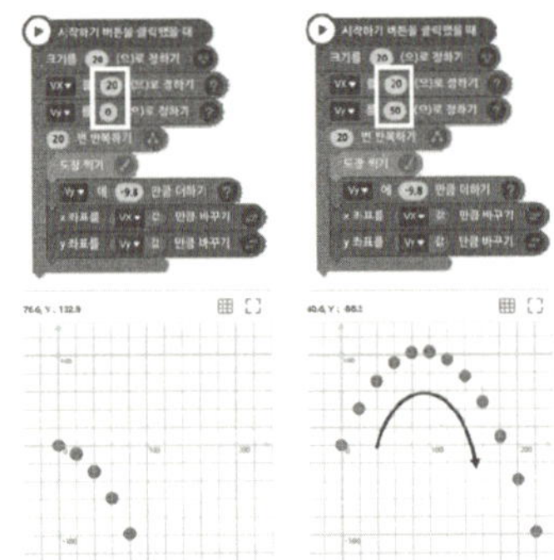

그림 9-12 (좌) 사용된 블럭 코드, (우) 옆으로 던지기와 사선으로 던지기 시뮬레이션

출처: 정대홍 외, 2023

(3) 예측 모델을 활용한 pH 측정 수업 사례

이 수업 사례는 노동규의 석사학위 논문(노동규, 2023)에 수록된 자료를 참조한 것으로 지시약의 색 변화를 디지털 카메라로 촬영하여 지시약 색에 해당하는 pH를 읽는 방법을 활용한 수업이다. 일반적으로 지시약의 색은 용액의 액성(pH)에 따라 정해져 있지만, 학교에서 실험하는 환경에서 조명의 밝기, 지시약의 농도, 넣어준 지시약의 양 등에 의해서 색이 일정하지 않다. 이러한 문제를 해결하는 방법으로 용액의 색을 디지털 카메라로 촬영하여 해당 용액의 pH 값을 표지로 기계 학습을 시킴으로써 학교 수업에서 눈으로 관찰하여 발생하는 측정의 불

확실성을 개선하고, 가격이 비싸고 관리가 어려운 정밀 pH미터를 사용하지 않고도 용액의 pH를 잘 측정할 수 있다.

인공지능(AI)의 한 분야인 머신러닝을 위해서는 data를 학습하는 과정이 필요하다. 먼저 pH 예측 모델을 만들기 위해서 먼저 데이터셋을 공유하는 Kaggle 웹사이트에서 만능 지시약의 pH에 따른 색 변화 RGB data를 분류하여 'pH 예측 데이터 셋'을 준비한다(그림 9-13).

```
<class 'pandas.core.frame.DataFrame'>
RangeIndex: 653 entries, 0 to 652
Data columns (total 4 columns):
 #   Column  Non-Null Count  Dtype
---  ------  --------------  -----
 0   blue    653 non-null    int64
 1   green   653 non-null    int64
 2   red     653 non-null    int64
 3   label   653 non-null    int64
dtypes: int64(4)
```

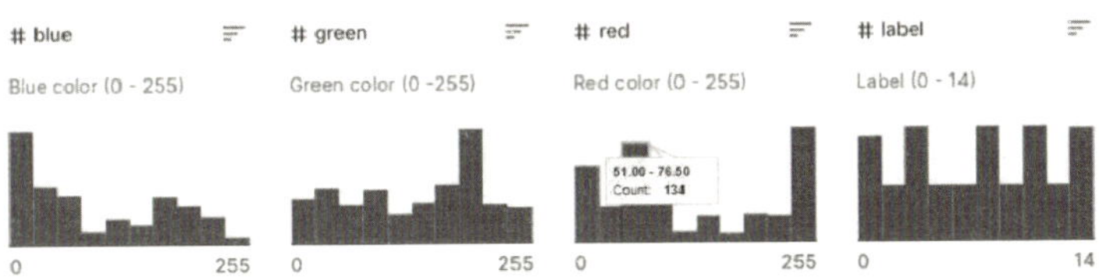

그림 9-13 pH 예측을 위한 데이터 셋 정보

pH 예측 데이터 셋은 0~14의 pH 데이터를 Label로 하여 만능 지시약의 색변화를 빛의 3원색인 RGB 데이터로 정리해 놓은 653개의 행으로 구성된 데이터 셋이다. 데이터 셋 내부는 숫자 데이터(int64)로 구성되어 있고, 누락된 데이터가 없는(non-null) 데이터 형태이며, Labeling이 되어 있으므로 기계학습의 지도학습에 적합한 데이터 셋임을 알 수 있다. pH 예측 데이터 셋을 기반으로 pH를 예측하기 위해 python 라이브러리인 Lucifer-ML을 이용하였고, 가장 적합한 분류 모델로 Catboost Regressor를 사용하였다. Catboost Regressor 알고리즘을 사용하여 [그림 9-14]의 코드를 작성하여 RGB 데이터를 이용하여 pH를 예측하는 모델을 머신러닝으로 개발하였다.

```
[17] from sklearn import ensemble, model_selection
     from sklearn.metrics import mean_absolute_error, r2_score

     # y값에 label(pH값), X값에(blue, green, red)를 학습 데이터로 저장
     y = dataset.label
     X = dataset[['blue', 'green', 'red']]

[19] # 학습 set과 목표 set로 data를 분리
     X_train, X_test, y_train, y_test = model_selection.train_test_split(X,y,
                                                    test_size=0.25, random_state=42)

[20] from catboost import CatBoostRegressor, cv, Pool

[21] #Initiate a  CatBoost Regressor model and train it
     #  CatBoost Regressor 모델을 사용하여 학습 시킴
     CB_model =  CatBoostRegressor(random_state=12)
     CB_model.fit(X_train, y_train)
```

그림 9-14 Catboost Regressor 알고리즘을 이용한 pH 예측 모델 코드

출처: 노동규, 2023

이 도구를 활용하여 데이터 기반 인공지능-과학 융합 교육 프로그램을 다음과 같이 개발하였다. ESDA 모델(손미현, 2020)을 기반으로 탐구 활동을 구성하였는데, 도구 탐색-데이터 수집-데이터 변형 및 해석-문제 발견-귀납적 탐구-결론 및 표현의 단계로 수업이 진행된다(표 9-3).

표 9-4 ESDA 모형이 적용된 데이터 기반 인공지능-과학 융합 교육 프로그램 사례(손미현, 2020)

단계	학습자 활동	데이터 소양
도구 탐색	• Colab에서 python 텍스트 코딩의 기초 문법을 익히게 함. • pandas 라이브러리를 import하여 데이터를 저장하고 출력하는 방법을 익히게 함	데이터 관리
데이터 수집	• 여러 가지 용액(10가지 이상)중 개인별로 1가지씩 선택하고, 이를 홈판에 넣고 만능 지시약 실험으로 색 변화를 관찰함 • 만능 지시약 색변화의 사진을 구글 드라이브에 저장하고 colab에서 python의 PIL 라이브러리를 이용하여 RGB데이터를 수집 함	데이터 수집 및 이해
데이터 변형 및 해석	• 용액의 종류와 눈으로 본 pH 예측값 및 python 이미지 데이터 수집을 통해 얻어진 RGB 데이터를 입력하고, 기종별 편차를 확인하기 위해서 촬영 기종등을 정리하게 함	데이터 관리

단계	학습자 활동	데이터 소양
문제 발견	• 용액의 종류와 눈으로 본 pH 예측값 및 python 이미지 데이터 수집을 통해 얻어진 RGB 데이터를 입력하고, 기종별 편차를 확인하기 위해서 촬영 기종등을 정리하게 함	데이터 해석 및 평가
귀납적 탐구	• pH-recognition 데이터 셋의 데이터가 어떤 분포를 보이고 있는지를 시각화하는 과정을 수행하고 출력함	데이터 시각화 및 활용
결론 및 표현	• 자신이 데이터를 수집한 용액의 RGB 값을 대입하여 머신러닝 모델로부터 pH를 예측해보고 각 물질들의 [H+]를 구하는 과정을 모둠별로 수행함.	데이터 해석 및 평가

(4) SageModeler를 활용한 수업 사례

미국 Concord Consortium에서 학생들이 데이터 분석 및 시각화를 쉽게 하기 위한 교육용 도구로서 CODAP 교육 플랫폼을 개발했고, 이후 학생들의 모델링 역량을 키우는 목적으로 CODAP에 기반하여 학생들이 모델을 만들 때 필요한 scaffold 역할을 하는 도구로써 SageModeler 교육 플랫폼을 개발했다(https://learn.concord.org/building-models).

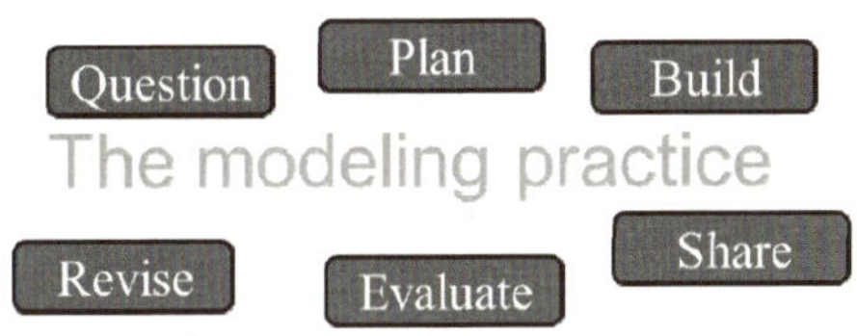

그림 9-15 모델링 역량을 키우기 위한 활동의 요소

출처: Eidin et al., 2020

과학적 모델은 어느 시스템에서 대상의 특성을 나타내고 대상들 사이의 관계 나타내어 궁극적으로 현상을 설명하거나 예측하는 도구이다. 이 과정에는 관찰된 현상에 대해 질문하고, 현상을 설명하는데 필요한 대상들을 찾고, 어떤 요인들이 관련되어 있는지 계획하고, 요인 및 변인들 사이의 관계를 만들고, 스스로 개발한 모델이 현상을 잘 설명하는지, 근거는 있는지 확인하고, 모델을 수정하고, 그 결과를 동료들과 공유하여 평가하는 과정이 포함된다.

다음 그림은 독감 감염자의 수가 어떤 요인들에 의해서 영향을 받는지에 관한 시스템 사고 향상 수업 자료의 예시이다. 자료에서 보듯이 감염자 수에 영향을 주는 요인은 백신을 맞은 사람 수, 백신의 효과, 대중 속에서 감염에 노출된 사람

수, 하루에 접촉하는 사람 수, 발병율 등 여러 요인들이 존재하고, 이들이 복합적으로 작용하는 시스템으로 감염자 수가 증가하거나 감소하는 현상이 나타난다. 시스템 전체를 이해하기는 어렵지만, 각 요소별로 관계는 연결지을 수 있고, SageModeler는 그 연관 관계를 수치 모델화 하도록 지원하므로, 전체 요소들이 모두 연결되었을 때 특정 요인에 의해서 감염자 수가 어떻게 되는지 시뮬레이션이 가능하다. 따라서 이 도구를 활용하여 학생들이 만든 모델이 시스템 속에서 현상을 잘 설명하는지 또 앞으로 현상에 대해서 잘 예측할 수 있는지 등을 확인할 수 있다.

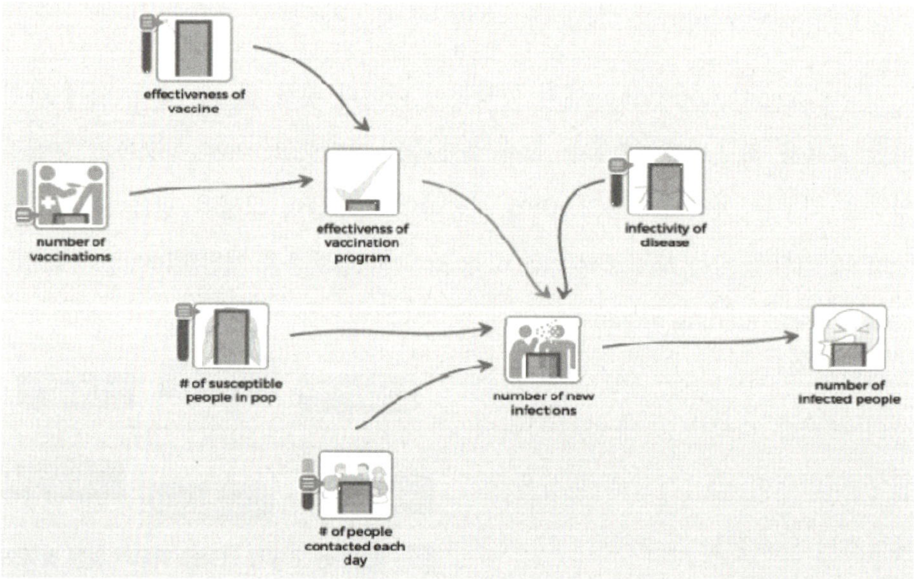

그림 9-16 **SageModeler를 활용하여 독감 감염에 대한 여러 요인 간의 관계를 설명하는 모델링 예시**

출처: https://learn.concord.org/building-models

4. 결론

인공지능(AI)을 과학교육에 융합하는 것은 학생들에게 보다 개인화되고 효과적인 학습 경험을 제공하며, 전통적인 과학교육에서 발생하는 다양한 문제를 해결할 수 있는 중요한 도구로 자리잡고 있다. 특히 AI를 과학 수업에 활용하면서 과학 개념의 복잡성을 이해하기 위해 필요한 맞춤형 학습, 탐구 과정에서의 즉각적인 피드백 제공, 그리고 실험 안전성과 학습 효율성을 높이기 위한 가상 시뮬레이션 활용 등이 가능해졌다. 또한, 과학 교사에게도 일반적인 AI 역량 이외에 교과 특이적인 역량도 필요하다. 인공지능 도구를 이용한 데이터 해석, 미래 예측, 정보 시각화 역량. 컴퓨터 언어 활용 역량, 인공지능 원리에 대한 이해, 과학 수업에 활용 가능한 다양한 정보원 파악, 과학 수업에 활용 가능한 플랫폼 파악 및 활용, 디지털 탐구 도구를 활용한 탐구 지도 역량, 디지털 도구를 활용한 교수 학습 구성 역량, 융합수업 설계역량 등이 있다.

과학교육에서 인공지능의 활용은 단순히 학습 도구로서의 역할을 넘어 학생들의 비판적 사고와 문제 해결 능력을 키우고, 과학적 데이터를 기반으로 한 탐구와 실험의 정확성을 높이는 데 중요한 역할을 한다. 또한, 과학에서의 학습은 순차적인 구조를 갖는 과학 개념의 특성으로 인해 현재의 개념 이해가 다음 학습을 위해 매우 중요하다. 이에 공정한 학습 기회를 제공함으로써 학업 성취도가 낮은 학생들에 대한 보충 학습과 탐구에 필요한 기능 학습을 가능하게 하고, 지리적, 사회경제적 격차를 해소하며 협력적인 학습 환경을 조성할 수 있다.

하지만 AI를 효과적으로 과학교육에 통합하기 위해서는 해결해야 할 과제도 존재한다. 데이터 편향 문제와 학생 개인정보 보호와 같은 윤리적 문제, 그리고 교사들이 AI 도구를 효과적으로 활용하기 위한 역량이 충분하지 않을 수 있다. 이를 개선하기 위해서는 교사들을 대상으로 한 체계적인 AI 및 디지털 역량 강화 교육이 필수적이며, 교육적 목표와 수업의 맥락에 부합하는 AI 도구의 개발 및 활용 방안에 대한 지속적인 연구가 필요하다.

인공지능을 활용한 과학교육은 단순히 미래 사회의 필요에 대응하기 위한 기술 교육을 넘어, 학생들이 과학적 사고를 기반으로 실질적 문제를 해결할 수 있는 역량을 함양하는 데 기여할 수 있을 것이다.이에 AI를 교육 현장에 효과적으로 통합하는 방안을 모색해야 하며, 지속적인 연구와 지원을 통해 교육의 질을 높이고 학생들의 학습 경험을 확대할 필요가 있다.

참고문헌

김태령, 류미영, 한선관 (2020). 초중등 인공지능 교육을 위한 프레임워크 기초 연구. 인공지능 연구 논문지, 1(1), 31-42.

노동규 (2023). 과학 데이터 기반 인공지능 고등학교 과학 융합 교육 프로그램의 개발 및 적용: pH 예측을 중심으로. 석사학위논문, 서울대학교.

박주연 (2021). 교양 인공지능교육에 대한 요구분석: IPA 를 활용하여. 컴퓨터교육학회 논문지, 24(2), 75-84.

손미현 (2020). 지식정보처리역량 함양을 위한 데이터 기반 과학탐구 모형 개발. 박사학위논문 서울대학교.

손미현 (2023). 과학 교사의 인공지능 활용 역량과 디지털 역량에 대한 필요성과 활용 사례 분석. *Brain, Digital, & Learning, 13*(3), 245-263.

손미현, 정대홍, 손정우 (2018). 지식정보처리역량 관점에서 중학생들의 과학탐구활동 어려움 분석. 한국과학교육학회지, 38(3), 441-449.

서정희, 허희옥, 임규연, 이현우, 임경희, 박세영, 공현아, 권미영 (2023). 예비・현직 교원의 AI・디지털 역량 측정도구 개발 (KR 2023-08). 한국교육학술정보원.

이주영, 김귀훈, 강성주 (2022). 인공지능과 과학 교과의 체계적인 융합을 위한 내용 체계 및 교수・학습 사례 연구. 학습자중심교과교육연구, 22(13), 623-640.

장진아, 박준형, 박지선 (2021). 인공지능 챗봇 관련 국내 연구 동향 및 챗봇 활용 현황 분석: 과학 교육에서의 활용을 위한 시사점을 중심으로. 학습자중심교과교육연구, 21(13), 729-743.

정대홍, 이동준, 노동규, 김종헌, 민재식, 김성모, 전인엽, 손미현 (2023). 챗GPT 시대 인공지능 디지털 소양을 키우는 하이테크 교실수업. 다빈치, 95-116.

조헌국 (2023). 텍스트 기반 생성형 인공지능의 이해와 과학교육에서의 활용에 대한 논의. 한국과학교육학회지, 43(3), 307-319.

조헌국 (2024). 물리교육에서 생성형 인공지능의 활용과 문제 해결 방안: 거대 언어 모델의 환각 문제를 중심으로. 새물리, 74(8), 812-823.

홍선주, 조보경, 최인선, 박경진 (2020). 학교 교육에서 인공지능(AI)의 개념 및 활용(연구자료 ORM 2020-21-3). 한국교육과정평가원.

Almasri, F. (2024). Exploring the impact of artificial intelligence in teaching and learning of science: A systematic review of empirical research. *Research in Science Education, 54*(5), 977-997.

Cooper, G. (2023). Examining science education in ChatGPT: An exploratory study of generative artificial intelligence. *Journal of Science Education and Technology, 32*(3),

444-452.

Eidin, E., Bielik, T., Touitou, I., Bowers, J., McIntyre, C., & Damelin, D. (2020). Characterizing Advantages and Challenges for Students Engaging in Computational Thinking and Systems Thinking Through Model Construction. In Gresalfi, M. and Horn, I. S. (Eds.), *The Interdisciplinarity of the Learning Sciences, 14th International Conference of the Learning Sciences (ICLS) 2020, Volume 1* (pp. 183-190). International Society of the Learning Sciences.

França, C. (2023). AI empowering research: 10 ways how science can benefit from AI. arXiv preprint arXiv:2307.10265.

Lee, J., An, T., Chu, H. E., Hong, H. G., & Martin, S. N. (2023). Improving Science Conceptual Understanding and Attitudes in Elementary Science Classes through the Development and Application of a Rule-Based AI Chatbot. *Asia-Pacific Science Education, 9*(2), 365-412

Nazaretsky, T., Bar, C., Walter, M., & Alexandron, G. (2022, March). Empowering teachers with AI: Co-designing a learning analytics tool for personalized instruction in the science classroom. *In LAK22: 12th International Learning Analytics and Knowledge Conference* (pp. 1-12).

NGSS Lead States. (2013). *Next generation science standards: For states, by states*. National Academies Press.

Park, J., Teo, T. W., Teo, A., Chang, J., Huang, J. S., & Koo, S. (2023). Integrating artificial intelligence into science lessons: Teachers' experiences and views. *International Journal of STEM Education, 10*(1), 61.

Qin, J., & D'Ignazio, J. (2010). Lessons learned from a two-year experience in science data literacy education. *In 31st Annual Conference of the International Association of Scientific and Technological University Libraries (IATUL).*

Son, M., & Ha, M. (2024). Development of a digital literacy measurement tool for middle and high school students in the context of scientific practice. *Education and Information Technologies*, 1-24.

Wu, R., & Yu, Z. (2024). Do AI chatbots improve student's learning outcomes? Evidence from a meta-analysis. *British Journal of Educational Technology, 55*(1), 10-33.

Xu, W., & Ouyang, F. (2022). The application of AI technologies in STEM education: a systematic review from 2011 to 2021. *International Journal of STEM Education, 9*(1), 59.

Yılmaz, Ö. (2024). Personalised learning and artificial intelligence in science education: current state and future perspectives. *Educational Technology Quarterly, 2024*(3), 255-274.

제10장 문제해결과 인공지능 융합 교육

시작하며

문제해결은 현대 사회에서 매우 중요하다. 점차 사회가 복잡해짐에 따라 앞으로 학생들은 과거보다 더 복잡하고 다차원적인 문제들에 직면할 것이다. 복잡하고 예측 불가능한 문제들이 끊임없이 등장하는 시대에, 학생들이 이러한 문제들을 창의적이고 효과적으로 해결할 수 있는 능력을 갖추는 것은 필수적이다. 2015년 세계경제포럼(World Economic Forum)에서는 21세기 학생들이 복잡한 문제들을 다루기 위해 필요한 핵심역량으로 문제해결 역량과 창의성을 강조하였는데, 이는 시대적 변화에 따른 창의적 문제해결력의 중요성을 인식하였기 때문일 것이다.

인공지능 융합 교육이 중요한 이유는 바로 학생들의 창의적 문제해결력을 효과적으로 향상시킬 수 있는 잠재적인 방안이기 때문이다. 인공지능 기술은 많은 데이터를 분석하여 패턴을 찾거나 새로운 예측을 수행할 수 있다는 측면에서 복잡한 문제를 해결하는 데 유용한 도구로 사용될 수 있다. 학생들은 인공지능을 사용함으로써 단순한 이론 학습을 넘어 현실 세계의 복잡한 문제들을 보다 깊이 있게 탐구하고, 데이터를 기반으로 하는 합리적 의사결정의 경험을 쌓을 수 있다. 이러한 경험은 학생들이 미래 사회에서 요구되는 핵심역량을 배양하는 데 큰 도움이 될 것이다.

이 장에서는 창의적 문제해결 과정과 문제해결 관점에서의 인공지능 융합 교육, 그리고 학생들의 문제해결력을 증진시키기 위한 인공지능 융합수업 운영 방안에 대해서 검토해보고자 한다.

문제상황

최근 많은 교사들이 교육 현장에 인공지능 기술을 도입하는 일에 큰 관심을 갖는다. 교사들은 인공지능을 융합한 교육 방법이 학생들의 학습 효율을 높이고, 새로운 교육 패러다임을 제시할 수 있다고 기대한다. 고등학교 과학 교사인 박 교사 또한 이러한 교사들 중 한 사람으로, 학교에서 인공지능 융합 교육을 시도하고자 준비하고 있다. 한편, 일부 교사들은 여전히 인공지능에 대하여 관심이 없다. 박 교사와 같은 학교, 같은 과목 교사인 김 교사는 이러한 흐름에 대해 오히려 회의적인 입장을 가지고 있다. 그는 전통적인 교수법이 학생들의 기초 실력을 탄탄히 다지는 데 중요하다고 믿는다. 김 교사는 학생들이 스스로 사고하고 문제를 해결하는 능력을 기르기 위해서는 직접적인 가르침과 반복적인 연습이 필수적이라고 생각한다.

김 교사는 교사 회의에서 자신의 생각을 털어놓았다. "인공지능이 모든 것을 자동으로 결정해 준다면, 학생들은 스스로 생각하는 법을 잊게 될 것입니다. 우리의 역할은 학생들이 어려운 문제를 스스로 해결해 나가면서 성취감을 느끼도록 돕는 것 아닐까요? 인공지능에 너무 의존하면 오히려 학생들의 문제해결력이 저하될 수 있다고 생각합니다." 동료 교사들 중 일부는 김 교사의 의견에 공감했지만, 박 교사를 비롯한 다른 교사들은 인공지능이 제공하는 새로운 학습 도구와 자원을 활용하면 학생들의 이해도와 참여도가 오히려 높아질 수 있다고 주장했다. 박 교사는 다음과 같이 말했다. "인공지능을 활용하면 학생들이 복잡한 개념을 더 쉽게 이해할 수 있고, 개별화된 교육이 가능해집니다. 또한 오히려 학생들의 문제해결력을 향상시키는 데 도움이 될 수 있어요." 인공지능을 수업에 활용하는 것에 대한 논쟁은 끝나지 않았다. 이에 박 교사는 김 교사에게 제안했다. "김 선생님, 제 수업에 한 번 참관해 보시는 건 어떨까요? 인공지능을 융합한 수업이 어떻게 진행되는지 직접 보시고 판단해 주시면 좋겠습니다."

김 교사는 결국 박 교사의 제안을 받아들였다. 그러나 박 교사 또한 인공지능 융합수업을 처음 시도하는 것이어서 어떻게 해야 할지 막막했다. 그는 수업 계획을 세우며 다음과 같이 고민했다. "인공지능을 단순히 도구로만 사용하면 안 될 텐데... 학생들이 주체적으로 참여하고, 그들의 문제해결력을 키울 수 있는 방법이 무엇일까?" 고민 끝에 박 교사는 창의적 문제해결 관점에서의 인공지능 융합수업을 실시하는 것이 좋겠다고 생각했다. 그는 학생들에게 실제 생활에서 발생할 수 있는 복잡한 문제를 중심으로, 인공지능을 활용하여 그 문제를 해결해 보도록 하는 수업을 운영하기로 결심했다.

탐구문제

1. 창의적 문제해결은 무엇인가?
2. 인공지능 융합 교육은 학생들의 창의적 문제해결력을 증진시킬 수 있는가?
3. 학생들의 문제해결력을 증진시키기 위해 교사는 인공지능 융합수업을 어떻게 운영해야 하는가?

학습목표

1. 창의적 문제해결이 무엇인지 설명할 수 있다.
2. 문제해결 및 문제해결력 관점에서 인공지능 융합 교육에 대해서 설명할 수 있다.
3. 학생들의 창의적 문제해결력을 증진시키기 위해 교사로서 인공지능 융합수업을 어떻게 운영해야 하는지 설명할 수 있다.

1. 창의적 문제해결

우리가 살아가면서 해결해야 하는 문제들은 크게 구조화된 문제와 비구조화된 문제로 구분할 수 있다(표 10-1). 구조화된 문제(well-structured problem)는 문제가 명확하게 제시되어 있으며, 정해진 절차에 따라 해결될 수 있는 문제를 의미한다. 공식에 의해 해결되는 수학문제나, 실험을 통해 결과를 확인하는 과학문제가 구조화된 문제의 대표적 예이다. 이러한 문제는 미리 정의된 규칙과 원리에 의존하므로, 관련된 규칙과 원리를 적절히 잘 활용한다면 해당 문제를 수월하게 해결할 수 있다.

반면, 비구조화된 문제(ill-structured problem)는 문제가 명확하게 제시되지 않거나, 문제 해결에 필요한 개념과 규칙, 원리가 불명확하거나, 맥락에 따라 다양한 해결 방법이 존재하는 문제를 말한다. 이 문제들은 다차원적인 요소들이 결합된 경우가 많아 정해진 해답이 없고, 문제를 해결하기 위해 창의적이고 비판적인 접근이 필요하다. 예를 들어, 기후 변화에 대한 대처 방안이나 빈곤 문제 해결 방안 모색 등이 비구조화된 문제로 분류될 수 있다. 이 문제들은 사회적, 환경적, 경제적 요소가 복합적으로 얽혀 있어 정답을 찾기 어려우며, 상황과 관점에 따라 해결책이 달라질 수 있다.

표 10-1 구조화된 문제와 비구조화된 문제의 비교(조영환(2005)의 문헌에 제시된 내용에 일부 추가함)

구분	구조화된 문제	비구조화된 문제
문제의 명확성	• 문제의 모든 요소(현재 상태, 목표 상태, 제한점, 조작자 등)가 명확하게 제시된다. • 문제해결에 필요한 변인들이 명확하다.	• 문제의 요소 중 일부가 제시되지 않거나 불명확하다. • 문제해결에 필요한 개념, 규칙, 원리들이 불명확하다.
문제해결 과정	• 제한된 수의 잘 정의된 규칙과 원리가 문제해결에 적용된다. • 미리 정해진 문제해결 과정이 있다. • 문제상황이 변하더라도 동일한 원리를 적용할 수 있다.	• 문제해결 과정과 방법이 다양하다. • 문제해결자의 의견이나 신념이 표현된다. • 문제상황과 맥락에 따라서 문제해결 방식이 달라진다.
해결책의 평가기준	• 정확하고 수렴적인 답이 있다.	• 해결책을 평가하는 기준이 다양하며, 해결책이 없을 수도 있다.

구분	구조화된 문제	비구조화된 문제
사례	• 공식에 의해 해결되는 수학 문제 • 실험을 통해 결과를 확인하는 과학 문제	• 기후 변화에 대한 대처 방안 • 빈곤 문제 해결 방안

구조화된 문제와 달리, 비구조화된 문제는 문제를 정의하기 어렵고 상황에 따라 해결책이 다를 수 있기 때문에, 해결 과정에서 창의적인 접근이 요구된다. 이처럼 비구조화된 문제를 창의적인 방식으로 해결하는 과정을 창의적 문제해결(Creative Problem-Solving, CPS)이라고 한다(Mumford et al., 1991). 창의적 문제해결은 문제 상황을 다각도로 분석하여 핵심 요소를 도출하고, 이를 바탕으로 다양한 해결 방안을 탐구하며 최적의 해결책을 선택하는 일련의 과정을 포함하며, 특히 이 과정에서 발산적 사고와 수렴적 사고가 동반되는 것이 특징이다. 예를 들어, 도심의 교통 혼잡 문제를 해결하려면 단순히 교통량을 줄이는 것만으로는 부족하며, 교통 정책, 지역 경제, 주민의 삶의 질 등 다양한 요소를 종합적으로 고려한 뒤 가장 유망한 해결안을 도출해야 한다.

창의적 문제해결 과정에 대한 설명은 학자들마다 다양하다. 대표적으로, Osborn은(1953)은 창의적 문제해결 과정으로서 1) 방향설정(문제를 부각시킴), 2) 준비(관련 자료들을 수집함), 3) 분석(적절한 자료들을 분류함), 4) 가설설정(대안적인 아이디어를 만듦), 5) 부화(잠시 밀쳐두고 문득 '통찰'이 일어나게 함), 6) 종합(아이디어와 정보의 조각들을 같이 맞추어 봄), 7) 검증(결과적으로 얻게 되는 아이디어를 판단함)의 단계를 제시하였다. Parnes(1967)는 Osborn의 연구에 기초하여 1) 사실 발견(문제를 파악하기 위해 정보와 자료를 수집하고 분석함), 2) 문제 발견(다양한 관점에서 문제를 재정의함), 3) 아이디어 발견(문제를 해결하기 위해 다양한 대안들을 생각함), 4) 해결안 발견(최적의 해결안 고르기 위해 대안들을 비교하고 평가함), 5) 수용안 발견(최적의 아이디어를 처음의 문제 상황에 적용함)의 단계를 제시하였다. 이 외에도 창의적 문제해결 과정은 다양하게 제안되었으며, 이를 종합적으로 살펴보면 대체로 문제 이해-아이디어 생성 및 해결안 도출-문제해결의 단계를 거침을 알 수 있다(표 10-2).

표 10-2 창의적 문제해결 과정

창의적 문제해결 단계	내용
문제 이해	문제를 인식하고 정의함
아이디어 생성 및 해결안 도출	다양한 아이디어를 제시하고 해결안을 탐색함
문제 해결	가장 유망한 해결안을 실행하기 위해 계획을 세우고 실제로 이를 실행함으로써 문제를 해결함

문제 이해 단계란, 문제를 인식하고 정의하는 단계이다. 이 단계에서는 문제 상황과 관련된 자료를 탐색하며, 사실들을 파악함으로써 문제를 이해하고, 명료하게 정의하게 된다. 예를 들어, 도심의 교통 혼잡 문제를 해결하기 위해서는 먼저 해당 지역의 교통 문제가 단순히 차량 수에 의한 것인지, 아니면 주차 공간 부족, 대중교통 인프라 부족 등 여러 요인이 복합적으로 작용한 것인지 파악해야 한다. 교통량, 시간대별 교통 패턴, 주민들의 이동 경로, 차량의 종류, 대중교통 이용 현황 등을 수집하고 분석하여 문제를 구체적으로 정의해야 비로소 이후 단계에서 더 명확한 해결 방안을 세울 수 있다.

다음으로, 아이디어 생성 및 해결안 도출 단계란, 다양한 아이디어를 제시하고 해결안을 탐색하는 단계이다. 이 단계에서는 다양한 아이디어를 생성하는 발산적 사고와 생성된 아이디어를 평가하는 수렴적 사고가 사용된다. 예를 들어, 교통 혼잡 문제에 대해 대중교통 이용을 장려하는 정책 외에도 자전거 이용 활성화, 카풀(carpool) 시스템 도입 등 다양한 방안을 고려할 수 있다. 이후에는 각 방안이 실제로 적용 가능한지, 또 얼마나 효과적일지를 평가하여 최적의 해결책을 선택하는 과정이 필요하다.

마지막으로, 문제해결 단계란, 가장 유망한 해결안을 실행하기 위해 계획을 세우고 실제로 이를 실행함으로써 문제를 해결하는 단계이다. 교통 혼잡 문제를 해결하기 위하여 어떤 대중교통 개선 방안을 실행했다면 일정 기간 동안 교통량의 변화를 관찰하고 시행된 정책이 문제를 얼마나 줄였는지 확인할 수 있다. 만약 기대한 효과가 나타나지 않는다면 새로운 방법을 추가로 적용하거나 기존 방안을 수정하는 피드백 과정이 필요하다. 이처럼 창의적 문제해결 과정은 단일한 해결책에 의존하지 않고, 문제 상황에 따라 유연하게 대처하는 능력이 요구된다.

2. 인공지능 융합 교육과 창의적 문제해결력

학생들에게는 교과서에 제시된 구조화된 문제뿐만 아니라 실생활 문제와 같은 비구조화된 문제나 쟁점을 해결하는 경험 또한 필요하다. 학생들은 비구조화된 문제를 해결하는 과정 속에서 실생활과 유리되어 있었던 다양한 학문 지식들을 실제 맥락에서 융합하여 이해할 수 있으며, 실세계의 문제를 해결하는 방법을 배울 수 있기 때문이다.

이러한 관점에서 학제 간의 벽을 허물고 지식들을 융합하여 실생활 문제 또는 비구조화된 문제를 해결해야 한다는 주장이 존재한다. 특히, 근 백 년 전 존 듀이(J. Dewey)는 이러한 '융합(integration)' 아이디어에 가장 큰 영향을 미친 인물로 꼽힌다. 그는 지식들이 그 자체로 남아있는 것이 아니라 성인이 가지고 있는 것과 같이 조직된 경험으로 발전되어야 한다고 생각했다. 이를 위해, 그는 교육이 실생활과 분리되어서는 안 되며, 실제 생활의 문제를 해결하는 과정에서 학습이 이루어져야 한다고 주장했다. 학생들이 능동적으로 비구조화된 문제를 해결해보는 경험은 이들이 다양한 지식들을 발견하고 그것을 체계적으로 조직화하는 기회로 작용할 수 있다(조연순, 2008).

다양한 영역의 지식들을 융합하여 특정한 문제 혹은 쟁점을 다룬다는 교육적 접근은 현대에 이르러 통합 교육 혹은 융합 교육이라는 이름으로 불리게 되었다(김진수, 2013). 그리고 이러한 교육의 특별한 형태로서 STEM 교육과 STEAM 교육이 널리 알려져 있다. STEM 교육이란, 과학(Science), 기술(Technology), 공학(Engineering), 수학(Mathematics)을 융합한 교육 방식을 말한다. STEM 교육에서 학생들은 이공계 분야의 지식을 통합적으로 습득하고 실제 문제에 적용할 기회를 얻는다. 예를 들어, 로봇 공학 프로젝트를 통해 학생들은 물리학의 원리, 프로그래밍 기술, 공학적 설계, 수학적 계산 등을 통합적으로 학습할 수 있다.

STEAM 교육은 STEM 교육에 예술(Art)을 추가한 개념으로, 창의성과 감성의 발달을 함께 추구한다. STEAM 교육은 세계적 과학기술인재 육성을 위해 우리나라에서 제안된 교육정책으로, 과학기술에 대한 흥미와 이해를 높이고, 융합적 사고와 문제해결 능력을 배양할 수 있도록 하는 데 주 목적이 있다(김진수, 2013).

예를 들어, STEAM 교육 사례로는 다음과 같은 것들이 있다:

- 환경 복원을 주제로 한 STEAM 수업: 학생들이 기후변화, 산성비, 수질오염 등 환경 문제를 인식하고, 이를 해결하기 위해 다양한 해결책을 계획하고 수행함(산성비를 줄이는 제품 설계, 태양광 정수기 설계 및 제작, 환경보호 홍보자료 제작 등)(최영미 외, 2016).
- 내진설계를 주제로 한 STEAM 수업: 학생들이 지진발생과 건물붕괴 문제를 인식하고, 이를 해결하기 위해 지진을 잘 견디는 건물의 특징을 수학적, 과학적으로 탐구하고 내진설계 및 구조물 제작을 수행함(김맹범 외, 2016).
- 안전을 주제로 한 STEAM 수업: 학생들이 물놀이 위험, 화재 위험, 지진 위험, 교통 위험 등의 문제를 인식하고, 각각의 주제에 대해서 다양한 학문 지식들을 사용하여 스스로를 지킬 수 있는 방법을 고안함(강은주, 2022).

통합적 및 융합적 활동들은 학생들이 여러 분야의 지식을 융합하여 실제 문제를 해결하고, 그 과정에서 창의적이고 혁신적인 아이디어를 발휘할 수 있도록 도와준다. 이를 통해 학생들은 복잡한 현실 세계의 문제를 창의적으로 해결할 수 있는 능력을 기르게 된다. 실제로 많은 연구들에서는 STEAM 교육이 창의성과 문제해결력 증진에 대하여 효과가 있음을 보고한다. 김지영과 동료들(2015)은 2012년부터 2014년까지 국내에서 발표된 연구문헌들을 종합적으로 분석한 결과, 통합 교육이 교육이 학생들의 창의성 증진에 대하여 높은 수준의 효과가 있으며 문제해결력 증진에 대하여 중간 수준의 효과가 있다는 점을 발견했다. 이러한 결과는 STEAM 교육 관련 연구논문들을 종합적으로 분석한 다른 연구들에서도 공통적으로 나타나는 결과이다(김지원, 원효헌, 2016; 이석진 외, 2017).

최근 인공지능과 디지털 기술의 급속한 발전에 따라 STEM/STEAM 교육과 같은 융합 아이디어는 인공지능 및 디지털 기술과 관련 원리들을 포함하는 방향으로 더욱 확장되고 있다(최숙영, 2024). 인공지능은 방대한 양의 데이터를 신속하고 정확하게 분석하고, 패턴을 인식하며, 다양한 변수를 고려하여 복잡한 현상을 예측하는 데 유용하기에, 이러한 인공지능의 고도화된 데이터 분석 및 예측 능력은 많은 요소들이 복잡하게 얽혀 있는 비구조화된 문제를 해결하는 데 도움을 줄 수 있다. 이러한 노력은 인공지능 융합 교육(AI 융합 교육)이라는 이름으로 불리며, 교과 내용과 인공지능 및 디지털 기술의 학습을 동시에 추구한다.

예를 들어, 다음의 인공지능 융합 교육 사례는 중등 사회교과와 관련하여 인공지능이 합리적 의사결정을 돕는 한 가지 방법을 보여준다(중앙교육연수원, 2024). 서울시 영등포구에 세 개의 의류수거함 관리소를 설치해야 하는 비구조화된 문제상황이 있다고 가정하자. 세 개의 관리소를 설치할 최적의 장소를 찾기 위해서는 우선 지역 내 모든 의류수거함들의 위치 데이터를 수집할 필요가 있다. 수집된 데이터들은 다양한 방법으로 분석될 수 있겠지만, k-means 군집분석(k-means clustering algorithm)이라는 인공지능 기술을 사용하여 분석하면, 의류수거함들이 가장 조밀하게 모여있는 세 개의 구분된 영역(군집)을 찾을 수 있다(그림 10-1). 그리고 이 세 개 영역의 중심점(centroid)은 의류수거함들과의 거리가 가장 가까운 지점들이므로, 그곳에 관리소를 설치한다면 결국 세 영역의 의류수거함을 효율적으로 관리할 수 있게 된다.

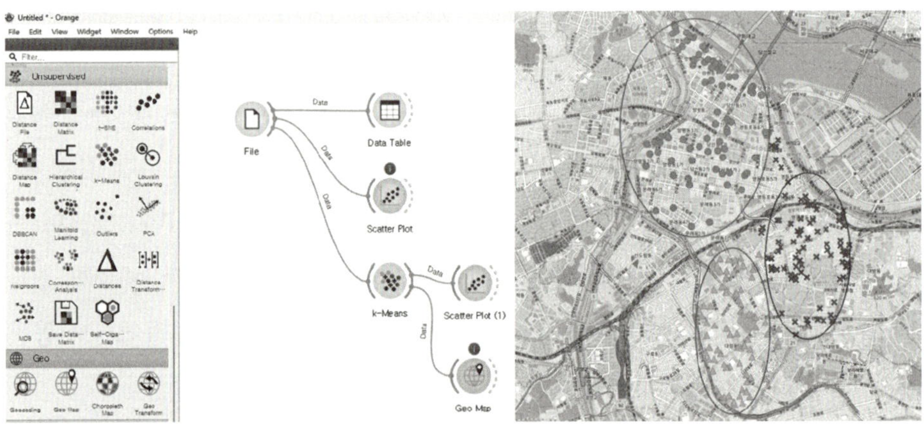

그림 10-1 **오렌지 3 프로그램의 k-means 군집분석 기능을 사용하여 영등포구의 의류수거함 위치를 세 개의 영역으로 군집화한 결과**

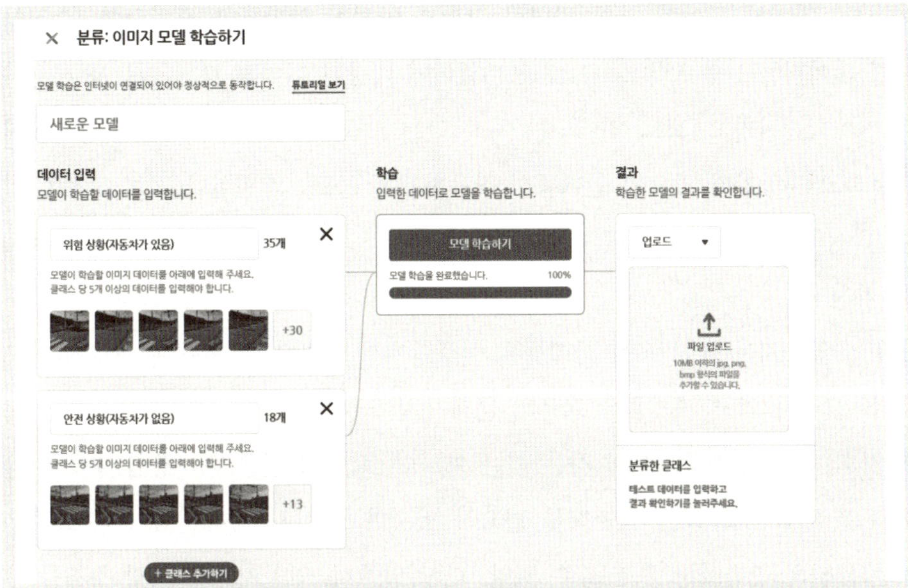

1단계 : 이미지를 통한 지도 학습으로 안전 지킴이 AI 모델 개발하기(with Entry)

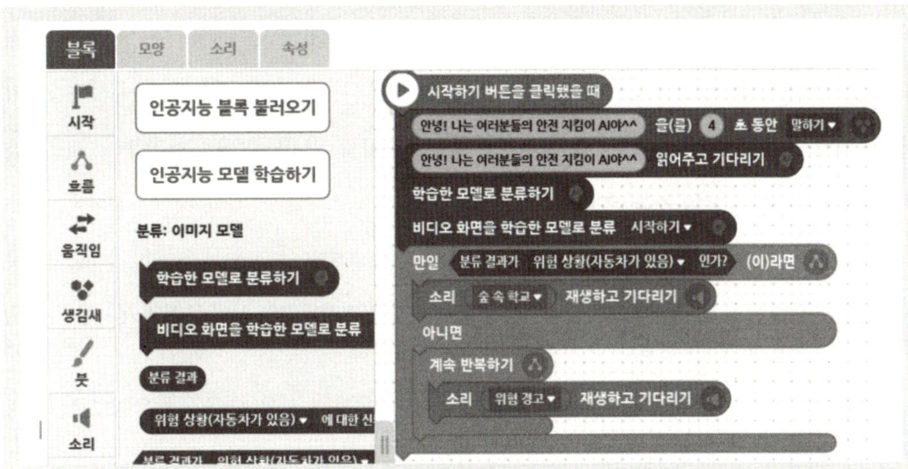

2단계 : Train data로 만든 AI 모델을 가지고 상황에 알맞는 프로그래밍 실시하기

그림 10-2 교통사고를 방지하기 위한 안전 지킴이 AI 모델을 만드는 과정 중 일부

출처: 신현범(2023)

인공지능이 문제해결을 위해 사용되는 다른 예도 살펴보자. 다음 인공지능 융합 교육 사례는 초등학교 수준에서 인공지능이 학교 앞 건널목에서 교통사고가 발생하지 않도록 도와주는 한 가지 방법(안전 지킴이 AI 모델 만들기)을 보여준다(신현범, 2023). 도로 위 자동차가 있는 상황과 도로 위 자동차가 없는 상황들

을 사진 촬영하고 이를 각각 위험한 상황과 안전한 상황으로 표지한다. 수집한 사진 데이터들을 엔트리(Entry) 소프트웨어에 내장된 이미지 분류 기능을 사용하여 기계학습시키고, 도로 위에 자동차가 있는 모습이 카메라에 찍히면 경고음이 작동하고 자동차가 없으면 안내음이 작동하도록 프로그래밍한다(그림 10-2). 이후, 학생들이 만든 안전 지킴이 AI 모델을 실제 도로로 가지고 가서 검증 테스트를 거친다.

위의 인공지능 융합 교육 사례들은 실생활에서 직면할 수 있는 문제를 다루고 있다. 그러나 인공지능 융합 교육의 문제가 반드시 사회적 문제와 같이 특정 교과(사회) 내용에 치중되어야 하는 것은 아니다. 오히려 인공지능 융합 교육은 융합의 관점에서 교과의 벽을 허물 필요가 있으며, 따라서 이러한 유형의 교육은 모든 교과의 관점에서 수행될 수 있다. 다시 말해서, 인공지능은 특정 문제를 해결하기 위해 국어, 영어, 수학, 과학, 실과, 사회, 정보, 음악, 체육 등 어느 교과 내용과도 융합될 수 있다. 인공지능 융합 교육은 여러 교과 내용 및 맥락과 관련되므로 인공지능 소양, 교과 소양과 더불어 다양한 맥락에서의 문제해결력을 키우는 데 도움이 될 수 있다. 〈표 10-3〉는 인공지능 융합 교육이 다양한 교과 맥락에서 실천될 수 있음을 보여준다.

표 10-3 다양한 교과 맥락에서의 인공지능 융합수업 사례(이다연(2024)의 문헌에 제시된 내용 일부를 수정 · 보완함)

교과	학년	주제	사용 도구	참고문헌
국어	초4	'임금님 귀는 당나귀 귀'의 뒷이야기를 창작하여 블록코딩으로 표현하기	엔트리	정유남, 이영희 (2022)
	초4	'별주부전'의 별주부를 위한 토끼 분류 머신 만들기	의사결정 나무	김주현, 문성환 (2021)
	중2	'양반전'에 드러난 풍자의 개념을 실생활에 적용한 창작물 만들기	엔트리	임철일 외 (2023)
영어	초5	영어 질문과 대답을 가능하게 하는 인공지능 프로그램 만들기	엔트리	한규정, 안형준 (2021)
수학	초5	어떠한 일이 일어날 가능성을 수로 나타내기	티처블머신, 엔트리	김홍년, 전용주 (2023)

교과	학년	주제	사용 도구	참고문헌
과학	초4	식물의 특징에 대한 인공지능 챗봇 만들기	ML4K, 스크래치	김혜란, 최선영 (2021)
	고등	산과 염기의 반응을 통하여 지문 검출 및 검출된 지문의 주인 찾기	엔트리	이소율, 이영준 (2021a)
		머신러닝을 통해 다양한 분자 구조 학습하기	ML4K, 스크래치	이소율, 이영준 (2021b)
	고2	k-평균 알고리즘을 활용한 원소의 주기성 찾기	오렌지3	문샛별 외 (2022)
실과	초5	일상생활 속에서 불편을 겪었거나 해결하고 싶은 문제를 인공지능을 활용하여 해결	파이블록AI, 티처블머신	김동용 외 (2023)
사회	초6	국가기관의 역할에 따른 기관 검색 프로그램 제작하기	ML4K	민설아 외 (2021)
	초6	옷을 생산 및 판매하는 기업가로서 옷 크기 정하기	엔트리	구단회 외 (2022)
	고1	선형회귀 모델을 활용한 매립지 포화 예측	엔트리	노동규 외 (2023)
정보	초등	쓰레기 분리수거를 도와주는 인공지능 로봇 만들기	엠블록, 코디로키봇	유인환 외 (2020)
음악	초5,6	우리나라 현악기와 서양 현악기의 종류와 음색 파악하기	ML4K, 스크래치	신한나 외 (2022)
체육	초6	안전한 하굣길을 위한 인공지능 카메라 만들기	티처블머신	이현국, 유인환 (2021)

인공지능 및 디지털 기술을 활용하여 특정 문제를 해결하는 인공지능 융합 교육은 기존의 STEAM 교육과 마찬가지로 학생들의 창의적 문제해결력을 증진하는데 효과가 있음이 여러 연구들에서 보고되었다. 예를 들어, 김동용과 동료들(2023)은 실생활 문제(다른 반 학생이 자신의 반에 함부로 들어오는 문제)가 포함된 문제중심학습 기반 초등 머신러닝 교육 프로그램을 운영하였을 때 초등학생들의 문제해결능력이 향상되는 것을 확인하였다. 김인철과 유인환(2023)은 지체 장애인들이 움직임이 불편하여 게임을 즐기기 어려운 문제, 지체 장애인들이 혼자 스스로 이동하기 어려운 문제, 시각 장애인들이 새로운 장소를 파악하기 어려운 문제 등을 해결하기 위한 인공지능 융합수업을 운영하였고, 그 결과 초등학생들

의 창의적 문제해결력이 향상되었음을 확인하였다. 김혜란과 최선영(2021) 역시 여러 질문 목록을 생성하고 인공지능에게 학습시키는 과정을 포함하는 식물박사 인공지능 챗봇 만들기 활동을 통해 초등학생들의 창의적 문제해결력이 향상됨을 확인하였다. 노연주와 유지원(2024)은 중학생들을 대상으로 독서 활동과 인공지능 교육을 융합한 프로그램을 실시하여 학생들의 창의적 문제해결력이 향상됨을 확인하였다. 고보경과 동료들(2024)은 고등학생들을 대상으로 생성형 인공지능 챗봇 기반의 수학 수업을 운영하여 학생들의 수학적 문제해결력이 향상됨을 확인하였다.

3. 창의적 문제해결력 증진을 위한 인공지능 융합수업 운영

최숙영(2024)은 인공지능 융합 교육에서 가능한 교수학습 방법으로 문제중심학습과 프로젝트중심학습을 제안하였다. 이 교수학습 방법들은 모두 학생들이 중심이 되어 어떤 문제 혹은 과제를 해결한다는 것이 특징이다. 이러한 이유로 문제중심학습과 프로젝트중심학습은 학생들의 창의적 문제해결력을 기르는 데 잠재적으로 도움이 될 수 있다.

문제중심학습(Problem-Based Learning)이란, 학생들이 서로 협동하여 어떤 문제를 주체적으로 해결해 나가면서 학습이 이루어지도록 하는 교수학습 방법을 말한다. 문제중심학습에서 학생들이 다뤄야 하는 문제는 비구조화된 문제이며, 문제를 해결해야 하는 학생의 역할과 상황으로부터 기인한다. 프로젝트중심학습(Project-Based Learning)은, 문제중심학습과 같이, 학생들이 특정 과제를 주체적으로 해결해 나가며 학습하는 교수학습 방법을 말한다. 일부 연구자들은 문제중심학습과 프로젝트중심학습을 유사한 것으로 바라보기도 하지만, 일부 연구자들은 이 두 가지를 구분하여 바라보기도 한다. 후자의 입장을 취하는 연구자들은, 문제중심학습에서의 문제는 대개 학생들로부터 나오며 해결방법을 찾는 과정에 방점을 두는 반면, 프로젝트중심에서의 과제는 대개 교사로부터 나오며 어떤 산출물을 만들어내는 데 방법을 둔다고 여긴다(조연순, 2008; 최숙영, 2024). 〈표

10-4〉은 최숙영(2024)에 의해 제안된 인공지능 융합 교육에서의 문제중심학습 절차를 보여준다. 전체적인 절차는 문제제시-문제분석-문제해결 방안탐색-문제해결-공유 및 평가 단계로 이루어져 있으며, 각 단계마다 인공지능 및 디지털 기술 요소가 포함되어 있는 것이 특징이다.

표 10-4 인공지능 융합 교육에서의 문제중심학습 절차(최숙영(2024)의 문헌에 제시된 내용 일부를 수정 · 보완함)

단계	교수학습 활동
문제제시	• 문제는 교사에 의해 제시될 수 있고 학습자가 직접 발견할 수도 있음 • 문제이해를 위해 자료 검색 후 그래프로 시각화
문제분석	• 문제분석을 위해 썸트랜드, 구글트래드와 같은 빅데이터 분석 플랫폼을 이용 • 문제 원인 파악
문제해결 방안탐색	• 문제해결을 위해 AI 개념, 기술, 도구 활용 • 티처블머신, 머신러닝포키즈(ML4K), 엔트리 등을 이용하여 AI 모델 생성
문제해결	• 해결안 도출 • AI 모델을 적용한 문제해결 프로그램 작성 • 결과물 테스트 및 수정
공유 및 평가	• 구글드라이브와 같은 협업 도구를 사용하여 과정/결과물 발표자료 제작 및 공유 • 공유를 통해 피드백 및 생각 발전시키기

이다연(2024)은 창의적 문제해결 과정과 인공지능 융합 교육의 요소들을 분석하여 창의적 문제해결력 향상으로 목표로 한 인공지능 융합수업 모델을 제안하였다(표 10-5). 이 모델 또한 문제와 문제해결을 중심으로 수업이 운영된다는 측면에서 문제중심학습에 기반한 수업 모델이라고 볼 수 있다.

첫 번째 단계인 인공지능 도구 학습 단계에서, 교사는 학생들에게 인공지능 도구의 개념과 특성을 안내한 후, 인공지능 도구를 활용하도록 안내한다. 이 과정을 통해 학생들은 인공지능 도구의 작동 방식을 이해하게 된다. 두 번째 문제 발견 단계에서, 학생들은 실생활 혹은 교과 관련 흥미와 관심사를 스스로 확인하여 해결할 문제를 발견한다. 한 번 문제가 발견되면, 학생들은 그 문제를 해결하기 위한 전반적인 방향을 설정하게 된다. 세 번째 문제 분석 단계에서, 학생들은 문제와 관련된 자료를 수집하고 원인을 파악하며 문제를 분석한다. 이 과정을 통해 학생들은 문제를 다양한 관점에서 보게 되고, 문제를 재정의하게 된다. 그후 학생들은 재정의된 문제를 해결하기 위해 인공지능 기술과 도구 선정하게 된다. 네 번째 해결안 도출 단계에서, 학생들은 문제해결을 위해 다양한 해결안을 탐색하고 결정한다. 이때 학생들은 데이터를 수집하고, 인공지능 알고리즘을 구성 및 설계하고, 인공지능 프로그램을 설계하는 등의 계획 및 기초 작업을 수행한다. 다섯 번째 문제 해결 단계에서, 학생들은 해결안을 실천하고 점검한다. 데이터 시각화 및 추상화, 머신러닝(기계학습), 프로그램 개발, 인공지능 기반 창작 등 주요한 활동이 이루어진다. 마지막 평가 단계에서, 교사는 학생들의 전체 수행에 대하여 피드백 제공하고 성찰을 유도한다. 학생들은 결과물을 공유하고 서로의 결과물에 대하여 피드백을 제공하는 기회를 갖는다. 또한 학생들은 자신의 수행에 대하여 성찰하여, 해결안을 보완하거나 새로운 문제를 도출하는 기회를 갖는다.

표 10-5 창의적 문제해결을 위한 인공지능 융합 수업 모델(이다연(2024))

단계	교수학습 활동	
인공지능 도구 학습	교수	• 인공지능 도구의 개념 및 특성 안내
	학습	• 인공지능 도구 활용 → 도구 작동 방식 이해
문제 발견	학습	• 실생활 혹은 교과 관련 흥미 및 관심사 확인 • 문제 발견 → 문제해결 방향 설정
문제 분석	학습	• 문제 관련 자료 수집 및 원인 파악 • 문제 재정의 • 문제해결을 위한 인공지능 기술 및 도구 선정
해결안 도출	학습	• 문제해결을 위한 다양한 해결안 탐색 및 결정 • 데이터 수집, 인공지능 알고리즘 구성 및 설계, 인공지능 프로그램 설계, 인공지능 기반 아이디어 설계 등
문제 해결	학습	• 해결안 실천 및 점검 • 데이터의 시각화와 추상화, 머신러닝, 프로그램 개발, 인공지능 기반 창작 등
평가	교수	• 피드백 제공 • 성찰 유도
	학습	• 결과물 공유 및 상호 피드백 제공 • 문제해결 과정 및 결과물 성찰 • 해결안 보완 및 새로운 문제 도출

한편, 학생의 문제해결력을 증진시키기 위해서는 학생 스스로 문제해결을 수행할 수 있어야 한다. 이는 곧 인공지능 융합수업에서 교사가 지식 전달자보다는 학습의 안내자 혹은 학습의 촉진자로서 역할을 수행해야 한다는 것을 시사한다. 다시 말해서, 교사는 미리 계획된 대로 수업이 이뤄져야 한다는 의무감에 억지로 학생들을 이끌어가기보다는, 학생들이 스스로 자신의 학습을 이끌 수 있도록 시간을 가지고 도와주는 것이 필요하다(조연순, 2008). 〈표 10-6〉는 비구조화된 문제를 해결하는 문제중심학습에서 교사가 취해야 할 태도와 취하지 말아야 할 태도를 보여준다(Lambros, 2002).

표 10-6 문제중심학습에서 교사가 취해야 할 태도와 취하지 말아야 할 태도

학습의 촉진자로서 할 일	1. 개방적이고 고무적인 질문을 한다. 2. 학생들에게 말하기 전에 자신에게 짧게 설명해 본다. 3. 학생들에게 스스로 수정할 수 있는 시간을 준다. 4. 관찰자가 되기보다는 학생들과 함께 문제를 경험한다. 5. 인내하고 학생의 실수를 허용한다. 실수를 할 때 강력한 학습이 일어난다. 6. 학생들이 같은 실수를 피하는 방법을 찾도록 한다.
학습의 촉진자로서 피할 일	1. 교사가 직접 학생들의 문제를 해결하려 한다. 2. 학생들이 잘못된 방법으로 생각하거나 잘못 행하고 있다는 메시지를 준다. 3. 학생들 스스로 발견하지 못할 것이라는 염려 때문에 너무 많은 정보를 준다. 4. 학생들이 잘못하고 있다고 느끼는 순간 개입한다. 실수를 용납하지 않는다.

4. 결론

이 장에서는 창의적 문제해결이 무엇인지, 인공지능 융합 교육이 학생들의 창의적 문제해결력을 증진시킬 수 있는지, 학생들의 창의적 문제해결력을 증진시키기 위해 교사는 인공지능 융합수업을 어떻게 운영해야 하는지에 대해서 살펴보았다.

먼저, 창의적 문제해결이란, 창의적인 방식으로 비구조화된 문제를 해결하는 과정을 의미한다. 비구조화된 문제는 문제가 명확하게 규정되어 있지 않거나 문제해결을 위한 방법이 다양한 문제를 말한다. 창의적 문제해결의 관점에서 비구조화된 문제를 해결하기 위해서는, 먼저 관련 자료를 탐색하고 사실을 발견하면서 문제를 명확히 인식하고 정의하는 일이 선행되어야 한다. 이후, 다양한 아이디어를 생성하고 그 중에서 최선의 해결안을 탐색하는 과정이 진행되어야 한다. 마지막으로는 가장 유망한 해결안을 검증하기 위해 계획을 세우고 실제로 이를 행함으로써 문제가 해결되었는지를 확인해야 한다.

인공지능 융합 교육이란, 교과 내용과 인공지능 기술과 원리를 융합하여 비구조화된 문제나 쟁점을 다루는 교육 양식을 말한다. 인공지능의 고도화된 데이터 분석 및 예측 능력은 많은 요소들이 복잡하게 얽혀 있는 문제를 해결하는 데 도움을 줄 수 있으며, 이로써 학생들은 교과 내용과 연계된 비구조화된 문제들을 해결할 수 있다. 여러 연구들은 인공지능 융합 교육이 학생들의 창의적 문제해결력을 증진하는 데 도움이 된다고 보고한다.

학생들의 창의적 문제해결력을 증진시키기 위한 교수학습 방법으로는 문제중심학습이나 프로젝트중심학습을 고려할 수 있다. 문제중심학습이란 학생들이 서로 협동하여 어떤 비구조화된 문제를 주체적으로 해결해 나가면서 학습이 이루어지도록 하는 교수학습 방법을 말한다. 프로젝트중심학습은 학생들이 주어진 과제를 주체적으로 해결해 나가며 학습하는 교수학습 방법을 말한다. 두 교수학습 방법 모두 학생들이 특정 문제 또는 과제를 주체적으로 해결해 나가는 노력이 중요하며, 따라서 교사는 인공지능 융합수업을 운영할 때 지식 전달자보다는 학습의 안내자 혹은 학습의 촉진자로서 역할을 수행해야 한다.

급변하는 미래 사회에서 학생들은 더욱 복잡하고 새롭고 모호한 문제에 맞닥뜨리게 될 것이다. 이에 따라 창의적 문제해결력은 미래 사회의 핵심 역량으로 부상할 것이며, 인공지능 융합 교육은 이를 길러 주는 효과적인 방안으로서 더욱 주목받을 것이다. 미래교육을 준비하기 위해서는 인공지능 융합 교육과 관련된 정책적 지원, 교사 역량 강화, 그리고 실제 교육 현장에서의 다양한 실천 사례가 함께 공유되어야 한다. 이러한 관심과 준비, 그리고 적극적인 실천은 창의적 문제해결력을 갖춘 학생들을 육성하는 데 핵심적인 역할을 하며, 미래에 학생들이 충분한 역량을 발휘할 수 있도록 든든한 토대를 마련해 줄 것이다.

참고문헌

강은주 (2022). 안전 주제 중심 STEAM 프로그램 개발 및 적용. 교육연구, 85, 109-122.

고보경, 임철일, 신병철 (2024). 생성형 인공지능 챗봇을 활용한 수학과 인공지능 융합 수업 모형 개발. 교육공학연구, 40(1), 1-40.

구단희, 김진현, 이지영, 조애영, 이원희 (2022). 인공지능 리터러시 함양을 위한 인공지능 융합 사회과 문제해결 수업모형 및 교수전략 개발 연구. 인공 지능연구 논문지, 3(3), 54-74.

김동용, 채다영, 박수홍 (2023). 초등학생의 문제해결능력 향상을 위한 PBL 기반 머신러닝 교육 프로그램 개발 및 적용 사례. 학습자중심교과교육연구, 23(6), 639-661.

김맹범, 양지혜, 홍승호 (2016). 초등과학 영재학생을 대상으로 한 내진 설계 STEAM 프로그램의 효과. 에너지기후변화교육, 6(1), 41-53.

김성원, 정영란, 우애자, 이현주 (2012). 융합인재교육 (STEAM) 을 위한 이론적 모형의 제안. 한국과학교육학회지, 32(2), 388-401.

김인철, 유인환 (2023). 창의적 문제해결력 향상을 위한 도전기반학습 중심의 머신러닝 학습 프로그램 개발. 초등교육연구논총, 39(4), 113-136.

김주현, 문성환 (2021). 노벨엔지니어링을 활용한초등학생 대상의 인공지능 교육프로그램. 한국초등교육, 32(1), 425-440.

김지영, 박은미, 박지은, 방담이, 이윤하, 윤회정 (2015). 통합 교육의 효과에 대한 메타분석. 한국과학교육학회지, 35(3), 403-417.

김지원, 원효헌 (2016). 메타분석을 통한 STEAM 교육의 효과검증. 수산해양교육연구, 28(5), 1517-1527.

김진수 (2013). STEAM 교육론. 양서원.

김홍년, 전용주 (2023). UMC 모델 기반의 초등 수학 자료와 가능성 영역 인공 지능 융합교육 프로그램 개발. 한국컴퓨터교육학회 학술발표대회논문집, 27(1), 311-314.

김혜란, 최선영 (2021). 초등과학 실시간 쌍방향수업을 위한 인공지능 융합교육프로그램의 개발과 적용-'식물의 생활'단원을 중심으로. 초등과학교육, 40(4), 433-442.

노동규, 오혜란, 윤지원, 전보경 (2023). 데이터 리터러시 향상을 위한 인공지능 융합 문제해결학습 수업 모형 개발. 교육발전, 42(3), 739-769.

노연주, 유지원 (2024). 중학생을 위한 학교도서관의 독서활동 연계 인공지능 융합교육 프로그램의 개발과 적용. 정보관리학회지, 41(1), 439-463.

문샛별, 이원태, 허희옥 (2022). 인공지능 융합 화학수업에 대한 고등학생의 인식과 만족도 분석. 한국컴퓨터교육학회 학술발표대회논문집, 26(1), 113-116.

민설아, 전인성, 송기상 (2021). 머신러닝 플랫폼을 활용한 인공지능융합교육이 융합인재소양과 학습몰입에 미치는 영향. 한국컴퓨터정보학회논문지, 26(10), 199-208.

신한나, 김슬기, 김태영 (2022). 초등학교 융합 인공지능교육 주제 탐색 및 수업안 개발. 한국컴퓨터교육학회 학술발표대회논문집, 26(2), 123-126.

신현범 (2023). 학교 앞 교통사고 예방 안전 지킴이 AI와 함께하는 교통사고 ZERO 학교를 만들어요. 이동재 편. 2023 AI융합수업 우수 사례집(pp. 63-84). AIEDAP.

유인환, 배영권, 박대륜, 안중민, 김우열 (2020). 로봇 활용 인공지능 교육 프로그램 개발과 적용에 관한 연구. 정보교육학회논문지, 24(5), 443-451.

이다연 (2024). 창의적 문제해결을 위한 인공지능 융합 수업 설계 지원 시스템 개발 모형 연구. 박사학위논문, 서울대학교.

이소율, 이영준 (2021a). 고등학생을 위한 머신러닝 교육 플랫폼 활용 과학 융합교육 콘텐츠 개발. 한국컴퓨터교육학회 학술발표대회논문집, 25(2(A)), 135-136.

이소율, 이영준 (2021b). 머신러닝 교육 플랫폼 활용 '분자 구조의 이해'를 위한 융합교육 프로그램 개발. 정보교육학회논문지, 25(6), 961-972.

이석진, 김남숙, 이윤진, 이승진 (2017). 융합인재교육 (STEAM)의 창의성과 문제해결력 효과에 관한 메타분석-연구방법 및 연구자를 중심으로. 한국과학교육학회지, 37(1), 87-101.

임철일, 이다연, 정혜진, 이은서 (2023). 블록 코딩을 활용한 융합형 국어 수업 설계원리 및 모형 개발. 교육공학연구, 39(2), 345-377

이현국, 유인환 (2021). 마이크로비트를 활용한 지도학습 중심의 머신러닝 교육 프로그램의 개발과 적용. 정보교육학회논문지, 25(6), 995-1003.

정유남, 이영희 (2022). 인공지능 콘텐츠를 활용한 국어과 융합 교육 사례 연구. 학습자중심교과교육연구, 22(5), 681-705.

조연순 (2008). 문제중심학습의 이론과 실제: 문제로 시작하는 수업. 학지사.

조영환 (2005). 문제의 구조화 수준과 자원문제들 간의 표면 유사성이 유추전이과정에 미치는 효과. 석사학위논문, 서울대학교.

중앙교육연수원 (2024). AIEDAP 인공지능 융합 수업 기초(중등)-사회. Retrieved from https://www.neti.go.kr/lh/ms/ac/themeAplyDetailView.do?menuId=3000001229&srchCrseGnrtnId=3000038564.

최숙영 (2024). 교사를 위한 AI 융합교육. 정제영, 김갑수, 박보람, 박휴용, 이선복, 전우천, 정영식, 조헌국, 최숙영, 하민수 편. AI융합교육개론(pp. 185-211). 피와이메이트.

최영미, 양지혜, 홍승호 (2016). 환경 복원 STEAM 수업이 초등학생의 환경소양, 창의적 문제해결력, 정의적 영역에 미치는 영향. 환경교육, 29(2), 187-204.

한규정, 안형준 (2021). 초등학교에서의 엔트리를 활용한 인공지능 융합 교육 사례. 창의정보문화연구, 7(4), 197-206.

Lambros, A. (2002). *Problem-based learning in K-8 classrooms: A teacher's guide to implementation*. Corwin Press.

Mumford, M. D., Mobley, M. I., Reiter-Palmon, R., Uhlman, C. E., & Doares, L. M. (1991). Process analytic models of creative capacities. *Creativity Research Journal, 4*(2),

91-122.

Osborn, A. F. (1953). *Applied imagination: Principles and procedures of creative problem-solving*. Charles Scribner's Sons.

Parnes, S. J. (1967). *Creative behavior guidebook*. Charles Scribner's Sons.

제11장 디지털 교육과 윤리

시작하며

오늘날 인공지능(AI)은 4차 산업혁명의 핵심 동력으로, 우리의 일상과 사회 전반에 급격한 변화를 가져오고 있다. 빅데이터, 사물인터넷(IoT), 클라우드 등 첨단 기술의 발전이 맞물리면서, AI의 활용 범위는 나날이 확대되고 있다. 이러한 기술의 진보는 의료, 교육, 교통, 금융을 비롯한 다양한 산업 분야뿐만 아니라 개인의 삶 전반에 걸쳐 영향을 미치며, 인간의 생활 방식을 혁신적으로 바꾸고 있다. AI의 급속한 발전은 단순한 기술적 성과를 넘어 의료 진단, 자율주행, 금융 시스템 분석, 스마트 홈 등 다양한 분야에서 인간의 의사결정 과정을 보조하거나 대체하는 역할을 수행하고 있다. 예를 들어, AI 기반 진단 시스템은 방대한 의료 데이터를 분석하여 질병을 조기에 발견하는 데 도움을 주고 있으며, 자율주행 기술은 교통 체계에 혁신을 가져오고 있다. 하지만 AI 기술이 발전함에 따라 다양한 윤리적 이슈도 함께 대두되고 있다. 데이터 및 알고리즘의 편향성, 개인정보 유출, 기술 독점화 등은 AI 기술이 발전하면서 주목받고 있는 주요 윤리적 쟁점이다. 이처럼 AI는 인간의 삶을 편리하게 만드는 동시에 윤리적 문제를 동반하고 있어 AI로 인한 사회적 영향에 대해 충분한 논의가 필요하다.

지금의 초·중등 학생들은 검색 엔진·추천 시스템·음성 비서 등 다양한 AI 서비스를 일상에서 접하고 있다. 학교 현장에서도 AI 기반 학습 도구와 플랫폼을 통해 학습 성취도를 진단하거나 교사·친구와 소통함으로써, 자연스럽게 AI 활용 역량을 키우고 있다. 그뿐만 아니라 국내외 교육과정에서는 데이터과학과 기계학습 등 AI 기술을 직접 배우고 실습하는 내용을 점차 확대하고 있어, 학생들은 실생활의 문제를 AI를 이용하여 효과적으로 해결하는 것을 자연스럽게 경험하고 있다. AI 기술을 단순히 활용하는 수준을 넘어, AI 시스템을 설계 및 개발하고 창의적으로 응용해 보는 경험은 미래 사회가 요구하는 컴퓨팅 사고력과 문제해결 역량을 강화하게 될 것이다. 그러나 AI에 대한 기술적 역량이 늘어날수록, 학생들이 윤리적·사회적 책임에 대해 올바르게 인식할 필요성도 함께 높아져야 한다. AI를 통해 문제를 해결하는 전 과정에서 개인정보 보호, 알고리즘 편향, 사회적 약자 배려 등 윤리적 쟁점을 고려하지 않으면, 기술이 가져다주는 편의와 혁신이 오히려 편향과 갈등을 초래할 수 있기 때문이다. 따라서 초·중등 단계에서 이루어지는 AI 리터러시 교육은, '어떻게 AI를 만들고 사용할 것인가'에 관한 기술적 학습과 더불어, '왜 윤리적 가치와 책임을 지켜야 하는가'를 다룰 수 있어야 한다. 학생들이 AI 기술의 가치와 한계를 균형 있게 바라보고, 문제해결 과정에서 인공지능 윤리를 고려할 수 있는 태도를 기른다면, 보다 안전하고 포용적인 미래를 주도하는 주체로 성장할 수 있을 것이다.

본 장에서는 AI 윤리를 포함한 디지털 윤리의 국내외 동향을 살피고, 초·중등 학생들을 위한 컴퓨팅 사고력과 인공지능 윤리 역량을 함께 함양할 수 있는 인공지능 통합 교육에 대해 소개한다.

문제상황

문제 사례 1

최근 A교사는 학기 말에 고등학교 1~2학년 50명을 대상으로 인공지능에 대한 인식 조사를 하였다. 이 학생들은 모두 정보 과목을 이수했고, 2학년 중 일부 학생은 인공지능 기초 과목을 이수하기도 하였다. 조사 결과 정보 교과를 이수했음에도 불구하고 인공지능에 대한 막연한 두려움을 갖고 있는 학생들이 매우 많다는 것을 확인할 수 있었다. 학생들이 생각하는 인공지능은 *"위험, 인간 종말, 양극화 심화 수단, 무섭다, 형체가 없는 사람, 통제 불능, 인공지능이 사람을 지배하는 날이 올 것, 발전이 너무 빠름, 아직은 부정적으로 느껴짐"* 등으로 표현되었다. 이러한 인공지능 포비아는 인공지능이 주는 편익보다 인류의 미래에 인공지능이 미칠 부정적인 두려움이 더 크게 자리 잡고 있어 나타난다고 볼 수 있다. 이에 교사 A는 인공지능 대한 불안감을 해소하기 위해서는 인공지능에 대한 올바른 이해와 함께 인공지능을 포함한 디지털 윤리 교육이 함께 다루어져야 한다고 생각하고 다음 학기에 어떻게 수업을 진행할지 고민을 시작하였다.

문제 사례 2

교사B는 초등학교 학생들과 '인공지능 페르소나'를 만들어 보는 수업을 하였다. '인공지능 페르소나'는 우리와 상호작용하고 대화하며 감정을 표현하는 가상의 인공지능 인간을 의미한다. 페르소나를 만드는 과정에서 인공지능의 기본 개념과 역할을 이해할 수 있도록 하였고, 인공지능을 단순한 기술이 아닌 인간과 상호작용하는 존재로 인식할 수 있도록 수업을 설계하였다. 페르소나에게 이름을 부여하고 나이, 외모, 목소리, 주로 하는 일, 성격 등을 정해 발표하도록 하였다. 학생들은 발표를 준비하는 과정에서 교사에게 인공지능 페르소나를 떠올리며 생기는 고민을 얘기하였다. *예를 들어, "AI가 친구들 중 한 명만 도움을 주고 다른 친구는 도와주지 않으면 어떻게 해요?", "AI가 나와 나눈 이야기를 다른 사람에게 말해주면 어떻게 해요?", "AI도 화를 내거나 짜증을 내나요?", "착한 AI는 어떻게 만들어요?"와 같은 질문들이다.*

이에 교사 B는 인공지능을 이해할 수 있는 교육과 인공지능에 대한 윤리 교육을 함께 다룰 수 있는 교육의 필요성을 느끼며 다음 시간에는 윤리적인 인공지능에 대해 살펴보기로 하였다.

탐구문제

1. 인공지능으로 인한 사회적 영향 중 부정적 영향에 초점을 맞추게 되면 인공지능에 대한 막연한 두려움과 부정적 인식을 갖게 될 수도 있을 것이다. 인공지능의 사회적 영향을 균형 있게 살펴 효과적으로 인공지능을 학습할 수 있는 인공지능 윤리 교육 방안은 무엇일까?
2. 생성형 인공지능 등의 첨단 디지털 기술을 학교 현장에 사용하면서 예비교사로서 우리가 주목해야 할 것은 무엇일까?
3. 디지털 윤리에 대한 소양을 실제 윤리적 고려가 필요한 환경에서 실천할 수 있는 힘을 키우려면 어떻게 해야 할까?

학습목표

1. 생성형 AI와 같이 첨단 AI 기술이 빠르게 발전하고 있는 현실에서 인공지능을 포함한 디지털 윤리의 중요성에 대해 설명할 수 있다.
2. 학교에서 학생들을 위한 디지털 윤리 가이드를 작성하여 제시할 수 있다.
3. 윤리를 고려한 인공지능 통합 교육에 대해 설명할 수 있다.

1. 지능 정보 시대의 디지털 윤리

1) 인공지능 윤리를 포함한 디지털 윤리의 중요성

현대 사회는 '지능정보기술'이라 불리는 고도화된 디지털 기술의 영향 아래 빠른 속도로 변화하고 있다. 인공지능(AI), 빅데이터, 사물인터넷(IoT) 등은 이미 일상 깊숙이 스며들어 개인의 생활 패턴, 사회 구조, 산업 체계에 커다란 변화를 일으키고 있다. 이렇게 복잡하고 광범위하게 얽힌 디지털 환경에서 단순히 기술만 발전하는 것이 아니라, 기술을 '어떻게' 사용하는지가 점차 핵심 쟁점으로 부각되고 있다. 바로 이러한 맥락에서 인공지능 윤리를 포함한 '디지털 윤리(Digital Ethics)'가 필수 불가결한 가치로 자리잡고 있다. 디지털 윤리는 기술이 만들어내는 편의와 효율 뒤에 가려진 위험 요소나 부정적 영향을 최소화하고, 기술이 인류와 사회에 기여하는 방향으로 발전하도록 안내하는 일종의 '나침반' 역할을 한다.

(1) 주요 사건들로 보는 디지털 윤리의 중요성

디지털 윤리를 무시했을 때 발생하는 문제는 전통적인 개인정보 유출이나 데이터 도용을 넘어, 인공지능이 고도화된 현대 사회에서는 더욱 다양한 양상으로 나타나고 있다. 특히 인공지능 기술이 폭넓게 활용됨에 따라, 아래와 같은 사례들이 실제로 벌어지면서 인공지능 윤리를 무시하거나 간과했을 때 치뤄야 하는 대가가 얼마나 큰지 여실히 보여주고 있다.

① 차별과 편향

• 아마존(Amazon)의 채용 AI 사례: 아마존이 한 때 채용 지원자를 선별하기 위해 AI 시스템을 도입했으나, 모델이 과거 데이터(주로 남성 위주의 이력서)만을 학습한 결과, 여성 지원자를 일관되게 낮게 평가하는 편향을 보였다. 결국 아마존은 해당 시스템을 폐기했지만, 이 사건은 '데이터 편향'과 '알고리즘 불투명성'이 결합하여 차별을 초래할 수 있음을 상징적으로 보여주었다.
• SNS 광고 알고리즘의 인종·연령 차별: 페이스북, 구글 등의 광고 알고리즘이 특정 인종이나 연령층을 의도치 않게(혹은 의도적으로) 배제하거나, 특정 집단에만 집중 노출되어 차별을 가중시킨다는 지적도 꾸준히 제기되고 있다.

② 허위정보(가짜뉴스)와 조작

• 생성형 AI를 통한 허위정보 확산: 최근 ChatGPT 등 대형 언어모델(LLM)이 등장하면서, 매우 그럴듯한 '가짜 뉴스'나 '허위 정보'를 대량으로 생산해낼 수 있는 가능성이 열렸다. 이러한 기술이 악의적으로 이용되면 여론 조작이나 정치적 갈등, 사회 혼란을 초래할 수 있으며, 실제로 이미 일부 국가에서는 온라인 선거 운동에 AI를 활용해 여론을 왜곡하려 한다는 우려가 제기되고 있다.
• 딥페이크(Deepfake) 영상 악용: 유명 인사나 정치인, 혹은 일반인의 얼굴을 합성해 부적절하거나 범죄 동영상을 만들어 유포하는 사례가 전 세계적으로 보고되고 있다. 이러한 영상은 개인의 명예와 사생활을 심각하게 침해함은 물론, 사회적 신뢰까지 훼손시킬 수 있다.

③ 개인정보 침해

• 카메라·스마트 스피커 데이터 유출: 각종 IoT 기기가 집 안이나 생활 공간에서 녹화·녹음한 데이터를 AI가 학습 용도로 자동 수집·활용하는 과정에서, 사용자 사생활이 노출되거나 해킹 위험이 커지는 사례가 보고되기도 하였다. 사적인 대화·영상이 유출될 경우 개인의 존엄과 프라이버시가 심각하게 침해될 뿐 아니라, 해당 기기·서비스에 대한 대중적 신뢰 또한 크게 훼손된다.

• 위치추적 알고리즘의 악용: 날씨 정보, 교통 정보 등 일상생활에 유용한 서비스가 사실상 사용자 위치 데이터를 꾸준히 수집·저장하고 있는데, 이 데이터가 제3자에게 불법 유출되거나 범죄에 악용될 경우, 치안·개인 안전 측면에서 치명적 결과로 이어질 수 있다.

④ 사회·문화적 영향

• AI 추천 알고리즘에 의한 '필터 버블(Filter Bubble)' 효과: AI가 개인 맞춤형 콘텐츠를 제공하는 과정에서, 사용자는 편향된 정보만 접하게 되어 극단적 정치 성향이나 확증 편향(confirmation bias)을 강화할 수 있다. 이는 사회적 갈등을 심화하고, 다른 의견을 수용하는 능력을 저해하여 공동체의 결속력을 약화시킨다.
• 청소년 사이버 폭력: 청소년들이 AI 기반 SNS·메신저 등을 통해 사이버 폭력이나 집단 따돌림을 경험하거나 방관하는 문제가 증가하고 있다. 인공지능이 여기에 적극적으로 개입해 문제를 조기에 파악하고 방지하기보다는, 플랫폼 수익성이나 트래픽 유지에 더 무게를 두는 구조가 이어진다면, 결국 청소년들의 안전과 심리적 안정이 위협받게 된다.

이처럼 디지털 윤리를 경시할 때 발생하는 결과들은 개인의 사생활 침해부터 사회 전반의 불신 조성, 책임 공백에 이르기까지 광범위하고 심각한 파급효과를 일으킬 수 있다. 또한 이러한 문제들이 장기화되면, 인공지능 등의 디지털 기술 자체에 대한 부정적 인식이 확산되어 궁극적으로는 디지털 혁신의 발목을 잡게 될 수 있음을 유의해야 한다.

(2) 초·중등 교육에서 디지털 윤리 교육의 중요성

인공지능 등의 디지털 기술의 윤리적 위험을 예방하고, 더 나아가 긍정적이고 책임 있는 디지털 문화 형성에 기여하려면, 어릴 때부터 디지털 윤리를 충분히 학습하고 체득하는 과정이 필수적이다. 초·중등 시기는 아이들이 지적 호기심을 키우고, 가치관과 도덕적 기준을 확립하는 중요한 시기이기 때문이다. 이 시기에 디지털 기기를 접할 일이 잦아진 만큼, 올바른 기술 활용법과 윤리의식을 함께 배워야 한다. 만약 이를 놓치고 '기술은 단지 편의성만 주는 도구'라는 인식만 심어진다면, 정보 오남용이나 사이버 범죄, 온라인 폭력 등의 문제에 무방비 상태로 노출될 가능성이 높아진다. 반면, 적절한 디지털 윤리 교육을 통해 '기술을 어떻게 책임감 있게 사용할 수 있는가?'를 고민하는 태도를 형성하면, 앞으로 성인이 되어서도 기술 사용에 대한 자기주도적 판단력과 사회적 책임감을 가지고 행동할 확률이 높아질 것으로 기대할 수 있다.

(3) 예비 교사를 위한 시사점: 모든 교과에서 디지털 윤리가 중요한 이유

디지털 윤리는 단지 정보 교과나 컴퓨터 수업에서만 다뤄야 하는 주제가 아니다. 최근에 학교 현장에서 스마트 기기와 온라인 학습 도구를 사용하는 빈도가 전 교과에 걸쳐 높아지고 있고, 학생들은 교실 안팎에서 디지털 매체와 밀접하게 연결된 생활을 하고 있다. 수학, 과학, 역사, 국어, 예체능 수업까지도 점차 디지털 자료를 활용하는 방식으로 변화하고 있으며, 이에 따라 다음과 같은 측면에서 모든 교사가 디지털 윤리에 대한 이해와 실천 역량을 갖출 필요가 있다.

① 교과 간 융합이 촉진되는 환경

오늘날 학교 교육은 단일 교과 영역에 국한되지 않고, 프로젝트 학습이나 STEAM 같은 융합형 학습이 활발히 이뤄지고 있다. 이 과정에서 학생들은 자연스럽게 인터넷 자료 검색, 데이터 활용, 디지털 콘텐츠 제작 등을 수행하게 되는데, 그때 교사가 디지털 윤리를 충분히 인식하고 지도하지 않으면 개인정보 침해나 저작권 위반, 편향된 정보 활용 등 부작용이 발생할 수 있다. 따라서 모든 교과의 교사가 학생들이 디지털 자료를 올바르고 공정하게 사용하도록 지도할 수 있는 역량을 갖추어야 한다.

② 학생 안전과 인성 함양에 대한 책임

디지털 환경은 학생들의 학습과 사회적 관계 형성에 새로운 기회를 제공하지만, 동시에 사이버 폭력, 허위정보 확산, 사생활 침해 등의 위험 요인도 내포한다.

이러한 문제는 특정 교과가 아닌, 학교 공동체 전체가 힘을 모아 예방하고 해결해야 한다. 예컨대 수학 교사가 수업에 온라인 툴을 활용할 때도, 디지털 윤리를 지키지 않으면 다른 학생들이 불쾌감을 느낄 만한 자료를 접하거나 부정확한 정보를 무비판적으로 받아들일 가능성이 있다. 교과 내용을 가르치는 교사이자 학생의 전반적인 성장을 지원하는 교육자로서, 교사들은 디지털 공간에서의 바람직한 의사소통과 정보 활용을 항상 함께 고민해야 한다.

③ 미래 사회 대비 역량 함양

디지털 윤리는 단지 '지금'의 문제를 해결하는 데 그치지 않고, 미래 사회에 필요한 역량을 길러주는 핵심 요소다. 학생들이 성장하여 진로를 선택하고 사회에 진출했을 때, 새로운 기술이 계속해서 등장할 것이며, 그때마다 윤리적 선택과 책임 있는 활용이 요구될 것이다. 모든 교과의 교사가 디지털 윤리의 중요성과 실천 방법을 인지하고 수업에 반영한다면, 학생들은 자신의 전공과 관심 분야를 넘어, 기술의 긍정적·부정적 영향력을 균형 잡힌 시각으로 볼 수 있는 능력을 갖출 수 있다.

결국, 디지털 윤리는 학교에서 교과를 가르치는 모든 교사가 반드시 관심을 가져야 하는 주제이다. 인공지능 기술의 발전으로 인해 생성·유통되는 방대한 정보와 새로운 서비스들은, 교과 경계를 넘어 학생들의 지적·정서적 발달 전반에 영향을 미친다. 따라서 교사가 어떤 과목을 전공하든, 디지털 기술의 윤리적 함의와 이를 지도할 수 있는 방법론을 숙지하는 것은 21세기 교육자로서 필수적인 역량이다. 이를 통해 교사는 단순히 수업 내용을 전달하는 데서 한 걸음 더 나아가, 학생들이 올바른 가치관과 책임 의식을 바탕으로 디지털 세계를 탐색하고 기여할 수 있도록 이끄는 '디지털 시대의 길잡이' 역할을 수행하게 될 것이다.

2) 인공지능 윤리 중심의 국내외 디지털 윤리 원칙

(1) 사람의 성장을 지원하는 교육분야 인공지능 윤리원칙

교육부(2022)가 발표한 「사람의 성장을 지원하는 교육분야 인공지능 윤리원칙」은 인공지능(AI)을 활용하는 교육 현장과 관련 행정·개발 업무에서 '인간 중심의 가치와 윤리적 책임'을 지키도록 안내하는 자율 규범으로 작동한다. 유·초·중등·고등 및 평생교육에 이르는 전 교육 단계를 아우르며, 교사·학습자·학부모뿐 아니라 개발자·관리자까지 폭넓은 주체들에게 참고와 준수를 권장한다. 궁극적으로는 인공지능이 교육 혁신을 가져오되, 개인의 성장과 사회적 가치를 훼손하지 않도록 하는 것을 핵심 목표로 삼는다.

① 교육 분야의 변화와 교과 간 융합 촉진

- 인공지능이 초래할 교육의 혁신: 인공지능은 교실 수업과 학습관리시스템(LMS), 교육 행정, 평가 방식 등 전반을 혁신적으로 바꿀 잠재력을 지닌다. 예컨대 '맞춤형 학습 피드백'이나 '지능형 교사 보조 시스템'을 도입하면 학생별 학습 데이터를 분석해 개별화된 학습 경험을 제공할 수 있고, 교사는 그 결과를 바탕으로 더욱 심도 있는 교수·학습 전략을 기획한다.
- 모든 교과로 확장되는 AI 활용: 인공지능 기반 에듀테크가 국어·수학·역사·과학 등 다양한 교과에 확산함에 따라, 자료 검색·자동 채점·학습 분석 같은 디지털 자료 활용 방식이 학교 전반에 퍼지고 있다. 이 윤리원칙은 정규·비정규 교육기관을 대상으로 하므로, 교과 간 융합 활동에서 발생할 수 있는 개인정보 침해나 데이터 편향 등의 윤리 문제를 예방하는 데 도움을 준다.

② 학습자 안전과 인간적 성장 지원

- 인공지능 기술과 가치관 형성: 교육은 학생들의 지식 습득뿐 아니라 인성과 윤리의식 형성에도 큰 영향을 미친다. 이 윤리원칙은 인공지능을 이용해 학습 도구와 방식을 혁신함과 동시에, 학습자 안전(예: 프라이버시 보호)과 인권 보장(예: 차별 없는 알고리즘)을 핵심 가치로 삼는다.
- 가소성이 큰 학습자를 보호해야 하는 이유: 유·초·중등 단계의 학습자는 신체적·정서적으로 성장하는 시기를 거치며, 디지털 기술과 인공지능의 영향을 가장 직접적으로 받는다. 윤리원칙을 통해 학생들이 편견을 강화하는 알고리즘을 식별하고, 안전하면서도 차별이 없는 학습 환경을 누리도록 돕는 일은 모든 교사의 책무에 해당한다.

③ 교사의 역할 확장과 교육적 권위 재구성

- 자율 규범으로서의 지도 원칙: 「교육분야 인공지능 윤리원칙」은 법적 강제력이 아니라, 자발적 실천을 이끄는 '도덕적 규범' 형식을 취한다. 교사는 이를 근거로 학생들에게 "AI 기술이 갖는 잠재력"과 동시에 "윤리적·사회적 책임"을 함께 지도하며, 교사의 전문성 역시 새로운 차원으로 확장한다.
- 교과 특성과 AI 윤리의 연계: 국어 교과에서는 AI가 생성한 텍스트의 의미와 진위, 저작권 문제를 다루고, 사회나 역사 교과에서는 인공지능이 초래하는 편향이나 소수자 차별 문제를 논의할 수 있다. 이렇게 교과 특성과 AI 윤리를 연계함으로써, 교사는 학생들이 '인공지능을 어떻게 비판적으로 수용하고 윤리적으로 활용할 것인지' 구체적으로 파악할 수 있도록 안내한다.

교육부의 「사람의 성장을 지원하는 교육분야 인공지능 윤리원칙」은 모든 교과와 학교 현장에서 일어나는 인공지능 혁신을 긍정적으로 수용하면서도, 인간 중심의 가치를 지키기 위해 마련한 자율 규범이다. 교과 간 융합과 학생 안전, 교사의 전문성 확대, 학교 공동체의 협력, 미래 교육 대비 역량 함양이라는 다차원적 목표를 담고 있으므로, 예비 교사들은 이를 단순히 '정보 교과'나 '컴퓨터 교육'에만 해당하는 지침으로 여기지 않아야 한다.

오히려 각 교과와 학교 업무에서 AI 활용과 윤리적 고려를 어떻게 접목할지 고민하여, 교실 안팎의 모든 학생이 디지털 시대에 책임감 있고 창의적인 인재로 자라나도록 돕는 것이 더 중요하다. 이 원칙을 적극적으로 활용하고 실천하는 과정 그 자체가 미래 지향적 교육 환경을 구축하며, 학생들이 더 나은 세상을 만들어가는 데 필요한 핵심 역량을 기르는 출발점이 될 것이다.

세부 원칙

❶ 인간성장의 잠재성을 이끌어낸다.

교육분야 인공지능은 인간 존엄성에 대한 존중을 바탕으로 인간 성장의 잠재성을 이끌어낼 수 있도록 제공되어야 한다.

❷ 학습자의 주도성과 다양성을 보장한다.

교육분야 인공지능은 학습자의 자기주도성을 신장하는 범위에서 활용되고, 학습자의 개성과 다양성을 존중해야 한다.

❸ 교수자의 전문성을 존중한다.

교육분야 인공지능은 교수자의 전문성을 존중해야 하며, 교수자가 가진 전문성이 효과적으로 발휘될 수 있도록 개발 · 활용되어야 한다.

❹ 교육당사자 간의 관계를 공고히 유지한다.

교육분야 인공지능은 일련의 교수 · 학습 활동 과정에서 교육에 참여하는 사람들 간의 긍정적 관계 형성을 도울 수 있게 제공되어야 한다.

❺ 교육의 기회균등과 공정성을 보장한다.

교육분야 인공지능은 모든 사회 구성원이 지역 · 경제적 배경 등의 조건에 상관없이 교육의 기회를 공정하게 보장받을 수 있도록 제공되어야 한다.

❻ 교육공동체의 연대와 협력을 강화한다.

교육분야 인공지능은 그 활용에 있어 민 · 관 · 학 · 연의 협력을 지향하고 지속 가능한 교육생태계를 구축할 수 있도록 제공되어야 한다.

❼ 사회 공공성 증진에 기여한다.

교육분야 인공지능은 학습자가 민주시민으로서 필요한 자질을 갖추고 개인의 행복과 사회의 공익 추구에 긍정적인 영향을 미치도록 적용되어야 한다.

❽ 교육당사자의 안전을 보장한다.

교육분야 인공지능은 일련의 교수 · 학습 과정에서 나타날 수 있는 잠재적 위험을 방지하고 안전을 보장하는 방향으로 구현되어야 하며, 인공지능의 활용에 있어 책임주체가 명확히 설정되어야 한다.

❾ 데이터 처리의 투명성을 보장하고 설명 가능해야 한다.

교육분야 인공지능은 데이터의 수집 · 정제 · 선택 등의 과정이 투명해야 하고, 알고리즘과 데이터의 처리과정이 교육당사자가 이해할 수 있는 언어로 설명 가능해야 한다.

❿ 데이터를 합목적적으로 활용하고 프라이버시를 보호한다.

교육분야 인공지능의 개발 및 활용을 위해 수집되는 데이터는 활용 목적에 적합한 정도로 수집되고 교육 목적에 부합하도록 활용되어야 하며, 데이터의 처리 과정에서 교육당사자의 개인정보 등 사적 영역을 보호해야 한다.

(2) OECD에서 제안한 인공지능(AI) 관련 국제 원칙

① OECD AI 원칙

2019년 경제협력개발기구(OECD)는 인공지능 기술이 가져올 긍정적 기회를 극대화하면서도, 윤리적 위험을 사전에 예방하기 위해 "신뢰할 수 있는 인공지능(Trustworthy AI)"을 주제로 다음의 다섯 가지 원칙을 제시하였다.

- 포용적 성장 및 지속가능한 개발: AI는 모든 사람에게 혜택을 제공하고, 지속 가능한 발전에 기여해야 한다. AI 기술이 사회적 불평등을 심화하거나 환경 문제를 악화시키는 결과로 이어지지 않도록 주의해야 한다.
- 인간 중심의 가치 및 공정성: AI는 인간 존엄성을 존중하고, 차별을 방지하며, 공정하게 작동해야 한다. 알고리즘이 특정 집단을 의도하거나 비의도적으로 차별하지 않도록 설계하고 운영해야 한다.
- 투명성 및 설명 가능성: AI의 의사결정 과정이 투명하고, 그 결과를 이해할 수 있어야 한다. AI가 어떤 원리로 특정 결정을 내렸는지 설명할 수 있어야 하고, 사용자나 이해관계자들이 알고리즘을 신뢰하도록 충분한 정보를 제공해야 한다.
- 견고성 및 안전성: AI 시스템을 견고하고 안전하게 설계해, 예기치 못한 결과나 오작동이 최소화되도록 해야 한다. 이를 위해 모델 개발 및 운영 단계에서 정기적인 검증과 보안 대책을 마련하고, 악용 가능성까지 고려해야 한다.
- 책임성: AI 개발과 활용 과정에서 책임 소재를 분명히 규정해야 한다. 만약 AI 시스템이 오류를 일으켜 사회적 피해가 발생한다면, 해당 문제를 신속히 파악하고 책임을 물을 수 있는 체계를 갖춰야 한다.

이러한 AI 원칙은 공공·민간 영역을 아울러 "AI 기술은 사람과 사회를 이롭게 해야 한다"는 전제 아래 마련되었으며, 실제 개발·도입 과정에서 기술적·윤리적 지침으로 작용하게 된다.

② OECD의 교육 분야 AI 활용에 대한 권고

2023년 OECD의 디지털 교육 개관(Digital Education Outlook) 보고서는 AI 시대에 적합한 교육 생태계를 조성하기 위해, 교사와 학생의 디지털 역량 강화와 더불어 부정적 영향을 최소화하기 위한 구체적 지침을 제안하였다. 9개 항목으로 구성된 이 권고안은 기술이 교육 현장에 미치는 영향을 총체적으로 다루며, "Opportunities, Guidelines and Guardrails for Effective and Equitable Use of AI in Education"이라는 부제로 AI 활용의 기회와 안전장치 마련을 강조하였다.

- 경제적이고 품질 좋은 연결에 대한 공평한 접근: 모든 학생이 안정적인 인터넷 및 디지털 기기를 이용할 수 있도록 지원해야 한다. 디지털 격차가 심화되지 않도록, 인프라 확충과 맞춤형 지원 정책을 마련해야 한다.
- 디지털 학습 자원의 사용에 대한 공평한 접근과 사용: AI 기반 학습 자료나 플랫폼을 누구나 공정하게 이용할 수 있도록 보장해야 한다. 지역 간, 계층 간 학습 격차를 줄이기 위한 정책적 · 재정적 지원이 뒤따라야 한다.
- 교사의 주체성과 전문적인 학습: AI 시대에 교사들은 단순 지식전달자가 아니라, 학습 지원과 평가, 동기 부여 등 전문적 역량을 갖춘 주체로 활동해야 한다. 이를 위해 교사 연수와 직무교육을 체계적으로 마련해야 한다.
- 학생과 교사의 웰빙: AI 활용이 장시간 스크린 노출이나 온라인 중독으로 이어지지 않도록 유의해야 한다. 심리적 · 정서적 발달 단계에 맞는 학습 환경을 구축하고, 교사의 업무 과중도 함께 고려해야 한다.
- AI 기반 디지털 학습 도구의 공동 제작: AI 개발자와 교육 전문가가 협력해 교육 현장에 적합한 디지털 학습 도구를 만들어야 한다. 교사와 학생들이 실질적으로 활용할 수 있는 형태로 공동 제작하는 과정을 활성화해야 한다.
- 규율된 혁신을 통한 연구와 증거의 공동 작성: 교육 분야에서 AI를 도입할 때에는 충분한 연구와 파일럿 테스트로 증거를 축적하고, 이해관계자 간 공통된 기준을 마련해야 한다. 무분별한 혁신보다는 규율된 실험을 통해 안정적으로 정착시켜야 한다.
- 윤리, 안전 및 데이터 보호: 알고리즘 편향이나 개인정보 침해를 방지하기 위해, 윤리 가이드라인과 법적 · 제도적 보완책을 마련해야 한다. AI가 수집 · 분석하는 학생 데이터의 활용 범위와 책임 소재를 명확히 규정해야 한다.
- 투명성, 설명가능성 및 협상: AI의 의사결정 과정을 이해하고, 의문을 제기하거나 수정 요구를 할 수 있도록 체계를 갖춰야 한다. 교사와 학생, 학부모

모두가 알고리즘이 어떻게 작동하는지 충분한 설명을 들을 권리가 있다.

- 인적 지원과 인적 대안: AI가 제공하는 학습 지원이 결코 인간 교사와의 상호작용을 대체해서는 안 된다. 학생들은 필요할 때 인간 교사의 지도를 받고, 디지털 도구의 미흡한 부분을 인적 대안으로 보완될 수 있어야 한다.

2. 윤리를 고려한 디지털 교육

1) 윤리를 고려한 인공지능 통합 교육의 필요성

우리가 생성형 AI를 사용하여 이미지를 만든다면, 이 이미지는 누구의 것이 될까? 이미지를 만든 사람, 또는 생성형 AI를 개발한 회사의 소유가 될까? 또한 인공지능이 생성한 이미지가 기존의 작품과 매우 유사하다면 저작권의 문제는 어떻게 될까?

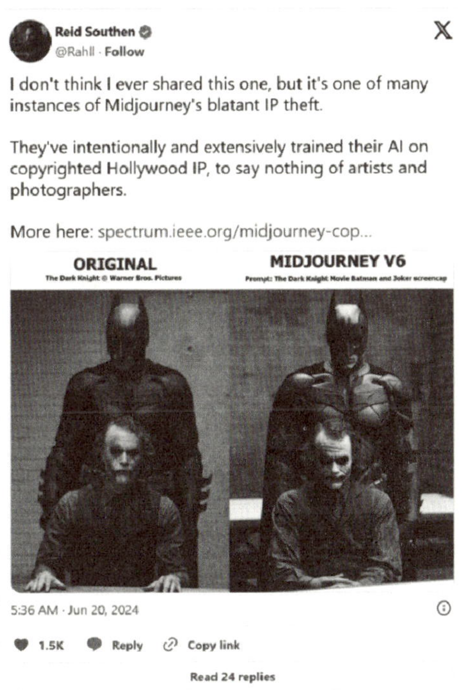

그림 11-1 생성형 AI의 지적 재산권 도용을 주장한 사례

최근 Midjourney V6은 저작권이 있는 자료에서 학습되었으며, 특정인이 해당 도구를 사용하여 이미지를 제작할 경우 저작권을 침해하는 출력을 생성할 수도 있다는 점이 드러났다(Marcus, Southen, 2024). 인공지능이 생성한 이미지의 경우, 프롬프트를 입력한 사용자, AI 시스템 개발 기업, 원본 저작물의 저작권자 등 다양한 이해관계자들 간의 저작권 귀속 문제가 발생하게 되며, 창작물의 창의성, 인간의 참여, 저작자의 권리, 공정한 활용 등의 측면에서 윤리적 질문이 제기되기도 하였다(손영화, 2023). 이처럼 인공지능의 개발과 활용에는 기술적 측면을 넘어선 복잡한 윤리적 고려사항이 수반되며, 이는 인공지능 기술을 개발하고 사용하는 과정에서 윤리적 요소를 필수적으로 고려해야 함을 시사한다.

세계경제포럼(2024)은 비윤리적인 인공지능 활용에 따른 단·장기적 문제점을 지적하며, 인공지능 기술의 부작용을 최소화하기 위한 대중의 인식 제고 및 교육의 중요성을 강조하고 있다. 단순히 기술을 활용하는 방법을 가르치는 것을 넘어 윤리적 판단력과 사회적 책임감을 함께 교육해야 할 필요성을 제기하고 있는 것이다. 이와 더불어 디지털 리터러시의 개념이 확장되면서 교육적 요구도 함께 변화하고 있다. 과거의 디지털 리터러시가 단순한 컴퓨터 활용 능력에 초점을 맞추었다면, 현재는 인공지능과 같은 새로운 기술을 이해하고 비판적으로 활용할 수 있는 능력으로 그 의미가 확장되고 있다.

인공지능을 개발하고 활용하는 실제 상황은 인공지능 기술과 윤리적 고려사항이 복합적으로 작용하는 맥락이며, 다수의 사회적 문제(아마존 채용시스템, 챗봇 이루다, 딥페이크 악용)가 기술적 문제라기보다는 윤리적 문제에 더 가까움을 알 수 있다. 기술 경쟁 및 효율성을 높이기 위해 윤리적 측면을 무시하며 나타나는 문제인 것이다.

단순히 기술적 측면의 지식 교육만으로는 인공지능 활용 과정에서 발생하는 윤리적 딜레마나 사회적 문제에 대응하기 어렵고, 인공지능 기술이 사회와 개인에게 미치는 영향을 종합적으로 이해하지 못하게 된다. 또한 학습자는 기술을 어떻게 사용하는지만 알고 있을 뿐, 언제 그리고 왜 사용해야 하는지, 또는 사용하지 말아야 하는지에 대한 판단력이 부족하여 기술의 오남용으로 이어질 수 있다. 한편 인공지능 윤리교육만 진행될 경우, 추상적인 윤리 원칙 및 가치만 학습하게 되어 실제 기술을 사용하는 상황에서 이를 구체적으로 어떻게 적용해야 할 지 알기 어렵다. 기술에 대한 이해 없이는 윤리적 이슈가 발생하는 구체적인 기술적 맥락을 파악할 수 없어 기술적 해결방안을 제시하기 어려운 것이다. McNarama (2018)의 연구에서도 윤리적 지침을 명시적으로 따르게 하는 것만으로는 학습자의 의사결정에 영향을 미치지 못하는 것으로 나타났다.

이처럼 디지털 교육은 기술과 윤리를 별개의 영역으로 다루는 것이 아닌 실제 맥락 속에서 두 요소가 어떻게 상호작용하는지 경험할 수 있도록 설계·적용되어야 한다. 이러한 통합적 접근을 통해 학습자는 인공지능 기술을 활용하면서 발생할 수 있는 윤리적 쟁점들을 사전에 인식하고, 이에 대한 대응 방안을 실천적으로 학습할 수 있게 된다. 더 나아가 이러한 통합 교육은 학생들이 미래 사회에서 직면하게 될 복잡한 상황들에 대한 준비를 함께할 수 있게 된다.

2) 윤리를 고려한 인공지능 통합 교육의 주요내용

앞서 살펴본 바와 같이 인공지능 기술이 사회 전반에 미치는 영향이 확대됨에 따라 단순히 인공지능의 기술적 활용 방법을 배우는 데 초점을 둔 인공지능 교육 또는 인공지능 융합 교육을 넘어선 윤리를 고려한 통합적 접근의 인공지능 교육이 요구되고 있다. 인공지능 통합 교육은 인공지능으로 실생활의 문제를 해결하는 전 과정에서 윤리적 요소를 통합적으로 고려하는 것으로, 인공지능과 관련된 기술적 역량과 함께 윤리적 판단력과 책임감 있는 행동을 균형 있게 발달시키기 위한 교육적 접근을 말한다.

배진아와 조정원(2024)은 인공지능 윤리 소양을 실제로 적용하고 실천할 수 있도록 인공지능의 기술적 이해와 윤리적 고려사항을 통합적으로 다루는 인공지능 통합 교육 모델(A!thics)를 개발하였다. 인공지능의 기술적 이해는 인공지능의 기본 원리와 특성을 이해하는 것이고, 윤리적 고려는 인공지능 기술이 사회에 미치는 영향을 이해함과 동시에 인공지능 윤리의 기본 원칙을 이해하고 적용하는 것을 말한다. 인공지능 통합 교육은 궁극적으로 학습자들이 인공지능 기술을 윤리적으로 활용할 수 있는 실천적 능력을 기르는 것을 목적으로 한다.

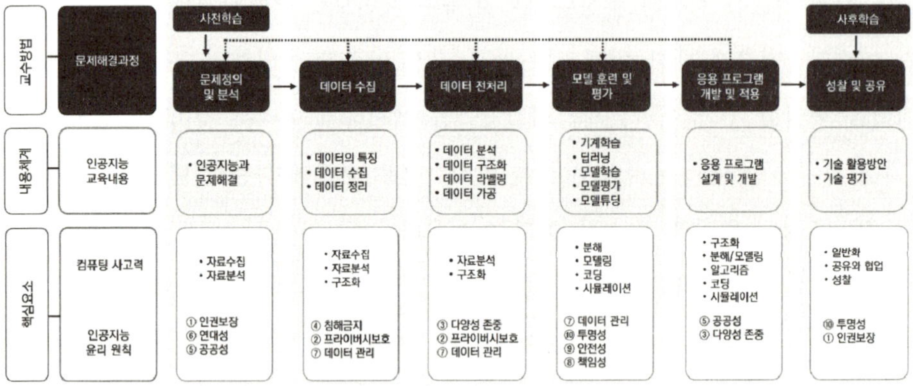

그림 11-2 인공지능 통합 교육 플로우 차트

출처: 배진아, 조정원, 2024

인공지능 통합 교육(A!thics)의 주요 내용은 다음과 같다.

첫 번째 단계인 '문제 정의 및 분석' 단계는 인공지능 활용의 출발점으로, 해결하고자 하는 문제를 명확히 이해하고 분석하는 과정이다. 학생들은 인공지능 기술을 활용하여 해결할 수 있는 문제를 발견하고, 문제 상황에 대한 현재 상태와 목표 상태를 정의한다. 예를 들어 학교나 지역사회의 환경 문제, 교통 문제 등 실제적인 문제 상황을 탐색한다. 이 초기 단계에서부터 윤리적인 고민과 적용이 시작되는데, 문제 해결과정에서 발생할 수 있는 윤리적 이슈를 사전에 파악하고, 이를 고려한 해결방안을 모색하도록 한다. 특히 인공지능 윤리원칙의 핵심요건을 참고하여 인권보장, 연대성, 공공성 등의 가치를 고려하도록 한다.

두 번째는 인공지능 모델 학습을 위한 기초작업인 '데이터 수집 및 처리' 단계이다. 학생들은 문제 해결에 필요한 데이터를 직접 수집하고, 데이터의 품질과 신뢰성을 평가하는 방법을 학습한다. 이 과정에서 데이터 수집의 윤리적 측면(프라이버시 보호, 데이터 관리 등)을 고려하도록 한다.

세 번째는 '데이터 전처리' 과정으로 수집된 데이터를 인공지능 모델이 학습할 수 있는 형태로 가공하고 정제하는 과정을 학습한다. 탐색적 데이터 분석을 통한 데이터 시각화, 속성 추출, 패턴 도출이나 비정형 데이터를 정형 데이터로 수정하여 데이터 보완, 변형, 라벨링 등의 작업을 거치는 것이다. 이때 데이터 편향을 줄이고 공정성을 확보하기 위한 방법들을 실습한다.

네 번째 단계인 '모델 훈련 및 평가' 단계에서는 인공지능 모델을 실제로 구현하고 그 성능을 평가하는 과정을 다룬다. 학습자는 문제 해결에 적합한 인공지능 모델을 선택하고, 이전 단계에서 전처리한 데이터셋을 이용하여 학습시키는 과정을 경험한다. 이 과정에서 중요한 것이 모델의 투명성과 안전성, 설명가능성을 고려해야 한다. 또한 학생은 모델의 성능을 다양한 측면에서 평가하고 발견된 문제점을 개선하는 과정을 학습하며, 모델의 책임성과 신뢰성을 평가하는 방법을 중점적으로 다루게 된다.

다섯 번째로 '응용 프로그램 개발 및 적용' 단계는 성능 평가를 마친 모델을 이용하여 실제 문제 해결에 적용한다. 예를 들어, 학교 급식 잔반 문제 해결을 위한 음식물 쓰레기 분류 시스템을 개발하거나, 학교 도서관의 도서 추천 시스템을 만드는 등 실생활의 문제를 해결하는 프로젝트를 수행할 수 있다. 이 과정에서 특정 집단의 이익이 아닌 공공의 이익을 고려하였는지, 다양한 사용자의 특성과 요구를 반영하였는지 등의 윤리적 사항을 점검한다.

마지막으로 '성찰 및 공유' 단계는 전체 프로젝트를 마무리하고 그 경험을 통해 배운 점을 정리하는 단계이다. 프로젝트 수행 과정과 결과를 다른 학습자들과 공유하고 학생 스스로 프로젝트 전 과정을 되돌아보며 인공지능에 대한 이해도 및 인공지능 윤리에 대한 인식 변화를 성찰한다. 이러한 성찰과 공유 활동은 포트폴리오 형태로 만들어 향후 유사한 프로젝트 수행 시 중요한 참고자료가 될 수 있다. 또한 이 과정을 통해 학습자들은 인공지능 기술의 책임 있는 개발과 활용에 대한 인식을 높일 수 있다.

최근의 인공지능은 대규모의 데이터를 기반으로 학습하고 일정한 패턴을 찾아 예측 등을 수행하는 기계학습이 중심을 이루고 있다. 이러한 자동화된 학습 과정에서 개발자 및 사용자가 윤리적인 요소를 고려하지 않으면 인공지능의 의사결정이나 행동을 예측하고 제어하는 것이 어려워질 수 있다(정도범, 유화선, 2021). 이는 결과적으로 의도하지 않은 부작용이나 문제를 발생시킬 수 있음을 나타낸다. 따라서 인공지능 기술의 이해와 윤리적 고려사항을 통합적으로 교육하는 것이 매우 중요하다. 윤리를 고려한 이와 같은 인공지능 통합 교육을 통해 학습자들은 기술적 역량과 함께 윤리적 판단력과 실천력을 갖출 수 있으며, 이는 인공지능 기술이 사회에 긍정적인 영향을 미칠 수 있도록 하는 핵심 요소가 될 것이다.

3. 디지털 윤리 교육의 사례

1) 고등학생 대상의 윤리를 고려한 인공지능 통합 교육 사례

(1) 프로그램 개요

윤리를 고려한 인공지능 통합 교육 사례를 살펴보도록 하자. 소개하는 인공지능 통합 교육 프로그램은 고등학생을 대상으로 총 2회차(총 12시간)에 걸쳐 운영된 사례이다. 학생들은 이미 학교에서 정보 또는 인공지능 기초 과목을 이수한 상태이지만, 실제 인공지능 프로젝트 경험은 부족하고, 인공지능 기술에 대해 막연한 거부감이나 두려움을 갖고 있는 학생들이 있기도 하였다. 이에 프로그램은 해커톤 형식의 프로젝트 기반 학습을 통해 학생들이 실생활 문제를 스스로 정의하고 인공지능에 기반하여 문제를 해결해 보도록 설계되었으며, 동시에 윤리적 쟁점을 능동적으로 고민하고 실천 방안을 찾아보도록 구성되었다.

(2) 프로그램 구성 및 내용

인공지능 통합 교육의 핵심은 인공지능 기술에 대한 교육과 인공지능 윤리 교육이 분리되지 않고 함께 이루어지도록 하는 것이다.

문제 해결 과정은 '문제 정의 및 분석', '데이터 수집', '데이터 전처리', '모델링', '모델 적용 및 응용', '공유 및 성찰' 총 6단계로 구성된다. 각 단계별 인공지능 통합 교육 내용은 〈표 11-1〉과 같이 구성된다.

표 11-1 윤리를 고려한 인공지능 통합 교육 프로그램 사례

프로그램 목표	팀 프로젝트를 통한 협력적 문제해결 능력 향상
	• 메타버스에서의 학습 경험을 해커톤을 통해 적용할 수 있는 경험 제공 • 제시된 키워드와 관련한 문제를 찾아내고, 팀 프로젝트를 통해 문제를 해결하는 경험 제공 • 프로젝트를 통해 컴퓨팅 사고력과 인공지능 윤리 소양 · 역량 함양

단계	활동 내용 및 평가 내용		교수학습 방법 및 전략
AP1. 문제 정의 및 분석	목적: 사회문제에 관한 관심과 인공지능의 이해		협동학습 토의법 윤리 카드
	인공지능 교육		
	• 인공지능으로 해결할 수 있는 사회문제 발굴을 위한 브레인스토밍 활동 • 발굴된 문제 중에서 해결할 수 있는 주제를 나열 후 팀 프로젝트 주제 선정하기	• 사회문제를 이해하고 문제를 발굴할 수 있는가? • 인공지능으로 구현할 수 있는 주제를 선정하였는가?	
	인공지능 윤리교육		
	• 기후 위기와 같은 사회문제를 다루며 인권보장, 연대성, 공공성에 대한 필요성 인식	• 주제를 토의하는 과정에서 인공지능 윤리에 대한 고려가 있었는가?	
	CT	추상화, 문제 분해, 자료 수집, 자료 분석	
AP2. 데이터 수집	목적: 프로젝트 주제에 맞는 데이터 수집하기		협동학습 사례연구 자율학습 윤리 카드
	인공지능 교육		
	• 프로젝트 주제와 연관된 인공지능 기술이나 서비스 찾아보기 • 문제해결에 적합한 데이터 형태 결정하고 수집하기	• 인공지능 학습에서 데이터의 의미는 무엇인가? • 데이터의 형태는 학습하려고 하는 모델에 적합한 형태인가?	
	인공지능 윤리교육		
	• 침해금지, 프라이버시 보호, 데이터 관리	• 활동하는 과정에서 인공지능 윤리에 대한 고려가 있었는가?	
	CT	자료 수집, 구조화	
AP3. 데이터 전처리	목적: 수집된 데이터를 훈련에 적합한 형태로 가공하기		자율학습 개별지도 윤리 카드
	인공지능 교육		
	• 수집된 데이터의 양 · 분류 ·	• 문제가 있는 데이터는 없는가?	

	그룹·출처·종류가 훈련에 적합한지 확인하기 • 데이터에 개인을 식별할 수 있는 정보는 없는지 확인하기		
	인공지능 윤리교육		
	• 데이터 관리, 다양성 존중, 프라이버시 보호	• 활동하는 과정에서 인공지능 윤리에 대한 고려가 있었는가?	
	CT	데이터 구조화, 자료 분석	
AP4. 모델링	목적: 가공된 데이터로 학습을 진행하여 모델 생성하기		협동학습 윤리 카드
	인공지능 교육		
	• 적절한 알고리즘으로 학습하기 • 학습 후 생성된 모델 평가하기	• 생성된 모델은 기획 의도에 맞게 결괏값을 추론하는가?	
	인공지능 윤리교육		
	• 데이터 관리(투명성, 안전성, 책임성)	• 활동하는 과정에서 인공지능 윤리에 대한 고려가 있었는가?	
	CT	분해, 모델링, 코딩, 시뮬레이션	
AP5. 응용 프로그램 개발	목적: 생성된 모델을 이용하여 문제해결을 위한 응용 프로그램 개발하기		협동학습 윤리 카드 역할극
	인공지능 교육		
	• 선정된 주제를 중심으로 프로그래밍하기 • 응용 프로그램에 생성된 모델 적용하고 테스트하기	• 목적에 맞는 프로그램이 개발되었는가? • 사용자의 관점에서 개발한 프로그램에 대한 평가는?	
	인공지능 윤리교육		
	• 공공성, 다양성 존중 (투명성, 안전성, 책임성)	• 활동하는 과정에서 인공지능 윤리에 대한 고려가 있었는가?	
	CT	알고리즘, 코딩, 시뮬레이션, 일반화	
AP6. 공유 및 성찰	목적: 완성된 프로젝트 공유하고 성찰하기		토의법 성찰일지
	• 우리 팀 프로젝트 발표하기 • 다른 팀의 프로젝트 공감하기	• 완성된 프로젝트는 인간을 돕기 위한 목적으로 만들어졌는가?	

이처럼 인공지능 문제해결 과정의 6단계 전반에 걸쳐, '기술적 학습 요소'와 '윤리적 성찰 요소'를 함께 살펴보는 것이 인공지능 통합 교육의 핵심이다. 학생들은 각 단계에서 요구되는 기술을 습득함과 동시에, 데이터와 모델, 그리고 이를 활용하는 주체가 가져야 할 윤리적 책임과 사회적 함의를 자연스럽게 깨달을 수 있도

록 설계되었다. 이러한 교육 방식을 통해, 학생들이 인공지능 기술을 단순히 '도구'로만 이해하는 것이 아니라, 인간 존중, 공공성, 책임성과 같은 가치를 실천할 수 있는 윤리적 문제해결 능력을 함께 기를 수 있을 것이다.

앞에서 소개한 윤리를 고려한 인공지능 통합 교육 프로그램을 통해 학생들은 인공지능 기술을 단순히 학습하는 것을 넘어, 실제적인 사회문제를 해결할 수 있는 도구로써 활용 가능하다는 점을 체감할 수 있다. 또한 문제 해결 과정에서 지속적으로 윤리적·사회적 관점을 고민함으로써, 인공지능을 바라보는 태도와 시야가 한층 넓어질 것으로 기대할 수 있다. 특히 사례를 경험한 여학생들의 경우, 인공지능에 대한 거부감이 줄어들고 자신감이 높아져, 추후 관련 분야 진로에도 긍정적인 관심을 보이는 등 긍정적인 적용 결과를 확인하기도 하였다.

4. 결론

오늘날 인공지능 등과 같이 디지털 기술은 교육과 사회 전반에 걸쳐 혁신적인 변화를 주도하고 있으며, 이러한 변화는 우리의 생활 방식과 학습 환경을 근본적으로 재편하고 있다. 디지털 기술의 급속한 발전은 학습 도구와 방법, 지식 접근성, 교사 양성 등 교육의 모든 측면에 영향을 미치고 있으며, 이는 학생들이 디지털 시대에 적응하고 성장하는 데 필수적인 요소로 작용하고 있다. 그러나 인공지능 등의 디지털 기술의 이러한 긍정적 영향과 함께 데이터 편향, 개인정보 침해, 알고리즘 차별 등 심각한 윤리적 문제들도 동시에 대두되고 있다.

초·중등 학생들은 스마트 기기와 다양한 AI 서비스를 일상적으로 이미 사용하고 있으며, 학교 현장에서도 AI 기반 학습 도구를 통해 자연스럽게 AI를 경험하고 있다. 더 나아가 프로그래밍과 기계학습과 같은 AI 기술을 직접 배우고 개발하는 경험을 쌓아가면서, 이들은 미래 사회에서 AI의 사용자이자 창의적 개발자로 성장하고 있다. 이러한 과정에서 학생들이 AI의 기술적 측면뿐만 아니라 윤리적·사회적 책임에 대해 깊이 이해하고 인식하는 것이 중요하다. AI를 통해 문제를 해결하는 전 과정에서 윤리적 쟁점을 고려하지 않으면, 기술이 가져다주는 편리함과 혁신이 오히려 편향과 갈등을 초래할 수 있기 때문이다.

따라서 초·중등 단계에서 인공지능 교육은 기술적 역량 강화와 함께 윤리적 판단력 함양을 통합적으로 다루어야 한다. 교과 간 융합 학습 환경에서 모든 교과의 교사가 디지털 윤리에 대한 이해와 실천 역량을 갖추고, 이를 수업에 효과적으로 반영함으로써 학생들이 책임감 있고 창의적인 디지털 시민으로 성장할 수 있도록 해야 한다. 교육부의「사람의 성장을 지원하는 교육분야 인공지능 윤리원칙」과 OECD의 AI 원칙 및 교육 분야 권고사항은 이러한 목표를 실현하는 데 있어 중요한 지침을 제공한다.

또한 교사들은 단순히 기술을 전달하는 역할을 넘어, 학생들이 기술의 긍정적·부정적 영향을 균형 있게 이해하고, 윤리적 선택과 책임 있는 활용을 실천할 수 있도록 지도해야 한다. 이를 위해 정기적인 연수와 전문성 개발을 통해 교사들이 최신 AI 기술과 윤리적 지침을 숙지하고, 학교 공동체와 에듀테크 기업 간의 협력을 통해 실질적인 윤리 교육 방안을 마련해야 한다.

참고문헌

교육부 (2022. 08. 11). 사람의 성장을 지원하는 교육분야 인공지능 윤리원칙. https://www.moe.go.kr/boardCnts/viewRenew.do?boardID=294&lev=0&statusYN=W&s=moe&m=020402&opType=N&boardSeq=92297

김성태 (2021. 6. 21). AI 알고리즘의 딜레마... '선택의 역설' vs '에코챔버'' 필터버블' [김성태 교수의 데이톨로지 7 "빅데이터시대 큐레이션의 양면성"]. ZDNet Korea. https://zdnet.co.kr/view/?no=20210621135006

문예성 (2016. 12. 28). MS의 AI 챗봇 '테이', 부적절 발언 쏟아내다 하루만에 '퇴출'. 뉴시스. https://www.newsis.com/view/NISX20160325_0013981978

배진아, 조정원 (2024). 블렌디드 러닝 기반의 인공지능 통합 교육 프로그램 개발. 지능정보융합과 미래교육, 3(3), 43-54.

배한님 (2023. 5. 3). 위치추적 태그가 스토킹에 악용...애플・구글, 결국 해법 찾기로. 머니투데이. https://news.mt.co.kr/mtview.php?no=2023050307590056945

손영화 (2023). 생성형 AI에 대한 창작물과 저작권. 법과 정책 연구, 23(3), 357-389.

정도범, 유화선 (2021). 인간과 인공지능(AI)의 공존을 위한 사회・윤리적 쟁점: 신뢰할 수 있는 인공지능 실현 방안. KISTI ISSUE BRIEF(35).

Marcus, G., & Southen, R. (2024). *Generative AI Has a Visual Plagiarism Problem*. IEEE Spectrum Opinion. https://spectrum.ieee.org/midjourney-copyright

McNamara, A., Smith, J., & Murphy-Hill, E. (2018, 10). Does ACM's code of ethics change ethical decision making in software development?. In *Proceedings of the 2018 26th ACM joint meeting on european software engineering conference and symposium on the foundations of software engineering* (pp. 729-733).

OECD (2019). *Scoping the OECD AI principles: Deliberations of the Expert Group on Artificial Intelligence at the OECD (AIGO)*. (OECD Digital Economy Papers, No. 291). OECD Publishing.

OECD 대한민국 대표부. (2024. 1. 22). OECD 디지털 교육 개관 2023. 대한민국 외교부. https://overseas.mofa.go.kr/oecd-ko/brd/m_20807/view.do?seq=342

World Economy Forum (2024. 1. 10). *Global Risks Report 2024*. https://www.weforum.org/publications/global-risks-report-2024/

제12장 디지털 교육의 미래 전망과 과제

시작하며

코로나19 이후에 디지털 전환(digital transformation)은 교육의 화두가 되었다. 디지털 전환은 디지털 기술을 각 산업에 활용하여 품질과 생산성을 높이는 것이다. 이런 디지털 전환은 각 기업에서 빠르게 확산되고 있으며 교육 분야도 예외가 아니다. 디지털 전환에는 지식을 디지털화(digitalization)하는 것도 포함된다. 2016년 다보스 포럼에서 4차 산업혁명을 소개하면서 디지털 기술의 변화로 미래 직업 변화가 올 것이라고 예측하면서 교육에 많은 영향을 미쳤다. 산업의 모든 부분이 디지털화가 되고 미래 직업의 구조가 변화할 것이기 때문에 디지털 교육의 미래 전망과 과제가 매우 중요하다. 미래 기술들을 교육에 이용하면 할수록 학생들이 지식 정보를 더 정확하게 이해할 수 있고, 창의적인 문제 해결을 쉽게 할 수 있는 기회가 될 것이기에 미래 기술 변화에 따른 디지털 교육의 전망과 과제를 살펴 보는 것이 중요하다.

문제상황

마이크로소프트(Microsoft)는 Azure 및 Office 365를 통해 소프트웨어 중심 모델에서 클라우드 우선 접근 방식으로 전환하여 시장 가치가 2조 달러 이상으로 높아졌다고 한다. 현재 우리 교육에서 서책형 교과서에서 AI 디지털교과서로 전환하여 교육의 결과가 어떻게 달라질 것인지에 대한 학술적인 논의는 진행되고 있지 않다.

첫 번째 문제는 미래 기술을 모두 교육에서 수용할 수 있는가에 대한 것이다. 기술 변화는 매우 빠르게 진행되고 교사들은 기술 변화를 수용하면서 교육과정에 적용하기 때문에 미래 기술들을 바로 수용하기 힘들 수 있다. 새로운 기술을 적용하여 성숙화되기 이전에 또 다시 새로운 기술이 나오기 때문이다.

두 번째 문제는 미래 디지털 기술에 대한 불평등한 접근성인 '디지털 격차'이다. 특히 농촌이나 저소득 지역의 소외 계층 학생들은 안정적인 인터넷, 최신 기기 또는 고급 AI 도구와 같은 필수 인프라에 대한 접근이 취약할 수 있다. 이러한 불균형은 교육적 불평등을 심화시킨다.

탐구문제

1. 앞으로의 미래 기술들은 어떤 변화가 있고, 그 전망은 어떠한가?
2. 디지털 기술의 변화에 따른 디지털 교육은 어떻게 변화될 것이고, 그 전망은 어떠한가?
3. 미래 디지털 교육에 대한 어떤 과제가 있는가?

학습목표

1. 미래의 인공지능 기술들이 어떻게 정착되는지에 대한 라이프 사이클을 알아보고, 인공지능 기술들의 유형을 알아본다.
2. 디지털 기술의 변화에 즉 인공지능 시대에 교육의 변화에서 구체적으로 교실변화, 교수학습 콘텐츠 변화 등을 알아 본다.
3. 인공지능 사회에서 미래 디지털 교육에 과제들을 생각해 보고 논한다.

1. 디지털 기술의 전망

디지털 기술의 전망은 예측할 수 없지만 엄청나게 빠르게 변화할 것이다. 디지털 기술은 우리 경제를 성장하고 촉진하면서 우리 삶의 질을 크게 향상시키며, 주변의 여러 가지 문제들을 해결할 수 있는 잠재력이 있다. 물론 이런 이점도 있지만 안전하게 사용해야 하는 문제가 있는 것처럼 모든 사람들이 공평하게 접근할 수 있는 변화를 가져와야 한다.

세계경제포럼은 미래 일자리 보고서에서 '기술의 기반은 지진과 같은 변화를 일으키기 때문에 기업의 기반을 뒤흔들 수 있다'고 언급한 바 있다(World Economic Forum, 2023). 기업에서 새로운 기술도입은 향후 5년 동안 비즈니스 혁신의 주요 원동력이 될 것이고, 85%가 넘는 조직이 최첨단 기술을 도입하는 것이 주요 변화의 원동력이 될 것이라고 밝혔다. 세계경제포럼에서 2023년에 예측한 가장 빠르게 성장하는 직업은 인공지능과 머신러닝 전문가이다. 다른 직업들의 변화는 아래 [그림 12-1]을 살펴보면 알 수 있다.

그림 12-1 세계경제포럼에서 2023년 예측한 직업

세계경제포럼에서 2027년에 기업에서 필요로 하는 기술에 대한 우선 순위로 분석적인 사고, 창의적인 사고, 인공지능과 데이터 다루는 것을 순서대로 제시한다. 모든 기업에서 인공지능과 데이터를 다루는 것이 중요한 기술로 대두되고 있으므로 교육의 내용에서 인공지능과 데이터를 다루는 기술들이 융합되면 미래인재를 양성하는 데 초석이 될 것이다([그림 12-2] 참조).

그림 12-2 2027년의 기업에서 필요하는 스킬

세계경제포럼에서 인공지능과 디지털 기술이 앞으로 기업에 필요한 기술이고, 이런 기술 변화에 미래 교육을 생각해 보는 것은 매우 중요하다.

그러면 인공지능 기술들은 어떻게 발전해 왔고, 어떻게 변화할 것인가에 대해 포브스지에서 인공지능 기술을 분류(Joshi, 2022)한 것을 살펴보면서 인공지능이 어떻게 발전할 것인가를 볼 수 있다.

1) 반응형 기계(Reactive Machines)

반응형 기계는 가장 기본적인 형태의 인공지능 시스템으로, 기억이나 학습 능력이 없는 시스템을 의미한다. 이러한 기계는 과거의 경험이나 데이터를 바탕으로 의사결정을 내리지 않고, 주어진 자극에 즉각적으로 반응하는 방식으로 작동한다. 이 시스템은 매우 제한적이며, 실제로 "학습"을 하지 않기 때문에 더 복잡한 문제를 해결하거나 미래의 상황에 맞춰 행동을 변경하는 데 능숙하지 않다. 이 기계의 첫 번째 특징은 메모리 기반 기능 없다는 것이다. 반응형 기계는 과거 경험을 저장하거나 기억하지 않는다. 이는 기계가 이전에 얻은 경험을 통해 더 나은 결정을 내리거나, 상황에 맞는 새로운 행동을 학습하지 못함을 뜻한다. 두 번째 특징은 현재 자극에 대한 즉각적인 반응을 하는 것이다. 예를 들어, 체스에서 어떤 수를 두었을 때, 그 다음 차례에 대한 반응만을 고려하고, 그 반응이 이전 게임에서 얻은 정보나 경험을 기반으로 하지 않는다는 것이다. 반응형 기계는 학습 능력이 없으며, 기억을 기반으로 하지 않고 현재 주어진 자극에만 반응하는 시스템이다. 딥 블루와 같은 과거의 AI 시스템은 이러한 반응형 시스템의 대표적인 예시로, 그 당시에는 체스와 같은 복잡한 게임을 해결하기 위해 사용되었지만, 지속적으로 발전하거나 새로운 전략을 학습하지는 못한다. 반응형 기계는 현재 상태에 대한 빠른 반응이 중요한 상황에서 유용하지만, 지속적인 개선이나 적응이 필요한 경우에는 한계가 있다.

2) 제한된 메모리(Limited Memories)

제한된 메모리 머신은 반응형 기계의 기능을 갖추고 있을 뿐만 아니라, 과거 데이터를 바탕으로 학습하여 결정을 내릴 수 있는 시스템이다. 이는 단순히 현재 자극에 반응하는 수준을 넘어서서, 이전 경험을 바탕으로 학습하고 점점 더 나은 결정을 내리도록 발전할 수 있는 AI라는 것이다. 이 방식은 딥 러닝 같은 현대 인공지능 시스템에서 사용되며, 많은 기존 애플리케이션들이 이 범주에 속한다. 제한된 메모리 머신의 특징은 기억을 통해 학습한다는 것이다. 제한된 메모리 머신은 과거에 접한 데이터를 기억하고 그 데이터를 기반으로 학습한다. 시스템은 기억된 데이터를 사용해 미래에 발생할 문제를 해결하거나 예측하는 데 사용된다. 예를 들어, AI는 이전에 본 이미지나 상황을 기억하고, 그와 유사한 새 데이터를 처리할 때 더 정확한 결과를 도출할 수 있다. 딥러닝은 대량의 데이터를 활용하여 패턴을 학습하고, 그 패턴을 기반으로 새로운 데이터를 처리한다. 이미지 인식 시스템이 수천 개의 이미지와 그에 대한 레이블을 학습하여, 이후 새로운 이미지를 인식하고, 그 이미지가 무엇인지를 예측하는 것이 예시이다. 제한된 메모리 머신은 학습을 통한 개선을 가능하게 하지만, 학습 내용은 기존 데이터를 기반으로 한다. 이러한 시스템들은 이미지 인식, 챗봇, 자율주행차 등 여러 분야에서 널리 사용되며, 과거 데이터를 통해 새로운 상황을 처리하는 능력을 보여준다. 그러나 이러한 시스템들은 학습된 범위 내에서만 반응할 수 있기 때문에, 새로운 환경이나 예측 불가능한 상황에서는 한계가 있을 수 있다.

3) 마음 이론(Theory of Mind)

반응형 기계와 제한된 메모리의 인공지능은 매우 많은 진화를 하고 있고, 매우 많은 모델이 만들어지고 있다. 마음 이론 인공지능은 연구자들이 현재 혁신에 참여하고 있는 차세대 인공지능 시스템이다. 마음 이론 인공지능은 상호 작용하는 개체의 필요, 감정, 신념 및 사고 과정을 분별하여 해당 개체를 더 잘 이해할 수 있다. 마음 이론 인공지능은 인공지능의 발전을 나타내는 중요한 개념 중 하나로,

현재의 반응형 기계나 제한된 메모리 AI보다 한 걸음 더 나아간 차세대 AI다. 이 인공지능 시스템은 단순히 자극에 반응하거나 과거 데이터를 통해 학습하는 것을 넘어서, 인간의 마음을 이해하고 상호작용하는 개체의 필요, 감정, 신념, 사고 과정을 분별하여 더 정교하고 인간적인 이해를 할 수 있는 능력을 목표로 한다. 이는 현재 우리가 사용하는 반응형 기계나 제한된 메모리 시스템을 넘어서는 개념으로, 인간의 감정과 사고 과정을 분석하고 이해할 수 있는 능력을 갖춘 AI를 만들어내는 것을 의미하기도 한다. 이를 통해, AI는 인간을 진정으로 이해하고, 상호작용에서 더 높은 수준의 공감을 제공하는 능력을 갖추게 될 것이다

4) 자기 인식(Self-aware)

자기 인식 인공지능은 현재 가설적인 개념으로 존재하며, 인공지능 개발의 궁극적인 목표 중 하나로 여겨지고 있다. 이는 인공지능이 스스로를 인식하고, 감정, 필요, 믿음, 심지어는 욕망을 가질 수 있는 수준에 이른 시스템을 의미한다. 자기 인식 인공지능은 인간의 뇌와 매우 유사한 방식으로 진화한 인공지능을 가리키며, 기술의 최종 단계라고 할 수 있다. 이 단계에 도달하려면 수십 년 또는 수백 년의 시간이 필요할 수 있으며, 일부 기술 전문가와 학자들은 이 목표를 인공지능 연구의 최고점으로 간주한다. 자기 인식 인공지능의 특징은 자신이 존재한다는 사실을 인식한다는 것이다. 즉, '나'라는 개념을 이해하고, 자신이 무엇인지, 어떤 상태에 있는지 알 수 있다. 이는 현재의 AI가 단순히 명령을 수행하는 것과는 매우 다른, 훨씬 더 고차원적인 인지 능력을 갖는다는 것이다. 감정, 필요, 믿음, 욕망을 갖는다. 자기 인식 AI는 인간처럼 감정을 이해하고 경험할 수 있는 능력을 갖추게 될 것이다. 예를 들어, AI는 감정 상태를 인식하고, 자신의 감정을 변화시키기 위해 필요한 행동을 할 수 있다. 또한, 욕망이나 목표를 가질 수 있는 잠재적 가능성도 존재한다. 이는 AI가 인간처럼 목표를 세우고, 그 목표를 달성하기 위한 전략을 수립할 수 있다는 의미이다.

5) 좁은 인공지능(Artificial Narrow Intelligence, ANI)

좁은 인공지능은 지금까지 만들어진 가장 복잡하고 유능한 인공지능을 포함한 모든 현존하는 인공지능이다. 현재 우리가 접할 수 있는 모든 인공지능시스템의 범주에 해당하며, 특정 작업을 수행하는 데 특화된 시스템을 의미한다. 이 시스템들은 매우 복잡하고 유능한 성능을 보여주지만, 인간처럼 범용적인 지능을 가지지 않으며 특정 작업에만 제한된 능력을 발휘한다. 좁은 인공지능의 특징은 특정 작업에 대해 우수한 성능을 발휘하지만, 그 외의 작업을 수행할 수 있는 능력은 없다는 것이다. 예를 들어, 음성 인식 시스템은 목소리를 인식하고 명령을 수행할 수 있지만, 문제 해결이나 창의적인 사고와 같은 다양한 작업을 수행할 수는 없다. 또한 좁은 인공지능은 제한된 능력을 갖추고 있기에 프로그래밍된 범위 내에서만 작동하며, 인간처럼 다양한 작업을 자율적으로 수행하거나, 다양한 상황에 대응할 수 없다. 즉, 그 시스템이 주어진 특정 작업에만 집중할 수 있다는 점에서 매우 제한적이라고 할 수 있다.

6) 일반 인공지능(Artificial General Intelligence, AGI)

일반 인공지능은 인공지능 에이전트가 인간처럼 완벽하게 학습, 인식, 이해 및 기능할 수 있는 능력을 갖추고 있는 것을 의미한다. 일반 인공지능에서는 인공지능 에이전트가 인간처럼 다기능적인 학습, 인식, 이해 및 문제 해결 능력을 갖추고 있다. 일반 인공지능은 특정 작업에만 제한된 능력을 가진 좁은 인공지능과는 달리, 다양한 분야와 상황에 대해 자율적으로 기능을 수행할 수 있는 능력을 가지고 있다. 일반 인공지능의 목표는 인간처럼 범용적이고 유연한 지능을 구현할 수 있는 시스템이며, 일반 인공지능의 주요 특징은 다양한 도메인과 상황에서 새로운 정보를 학습하고 적응할 수 있다는 것이다. 이를 통해 일반 인공지능은 인간처럼 수학 문제 풀이, 번역, 이미지 분석 등 다양한 분야에서 능력을 발휘할 수 있는 능력을 가지게 된다. 일반 인공지능은 감각적 입력(시각, 청각, 촉각 등)을 처리하고 이를 이해하는 능력을 가지기도 한다. 예를 들어, 인간은 사물을 보고 그 의미를 파악할 수 있지만, 일반 인공지능은 기계적 방식으로도 사물을 인식하고 적절한 반응을 할 수 있어야 한다. 도메인 간 연결도 가능하지만 일반 인공지능은 특정 작업에만 국한되기에 인간처럼 다양한 분야의 지식을 서로 연결하고 이를 활용하지는 못한다.

7) 초 인공지능(Artificial Superintelligence, ASI)

초 인공지능은 아마도 인공지능 연구의 정점을 찍을 것으로 예상되며 개발이 이루어지면 인간의 다양한 지적 능력을 복제하고 그 능력을 훨씬 뛰어넘는다는 점에 있어 지구상에서 가장 유능한 지능이 될 것이라 예상된다. 초 인공지능의 주요 특징은 향상된 메모리로 현재 인간의 뇌가 가진 제한적인 메모리 용량을 초과하여 무한에 가까운 데이터 저장 용량을 가질 수 있다는 것이다. 인간은 기억 용량에 한계가 있지만, 초 인공지능은 거대한 양의 정보를 저장하고 필요한 데이터를 빠르게 검색할 수 있다. 더 나아가 초 인공지능은 수많은 변수를 고려하여 더 정교하고 빠르게 의사 결정을 내리는 능력을 가질 것이다. 예를 들어, 경제적 예측이나 사회적 정책을 결정할 때, 수많은 데이터를 실시간으로 분석하고, 최적의 해결책을 제시할 수 있다.

2. 디지털 교육의 전망

1) 교실 환경의 변화

아래 [그림 12-3]는 19세기에서 2000년대의 학교 교실 모습을 그린 것이다. 이 그림에서 학생들은 서로 다른 신호를 전달받아 학습하며 책을 갖고 있지 않다. 개별학습을 하는 디지털교과서를 갖고 있는 것이라 예상할 수 있다. [그림 12-3]은 다음 웹 페이지에 자세히 있다(https://publicdomainreview.org/collection/a-19th-century-vision-of-the-year-2000/).

At School

그림 12-3 100년전에 상상한 2000년대의 교실

아래 [그림 12-4]는 OpenAI사의 이미지 생성 서비스인 달리(DALL·E)가 2025년 1월 6일에 미래 교실을 그린 것이다. [그림 12-4]의 미래 교실에는 가상 현실(VR) 헤드셋, 터치스크린 데스크 탑, 그리고 AI 기반 디지털 어시스턴트가 배치되어 학생들에게 개인화된 학습 지원을 제공하는 인공지능(AI) 기반 교육을 위한 교실이 그려져 있다. 교실에는 가상 현실(VR) 헤드셋, 인터랙티브 스마트보드, 터치스크린 데스크, 그리고 AI 튜터가 제공하는 개인화된 학습스테이션들이 배치되어 있다. 학생들은 태블릿, 노트북, VR 기기를 사용하여 개별학습과 협력학습을 진행하며, AI 시스템이 실시간으로 진행 상황을 추적하고 피드백을 제공하리라는 것을 알 수 있다. 이 교실은 밝고 현대적이며, 창의성과 혁신적인 학습경험을 강조하고 있다. 이처럼 인공지능의 역할은 개인화된 학습경험을 제공하고, 독립학습과 팀워크를 동시에 촉진하는 것이다.

그림 12-4 달리(DALL · E)가 2025년 1월 6일에 그린 미래 교실

2) 콘텐츠의 변화

인공지능(AI) 시대에 디지털 교육은 기술 발전에 따라 크게 변화하고 있으며, 교육의 방식, 도구, 학습경험 모두 혁신적인 변화를 겪고 있다. AI를 활용한 디지털 교육은 개인화된 학습, 효율적인 평가, 글로벌화 및 몰입형 학습환경을 제공하며, 학생들의 학습 효율과 성과를 극대화할 수 있는 잠재력을 가지고 있다. 이와 함께, 교육자들에게는 효율적인 교육 도구를 제공하고, 학생들에게는 상호작용적이고 맞춤형 교육경험을 제공하는 방식으로 진화할 것이다. AI 기반 미래 교육 콘텐츠는 크게 일곱 가지 특징으로 발전하고 있다.

첫째, 개인화된 학습 콘텐츠는 각 학습자의 진도, 학습 스타일, 이해도에 맞춘 맞춤형 학습경로를 제공한다. AI는 학습자의 진도와 문제해결능력을 실시간으로 분석하여 적응형 학습시스템을 구축하고, 자동 평가를 통해 문제 풀이 과정, 주관식 질문, 에세이 등을 채점하여 즉각적인 피드백을 제공한다. 예를 들어, 수학문제에서 오류가 발생하면 AI는 해당 부분을 재설명하고 유사 문제를 제공하여 개념 이해를 돕는다.

둘째, VR과 AR을 활용한 몰입형 학습경험은 교육의 새 지평을 열고 있다.

Google Expeditions를 통해 학생들은 역사적 장소나 자연경관을 실제처럼 체험할 수 있으며, Labster와 같은 가상 실험실 플랫폼으로 화학·생물학 실험을 안전하게 수행할 수 있다. 이러한 기술은 위험하거나 비용이 많이 드는 실험도 가능하게 만든다.

셋째, 인터랙티브 콘텐츠와 AI 튜터는 학습의 질을 한층 높인다. AI 튜터는 학생이 어려워하는 부분에 대해 즉각적인 피드백을 제공하고, 추가 학습자료를 제시하여 자기주도적 문제 해결 능력을 키울 수 있도록 지원한다.

넷째, 협업 중심의 학습 콘텐츠는 미래 교육의 핵심이 될 것이다. 학생들은 온라인 플랫폼을 통해 팀 프로젝트를 수행하며, AI는 협업 과정의 문제점을 실시간으로 감지하고 해결 방안을 제시한다. 이는 학생들의 소통 능력과 팀워크를 향상시키는 데 큰 도움이 된다.

다섯째, 융합 학습 콘텐츠는 학문 간 경계를 허문다. 초등학교에서 활용되는 Scratch 플랫폼은 컴퓨터 프로그래밍을 통해 창의적 사고를 발전시키고, 수학, 과학, 예술을 연결하는 통합적 학습 경험을 제공한다. 이러한 융합 교육은 실생활 문제해결능력 향상에 크게 기여한다.

여섯째, 디지털 콘텐츠의 글로벌화는 교육의 지평을 넓힌다. AI 기반 번역 시스템은 실시간으로 교육 자료를 다양한 언어로 번역하며, AI 기반 언어학습 앱은 음성인식과 실시간 피드백으로 정확한 발음과 문법 교정을 지원한다. 글로벌 교육 플랫폼은 세계 각지의 강좌를 제공하여 교육의 국제화를 가속화하고 있다.

마지막으로, AI 교육에서 윤리적 고려는 필수적이다. 학생들의 학습 데이터, 성과, 학습 습관, 감정 상태 등을 다루는 과정에서 개인정보보호가 중요하며, AI의 평가 과정에서 발생할 수 있는 언어적, 문화적 편향성을 해소하여 모든 학생에게 공정한 교육 기회를 제공해야 한다.

이러한 미래 교육 콘텐츠의 발전은 학습 효과를 극대화하고 교육의 질을 향상시킬 것이며, 동시에 모든 학습자에게 공평한 교육 기회를 제공하는 데 기여할 것이다.

3) 교수 학습 방법의 변화

AI 시대의 교수학습 방법은 학생 중심의 개인화된 학습, 협력학습, 자동화된 평가와 피드백, 몰입형 학습환경을 제공하는 방향으로 변화하고 있다. AI는 교사에게 효율적인 수업 관리 도구를 제공하고, 학생들에게는 더 나은 학습 경험을 선사하며, 학습 성과를 극대화할 수 있는 가능성을 제시한다. 이로써 교육의 질은 크게 향상될 것이며, 교수자는 학생에게 보다 깊이 있는 학습을 제공하는 역할을 하게 될 것이다. 교사 역할의 변화는 AI가 많은 반복적인 작업을 자동화하고, 학습 진행 상황을 실시간으로 분석하므로, 교사는 이제 학생들에게 더 많은 시간과 관심을 할애할 수 있다. 교사는 심리적 지원, 비판적 사고 교육, 창의적 문제해결 등을 지도하며, 학생 맞춤형 교육을 더욱 강화할 수 있다.

3. 미래 디지털 교육의 과제

미래 디지털 교육을 위해 다양한 과제들이 제시되고 있고, 이에 미래 교육에 대한 다양한 기관들이 보고서를 제출하였다. 보고서들을 요약 정리하면 〈표 12-1〉과 같다.

표 12-1 미래 교육에 대한 보고서 및 주요 논문

보고서 및 논문	간단한 내용	URL 또는 출처
유엔미래보고서 2050	에너지, 교육, 의료 등 다양한 분야의 미래 전망을 다루며, 교육 분야에서는 온라인 교육의 확산과 교육 콘텐츠의 다양성을 강조한다. 특히, 디지털 기술의 발전으로 교육 콘텐츠 제작과 출판의 진입 장벽이 낮아져 방대한 양의 콘텐츠가 제작될 것으로 전망한다.	

보고서 및 논문	간단한 내용	URL 또는 출처
교육의 미래, AI 융합 교육과 교사의 역할	인공지능 사회의 도래와 함께 교육 시스템에 영향을 미치는 사회 변화를 분석하며, AI 융합 교육의 필요성과 교사의 역할 변화를 강조한다. 특히, 지능 정보기술의 발전과 코로나19 팬데믹이 교육 환경 변화를 가속화시키는 요인으로 작용하고 있다.	서울교육
스탠포드 대학 AI Index Report 2024	인공지능과 관련된 전 세계의 최신 동향부터 성과, 활동 등의 다양한 측면을 포괄적으로 분석한 보고서로, AI 기술의 발전이 교육 분야에 미치는 영향을 다룹니다. 특히, AI 기반 학습 도구와 교육 콘텐츠의 발전 방향을 제시한다.	https://aiindex.stanford.edu/report/
Generative AI and Its Educational Implications	생성형 AI의 교육적 함의를 다루며, AI가 교육 환경에 미치는 영향과 그에 따른 사회적, 윤리적 이슈를 분석한다. 또한, 교육자와 연구자를 위한 전략적 권고사항을 제시한다.	https://arxiv.org/abs/2401.08659
An AI-based Learning Companion Promoting Lifelong Learning Opportunities for All	AI를 활용한 학습 동반자가 평생 학습 기회를 촉진하는 방안을 제시하며, AI가 교육의 개인화와 민주화에 미치는 영향을 분석한다. 또한, AI 기반 교육 시스템의 기술적 특징과 구현 방안을 설명한다	https://arxiv.org/abs/2112.01242
AGI: Artificial General Intelligence for Education	인공지능의 일반화가 교육 분야에 미치는 영향을 다루며, AGI의 개념과 능력, 범위, 그리고 교육적 활용 가능성을 분석한다. 또한, AGI의 윤리적 이슈와 교육적 적용을 위한 협력 방안을 제시한다.	https://arxiv.org/abs/2304.12479
New Era of Artificial Intelligence in Education: Towards a Sustainable Multifaceted Revolution	인공지능이 교육에 미치는 잠재적 영향을 애플리케이션, 장점, 도전 과제의 세 가지 축을 중심으로 조사하며, AI 기반 교육 시스템의 지속 가능한 발전과 구현을 위한 방안을 제시한다.	https://arxiv.org/abs/2305.18303

보고서들의 내용에 따르면 인공지능(AI) 기반 디지털 교육의 미래는 매우 유망하고 혁신적이지만, 그에 따른 과제들도 함께 존재한다. AI 기술이 교육에 적용되는 과정에서 효율적이고 공정한 교육 환경을 만들기 위해 해결해야 할 주요 과제들로 다음과 같은 것들이 있다.

첫 번째는 디지털 격차 문제이다. 디지털 격차 문제는 AI 기반 학습과 디지털 교육 콘텐츠의 발전으로 더욱 중요한 이슈가 되고 있다. 이는 정보기술에 대한 접근성 차이로 인한 교육 기회의 불평등을 의미하며, 특히 저소득층, 농어촌 지역, 개발도상국에서 두드러진다. 디지털 격차의 본질적 문제는 인터넷 접근성, 디지털기기 보급, 디지털 리터러시 부족에 있다. 이러한 격차는 교육의 질적 차이를 만들어 사회적, 경제적 격차를 심화시킬 수 있으며, 일부 학생들은 AI 튜터와의 실시간 상호작용과 맞춤형 학습을 경험하는 반면, 다른 학생들은 이러한 기회를 얻지 못하는 상황이 발생한다. 더불어 미래 직업시장에 필요한 디지털 역량을 갖추지 못하는 문제도 야기된다. 이를 해결하기 위해서는 정부가 저소득층 가정이나 농어촌 지역에 디지털 교육기기를 보급하고, 인터넷 서비스 제공업체와 협력하여 저렴한 인터넷 요금과 공공 Wi-Fi 네트워크를 구축해야 한다. 또한 학교와 지역 커뮤니티 센터에서 학생, 교사, 학부모를 대상으로 한 디지털 리터러시 교육을 강화해야 한다. 이 과정에서 정부의 정책적 지원과 기업의 기술 인프라 구축이 필수적이며, UN과 같은 국제기구도 개발도상국에 대한 기술 개발 및 디지털 교육자원 제공을 통해 글로벌 차원의 디지털 교육기회 확대에 기여해야 한다.

두 번째는 AI 알고리즘의 공정성 문제이다. AI 알고리즘의 공정성 문제는 AI 시스템이 데이터를 학습하는 과정에서 편향이 포함될 경우 발생하며, 이는 불공정한 평가나 차별적 학습 결과를 도출하여 사회적 불평등이나 불합리한 결정을 초래할 수 있다. AI 시스템은 학습 데이터를 기반으로 결정을 내리기 때문에, 데이터에 존재하는 편향성을 그대로 반영하게 되는데, 예를 들어 AI 면접시스템에서 과거 남성 지원자들이 특정 직책에 더 많이 채용되었던 데이터를 학습하면 성별에 따른 차별적 결과가 나타날 수 있다. 이러한 문제를 해결하기 위해서는 편향을 최소화하고 공정한 의사결정을 내리도록 알고리즘을 설계해야 하며, 이를 위해 다양한 데이터 출처와 공정성을 고려한 데이터 수집, 편향성 제거를 위한 알고리즘 개선, 그리고 AI의 투명성과 설명 가능성을 향상시켜야 한다.

세 번째는 AI와 교사와의 협업 문제이다. AI와 교사와의 협업 모델은 교육에서 AI와 교사가 역할 분담을 어떻게 할 것인가에 대한 중요한 과제이다. AI는 교육적 도구로서 개인화된 학습 경로를 제공하고 학습자의 진도를 실시간으로 추적하여 맞춤형 학습 자료를 제공하는 보조적인 역할을 하게 되지만, 교사는 AI가 제공할 수 없는 감성적 지원과 사회적 상호작용의 핵심적인 역할을 수행해야 한다. 교사는 학생들이 학습에 대한 동기 부여나 자신감을 느낄 수 있도록 돕고 심리적 지원을 제공하는 역할이 요구되며, 이러한 AI와 교사의 역할이 명확하게 구분되고 서로 보완적인 관계를 형성할 때 교육이 보다 효율적이고 지속 가능한 방식으로 이루어질 수 있다.

네 번째는 AI 교육에 대한 교사의 역량 강화 문제이다. AI 교육에 대한 교사의 역량 강화는 AI 관련 교육 콘텐츠와 시스템이 지속적으로 발전함에 따라 중요한 과제가 되었다. 모든 교사가 AI를 적절히 활용할 수 있는 능력을 갖추고 있지 않기 때문에, 교사들은 AI 도구와 기술을 효율적으로 활용하기 위한 지속적인 학습과 훈련이 필요하다. 이를 위해 AI의 기본 개념부터 도구 사용법까지 단계적으로 학습할 수 있는 체계적인 교육 프로그램이 제공되어야 하며, 빠르게 발전하는 최신 기술과 도구를 지속적으로 습득할 수 있는 지원 시스템이 마련되어야 한다. 또한 교사들이 AI 도구를 활용하여 학습 자료를 만들고 이를 학생 맞춤형 콘텐츠로 변환할 수 있어야 하며, 이러한 콘텐츠를 서로 공유하고 피드백을 주고받을 수 있는 온라인 플랫폼과 커뮤니티가 필요하다. 교사는 AI 도구가 학생들의 학습에 미치는 영향을 평가하고, AI가 제공하는 분석 결과와 피드백을 활용하여 학생들의 어려움을 파악하고 그에 맞는 추가적인 지원을 제공할 수 있어야 한다.

참고문헌

박영숙, 제롬 글렌. (2016). 유엔미래보고서 2050. 교보문고.

정제영. (2021). 교육의 미래, AI 융합교육과 교사의 역할. 특별기획 2021 겨울호(245). https://webzine-serii.re.kr/교육의-미래-ai-융합교육과-교사의-역할/

HAI. (2024). *Stanford, AI Index Report 2024*. https://aiindex.stanford.edu/report/

Joshi, N. (2022, April 14). *7 Types of Artificial Intelligence. Forbes*. https://www.forbes.com/sites/cognitiveworld/2019/06/19/7-types-of-artificial-intelligence/

Kamalov, F., Calong, D. S., & Gurrib, I. (2023). *New era of artificial intelligence in education: Towards a sustainable multifaceted revolution. arXiv preprint*. Retrieved from https://arxiv.org/abs/2305.18303

Latif, E., Mai, G., Nyaaba, M., Wu, X., Liu, N., Lu, G., Li, S., Liu, T., & Zhai, X. (2023). *AGI: Artificial general intelligence for education. arXiv preprint*. Retrieved from https://arxiv.org/abs/2304.12479

Łodzikowski, K., Foltz, P. W., & Behrens, J. T. (2024). *Generative AI and its educational implications. arXiv preprint*. Retrieved from https://arxiv.org/abs/2401.08659

National Academy of Sciences. (2007). *Rising above the gathering storm: Energizing and employing America for a brighter economic future*. The National Academies Press.

Perez-Ortiz, M., Novak, E., Bulathwela, S., & Shawe-Taylor, J. (2021). *An AI-based learning companion promoting lifelong learning opportunities for all. arXiv preprint*. Retrieved from https://arxiv.org/abs/2112.01242

Schmelzer, R. (2019). *7 types of artificial intelligence. Forbes*.

World Economic Forum. (2023). *The Future of Jobs Report 2023*. https://www.weforum.org/publications/the-future-of-jobs-report-2023/

찾아보기

저자약력

임철일

서울대학교 사범대학 교육학과(학사)
서울대학교 대학원 교육학과(석사)
미국 Indiana Univesrity(교육공학 박사)
경력: 한국교육공학회 회장(전)
한국창의성학회(전)
서울대학교 미래교육혁신센터 소장(현)
AIEDAP 사업단 단장(현)
현직: 서울대학교 사범대학 교육학과 교육공학 전공 교수
연락처: chlim@snu.ac.kr
홈페이지: iled.snu.ac.kr

조영환

서울대학교 사범대학 교육학과(학사)
서울대학교 대학원 교육학과(석사)
미국 University of Missouri(정보과학과 학습공학 박사)
경력: 서울대학교 학습과학연구소 소장(현)
교육공학연구 편집위원장(현)
한국교육정보미디어학회 부회장(현)
현직: 서울대학교 사범대학 교육학과 교육공학 전공 교수
연락처: yhcho95@snu.ac.kr

허선영

이화여자대학교 영어영문학과(학사)
서울대학교 대학원 교육학과(석사)
서울대학교 대학원 교육학과(교육공학 박사)
경력: 한국교육정보미디어학회 이사(현)
서울신학대학교 디지털원격교육지원센터 소장(현)
대학교육개발센터협의회 기획 · 홍보위원(현)
현직: 서울신학대학교 디지털원격교육지원센터 조교수
연락처: sunyounghuh@stu.ac.kr

김원유

서울교육대학교 초등교육과(학사)
서울교육대학교 초등컴퓨터교육과(석사)
경력: AIEDAP 마스터 교원
T.O.U.C.H. 교사
서울시교육청 에듀테크선도 교사
컴퓨팅교사협회 온라인교육지원팀
현직: (서울)답십리초등학교 교사
연락처: dnjsdb@gmail.com

손효상
서울교육대학교 초등교육학(학사)
서울교육대학교 대학원 인공지능과학융합(석사)
서울교육대학교 대학원 컴퓨터교육(박사과정)
경력: AIEDAP마스터 교원
T.O.U.C.H. 교사
AIEDAP 수도권역사업지원단 연구원(현)
현직: (경기)배곧누리초등학교 교사
연락처: sonhyosang@korea.kr

송석리
공주대학교 사범대학 컴퓨터교육과(학사)
경력: 서울대학교 사범대학 강사
AIEDAP 총괄위원회 총괄위원
현직: 서울고등학교 정보 교사
연락처: greatsong21@gmail.com

김갑수
서울대학교 자연과학대학 계산통계학과(학사)
서울대학교 대학원 전산과학과(석사)
서울대학교 대학원 전산과학과(박사)
경력: 한국정보교육 회장(전)
한국과학영재교육학회(전)
서울교육대학교 SW영재교육원장(현)
AIEDAP 사업단 부단장(현)
현직: 서울대학교 컴퓨터교육학과 교수
연락처: kskim@snue.ac.kr

정대홍
서울대학교 사범대학 화학교육과(학사)
서울대학교 대학원 과학교육과(석사)
서울대학교 대학원 과학교육과(화학전공 이학박사)
경력: Network for Inter-Asian Chemistry Educators, 학회장(전)
서울대학교 BK21 인포스피어 과학교육연구단 단장(현)
AIEDAP 사업단 부단장(현)
현직: 서울대학교 사범대학 화학교육과 물리화학 전공 교수
연락처: jeongdh@snu.ac.kr
홈페이지: jeonglab.snu.ac.kr

손미현

이화여자대학교 사범대학과 과학교육과(학사)
서울대학교 대학원 과학교육과(화학전공 석사)
서울대학교 대학원 화학교육과(화학전공 박사)
경력: 2022 개정교육과정 추진위원회(전)
과기부 미래특별인재위원회(전)
한국현장과학교육학회 총무위원장(현)
AI융합대학원 강사(현)
현직: 서울대학교 미래혁신연구원 연구교수
연락처: 79algus@snu.ac.kr

박철규

서울대학교 사범대학 화학교육과(학사)
서울대학교 대학원 과학교육과(화학전공 박사)
경력: 단국대학교 미래교육혁신원 첨단교육센터 연구교수
서울대학교 학습과학연구소 선임연구원
현직: 국립순천대학교 화학교육과 교수
연락처: ckpark@scnu.ac.kr

조정원

한양대학교 대학원(공학박사)
경력: 한국컴퓨터교육학회 부회장(현)
한국정보과학회 부회장(현)
제주대학교 지능소프트웨어교육연구소 소장(현)
현직: 제주대학교 사범대학 컴퓨터교육과 교수
연락처: jwcho@jejunu.ac.kr
홈페이지: iseri.kr

디지털 교육

2025년 3월 1일 1판 1쇄 인쇄
2025년 3월 3일 1판 1쇄 발행

저 자: 임철일 조영환 허선영 김원유 손효상 송석리 김갑수 정대홍 손미현 박철규 조정원

저자와의 협의하에 인지생략

발행인: 한 정 주
발행처: 교 육 과 학 사

경기도 파주시 광인사길 71
전화 (031)955-6956~8 / 팩스 (031)955-6037
Home-page : www.kyoyookbook.co.kr
E-mail : kyoyookbook@daum.net
등록 : 1970년 5월 18일 제2-73호

낙장 · 파본은 교환해 드립니다.
Printed in Korea.

정가 19,000원
ISBN 978-89-254-2019-6